JN299596

現代法入門

現代法入門研究会 [編]

三省堂

はしがき

　日本社会において、近年、法の果たす役割が重要性を増している。市民生活においては、生活上生じる様々な紛争を法的に解決すること（「裁判に訴える」行動）が普通となってきている。また、グローバル化した経済のもとでのビジネス活動においては、紛争解決の基準としての共通の法（国際取引法など）の形成が進み、それに基づいて紛争が解決されることが通常となってきている。各企業においては、経営における法令遵守（コンプライアンス）体制の強化（入札談合への関与の禁止など）が必須となってきている。

　ところで、法律学はローマ法以来の伝統を引きついで今日に及んでいるが、その対象となる領域には、(1)法解釈学の領域、(2)外国法・比較法を研究する領域、(3)法哲学や法思想などを研究する領域、(4)ローマ法以来の法の歴史や明治維新期にみられたような法の継受に係る問題を研究する領域、(5)法の社会における機能・役割の分析を対象とする法社会学の領域などがある。

　本書は、変貌を遂げつつある現代の法律学への入門書として、特に「法とはなにか、法の領域にはどのようなものがあるか」「法学研究の方法とはどのようなものであるか」「法律家と裁判等紛争処理制度の実態、法律家の養成のシステムはどのようなものか」について重点的に、かつ簡潔・明快に説明することを目的としている。

　ここで「法とはなにか、法の領域にはどのようなものがあるか」という点については、(1)法と倫理の違い、法と社会の関係、法の歴史、大陸法とコモン・ローの違い、日本人の法意識（法の機能・性格）の分析、(2)公法・私法、民事法・刑事法、国内法・国際法などの各法領域の内部編成と相互関係（法の体系・システム）の解明などが内容となる。

　つぎに「法学研究の方法とはどのようなものであるか」という点については、「法律文書の読み方・作成方法」ということで、(1)リーガル・リサーチの方法、(2)法律文書の読み方・作成方法の基本を示し、「法律学研究の方法論」ということで、(1)法律論文の構成の仕方・書き方、(2)引用や出典表示のルールを明らかにすることが内容となっている。

　さらに「法律家と裁判等紛争処理制度の実態、法律家の養成システムはどのようなものか」という点については、日本における企業法務や法廷通訳・法律会議通訳まで含めた広義の法律家の現状をできるだけ明らかにするとと

もに、法的紛争処理に係る制度の概略を示すことが内容となっている。

　本書は、直接的には、明治大学法学部における1年生の法律学への導入科目「現代法入門」のテキストとして編まれたものである。法学部で4年間にわたって法律学を学んでいくための基礎を身につけてもらうことを目標にしている。「現代法入門」の講義においては、ほぼ本書の編成に沿った形で通年で講義が進行していくが、その特徴の一つは、法学部の専任教員と並んで裁判官、検事、弁護士、国会議員、内閣法制局と企業法務部の実務家等が各一度ずつであるが講師として教壇に立ち講義をしていることであろう。これにより、法律学を学び始めた1年生が法律家や立法者について具体的なイメージを法律学研究の早い時期から形成することが期待されている。

　本書はまた、法に関心を有する市民に広く利用されうるものであることも想定して編集されている。新たに導入された裁判員制度、検察審査会制度のもとで市民の裁判への関わりは過去に例をみないほどに密接なものとなっているが、そのようなことから生じた市民の法への関心に応えようとするものである。

　なお、巻末付録として「日本法和英辞典」を載せている。現在日本政府の法整備支援事業が行われているが、これは明治維新で近代法を導入して以来140年にわたり独自に発展してきた日本法の軌跡やその内容を世界に知らせることも目的としていると解される。そのような努力もあり日本法に対する諸外国からの関心が高まりつつあるなか、日本法を紹介する文章や、さらには日本法と諸外国法を比較する法律論文・レポートを英語で書く機会も増えている。「日本法和英辞典」をおいたのはそのような需要に少しでも応えようとするためである。

　本書の読者において、法律学における基礎的知識を確実に身につけ、法律学の研究方法を習得し、また法律家や紛争解決制度の実態を知って、法律学への興味を喚起し、持続してもらえるならこれにまさる幸いはない。

　最後に本書の刊行にあたっては、完成稿の仕上がりを忍耐強く待っていただき、注意深い編集作業をしていただいた三省堂編集部の鈴木良明氏に厚く御礼申し上げる。

　　2010年5月

　　　　　　　　　　　　　　　　　　　　　執筆者を代表して

　　　　　　　　　　　　　　　　　　　　　　　高　橋　岩　和

目　次

はしがき　i

第1部　法とはなにか・法学方法論

第1章　法について

第1節　法とはなにか、近代法と現代法……………………（高橋岩和）　2
　I　法とはなにか　2
　　1　法の意味／2　2　法と権利／2　3　法と権力／3
　　4　法と正義／4
　II　近代法と現代法　5

第2節　法の分類──「公法・私法」「実体法・手続法」「国内法・国際法」
　……………………………………………………………（高橋岩和）　7
　I　法の分類──公法と私法　7
　II　法の分類──実体法と手続法　7
　III　法の分類──国内法と国際法　8

第3節　法解釈学と法社会学、法と経済学……………（高橋岩和）　8
　I　法解釈学　8
　II　法社会学　10
　III　法と経済学　11

第2章　法と社会……………………………………（村山眞維）　13

　I　はじめに　13
　　1　社会現象としての法／13　2　社会統治の仕組みとしての法／14
　II　法と社会との関係がなぜ問題となるのか　15
　　1　法社会学の出現の背景／15　2　日本における固有の問題／16
　III　法と社会に対する視座　17
　　1　社会が法に及ぼす影響／17　2　法が社会に及ぼす影響／20
　IV　おわりに　21

第3章　法と歴史──不動産所有と担保に関する法観念の変遷
　……………………………………………………………（村上一博）　23
　I　法史学の存在意義　23
　II　近世の田畑所持とその制限　23

1　概説／23　　2　田畑永代売買の禁止／24
    3　山城国乙訓郡長岡の田畑売買証文／26
  III　近代的不動産所有と担保法制　　29
    1　不動産売買契約／29　　2　不動産担保法制／30
    3　新治裁判所における不動産質処理／32

第4章　大陸法とコモン・ロー——法体系論
………………………………………………（小室輝久）　36
  I　大陸法とコモン・ローの日本法への影響　　36
  II　大陸法とコモン・ローの歴史的生成・発展　　37
    1　ヨーロッパ古来の法と裁判／37
    2　コモン・ローの生成・発達／38
    3　ヨーロッパ大陸法の生成・発展／39
  III　大陸法とコモン・ローの諸特徴　　41
    1　法の断絶性と連続性／41　　2　制定法主義と判例法主義／42
    3　演繹的思考と帰納的思考／42　　4　公法・私法の区別／43
    5　実体法と手続法の関係／43　　6　職権主義と当事者主義／44
    7　陪審制／45　　8　法曹一元／45　　9　法学教育・法曹養成／45
    10　法の支配者／46　　11　小括／47

第5章　法律文書の読み方・作成方法
  第1節　リーガル・リサーチの方法………………………（佐々木秀智）　49
    I　法情報調査の基本枠組み　　49
    II　法情報調査の流れ　　49
      1　テーマの設定、事実・問題の把握／49　　2　法情報の収集／51
    III　法情報・資料の種類　　52
      1　法令情報／52　　2　判例情報／54
      3　法律書籍・論文・記事など／54
  第2節　法律論文の構成と叙述方法、注の方法…………（高橋岩和）　56
    I　法律論文の構成と叙述方法　　56
    II　法律論文執筆における引用、注とはなにか　　57
  第3節　訴状、準備書面、判決書の構造の理解、読み方の基本
………………………………………………………（芳賀雅顯）　63
    I　訴　状　　63
      1　訴状の必要性／63　　2　訴状の記載事項／63
      3　訴状の審査／65
    II　準備書面　　65
      1　準備書面とは何か／65　　2　準備書面の記載事項／65

3　準備書面の提出・交換／65　　4　準備書面提出の効果／65
　Ⅲ　判決書　65
　　　1　判決書の記載事項／65　　2　判決主文のもたらす意味／66

第2部　市民生活・経済社会と法Ⅰ

第6章　民　法

第1節　契約法………………………………………………（有賀恵美子）　70
　Ⅰ　契約の意義　70
　　　1　契約の締結／70　　2　契約自由の原則とその制限／71
　　　3　契約が守られなかった場合／72
　　　4　契約の拘束力と無効・取消事由／73
　Ⅱ　契約が無効になる場合　73
　　　1　意思無能力／73　　2　意思の不存在／73
　　　3　強行法規・公序良俗違反／74　　4　無効の主張／75
　Ⅲ　契約を取り消しうる場合　75
　　　1　制限行為能力／75　　2　瑕疵ある意思表示／76
　　　3　取消の主張／76
　Ⅳ　消費者契約法　77
　　　1　消費者契約の特殊性／77
　　　2　民法と個別業法による対応と限界／77
　　　3　消費者契約法による規律内容／78

第2節　物権法…………………………………………………（神田英明）　83
　Ⅰ　物権法概説　83
　　　1　はじめに／83　　2　近代物権法の成立とその特徴／83
　Ⅱ　物権の性質・客体・効力――債権との対比を中心に　84
　　　1　物権の性質／84　　2　物権の客体／85　　3　物権の効力／86
　Ⅲ　物権の種類　87
　　　1　物権法定主義／87　　2　民法が定める物権／88
　　　3　商法その他の特別法が定める物権／89　　4　慣習法上の物権／90
　Ⅳ　公示の原則と公信の原則　90
　　　1　公示の原則／90　　2　公信の原則／91
　　　3　不実登記を起点とする民法94条2項類推適用論の展開／92

第3節　家族法……………………………………………………（星野　茂）　93
　Ⅰ　はじめに　93
　　　1　家族と家族法／93　　2　家族法の変遷／94　　3　氏と戸籍／94

Ⅱ　家族法の構成　95
　　　1　親族法の構成／95　　2　相続法の構成／99
　　Ⅲ　論　点　99
　　　1　家族法と財産法との違い／99
　　　2　家事紛争はどのように解決されるか／101

第7章　商　法

　第1節　私法学総論——民法と商法の体系について……………（高木正則）　104
　　Ⅰ　はじめに　104
　　Ⅱ　民法の体系　105
　　Ⅲ　商法の体系　106
　　　1　序論：民法と商法の関係／106　　2　商法の体系／108
　　　3　民法の商化／110
　第2節　会社法——会社とはなにか…………………………（南保勝美）　111
　　Ⅰ　個人企業と共同企業　111
　　Ⅱ　会社法上の会社とは——営利を目的とする社団法人　112
　　Ⅲ　会社の種類——株式会社と持分会社　113
　　Ⅳ　株式会社　114
　　　1　株式会社の基本的特色／114　　2　機構上の特色／115
　　　3　大規模公開会社の機関／115
　　Ⅴ　大規模公開会社のガバナンス——内部統制システム　116

第8章　経済法……………………………………………………（高橋岩和）　119

　　Ⅰ　はじめに　119
　　Ⅱ　独占禁止法——市場経済体制の法的保障　120
　　　1　独禁法の歴史／120　　2　独禁法（日本）の内容／121
　　Ⅲ　産業法——各種事業法と独禁法からの適用除外　123
　　Ⅳ　論点——著作物再販の妥当根拠等　125
　　　1　著作物の再販売価格維持制度／125
　　　2　著作権法に基づく頒布権の行使と独禁法の適用／127
　　Ⅴ　おわりに　129

第9章　民事訴訟法……………………………………………（芳賀雅顯）　130

　　Ⅰ　民事紛争と民事訴訟　130
　　　1　民事紛争／130　　2　処分権主義／130
　　Ⅱ　民事訴訟法と実体法の関係——法的三段論法　131
　　Ⅲ　民事保全・民事執行との関係　131
　　Ⅳ　民事訴訟手続の流れ　132

    1　訴訟手続を起こすのはいつまで可能か／132
    2　どのような救済方法が認められるのか／132
    3　訴状にはどのようなことを記載するのか／133
    4　どの裁判所に訴えを提起するのか／133
    5　誰が当事者になるのか／133
    6　どのようにして審理が進むのか／134　　7　訴訟手続の終了／135
    8　判決に不服があるとき／137

第3部　　刑事法

第10章　刑　法 ……………………………………………（内田幸隆）　140
  I　刑法概説　140
    1　刑法の目的・機能／141　　2　刑罰の正当化根拠／142
  II　法人処罰の根拠　146
  III　窃盗罪の保護法益　148

第11章　刑事訴訟法 ……………………………………（山田道郎）　152
  I　刑事手続と民事手続　152
    1　目的・対象の相違および主体の相違／152
    2　刑事手続における被害者の地位／153　　3　判決の相違／154
    4　無罪の推定／156　　5　付帯私訴／156　　6　訴訟構造／157
  II　日本の刑事手続　158
    1　日本の刑事手続／158　　2　現行刑事手続の特色／159

第4部　　国際社会と法

第12章　国際法 ……………………………………………（水田周平）　164
  I　国際法の基本的枠組み　164
    1　はじめに／164　　2　国際法の意義：合意規範としての国際法／164
  II　ケース・スタディ：日本の調査捕鯨とNGOの抗議活動　166
    1　事案の概要／166　　2　検討すべき点／167
    3　捕鯨は国際法違反か？／168
    4　公海上の不法行為をどのように規制すべきか？／173
  III　おわりに　177

第13章　国際私法 ……………………………………（芳賀雅顯）　179

- Ⅰ　国際私法はなぜ必要か　179
  - 1　生活関係の国際化／179　　2　世界的な統一私法／179
  - 3　法廷地法による処理とフォーラム・ショッピング／180
  - 4　国際私法／180
- Ⅱ　国際私法と国際裁判管轄の関係　181
- Ⅲ　国際裁判管轄　181
  - 1　国際裁判管轄の決定基準／181　　2　説例の場合／182
- Ⅳ　国際私法　183
  - 1　法律関係の性質決定／183　　2　連結点の確定／184
  - 3　準拠法の決定／184　　4　準拠法の適用／185
  - 5　説例の場合／186　　6　説例以外の場合／186

第5部　市民生活・経済社会と法Ⅱ

第14章　消費者法 ……………………………………（高橋岩和）　190

- Ⅰ　はじめに　190
- Ⅱ　日本における消費者の地位　190
- Ⅲ　消費者法の編成と運用体制　193
  - 1　消費者法の編成／193　　2　消費者法の運用体制／199
- Ⅳ　消費者被害の構造と消費者被害救済のあり方　200
  - 1　消費者被害の現状と原因／200
  - 2　消費者被害救済とその方法／201
- Ⅴ　消費者の組織化　201

第15章　知的財産権法——著作権の保護期間と著作物の私的利用の範囲をめぐって ……………………………（高橋岩和）　203

- Ⅰ　著作権法概説　203
  - 1　著作者／203　　2　著作物／205　　3　著作者の権利／207
- Ⅱ　著作権の保護期間——著作権は「永久的に」保護されるべきか　209
- Ⅲ　著作物の私的利用の範囲——著作物の「私的複製」はどこまで許されるか　213

第16章　情報法——インターネット規制と表現の自由
………………………………………………………（佐々木秀智）　216

Ⅰ　はじめに　216
　　Ⅱ　名誉毀損・プライバシー権侵害をめぐる法的問題　218
　　　1　名誉毀損／218　　2　プライバシー権侵害／219
　　　3　メディア別の対応／220
　　Ⅲ　インターネット上の名誉毀損・プライバシー権侵害　221
　　Ⅳ　インターネット上の性表現規制　222
　　　1　性表現規制と表現の自由／222　　2　インターネットへの対応／223
　　Ⅴ　インターネット規制と表現の自由の調整に向けて　225

第6部　日本の法律家

第17章　日本の法律家(1)法曹三者
　　はじめに………………………………………………（髙橋岩和）　228
　　　1　法律家／228　　2　古典的プロフェッションとしての実務法曹／229
　第1節　裁判官………………………………………（髙橋岩和）　229
　　　1　最高裁判所の裁判官／230　　2　下級裁判所の裁判官／230
　第2節　検察官………………………………………（髙橋岩和）　231
　　　1　検察官の職務／231　　2　検察官の任免と組織／232
　第3節　弁護士………………………………………（髙橋岩和）　233

第18章　日本の法律家(2)企業法務………………（髙木正則）　238
　　Ⅰ　企業法務が対象とする法律関係　238
　　　1　はじめに／238　　2　企業法務が対象とする対外的法律関係／238
　　　3　企業法務が対象とする対内的法律関係／240
　　Ⅱ　最近の企業法務で注目に値すると思われる事柄　241
　　　1　コンプライアンス／241
　　　2　企業法務の担い手としての企業内弁護士／241
　　【コラム】企業法務……………………………………（伊達裕成）　243

第19章　法律家の養成
　第1節　実務法曹の養成――法学部、法科大学院、司法研修所
　　　……………………………………………………（神田英明）　249
　　Ⅰ　法曹養成の基本理念　249
　　Ⅱ　司法試験　252
　　　1　新司法試験／252　　2　旧司法試験／253
　　　3　司法試験予備試験／254

Ⅲ 法科大学院　254
     1　法曹養成制度の中核としての法科大学院／254　　2　入学試験／255
     3　法科大学院における人材の多様性の確保について／255
     4　法科大学院の教育内容／256
   Ⅳ 法学部教育の位置付け　256
   Ⅴ 新司法修習　257
 第2節　リーガル・トランスレータの養成……………(伊賀良子)　259
   Ⅰ はじめに　259
   Ⅱ リーガル・トランスレータとは　260
   Ⅲ 必要とされる場面　260
   Ⅳ 基礎能力と通訳技術および法知識の習得　265
     1　基礎能力／265　　2　通訳技術／267　　3　法知識／269
   Ⅴ 考　察　270
     1　適正な通訳とは／270　　2　職業倫理／271

第7部　日本の紛争処理

第20章　日本の裁判制度と裁判の実際(1)民事裁判
………………………………………………(芳賀雅顯)　274
   Ⅰ 序　論　274
   Ⅱ 調　停　274
     1　調停手続の概要／274　　2　調停手続の利用件数／275
   Ⅲ 民事訴訟　276
     1　紛争処理の最後の砦としての民事訴訟制度／276
     2　法の担い手としての裁判官および弁護士の数／276
     3　本人訴訟の数／276　　4　訴訟の終了原因／277
     5　審理期間／277　　6　不服申立／278
 【コラム】医療裁判と法……………………………(鈴木利廣)　283

第21章　日本の裁判制度と裁判の実際(2)刑事裁判
………………………………………………(黒澤　睦)　285
   Ⅰ はじめに　285
   Ⅱ 刑事手続の大きな流れ　285
   Ⅲ 刑事裁判制度とその実際　286
     1　起訴前手続／286　　2　公訴の提起／289　　3　公判手続／291
     4　救済手続／295

第22章　日本の裁判外紛争処理制度
　　　——消費者被害に係る行政型ADRの実態……（高橋岩和）　297
Ⅰ　はじめに　297
Ⅱ　消費者被害と行政型ADRによる救済　298
Ⅲ　神奈川県における消費者の権利の確立と消費者被害救済制度の実際　299
　1　序説／299　　2　消費者被害救済委員会の活動／300
Ⅳ　消費者被害救済にみる行政型ADRの今後　303

付録——日本法和英辞典／308

装丁＝志岐デザイン事務所（下野　剛）
組版＝木精舎

凡　例

1. **法令の略称**
警職法	警察官職務執行法
景表法	不当景品類及び不当表示防止法
検審法	検察審査会法
憲法	日本国憲法
裁判員法	裁判員の参加する刑事裁判に関する法律
通信傍受法	犯罪捜査のための通信傍受に関する法律
道交法	道路交通法
特商法	特定商取引に関する法律
独禁法	私的独占の禁止及び公正取引の確保に関する法律
犯捜規	犯罪捜査規範
労基法	労働基準法

2. **裁判所、判決**
最	最高裁判所		判	判決
最大	最高裁判所大法廷		決	決定
高	高等裁判所		審	審決
地	地方裁判所			
家	家庭裁判所			
簡	簡易裁判所			
支	支部			

3. **出典の略語**
民集	最高裁判所民事判例集
刑集	最高裁判所刑事判例集
家裁月報	家庭裁判月報
判時	判例時報
判タ	判例タイムズ

執筆者一覧

◆「現代法入門研究会」(50音順)

有賀恵美子（ありが・えみこ）　明治大学法学部准教授
　［執筆］第6章第1節
伊賀　良子（いが・よしこ）　リーガル・トランスレータ
　［執筆］第19章第2節
内田　幸隆（うちだ・ゆきたか）　明治大学法学部准教授
　［執筆］第10章
神田　英明（かんだ・ひであき）　明治大学法学部専任講師
　［執筆］第6章第2節、第19章第1節
黒澤　　睦（くろさわ・むつみ）　明治大学法学部准教授
　［執筆］第21章
小室　輝久（こむろ・てるひさ）　明治大学法学部准教授
　［執筆］第4章
佐々木秀智（ささき・ひでとも）　明治大学法学部教授
　［執筆］第5章第1節、第16章
鈴木　利廣（すずき・としひろ）　明治大学法科大学院教授、弁護士
　［執筆］第20章コラム
髙木　正則（たかぎ・まさのり）　明治大学法学部准教授
　［執筆］第7章第1節、第18章
高橋　岩和（たかはし・いわかず）　明治大学法科大学院・法学部教授
　［執筆］第1章、第5章第2節、第8章、第14章、第15章、第17章、第22章
伊達　裕成（だて・ひろなり）　株式会社カプコン法務部 部長
　［執筆］第18章コラム
南保　勝美（なんぼ・かつみ）　明治大学法学部教授
　［執筆］第7章第2節
芳賀　雅顯（はが・まさあき）　慶應義塾大学法科大学院教授
　［執筆］第5章第3節、第9章、第13章、第20章
星野　　茂（ほしの・しげる）　明治大学法学部准教授
　［執筆］第6章第3節
水田　周平（みずた・しゅうへい）　明治大学法学部専任講師
　［執筆］第12章
村上　一博（むらかみ・かずひろ）　明治大学法学部教授
　［執筆］第3章
村山　眞維（むらやま・まさゆき）　明治大学法学部教授
　［執筆］第2章
山田　道郎（やまだ・みちお）　明治大学法学部教授
　［執筆］第11章

第1部 法とはなにか・法学方法論

第1章

法について

第1節　法とはなにか、近代法と現代法

I　法とはなにか

1　法の意味

法[1]とは、法秩序、すなわち法規範の総体をいう。「社会あるところ法あり」といわれるように、社会は一定の発展段階に達すると政府と国民の関係を規律する法、市民相互の社会生活・経済生活関係を規律する法を必要とする。このような法は、もっぱら議会で制定された法律、すなわち「制定法」であるが、そのほかに法には「慣習法」、すなわち社会生活・経済生活の中から自生的に生まれてきて国家権力の容認のもとでなんらかの事実上の拘束力を有する法規範の総体（これを「生ける法」ともいう）、たとえば商慣習法もある。法はまた、特定の社会、領域において現実に裁判所等において適用される「実定法」を意味するが、このほかに、なんらかの事実上の拘束力を有する「自然法」も存在すると考えられている。たとえば、憲法は実定法であるが、そのなかで保障されている精神的自由にかかる人権は、同時に自然法的確信（国家や法に先立ち神や自然により与えられたものという観念）でもあり、前者は後者により支えられているともいえる。

2　法と権利

人と人の社会生活や経済生活における諸関係のなかで法的に意味のある関係、つまり法的規制を受ける生活関係を法律関係という。法律関係は現実に

---

1)　法・法律は、ラテン語ではjus, lex、英語ではlaw, act、ドイツ語ではRecht, Gesetz、フランス語ではdroit, loiという。

は権利と義務の関係として現れる。

権利は、法により直接付与された、ないし法に基づいて獲得された権能・資格であり[2]、支配権、請求権および形成権に区分される[3]。支配権は、所有権のように誰に対しても主張できる絶対権（物的権利）と賃貸借契約における家賃支払いのように特定の人に対してのみ主張できる相対権（人的権利）とに区分される。請求権は、他の人に対して作為もしくは不作為をもとめる権能・資格である。形成権は、ある人に権利を付与したり、権利の内容の変更や権利の消滅などをさせる権能・資格である。

義務は権利と表裏の関係にある。たとえば売買契約は、物の引渡しを請求する権利と当該物を引渡す義務、代金の支払いを請求する権利と当該代金を支払う義務とを発生させる（民法555条参照）。

3　法と権力――法の支配

制定法は、人々がその規範に従うことを強制し、それに違反したものには制裁を加える。この意味で法は国家権力と結びついた強制力を有する社会規範である。この点において法はこのような強制を伴わない道徳とは区別される。

ところで、国家権力はときとしてその権力を濫用することがある。法はこの権力の発動のあり方を定めてその濫用を防止し、万が一濫用が行われるときは権力と対立し、その発動を違法として禁止する。これは「法の支配」ということである。ここで法の支配とは、法が維持しようとしている法秩序、ないし正義とか公正といった理念に導かれた秩序である。この意味で正義や公正を欠く法は法ではあっても従うべき法ではない（悪法は法ではない）ということになる。

正義の実現は人と人との関係において実現されるべき最高の価値であるが、これを視覚的に表現しているのは、ヨーロッパの都市に見られるローマ神話における「正義の女神像」（片手に秤をもち、他方の手で剣を按じ、目隠しをされている）である。同像においては、その秤で不公正・不公平のないように慎

---

[2]　権利の本質については、「法により保護された人の意思の力」（Windscheid）であるか、「法により保護された利益」（Rudolf von Ihering）であるかについて論争があるが、権利にはこの2つの面があるといってよいといわれている（伊藤正己＝加藤一郎『現代法入門［第4版］』（有斐閣、2005年）27～28頁。

[3]　権利の種類については、生活関係の種類により、公法上の権利（公権）、私法上の権利（私権）、社会法上の権利（社会権）に分けられる（伊藤＝加藤・同上28～29頁参照）。

重に衡量することを、剣で正義を必ず実現するという破邪の決意を、目隠しは情におぼれることがあってはならないという自戒を象徴しているといわれている[4]。

4　法と正義——悪法も法か

　法が法たるには「正義」に合致することが必要かということが問題となる。換言すれば「悪法もまた法である（Dura lex, sed lex〔過酷な法ではあるが、これも法である〕）」かという問題である。これには、古くは無実の罪で裁判にかけられ死刑を宣告されたソクラテス（Sōkratēs, B. C. 470〜399）が懲悪として毒盃を仰いだ例、近くはナチスの法律に従ったドイツ司法官の行動の是非といった例などがある。

　これに対する第一の立場は、立法府で有効に成立した法律はその内容にかかわらず法であり、従わなければならないとするものである。これは「悪法もまた法である」として同法に服従する立場である。法と道徳の区別を強調する法実証主義（一切の超経験的・形而上学的なものを排除する考え方で自然法を否定し、国家の制定法のみを法として認める立場）はこの立場に帰着する。

　第二の立場は、立法府で有効に成立した法律であっても、それが自然法（普遍的妥当性を有し、先験的に認識せられうる正義の規範で、その源泉は事物の永遠普遍の本質（ローマ）、神の意思（中世）、人間の本性（近代）などに求められる）の求める正義の観念に合致している限りで法たりえるのであり、その限りで服従しなければならないとするものである。この立場では「悪法は法ではない」ということになり、悪法に対しては抵抗権が認められることになる。

　この問題については第二次世界大戦後のドイツにおいて、とくにナチス体制の下で制定された法律に従った裁判官等の責任について論じられた。この点と関連して1948年のドイツ基本法（憲法）1条は、「人間の尊厳は不可侵であり、これを尊重し、保護することは全ての国家権力の義務である。ドイツ国民は、それゆえに……不可侵の、かつ譲渡し得ない人権を認める。以下の基本権は直接に適用される法として、立法、執行権および裁判を拘束する」と規定した。これは、人間の尊厳の保障を不可侵の権利として変更不能なもの、いわば自然権としての人権の保障として定めたものである。

4）　三ケ月章『法学入門』（弘文堂、1982年）9頁。

Ⅱ　近代法と現代法

　近代法は、17世紀のフランス革命、イギリスの清教徒革命および名誉革命等の近代市民革命を経て成立した近代市民社会の法（これを近代市民法という）である。

　イギリス近代市民革命（清教徒革命、名誉革命）においては中世の封建制の廃止や「初期独占」の廃絶が課題とされ、これは実行されて、その結果、国家からの自由（人権）としての「営業の自由の体制（「体制」とは、一つの統一的原理により編成されているシステムの意味）」が成立した。このような営業の自由の体制は、国家から自立した経済社会としての「市民社会」を成立させた。この社会は自由競争を原則とする市場経済システムと言い換えることができる。これを法的側面から支えたのは次のような構成原理に基づく近代市民法（とくに民法）である。

　　経済主体　　権利能力を有する自然人と法人
　　取引客体　　生産手段と生産物に対する私的所有権の保障
　　取引行為　　契約の自由の保障
　　紛争処理　　公序良俗違反行為の無効
　　　　　　　　不法行為としての差止め請求権と損害賠償請求権

　近代市民法における「市民」は権利能力を有する独立の法的人格（自然人および法人）として構成された。ここでは、自然人も法人も抽象的「経済人」として対等の立場で商品・役務の取引契約を結びうることが前提とされた。また生産手段と生産された商品等に対する所有権は、契約の自由を通じて行われる取引の安定・安全のために絶対的なものとされた。商品・役務の取引に伴う損害の発生については、過失責任主義がとられ、原告の側において過失の立証が求められた。以上の法制度に基づく取引社会は、国家から自立した、私的自治の原則のもとでの適正な秩序とされ、公序良俗違反、権利濫用にわたらない限り自由な取引秩序は保障されるべきものとされた。国家は、その権力の発動に厳しく制限を課せられ、法律の根拠のない限り、営業規制、課税、労働者保護のためにこの取引社会、すなわち「市民社会（経済社会）」に干渉・介入することはできなかった。

　しかし19世紀になると、産業革命が起こり、大規模な設備投資を必要とする鉄道、電力、鉄鋼、化学、石油採掘等の装置産業が発展した。これら産業における企業は、近代市民法が予定していた経済の担い手としての中小企

業ではなく、巨大な市場支配力を有する大企業であった。この結果、抽象的経済人としての「市民」像の分解が生じることとなった。すなわち、一方での一般消費者としての「市民」が企業から明確に分離し、他方での企業としての「市民」の中から中小企業と大企業への分解が生じた。しかし、法律上の抽象的経済人としての「市民」は従前と同一であった。また、被用者と雇用者の労働力取引を民法の雇用契約のみで律することは不可能となり、被用者の取引上の地位を強化する労働立法が成立した。生産者と流通業者の取引、生産者間の競争も大企業と中小零細企業間の取引、競争となり、これらを民法の契約の自由に係る規定で規律するだけではカルテルや生産と流通の系列取引、また、巨大企業の経済力の濫用を規律することは不可能となった。こうして独占的大企業の市場支配を防止する反独占立法が求められることとなり経済法が成立することとなったのである[5]。

　以上のように20世紀初頭には、それまでの近代市民法は、規律の対象とする経済社会の大きな変化により、その経済社会の取引秩序を維持する力を失っていったのであり、代わってこれらの課題に答える一群の法律が登場してくることとなったのである。これが社会法を典型とする「現代法」の登場である。

【高橋岩和】

---

[5]　「営業の自由の体制」において、事業者の共同行為は厳しく禁止された。これは営業制限の法理といわれる。19世紀前半には同業組合による産業統制も廃止された。こうして、国家の営業統制および同業組合の営業統制とがなくなり、「市場経済システム」が完成した。18世紀になると産業革命が起こり、大企業体制が成立するに至った。そして競争のあり方も、それまでの中小企業による競争から、大企業による競争が中心となってきた。アメリカにおいては石油産業や鉄道事業における独占が成立し（これを初期独占に対して「近代的独占」という）、これら独占に反対する運動（グレンジャー運動）が起こった。その結果、このような近代的独占を規制することを目的とするコモン・ローの制定法化としてのシャーマン法が1890年に成立した。シャーマン法は不当な取引制限と独占化を禁止するが、不当な取引制限の禁止は、契約の自由の実質化をはかるものであった。すなわち、不当な取引制限の典型である価格カルテルを例とすると、価格カルテルを行う事業者の契約の自由に比して、当該価格で購入することを余儀なくされる事業者もしくは一般消費者の契約の自由――取引先選定の自由、取引内容決定の自由など――は著しく制限されることになり、売り手間競争も消滅するので、この「自由」の否定と競争による利益の不享受という事態を改善する必要が生まれる。この課題を国家（政府）が公共政策（公共の利益）の観点から遂行したのが独禁法である。

第2節　法の分類
―― 「公法・私法」「実体法・手続法」「国内法・国際法」――

I　法の分類――公法と私法

　制定法としての法は、基本的に公法と私法に大別される。公法は、個人の国家および公権力の担い手に対する関係を規律し、また行政の担い手相互間の関係を規律する。これには、憲法、行政法、租税法、刑法、手続法（民事訴訟法、刑事訴訟法、行政手続法等）、国際法等が含まれる。また私法には、民法、特別私法（商法、会社法、国際私法）等が含まれる[1]。

　ところで制定法には、純粋の公法にも純粋の私法にも属さない、しかし重要な法領域がある。古くは狩猟、漁労、水利、営業などに関する法があり、20世紀になってからは労働法、経済法、さらには社会保障法などがこれに属する。民法の雇用契約から発展してきた労働法、戦時経済統制に係る法から発展してきた経済法、社会保障や生活保護に係る法から発展してきた社会保障法、さらにはメディアに係るメディア法などであるが、これらは現代の社会においてきわめて重要な機能を果たしている。

II　法の分類――実体法と手続法

　法はまた実体法と手続法に区分される。実体法は法律関係の内容（権利・義務の内容、犯罪の成立要件と効果など）を定める法であり、手続法は権利・義務関係の実現の手続を定める法である。民法、商法、刑法などは代表的実体法であり、民事訴訟法、刑事訴訟法、行政事件訴訟法は代表的手続法である。手続法（訴訟法）は国家による裁判権の行使に係る法であるから公法である。

　実体法と手続法の関係については争いがある。紛争解決の手段として裁判制度が成立し、裁判手続を進める中で実体法が形成されていったと考えるか、まず実体法があり、そこで規定された権利・義務関係を確定させるために裁判制度が発達し、裁判の実務の中から裁判の方法・手続を規律することを目的とする手続法が形成されたと考えるかである。

---

1)　以上の分類は、Manfred Rehbinder, "Einfuerung in die Rechtswissenschaft 8. Aufl." (Walter de Gruyter & Co. 1995), S.93-95 による。

Ⅲ　法の分類——国内法と国際法

　法はまた国内法と国際法に分類される。国内法は一国の主権の及ぶ範囲で効力を有し、同国内の内部関係を主として規律する法である。国内法は最高法規としての憲法のもとで制定され、それに反することは許されない（憲法98条1項は「憲法……に反する法律、命令……は、その効力を有しない」と規定する）。
　国際法は国家間の関係を規律する法である。国際法の法源は国家間の合意（条約）であるが、国際慣習法（法規範性を獲得した国際慣行）も大きな比重を占めている。今日において国際法は、国家と国際組織間の関係、国際組織間の関係、国際組織と個人の関係をも規律する場合があり、この意味では国際組織と個人も一定の範囲で国際法における法主体であるといえる。
　法の執行（強制力）という点で国際法は国内法に比して未発達であり、そのため20世紀の始めまで国際法は「法」の名に値しないとする説もあったが、今日におけるきわめて多くの多数国間条約の成立、国際貿易機関（WTO）等における執行力の強化の流れの中で、国際社会における国際法の存在は明らかである。この場合、国際法の国内法との関係をどのようなものとして理解するかが問題となる。この点、憲法は「日本国が締結した条約及び確立された国際法規は、これを誠実に遵守することを必要とする」（憲法98条2項）と定めている。

【高橋岩和】

第3節　法解釈学と法社会学、法と経済学

Ⅰ　法解釈学

　法の適用とは、大前提として条文、小前提として事実を置き、当該条文に当該事実を当てはめることで結論を導き出すことである。たとえば、「人を殺した者は、死刑又は無期若しくは5年以上の懲役に処する」（刑法199条）という条文があり、甲による殺人という事実が認定された場合、同条文が適用されて、甲は死刑または無期もしくは5年以上の懲役に処せられることになる。ここでは「A（「人を殺した者は」＝法律要件）はB（「死刑又は無期若しくは5年以上の懲役に処す」＝法律効果）なり。」「C（甲）はA（「人を殺した者」）なり。」

「ゆえに、C（甲）はB（「死刑又は無期若しくは5年以上の懲役に処す」）なり。」という三段論法に従って、Cに対してはBという結論が判決として裁判所で下されることになる。

この場合、刑法199条において「人」「殺す」といった文言（法律要件）の意味と同法律要件を充たしたときの法律効果（一定の権利・義務の発生・変更・消滅）を明らかにする作業（一般化していえば、適用されるべき法令の規範的意味内容を明らかにする作業）が法の解釈であり、そのような文言の解釈を一貫性をもって統一的・合理的・体系的に行う学問が法解釈学である。法解釈学はまた主として、法令の規範的意味内容の解釈という作業を通じて裁判ないしその他の法的実践に役立つものであることから「実用法学」でもある。

法の解釈は、法規的解釈と学理的解釈とに大別される[1]。「法規的解釈」とは、法令の解釈を立法の段階で明確にしようとするもので、各法律にみられる定義規定がその例である。「学理的解釈」とは学問的に法令の有する規範的意味内容を明らかにしようとするもので、様々な解釈技術により行われるが文理解釈と論理解釈とに区分することができる。「文理解釈」は法文の意味内容をその文言に忠実に解釈しようとするものであり、文言解釈ともいわれる。「論理解釈」とは法文がその成立後長年月を経ていてその文言に忠実に解釈しようとすると妥当な解釈に到達し得ないと考えられるときなど、「法令の目的・趣旨」「利益考量」「他の法制度との関係」などを考慮に入れて法文の文言の表現を超える意味内容を法文の文言に与えることである。成文法の国では文理解釈（文言解釈）が基本となるが、論理解釈が行われることもしばしばある。論理解釈には「拡張解釈と縮小解釈」「類推解釈と反対解釈」などがある。

「拡張解釈」は法文の文言の意味を通常の意味よりも広く解釈することである。その例として「『物』とは有体物をいう」（民法85条）との定めにおける「物」に電気を含ませるべきとする解釈などがある（なお、刑法245条参照）。また「縮小解釈」は法文の文言の文理的意味を限定して解釈することであり、制限解釈ともいわれる。その例として、「陸海空軍その他の戦力は、これを保持しない」（憲法9条2項）との定めにおける「戦力」には「自衛のための最低限の実力は含まれない」とする解釈などがある。

---

[1] 以上の法の解釈の分類については、田島信威『法令入門［第2版］』（法学書院、2005年）「第10章 法令の解釈」186頁以下参照。

「類推解釈」とは、類似した事項について一方に規定があり、他方に規定がない場合に当該他方の場合にも同様の規定があるものと類推して解釈することである。たとえば「損害賠償の範囲」について、債務不履行による損害賠償については「これによって通常生ずべき損害の賠償をさせる」「当事者がその事情を予見し、又は予見することができたときは、……その賠償を請求する」(民法416条1項・2項)とあり、不法行為による損害賠償については「これによって生じた損害を賠償する」(民法709条)とだけ定める場合において、損害賠償という類似性のある事項に係る両規定について、後者の場合にも前者と同様の「損害賠償の範囲」についての文言が規定されているものと類推して解釈することなどである。「反対解釈」とは類推解釈に対する法解釈技術で、ある法文について、当該法文の文言に書かれていない事柄については当該法文とは反対に解釈をすることである。たとえば「他人の生命を侵害した者は、被害者の父母、配偶者及び子に対しては、……損害の賠償をしなければならない」(民法711条)との定めについて、被害者の兄弟に対して損害の賠償をする義務はないと解釈するような場合である。

　法の解釈は、「論理解釈」が行われる場合にはとくに、複数の解釈が成り立つのが通常である。憲法9条のもとで自衛のための軍備が許されるか否かをめぐる肯定・否定に係る解釈の対立はその顕著な場合であるが、民法、商法などの私法、労働法、経済法、消費者法などの社会法についてもこのことは同様である。イエーリングが『権利のための闘争』(村上淳一訳、岩波書店、1982年)で「法の目的は平和であり、これに達する手段は闘争である。……法の生涯は……諸々の民族の、国家権力の、階級の、個人の闘争である」と述べるように、法の解釈は法文の文言解釈をめぐる様々な価値観ないし世界観の争いなのである。

II　法社会学

　法解釈学が国家により制定された法(制定法ないし成文法)の法文の規範的意味内容を明らかにすることをもっぱら目的としているのに対して、法社会学は広く社会に存在する「生ける法」(それぞれの地域・領域に存在する法的慣行や慣習法などの条理に由来する社会規範)の生成・発展過程、その社会統制手段としての機能、国民の法意識との関係などを明らかにすることを目的としている。

　法社会学は19世紀から20世紀にかけて、伝統的法学がもっぱら制定法の

無欠性を前提とした文理解釈により法的紛争の解決をはかろうとする概念法学・法典万能論になっていることに対する批判としての自由法運動（法源を生ける法にまで拡大し、裁判官の法創造的機能ないし法的判断における自由裁量を認めようとする運動。カントロビッツを提唱者とする）の一環として形成されたものである。制定法の基礎にある「生ける法」に着目し、その実態と機能を明らかにしようとしたエールリッヒ、各国の法制度を社会・経済・宗教などと関連させて比較することを試みたマックス・ウエーバーなどを創始者とする社会科学の一分野である。

III　法と経済学

「法と経済学（law and economics）」は、法（法規範・法制度・法慣習など）をミクロ経済学（ことに価格理論）を使って分析することを課題とする学問分野である。その対象とする領域は今日、契約法、所有権法、不法行為法、会社法、競争法、消費者法、知的財産権法、訴訟法、国際法など多岐に及んでいる。

市場における取引など経済活動を円滑に行うためには取引のルールを定める法律が必要である。このような取引のルールとしての法律は、たとえば米の輸入規制に係る法律にみるように、市場における資源（この場合は米）の効率的な配分に影響を与える。そこで米の輸入規制に係る法制度を作ったり、関係条文の解釈・適用をするにあたって、資源の効率的配分という観点を導入することには意味がある。

法律学においては従来から、すでに述べたように正義、自由、公正といった法的価値の実現という観点から法制度や法解釈のあり方を問題としてきたのであり、資源の配分、さらには経済的効率性の最大化、一般消費者利益の最大化といった経済的観点から法制度や法解釈のあり方を考えることは稀なものであった。とはいえ、ミクロ経済学の一分野としての産業組織論が、アメリカにおいて反トラスト法の解釈・適用のための補助手段として1930年代に出発し、発達してきた歴史もあり、法の経済学的分析が重要性を有する法分野がなかったわけではない。歴史をたどれば、アダム・スミスが重商主義に基づく貿易関係立法の経済的効果を分析していたということもある。しかし今日、法と経済学ということで問題となる分野を開拓したのは1960年代におけるロナルド・コースやグイド・カラブレイジ（論文は「社会的費用の問題」「危険分配と不法行為法に関する若干の考察」）である。その後この分野はシ

カゴ大学ロー・スクール教授のリチャード・ポズナー、F・イースタンブルックなどにより発展させられてきた。

　今日アメリカを始めとするいくつかの国々では法の経済学的分析ないし法の解釈における経済学的主張は多くの裁判でも原告・被告双方からなされるものとなっており、実務的にも重要性を増してきている。

　そこで法と経済学が最初に発展させられた独占禁止法の分野について具体的な法の経済学的分析の例をみておくことにしよう。独占禁止法においては企業集中、たとえば企業合併は「一定の取引分野における競争を実質的に制限することとなる場合」には禁止される（日本独禁法15条）。ここで「競争を実質的に制限することとなる」という文言を解釈するには経済学的説明が用いられる。すなわち、各25％の市場占拠率を有する4社により構成されていたある商品の市場で2社が合併して市場占拠率50％の企業が生まれる場合これを「競争を実質的に制限することとなる」として禁止すべきかという解釈が問題となるとき経済学における企業行動モデルが参照される。すなわち、市場占拠率50％となった企業が値上げ行動をするとき、競争2社が価格行動で追随するか、追随せずに価格を据え置き、当該商品をめぐる競争が維持されるかの判断をするに際して、経済学的企業行動モデルを使ってシュミレーションし、市場支配力（価格支配力）の形成と価格支配行動が起こりうるか否かの判断をするのである。

〈参考文献〉
　本文中に表記のもの以外で、法社会学については、六本佳平『法社会学』（有斐閣、1986年）、法と経済学については、J・M・ラムザイヤー『法と経済学：日本法の経済分析』（弘文堂、1990年）、林田清明『法と経済学［第2版］』（信山社、2002年）、矢野誠一編著『法と経済学』（東京大学出版会、2007年）などを参照。

【高橋岩和】

第 2 章

法と社会

I　はじめに

1　社会現象としての法

　本章では、法社会学の観点から、法を考えてみることしよう。法学部における授業は法律学を中心に行われる。憲法、民法、刑法などを典型とする法律学においては、法律の条文がどのような内容のものであるかをまず学び、それが具体的な事実との関係でいかなる意味をもちうるかを、判例などを参照しつつ習得することになる。そこでは、法とは何よりも法律を意味し、個々の条文がどのような意味をもつものと裁判所が解釈しているか、全体として一貫した理論体系の下で個々の条文がどのような意味内容をもつものとして理解可能であるか、といった事柄を学ぶことが中心となる[1]。

　これに対して、法社会学、あるいはより広く、法に対する社会科学の観点からは、法とは全体社会のルールの複合的な構造から成る社会的仕組みを意味し、そうした仕組みが実際にどのように作動し、社会のなかでどのような効果をもつかが問われることになる。法社会学においても、法律がどのような内容の条文から成り、個々の条文の意味を裁判所がどのように解釈しているかを理解することは重要である。しかしそれは、具体的な事実に基づき法的主張を構成するためではなく、法律の条文が実際にどのような意味内容をもつものとして裁判所が理解しているかという事実を知るためである。

---

1)　以上は法律学の基礎であり、法律学のすべてではない。法律実務家の養成を目的とする法科大学院では、さらに、具体的な事実に応じた意味解釈の構成の仕方を学ぶ。法律学とは、法内在的な論理を駆使し、具体的な事実に応じた規範的主張を行う技術を学ぶことである。法律学は社会科学に分類されるのが普通であるが、したがって、厳密な意味では社会科学ではない。

このように、社会科学は法および法に関連する事柄を社会現象と捉え、そうした社会現象が事実として社会のなかにどのように存在しているか、それらの現象と他の社会現象との関係がどのようなものであるかを、経験的なデータに基づき明らかにしようとする[2]。法と社会との関係を問うとは、したがって、法現象とその他の社会現象との関係を問うということに他ならない。

2　社会統治の仕組みとしての法

法律学にとって法とは、憲法を頂点とする法律、政令、その他の実定法規を意味するのに対して、法社会学にとって法とは特殊な社会的仕組みを意味する。通常、法と総称される全体社会のルールのなかには、社会成員の行動を抑制したり促進したりする行為に関わるルールと、行為に関わるルールを具体的行為に適用したり、行為に関わるルールを改廃したりするために用いられるルールとがある。このようなふたつの種類のルールを用いて社会を統治する仕組みが、法社会学において法と呼ばれるものである。いわゆる「法による支配」とは、法社会学の観点から見れば、このような社会的仕組みが作動し、それによって社会統治が実際に行われている状態を意味する[3]。

ふたつの種類のルールの複合的構造からなるこの社会的仕組みは、広い意味で法律家と総称される人々によって動かされる。この社会的仕組みの内部におけるルールの間の論理的関係は独自の規範的性格をもっているために、法という社会的仕組みを運用するためにはその特殊法的な論理を習得しなければならない。法律学は、法という社会統治の仕組みの担い手である法律家を養成するためのものなのである。

社会統治の仕組みとしての法は、法律家と呼ばれる人々によって担われると同時に、国家機関としての裁判所、議会、行政府によって運用される。経済活動の主な担い手が経済人と呼ばれる人々であり、社会における経済の状態は企業の活動状況によって大きく影響されるのと同様に、法による社会統治がどの程度、またどのように行われているかは、裁判所を中心とする法機関の活動状況に大きく規定されることになる。弁護士などの法律家の職務行為、裁判所などの法機関の活動、および一般国民の法に関わる行為を総称し

[2) 　社会調査における問いと、問いに答えるための経験的データの収集については、盛山和夫『社会調査法入門』(有斐閣、2004年) 参照。簡略な概観として、太田勝造他編『法社会学の新世代』(有斐閣、2009年) 14頁以下参照。
[3) 　村山眞維=濱野亮『法社会学』(有斐閣、2003年) 第1章参照。

て法システムと呼ぶ[4]。

II　法と社会との関係がなぜ問題となるのか

1　法社会学の出現の背景

　現代の法社会学が用いている概念や方法が社会学や法学のなかで用いられはじめたのは、19世紀末から20世紀の前半にかけてであった。この時期は、経験的な社会学がエミール・デュルケムやマックス・ウェーバーによってはじめられた時期である。また、法学の分野でもオイゲン・エールリッヒやロスコー・パウンドなどが法律の条文の意味と、社会におけるその実際の作用とを峻別し、両者の関係を問う理論枠組を提示した時期でもある。

　この時期にこうした一連の理論や問題意識が出現してきたのは偶然ではない。19世紀から20世紀初頭にかけては、西欧諸国や米国では急速に産業的都市化が進み、いわば農業中心の社会から工業中心の社会となるとともに、伝統的な地縁・血縁関係に基礎を置く社会関係が大きく変化した時代であるからである。この時期に、それまでのいわゆる市民法的な枠組みが社会の現実にそぐわなくなると同時に、法による統治が日常的な社会生活にまで及んできた。

　19世紀の欧米における実定法は、フランスで1804年に制定されたいわゆるナポレオン法典に典型的に示されているように、自立した市民が対等に法律上の関係を取り結ぶことを念頭に作られていた。しかし、近代資本主義の発展に伴い、工場経営者と労働者との関係に見られるように、現実の社会における契約当事者の関係はしばしば対等ではなく、そのため公正な内容の契約締結が期待できないという事態も生じてきた。このため、通常の民法典に加えて労働法を制定し、過度の労働を要求する契約締結を禁止するといった必要が生まれてきたのである。

　こうした変化は、別の面からみれば、法による統治が社会成員の日常生活のなかに広く及んでくることをも意味した。農民が都市の労働者として雇用契約の当事者となるのは、その一例である。また、産業化以前は人々の主な財産とは不動産であり、不動産を所有する比較的少数の人々が契約や遺言の利用者であり、刑法による窃盗などからの保護の対象でもあった。しかし、

---

[4]　法システムの構成要素としての様々な法機関とその活動過程についての概要として、太田他編・前掲（注2）5頁以下参照。

工業化により大量生産が始まるとこうした状況は一変する。しかも、都市への人口集中は、都市における生活の安全と公衆衛生を維持するために様々な規制立法をも必要とすることになった。

このような社会変化は、それまでの実定法の変化を要請するものであったが、裁判官をはじめとする法律家は新たな要請に容易に対応することができなかった。エールリッヒがドイツの実用法学を批判し、社会のなかで実際に人々の間で遵守されている行為規範としての「生きた法」という概念を提唱したり、パウンドが法による社会統制を合理的に行うための学問として「社会学的法理学」を推進しようとしたのも、さらには、米国のリアリストと呼ばれる人々が裁判の非合理性を痛烈に批判したのも、実定法と社会的現実とのギャップに鈍感な法律家に対する批判であった。

当時出現してきた経験的な社会学において、法が社会を理解するうえでの重要な構成要素と見られているのも、19世紀以降の西欧社会において、法による統治がそれまで以上に社会統合にとって決定的に重要なものとなってきたからに他ならないといえる。

2　日本における固有の問題

このように、法学の世界における法社会学への関心は、実定法と社会的現実とのギャップが主な原因のひとつとなって生まれている。日本ではこのギャップがとくに法社会学の発展を早くから促した。

西欧の法制度が実定法を含めて導入された当時の日本社会は、圧倒的に農業中心の社会であり、産業化以後の社会の西欧実定法は社会の現実にそぐわないものであった。欧米の場合とは正反対に、法が社会変化についていけなかったのではなく、社会変化に先行したことからギャップが生じたのである[5]。

たとえば、現在の日本では、結婚が婚姻届を役所に提出することによって法律上成立することは広く知られているといえよう。このため、結婚の意思がある男女は、戸籍上の届けをすることが普通である。しかし、伝統的に日本ではこのような法律婚主義が取られておらず、また、家族制度が夫婦を中

---

[5] 法が社会変化に先行したといっても、単線的な進化理論を前提としているわけではない。また、欧米とアジアという対比をすれば、時間的な後先関係ではなく、異質な社会の法律を日本に導入したと見ることもできよう。しかし、いずれにせよ、産業化が進んでいない社会に、産業化の進んだ社会の法律が導入されたということは事実である。

心とするものではなかったために、戦前には婚礼の儀式が行われたとしても、法律上の届けが行われないことがしばしばあったと言われる。このため、事実上の夫婦の関係が破綻したとき、事実上の妻は無権利状態に置かれることになった。裁判所は、こうした事態に対応するために、事実上の夫が妻を追い出そうとしたとき、婚姻予約の不当な破毀という苦し紛れの理論構成を行い、妻を保護しようとしたのである。

法律と社会的現実とのこのようなギャップが広く存在したために、日本では、法律の条文と「生きた法」とを対比するエールリッヒの考え方がいち早く紹介され、「生きた法」を経験的な方法で調査することへの関心も広まることになった。とくに第二次世界大戦後、新たに国民主権と基本権を定めた日本国憲法が制定されると、こうした理念に基づく法による統治を社会に拡大していくために、「生きた法」をいかに変えていくことができるかが問われるようになった。川島武宜が「順法精神」を書き、日本の当時の社会関係のあり方が西欧近代法の下における規範的な社会関係のあり方といかに異なっているかを指摘したのも、こうした時代背景のなかでであった[6]。

川島武宜の法社会学は、近代的な法意識（実定法）とは異質な日本人の規範意識（社会的現実）に関わる研究として知られている。それは、社会哲学的な制度論と社会心理学的な因果関係論を含んでいるが、いずれにおいてもエールリッヒと同様の対比的な概念構成が用いられている。

Ⅲ 法と社会に対する視座

1 社会が法に及ぼす影響

日本の法社会学のなかで川島の議論は大きな影響をもち、戦後における研究の主な流れのひとつを形成してきた。川島の議論が当時の研究者にアピールしたのは、新しい憲法の理念に基づき因習的な社会的力関係を批判した点にあった[7]。しかし、海外の研究者を含め主に学問的な議論の対象となったのは、川島が主張した「日本人の法意識」が日本における弁護士数の少なさ

---

[6] 川島武宜「順法精神」『川島武宜著作集（第4巻）』（岩波書店、1982年）112-172頁。戦後の改革の時期には、社会の現実と取り組む法学の分野としての法社会学に対して、ある種の熱い期待があり、法社会学に対する関心は民事法の研究者の間で広く共有されることになった。日本で法社会学会が設立されたのは1947年であり、世界で最も早く設立された法社会学の学会であることは、偶然ではない。

[7] 川島の批判的モデルを経験的に用いるための法による紛争処理モデルを構築した研究として、六本佳平『民事紛争の法的解決』（岩波書店、1971年）参照。

や訴訟件数の少なさの原因になっているという因果関係論であった[8]。

西欧近代法は対等な関係に立つ法律行為の主体を想定し、かつそれぞれの行為主体に帰属する利益の範囲を権利義務として明確に画定しようとする。近代法の下で行われる裁判も、実定法に照らして当事者の主張の理非を判断し、権利義務関係を確定させるものである。川島によれば、日本における地主と小作人のような家父長制的な社会関係の下では、地主からの恩恵の付与に対する小作人の恭順に見られるように、行為主体が自己を他者との関係で自立した対等の存在として意識することはないという。また、伝統的な社会関係は、特殊主義的かつ機能的に拡散した関係であり[9]、個人への利益帰属を明確にすることを嫌うような関係であった。こうした伝統的な社会関係のなかでは、近代法という規範も裁判という手続も、伝統的な規範意識になじまない疎遠なものと認識され、自ら近代法を遵守しようという気持が生まれないだけでなく、裁判を利用しようとする動機付けも生じないということになる[10]。川島は、こうした日本人の意識のあり方こそが、弁護士数が少なく訴訟件数が少ない原因である、と主張したのである。

川島のこうした因果関係論は、しかしながら、意識のあり方は社会関係のあり方と密接に関連しているという前提に立ち、伝統的な意識のあり方は農業中心の社会関係に見られるもので、産業化の進展とともに社会関係のあり方は変化し、意識のあり方もまた変化するであろうという予測を伴っていた。

川島のこうした予測は、その後の変化のなかで裏切られることになった。日本では1970年代から80年代にかけて急速に経済が発展し、高度産業社会の仲間入りをしたにもかかわらず、日本の弁護士人口や訴訟件数は欧米諸国ほどには増えなかったからである。その結果、経済的発展や都市化による社

---

[8] 川島武宜『日本人の法意識』(岩波新書、1967年) とくに139-143頁参照。

[9] 川島武宜「現代日本における紛争解決」A・T・ヴォン・メーレン編『日本の法：変動する社会における法秩序』(東京大学出版会、1965年) 59-86頁、とくに62-64頁。特殊主義的（特定主義的）な関係とは、他者との関係が一定の基準に従って広く結ばれるようなものでなく、他者との個別具体的な関係の存在ゆえに取り結ばれるような関係を意味する。機能的に拡散した関係というのは、個人と個人との関係が、たとえば仕事の上だけの関係で一歩職場を出ればお互いに干渉しないというような機能的に限定されたものではなく、職場を出てもいろいろな面で付き合いが続くような関係を意味する。

[10] 裁判が比較的頻繁に用いられた紛争が二種類ある。高利貸しによる借金取り立てと入会をめぐる部落の間の争いである。川島によれば、これらはいずれも伝統的な社会関係の外で生じる紛争であった。川島・前掲（注9）とくに64-65頁。

会関係の変化とは相対的に別の要因として、法文化という概念が用いられるようになり、日本に固有の法文化が人々の行動に影響していることが指摘されるようになった[11]。

以上のように、日本においては、社会が法に及ぼす影響は、戦前は社会から遊離した実定法を社会に適合するように適用するにはどうすればよいかという問題として、また、戦後においては、近代法の仕組みが広く用いられないのをどう説明するかという問題として、比較的限定された角度から論じられてきたといえる。

図1：法と社会の関係

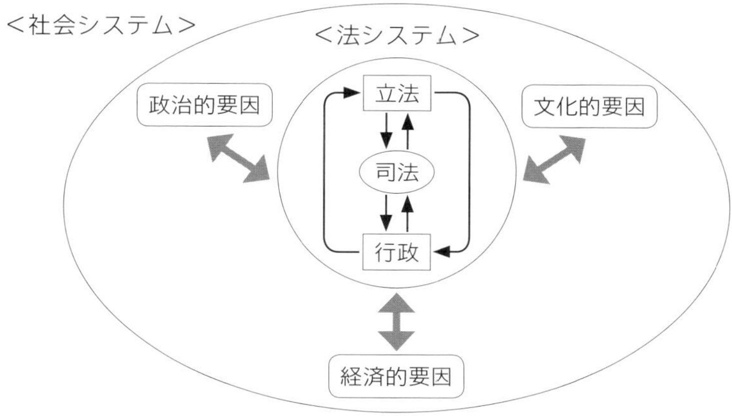

＜社会システム＞　＜法システム＞

政治的要因　　立法　　文化的要因

司法

行政

経済的要因

しかしながら、社会が法に及ぼす影響は文化的な影響にとどまらない。図1に示されているように、司法を中核的構成要素とする法システムに社会が及ぼす影響には、政治的な要因も経済的要因もある。明治初年以降における西欧法の導入は、治外法権の撤廃のための条約改正をできるだけ早く実現するという政治的目的の下に行われたのであり、日本の法システムの発展を検討するうえで政治的要因は重要な意味をもっているはずである。

また、社会が法に及ぼす影響は、人々がどのくらい訴訟を利用するかという点にとどまらない。政治的、経済的、文化的要因は、どのような訴訟手続が制度化されるか、行政が司法とパラレルな手続をどのくらい設けるか、等々の法機関に関わる制度的条件にも影響するであろう。人々が紛争の解決

---

11) 六本佳平『日本の法と社会』（有斐閣、2004年）第2章参照。

のためにどの程度訴訟手続を利用するかという事柄を従属変数とすれば[12]、人々が訴訟についてどのような観念をもっているかという文化的要因だけでなく、そしてときにはそれ以上に、訴訟を利用して「元が取れるか」という経済的な要因も独立変数として作用している可能性もあろう[13]。

また、気をつけなければならないのは、政治的、経済的、文化的要因相互の間でも影響しあう関係があるということである。これらの関係が実際にどのようなものであるかは、理論的に仮説として考えることが可能であるとはいえ、最終的には経験的データに基づいて検証されるべきものである。日本社会における経済的発展によって社会関係に変化が生じ、それが経済的要因の変化だけでなく、政治的要因や法に関連する文化的要因に変化をもたらしていることは十分に考えられる。しかも、こうした諸要因は人々の意識や行動に直接影響を及ぼすだけでなく、法システムの制度的諸条件にも影響するであろう。こうした要因間の複雑な関係を考えると、文化的要因、なかでも法意識によって訴訟利用の多寡を説明しようとするモデルは現実を単純化しすぎたモデルといえるであろう。

2　法が社会に及ぼす影響

実定法と「生きた法」を対比する視座を用いたエールリッヒは、「生きた法」が実定法へと生成されていくだけでなく、実定法が「生きた法」となることをも指摘した。これは、法によって社会を変えることを意味するが、こうした見方を正面から取り上げ、意識的な社会統制の手段として法をいかに用いるかを論じたのが、先に述べたパウンドの社会学的法理学である[14]。

しかし、こうした法に対する見方は、日本では必ずしも新しいものとは言えない。明治初年以降の「上からの近代化」の過程で、西欧近代法が一部内容を変えつつも国家権力による強制力発動の根拠として使われてきたからで

---

12) ある事柄が原因となってある結果が生じていると考えられるとき、原因と考える事柄を「独立変数」、結果を「従属変数」と呼ぶ。
13) 日本人の意識のあり方が訴訟の原因になっているという川島の主張に対しては、訴訟をしてもメリットがないから訴訟が用いられないのだという批判もなされた。ジョン・O・ヘイリー〔加藤新太郎訳〕「裁判嫌いの神話（上・下）」判例時報902号（1978年）14頁以下・907号（1979年）13頁以下。これは一般に文化論対制度論の対立と言われることもある。しかし、このような仕方で二つの要因を対比的に論じることにどれほどの意味があるかは疑わしい。その理由のひとつは、「メリットのない訴訟制度をそのままにしているのは、訴訟を重視しない文化があるからだ」という主張を制度論は覆すことができず、結局のところ鶏が先か卵が先かの循環論に陥るからである。

ある。戦後においても、川島の法意識論について見たように、社会に対する法の効果をいかに実現するかが大きな関心事であった。

　しかしながら、こうした見方や関心とは裏腹に、法の効果を経験的に測定しようとする研究は驚くほど少ない。法の効果といえば最初に念頭に浮かぶのは、刑事法の抑止効果であろう。抑止効果については理論的・経験的研究が欧米で行われてはいるが[15]、日本ではいまだにほぼ未開拓の領域である。刑罰のない法律の効果がどのくらいあるかも、行政規制立法の分野では重要な問題である[16]。また、民事法については法の効果が論じられることは少ないが、民事法上の制度がどのくらい用いられるか、それによって人々の行動がどのように変化するかもまた重要な問題である。こうした問題についての経験的な研究も、ようやく途に就いたばかりである[17]。

IV　おわりに

　法と社会との関係は、具体的な問題について論じられるとき、法から社会への影響、あるいは社会から法への影響のいずれかとして論じられることが少なくない。しかし、本章で述べてきたことからも明らかであるように、両者の関係は相互的なものであることに十分に留意すべきである。循環論に陥らずに経験的な検証を進めていくためには、法と社会の関係の一部を切り出して仮説を形成することが不可避であろう。しかし、そうした部分的な仮説をより広い文脈のなかに位置付けて理解する努力が必要である。

---

14) 法はその背後にある社会によって根本的に規定された派生的現象であるというのが19世紀の理論家に見られた特徴である。たとえば、歴史法学者のサヴィニーは法を民族精神の表れであると主張し、史的唯物論者のマルクスは経済的な生産諸関係としての下部構造が法を含む上部構造を規定していると主張した。ロットロイトナーはこうした見方を、法がその基礎にある社会過程の表れとみなされているという意味で、法の表現モデルと呼んでいる。H・ロットロイトナー〔越智啓三訳〕『現代ドイツ法社会学入門』（不二出版、1995年）41-42頁。これに対して、パウンドのような見方は、法の道具的見方とよばれ、20世紀以降に広まった見方である。
15) 理論的研究の一例として、E. Franklin E, Zimring and J. Gordon, Hawkins, Deterrence: The Legal Threat in Crime Control, The University of Chicago Press, 1973.
16) 飯田高「サンクションのない法の効果」太田他編・前掲（注2）第11章参照。
17) 行動への影響ではないが、裁判所の利用経験が裁判所のイメージにどのように影響するかを論じた最近の研究として、松村良之「裁判所イメージと裁判所経験」松村良之＝村山眞維編『法意識・問題経験・紛争行動（仮題）』（東京大学出版会、近刊予定）第3章。

〈参考文献〉
- 太田勝造他編『法社会学の新世代』(有斐閣、2009年)
- 川島武宜「現代日本における紛争解決」A・T・ヴォン・メーレン編『日本の法：変動する社会における法秩序』(東京大学出版会、1965年) 59-86頁
- 川島武宜「順法精神」『川島武宜著作集（第4巻）』(岩波書店、1982年) 112-172頁
- 川島武宜『日本人の法意識』(岩波新書、1967年)
- 盛山和夫『社会調査法入門』(有斐閣、2004年)
- ジョン・O・ヘイリー〔加藤新太郎訳〕「裁判嫌いの神話（上・下）」判例時報902号（1978年）14頁以下・907号（1979年）13頁以下
- 村山眞維＝濱野亮『法社会学』(有斐閣アルマ、2003年)
- フーバート・ロットロイトナー〔越智敬三訳〕『現代ドイツ法社会学入門』(不二出版、1995年)
- 六本佳平『民事紛争の法的解決』(岩波書店、1971年)
- 六本佳平『日本の法と社会』(有斐閣、2004年)

【村山眞維】

第3章

法と歴史
――不動産所有と担保に関する法観念の変遷――

I 法史学の存在意義

　法学部で学ぶ法律科目のほとんどは、現在、わが国で施行されている法律を対象として、その条文の解釈と運用の実態を学ぶことを目的としている。しかし、言うまでもないことだが、法律は、国家・民族あるいは社会によって異なり、また時々刻々と変化する。わが国の現行法とまったく同じものは（もちろん、共通点はあるが）、他の国には見られないし、過去にも将来にも存在しない。それでは、そもそも、法律は人間にとって何故必要なのか、法律は何のためにあるのか、といった法律の本質にかかわる問題は、どうすれば追い求めることができるのだろうか。わが国の現行法を学ぶだけでは、この問題に応えることはできない。いわゆる実定法解釈学に加えて、比較法学・法哲学・法史学といった基礎法学を学ぶ意義がここにある。
　この章では、法史学（日本）の観点から、近世から近代における不動産所有と担保に関する法制度に的を絞って、その変化を追いかけてみたい。こうした考察を通して、①わが国の現行法がどのように形成されてきたのかを知るとともに、②現行法が「近代」の所産にすぎず、歴史上、非常に特殊な制度であることが理解されよう（この意味で、法史学は、現行法を相対化する試みであると言える）。

II 近世の田畑所持とその制限

1 概　説

　豊臣秀吉による太閤検地は、農地について、その現実の耕作者を名請人として検地帳に登録し、貢租を負担させたが、江戸幕府もこの政策を引き継いで、農地を検地帳に登録して高請地とし、その名請人を貢租負担者、すなわ

ち「本百姓」とすることで、高請地に対する農民の私法的支配を「所持」権として保障することにした。しかし、他方では、貨幣経済に巻き込まれずに百姓の経営を安定させ、年貢や諸役の徴収を確実にするため（田畑の売却によって貧弱な百姓が益々困窮して担税力が減少することを防ぐほか、田畑の集中による地主勢力の勃興や社会不安の発生を懸念したためでもあったと解されている）、所持に種々の制限を加えた。そのうち最も重要な制限として、私たちは、小・中・高等学校の社会科あるいは日本史の教科書で、寛永20〔1643〕年以来、江戸幕府が、田畑の永代売買を禁止していた旨を教わってきた。幕末までこの禁令は維持され、明治5年2月〔1872年3月〕の太政官布告によって、ようやく土地永代売買が解禁され、田畑が近代資本主義的な商品交換法体系の中に組み込まれるようになったというわけである。

2 田畑永代売買の禁止
(1) 幕府の法令

江戸幕府は、確かに、寛永20年3月、百姓所持の田畑の永代売買を禁止し、その違反者に対して罰則を定めた。

> 一 身上能き百姓は田地を買い取り、弥宜く成り、身躰成らざる者は田畠沽却せしめ、猶々身上成るべからざるの間、向後田畠売買停止為るべき事。
> 　寛永二十年末三月

> 田畑永代売御仕置
> 一 売主牢舎の上追放、本人死候時は子同罪。
> 一 買主過怠牢、本人死候時は子同罪。但、買候田畑ハ売主の御代官、又ハ地頭江之を取り上ぐ。
> 一 証人過怠牢、本人死候時ハ子ニ搆なし。
> 一 質に取候者は作り取りニして、質に置候者より年貢役相勤候得は、永代売同前の御仕置。但、頼納買といふ。
> 　右の通、田畑永代売買停止の旨、仰せ出され候。
>
> 　　　　　　　　　　　　　　　　　　　　　　　　　（『御触書寛保集成』）

売主に対しては牢舎の上追放、買主と証人に対しては過怠牢に処するなどの処罰を定め、形式的には質であっても実質的に売買とみなされる「頼納」

も禁止したのである。

上と同様の禁令は、五代将軍綱吉の貞享4〔1687〕年にも出されており、さらに、八代将軍吉宗による延享元〔1744〕年の御定書にも盛り込まれた。

- 一　永代売買致候当人過料、加判名主役儀取上、証人叱り、同買候もの永代買候田畑取上ケ
- 一　高請無之開発新田畑ホ其外浪人武家所持之田畑永代売無構、無拠質ニ取候もの、作取ニシテ質置主年貢諸役勤候分、質置主過料、名主役儀取上、証人叱り

とはいえ、御定書の規定を、前掲の寛永20年禁令と比較すると、対象が百姓所持の高請地に限定され、また刑罰についても、売主は過料、買主は当該田畑の没収、加判の名主は役儀取上、証人は叱りと、大きく緩和されていることが分かる。

(2)　禁令の実態

田畑永代売買の禁令は、明らかに経済上の需要に反するものであったから、御定書のように処罰を緩和しただけでは、根本的な解決にならず、禁令の実効性を事実上否定する事態が進行していた。そもそも、①いくつかの藩（常陸の水戸藩、日向の延岡藩の例が良く知られている）では、田畑の永代売買は認められていたし、また、②幕府が禁止したのは田畑であって、町屋敷は沽券地として永代売買が許されていた。③田畑についても、「永代」売買は禁止されていたものの、「期限付」売買は認められていたのであり、「期限付」売買は、買戻約款付の売買のことで、借金を返済期日内に返済できなかった場合には、担保とされていた田畑は質流れとなったから、実際には、売買と同じ効果（所持権の移転）がもたらされていたのである。

(3)　大岡越前守忠相らの提言

このように、田畑永代売買の禁令は形骸化していたから――とりわけ元禄以降における貨幣経済の農村部への侵潤が加速した――、幕府内においても、享保年間には、荻生徂徠『政談』や田中丘隅『民間省要』らが公然と禁令を批判し、延享元〔1744〕年6月には大岡越前守、島長門守および水野対馬守が、吉宗に対して、御定書における禁令の撤廃を伺出るまでに至った。

田畑永代売之儀者、寛永二十未年被仰出候ニ付、只今迄右之通御仕置仕

来候得共、御下知之通田畑ニ離れ申度もの者無之、無拠売買をも仕来候
儀と奉存候、其上質地ニ入候程之もの者請戻候手当も無之、流地ニ罷成
候類、数多有之候得者、名目替候迄ニ而、即永代売ニ罷成候間、此度右
御仕置者相止候而も可然哉ニ奉存候付、奉伺候

（『徳川禁令考』後聚第二）

　大岡らの主張は、要するに、吉宗が言うように、田畑を離れたいと思っている者はおらず、やむなく売買に及ぶのであり、また質地に入れて請け戻せずに流地になる者も多く、事実上、永代売買になっているのだから、この際、思いきって、御定書では、永代売買の処罰を廃止してはどうかというのである。しかし、この伺いに対して、吉宗は、

此儀者、売買御免ニ成候而ハ、不身上之百姓、当分徳様ニ目を付、猥ニ
田畑売放候様ニ可相成哉、其上此度之御定ニ成候得者、売主咎メも軽ク
成、且又是非差詰り候者、今迄之通質地ニ差入候得者、差支も無之候間、
先今迄之通ニ可差置事、　　　　　　　　　　　　　　　　　（『同上』）

と述べて、もっぱら、永代売買の解禁が農民心理に及ぼす影響を顧慮して、刑罰を緩和するにとどめ、廃止しないよう命じたのである。

3　山城国乙訓郡長岡の田畑売買証文
(1)　長法寺村の領有関係

　諸藩では、田畑の永代売買禁止について、幕府にならった例が多いが、禁止しなかった藩も存在したことは先に触れた。ここでは、京都の西郊、山城国乙訓郡長岡地域（とくに長法寺村）の土地関係の証文例を紹介しよう。
　近世長岡では、幕府領や宮家・公家・寺社領などによる領有が入り組んでいた（相給）ことが知られているが、長法寺村の場合、村高は220石余り、江戸初期には、そのうち、129石余りが中和門院料、30石余りが北面領、60石余りが宮内卿局領であった。中和門院は、近衛前久の娘前子のことで、天正14〔1586〕年に秀吉の猶子となり、後陽成天皇の女御として後水尾天皇を産んだ。元和6〔1620〕年に中和門院の院号を賜っている。寛永7〔1630〕年に死去したため、同料は上知となり、その後、二度にわたって細分されて、三つの局領となった。局とは、天皇に仕える女官で、典侍と内侍（あるいは掌侍）の別があり、局在任の間、50〜200石の領知が複数の村に分けて与え

られたが、役を退くと上知となり、蔵入地（京都代官支配）となるのが通例であった。北面は、仙洞御所に勤仕した地下官人で、上北面10軒と下北面15軒があったが、長法寺村に領知が与えられたのは、下北面の内、速水左京亮ら旧家の13軒（当初は9軒）であった。なお、宮内卿局領は、寛文8〔1668〕年に、下鴨神社の社家である梨木家に与えられている。

　以上のように、長法寺村は、17世紀後半に、三つの局領・北面領・梨木家領の相給となり、以後幕末まで、同様の領有関係が続くことになる（長岡京市史編纂委員会編『長岡京市史　本文編2』長岡京市役所、1997年）。

(2)　田畑の永代売買

　さて、次に掲げるのは、長法寺村における田地永代売買の証文の例である。

　【A】永代売渡シ申田地之事
　　　　合金子百八十七匁五分也
　　　右の田地御年貢六斗ニ相つまり申候故永代其方へ売渡シ申所実正名白也右之田地ニ付何方ヨリも違乱有間敷候若於之有者売主請人罷出急度相済シ可申其方へ者少も御六ケ敷事掛申間敷候仍而為後日売状如件
　　　明暦弐〔1656〕年　　　　　　　　　売主
　　　　　申ノ極月廿四日　　　　　　　　十　蔵　　書判
　　　　　　　　　　　　　　　　　　　　仁右衛門　書判
　　　　　　　　　　　　　　　　　　　請人
　　　　　　　　　　　　　　　　　　　　源十郎　　書判
　　　　　　　　　　　　　　　　　　　同
　　　　　　　　　　　　　　　　　　　　山三郎　　書判

　　　　清左衛門殿へ

　前述のように幕府の禁令は、寛永20年3月に発せられていたのだが、それにもかかわらず、長法寺村では、田畑の永代売買が公然と行われていたのである。

(3)　田畑の年季売（期限付売買）

　幕府が合法的な売買として、年季ないし年季売（関東）あるいは本物返しといった買戻し特約が付いた売買（売買の形式の質入とも言える）を認めていたことは、先にも触れたが、次に掲げるのは、本物返しによる田地売買の事例である。

【B】本物返シニ売渡シ申田地之叓
　　丁銀壱貫目也
一右之銀慥ニ請取当御年貢米年々之御未進米ニ相詰り字九十歩九畝九歩高壱石三斗弐合三夕之処元銀壱貫目ニ当辰極月ヨリ午之年迄三年切売渡シ申所実正也此田地ニ付外之搆少モ無御座候若午之年暮レニ銀埒立不申候ヘ者右之田地ハながれ其方之支配ニ可被成候仍而為後日売券状如件
　　　　正徳二〔1712〕年　　　　　　　　　　　　売リ主
　　　　　　辰十二月五日　　　　　　　　　　　　㊞ 源 太 郎
　　　　　　　　　　　　　　　　　　　　　　請人
　　　　　　　　　　　　　　　　　　　　　　　　㊞ 忠右衛門

　　清左衛門殿

(4) 田畑の質入

　上のような年季売のほか、借金の担保として田畑を質入することも、一般的に行われていた。旧幕時代の不動産質には、①無年季有合次第請戻文言の質、②年季明請戻文言の質、および③年季明流文言の質、の三種があった。もっとも、本来無期限たるべき①については御定書の元文2〔1737〕年の制により質入から10年を過ぎれば流地とされ、②（江戸時代中期でもっとも一般的な質）は、元文2年に年季明後10年内に請戻すべきことに定められ、③（江戸時代後期でもっとも一般的な質）は、御定書によれば年季明後二か月間は請戻権が留保されていた。
　ともあれ、一定期日に元利を支払えば、当該田畑が返還されることは言うまでもない。しかし、借用銀子が返済されなければ、当該田畑は質流れとなって、貸主にその所持権が「永代」に移転することになるから、この場合にも、永代売買と同様な結果がもたらされることになる（このような意味で、質入は質入形式の売買であったとも言える）。

【C】借用申銀子之事
　　合銀子弐百四十目也　但シ利息ハ弐厘利也
一右の銀子御年貢米ニ相詰候故中畠壱反之所右を質物ニ書入借用申所実正名白也右の銀子来ル極月中ニ元利共ニ急度御算用可仕候若シ少シにても無達仕候者右田地其方ヘ永代御作可被成候其時一言申間敷候若違

乱於有之、此証人罷出急度埒明可申候其方へハ少も六ケ敷事掛申間敷候仍而為後日之請状如件
　　寛文弐〔1662〕年　　　　　　　　　　　　　借主
　　　　とりノ極月廿八日　　　　　　　　　　　　市左衛門
　　　　　　　　　　　　　　　　　　　　　　同
　　　　　　　　　　　　　　　　　　　　　　　　吉　十　郎
　　　　　　　　　　　　　　　　　　　　　　請人
　　　　　　　　　　　　　　　　　　　　　　　　庄右衛門
　　　　　　　　　　　　　　　　　　　　　　同
　　　　　　　　　　　　　　　　　　　　　　　　市 兵 衛
　　浄蔵坊へ　　　　　　　　　　　　　　　　同
　　　　　　　　　　　　　　　　　　　　　　　　助右衛門

　以上のように、長法寺村では、幕府の禁令にもかかわらず公然たる田畑の永代売買が行われ、加えて、合法的な本物返し（年季売）や流質も行われていた。田畑の永代売買を禁止した幕府の法令は、まったく形骸化していたのである。

Ⅲ　近代的不動産所有と担保法制

1　不動産売買契約
(1)　田畑永代売買の解禁
　明治時代になると、西欧的な近代的土地所有権法制が導入された。かつての利用権と処分権の地位は逆転して処分権が優位となり、期限付売買は廃止されて、売買と賃貸借・担保の観念は明確に区別されるようになる。
　明治政府は、廃藩置県の直後から、旧幕下の土地に対する諸制限を相次いで撤廃していった。地租額決定の基準である地価を定めるため、明治5〔1872〕年2月には、太政官第50号布告「地所永代売買ノ儀従来禁制ノ処、自今四民共売買致所持候儀被差許候事」によって、地所の永代売買を解禁し、さらに、土地所有者に対して、土地の所在・地種・面積・価格・持主などを記載した地券を発行して、近代的土地所有制度の確立をはかった（ちなみに、明治19年登記法の制定によって、登記簿が裁判所に整備されるにともない、地券はその意味を失うに至る）。

第1部　第3章　法と歴史

(2) 不動産売買契約書

田畑を含む不動産の売買は、近代的な不動産売買契約へと、大きく変化する（証文の文言には江戸時代の名残が色濃く見られるけれども）。先の例にならって、乙訓郡長法寺村の契約書を掲げておこう。

【D】　地所売渡証書
　　　官第二百九十三号
　　　乙訓郡長法寺村字××八番地
　　　一畑参畝拾歩
　　　　　　地価六円五拾壱銭九厘
　　　　　　此売渡シ代金仈円伍拾銭也
　右地所今般前記代金ヲ以テ貴殿江売渡シ代金円受取候処実正也然ル上ハ此地所ニ付故障等無之候若シ他ヨリ異論申者在之時者加印之者引受ケ明埒致シ其許江聊モ迷惑相係ケ申間敷候仍テ為后日地所売渡シ確券如件

　　　　　　　　　　　　　　　　　　　　　乙訓郡長法寺村△△番戸
　　　明治弐拾壱年添月拾日　　　　　　　　売渡人　　〇〇治郎兵衛㊞
　　　　　　　　　　　　　　　　　　　　　仝郡仝村▽▽番戸
　　　　　　　　　　　　　　　　　　　　　受人　　　◎　◎　定　吉㊞

　　　仝郡仝村◇◇番戸
　　　　　□□奠五郎　殿
　　　長法寺村地所登記第拾壱号㊞

2　不動産担保法制
(1) 地所質入書入規則

このように、不動産売買の「近代化」は、（地券の発行すなわち所有権者の決定には困難を伴ったが）比較的スムーズに達成されたと言ってよい。しかし、不動産担保については、旧来の慣行を一挙に改変することは容易ではなかった。基本的には、旧来の占有担保としての不動産質が廃止され（流地の場合には、「糶売」＝競売に付された）、非占有担保の書入（のち抵当）に統一されて、売買と担保の観念が明確に区別されるようになるのだが、明治政府は、その過程において、幾度も方針の微調整を余儀なくされた。

そもそも、地券の発行に際して、錯綜した担保地についての名義決定の困

難さに直面し、統一的な土地担保法の必要性を強く認識した明治政府は、まず、明治6〔1873〕年1月に、「地所質入書入規則」(太政官第18号布告)を定め、旧来の不動産質の慣行を整理した。質入は、占有担保として非占有担保である書入と明確に区別され(1条～3条)、証書には戸長の奥書証印を要すること(9条)、債権者に地券を引き渡すこと、年期は3年以内と定められた(4条)。また、経過措置として、当面年期中にある質入は当該規則に照準して証文を7月末までに書き改めるべきこととされた(14条)。

(2) その後の法令

次いで、同年2月14日に、太政官第51号布告

> 壬申二月十五日第五十号布告ノ通、地所売買被差許候上ハ、質地ハ貸借上ノ事柄ニ付、翌十六日以後ノ証書ニテ質地ヨリ起ル訴訟ハ糶売ノ手続ヲ以テ済方可申付事。但、壬申二月十五日以前取引ノ質地ニテ、年季明ケ不受戻時ハ、従前ノ通流地タルヘキ事。

が発せられて、地所売買の解禁後、「質地ハ貸借上ノ事柄」となったのだから、以後の質地についての訴訟は、糶売によって債務弁済されることとなった(もっとも、それ以前の質地で「年季明ケ不受戻時ハ」従来通り、流地とされた)。

さらに、同年3月27日の司法省第46号布達

> 従前質地ヨリ起ル訴訟ハ、証文中ニ年季明不受戻候ハヽ流地可致旨ノ文言有之分ハ期限ヨリ二ケ月、右文言無之分ハ十年ノ内訴出候ハヽ、受戻申付来候処、当八月ヨリ以後ハ、流地文言有無ニ不拘、年季明不受戻シテ訴訟ヲ為ス時ハ、明治六年第五十一号布告ニ基キ二ケ月又ハ十ケ年ノ猶予ヲ与ヘス、直ニ糶売ノ手続ヲ以裁判可致事。但、原告被告双方熟議ノ済方ハ此限ニアラサル事。

によって、従来の質地訴訟は、証文中に「年季明不受戻候ハヽ流地可致旨」の文言があれば期限後2か月、なければ10年内に出訴すれば請戻しが認められたが、8月以後は、上記文言の有無にかかわらず、明治6年太政官第51号布告により直ちに糶売の手続をとることとされた。

しかし、こうした布告・達にもかかわらず、旧来の多様な質地慣行の取扱いをめぐる紛糾は一向に収まらず、各府県や裁判所から司法省に対する伺が

頻発した。そこで、明治政府は、同年5月17日の太政官第167号布告により、「地所質入書入規則」に第15条を追加して、従来の質入については「前約ノ年季据置不苦」とし、さらに翌明治7年7月14日の太政官第76号布告では、第16条を追加して、明治6年7月31日以前に期限を過ぎた質でも、債権者が貸金返済の延期を認めた場合には、明治7年10月31日までに戸長役場へ届け出て戸長の奥書割印を受ければ有効な質と認めるとするなど、旧来の慣行に譲歩せざるを得なかったのである。

3 新治裁判所における不動産質処理

(1) 三島毅（中洲）

上のように不動産質の処理をめぐって、明治政府の対応は朝令暮改的に変更されたため、実際の紛争処理を担った裁判所は、その対応に苦慮した。以下では、新治裁判所を例に、不動産質をめぐる対応の混乱を一瞥してみよう。

漢学者として世に聞こえ、二松学舎の創設者としても著名な三島毅（中洲）は、明治5〔1871〕年以来、司法官として登用された経歴をもつ。三島は、東京裁判所聴訟課勤務（明治5年7月〜6年3月）を経て、新治裁判所所長（〜8年3月）などを務めたのち、大審院検事および判事（明治21年3月〜23年10月）に昇進していったのだが、彼は、草創期における民事裁判の統一と近代化という困難な課題をかかえて、ボワソナードらからフランス民法の法理を学び、具体的紛争の処理に携わった。とりわけ、布告・指令による錯綜した旧来の質地慣行の整理は、新治裁判所長時代における三島の懸案事項であった。

(2) 新治裁判所の伺

司法省に対する新治裁判所からの伺は、『法例彙纂』や『民事要録』などの伺指令録に散見されるが、そのうち、重要と思われる伺は、次の二件である。

①明治6年12月23日伺
太政官本年五十一号御布告但書ニ、壬申二月十五日以前ノ質地ニテ年季明ケ不受戻トキハ従前ノ通流地タルヘシト有之候処、同年三月第四十六号御布達、従前質地ヨリ起ル訴訟ハ、証文中ニ年季明不受戻候ハ、流地可致旨ノ文言有之分ハ期限ヨリ二箇月、右文言無之分ハ十ケ年ノ内訴出候ハ、受戻申付来リ候処、当八月以後ハ流地文言有無ニ不拘年季明不受戻シテ訴訟ヲナストキハ、明治六年第五十一号御布告ニ基キ二箇月又ハ十ケ年ノ猶予ヲ与ヘス直ニ糶売ノ手続ヲ以テ裁判可致ト有之候ニ付テ

第3章　法と歴史

ハ、当八月以後ハ壬申二月十五日前後ノ無区別糶売ノ手続ヲ以テ裁判可致義ト存候ヘ共、太政官五十一号但書ト矛楯致ス様相考候間如何心得可然哉。
本年一月太政官第十八号御布告地所質入書入御規則第四条中年期ノ儀ハ三年ヲ限ルヘシ、且第十五条中是迄質入書入ニ致シ置候分ハ前約ノ年期据置不苦云々有之ニ付テハ、右御布告前ノ証書ニテ、無年期或ハ金子有合次第可受戻約定ノ質地ヨリ起訴訟、是迄ノ通十ケ年ヲ以テ期限ト視做シ可申哉、又ハ御布告ニ基キ三箇年ヲ期限ト見做シ可申哉、或ハ十年三年ノ期限ヲ不立出訴ノ日ヲ期限ト視做シ、地所不受戻時ハ直ニ糶売ノ手続ヲ以テ裁判可然哉。
　　　　　　　　　　　　　　（東京裁判所編纂『民事要録』甲編）

②明治7年7月18日伺
従前地所質入ニ致置年期中ノ分、昨明治六年第十八号質入書入規則ニ照準シ、同年七月限リ可書改筈ノ処等閑置、右規則ニ相触レ候廉ヲ以テ即今書改メヲ訴出ル者有之候ヘ共、已ニ其期限ヲ過ルヲ以テ不取揚、追テ年期後訴出候節ハ、本年第六号御布告ニ依リ質入又ハ書入無キ尋常貸借ノ裁判ニ及ヘキハ勿論ニ候処、右質地ノ権利ヲ失ヒシ者、直小作証文取置、年期中小作米金ノ滞リ訴出候節ハ、既ニ質地ノ約定消滅ニ従ヒ小作ノ約定モ消滅スル筋ニテ不及裁判可然哉、然トモ質金モ年期後ハ尋常貸借ノ裁判ニ可及モノニテ尋常貸借トテモ無利息ノ筈無之筋ニ付、右小作米金ヲ利息ト見做シ、年期中ノ滞ハ取揚及裁判可然哉、相伺候也。
　　　　　　　　　　　　　　　　　　　　　　　　（『同上』）

　上の二件の伺の趣旨は、第一に、明治6年太政官第51号布告の但書は、明治5年2月16日以前の質地で年季明けに受け戻さなければ従来通り「流地」としているのに対して、司法省第46号布達が、8月以降は、2月16日の以前以後を問わず、直ちに「糶売」の手続を命じているのは矛盾ではないかということ。第二に、「地所質入書入規則」第4条は質入の年期を3年以内とするが、第15条（太政官第167号布告）に「前約ノ年季据置不苦」とあるから、規則以前の質で無年期の約定の場合は従来通り期限を10年とみなしてよいのか否か（以上、伺①）。第三に、「地所質入書入規則」第14条は7月末迄に書き改めを命じたが、怠った者については年期後に出訴しても、太政官第6号布告（明治7年1月19日）により通常貸借の裁判となるはずであるが、「直小

33

作証文」を取っている場合はどうか（伺②）、ということである。

(3) 司法省からの指令

こうした新治裁判所からの疑問に対して、司法省は、①明治7年2月3日および②明治7年9月25日の指令によって、次のように回答した。

第一の論点については、明治6年太政官第51号布告は、質地裁判に「流地」と「糶売」の二種類があることを定めたもので、明治5年2月16日以後の質地の裁判は「糶売」に（布告本文）、同日以前の裁判は「流地」と（布告但書）判決すべきである。司法省第46号布達は、質地受戻の場合に流地文言の有無により区別する従来の慣習を廃することを命じたにすぎず、同布達においても2月16日前後で「流地」と「糶売」を区別する趣旨に変わりはない。第二点については、無年期などの質地は3か年期に証文を改めさせるべきこと、第三点については、8月以後は通常の貸借の処分とし、「小作ノ淹滞」といった訴えは不受理とすべきこと、を命じたのである。

(4) むすび

新治裁判所や三島所長に限らず、「地所質入書入規則」を実施するには、同規定に適合するように、従来の錯綜した多様な質地慣行を強硬に整理する必要があり、そのためには、布告や達の整合性が不可欠とされた。第一の論点についての司法省の指令には、太政官第51号布告と司法省第46号布達を矛盾なく解釈しようとする明治政府の姿勢が見出される。

ともあれ、強引に慣行を整理しようとすれば、従来の慣行になじんだ人民の利益を損なうことになりかねない。三島が、新しい担保法制である「地所質入書入規則」の迅速な実施と、人民の利益保護の間で苦悩していたことは、新治裁判所からの伺（とくに①）からもうかがわれるが、この伺とは別に、三島はまた、次のような趣旨の伺を提出している。第一は、明治5年の太政官第50号布告によって地所永代売買が解禁されたにもかかわらず、「愚昧下民」の間では依然として、元来、別種であるべき質入と売買が混同され、「無年期元金買戻ノ約」が行われている。この契約が「地所質入書入規則」に違背するからといって通常の貸借として裁判するのでは、「素ヨリ不教ノ民故甚憫然」である。そこで、今後は、地所売渡証文に「無年期元金買戻ノ約」を禁止してはどうか。第二には、年期明けの節には事前に地主から受戻の掛合をするはずであるが、「元来困窮ヨリ質入致ス身元」であるから「金子才覚遅延シ」年期が明けて始めて受戻の掛合に及ぶものが大半である。また、金主が欲心から受戻に故障を述べる場合がままある。期限に少しでも遅れれ

ば受戻権はなくなるが、これは「其実金主ノ不実意」から起こるもので「地主タル者憫然」であるから、今後は年期明けに受戻を認める旨の返証文を地主に渡させることにしてはどうか、という提言である。

　以上のような伺から知られるように、近代黎明期の法曹たちは、一方では、旧来の錯綜した質地慣行を早急に整理し、「地所質入書入規則」を中心とした近代的な担保法制の迅速な確立と人民へのその周知徹底を目指しながらも、他方では、旧慣になじんだ人民の利益を可能な限り保護しうる方策を模索していた。言葉を換えれば、彼らは、「法の守護者としての矜持」と「護民の官としての自覚」（霞信彦『矩を踰えて』慶應義塾大学出版会、2007年）という二つの面を併せ持っていたのである。「近代的」な不動産抵当制度への道のりは、決して平坦ではなかった。また、旧来の人民の利益が「近代化」の過程で否定されていった事実を、「前近代的」後進性のためとして無条件に肯定できるものか否か、これからも問い続けていかねばならない。

〈参考文献〉
- 石井良助『日本法制史概説』《改版》（創文社、1960年）。
- 石井紫郎『日本国制史研究Ⅰ─権力と土地所有』（東京大学出版会、1966年）
- 小早川欣吾『日本担保法史序説』《復刻版》（法政大学出版会、1979年）。
- 石井良助『明治文化史　2法制』《新装版》（原書房、1980年）。
- 福島正夫編『日本近代法体制の形成〔下巻〕』（日本評論社、1982年）。
- 石井良助『江戸時代土地法の生成と体系』（創文社、1989年）
- 牧英正＝藤原明久編『日本法制史』（青林書院、1993年）。
- 福島正夫著作集第一巻『日本近代法史』（勁草書房、1993年）
- 渡辺尚志＝五味文彦編『土地所有史（新体系日本史3）』（山川出版社、2002年）

【村上一博】

第4章

大陸法とコモン・ロー

——法体系論——

I 大陸法とコモン・ローの日本法への影響

　わが国では、明治時代に、フランス法やドイツ法などのヨーロッパ大陸法（civil law）をもとにして、民法典、商法典、刑法典などの法典編纂が行われた。これらの法典は、種々の変遷を経つつ、現行法に受け継がれている。そのために、わが国の法律学は、ヨーロッパ大陸法とりわけドイツ法の影響を受けて発展した。わが国において「法律を勉強するためにはドイツ語を学ばなければならない」と言われることがよくあるが、それは、こういった歴史的な背景を踏まえてのことである。

　日本法とドイツ法との共通点を一つ挙げてみよう。わが国の大学で法律学を勉強するときには、「民法総則」や「刑法総論」という科目から学ぶことが一般的である。ところがこれらの科目は、民法学と刑法学の各々の体系の全体に通用する概念を学ぶ科目であるので、最も抽象的であり、学生諸君にとってはやや難解な科目である。総則ないし総論を最初に置き、法概念を抽象的かつ厳密に定義する仕方は、日本法とドイツ法に共通する特徴である一方、コモン・ローには見られない特徴である。

　コモン・ロー（common law）とは、イングランドにおいて12世紀以降徐々に生成・発展した法であり、現在でもイギリス法の中心的部分を構成している。それだけでなく、コモン・ローは、イギリスの植民地であったアメリカ合衆国、カナダ、オーストラリアなどにも拡がっている。ヨーロッパ大陸法と対比して英米法ということばが用いられることがあるが、英米法とは、コモン・ローを基礎にして発展した諸国の法を総称したことばである。

　わが国では第二次世界大戦後に、アメリカ法の影響を受けた司法制度改革と立法が行われた。また近年は、様々な法分野でアメリカ法の影響を強く受

けるようになってきている。そのために、アメリカ法的な、すなわちコモン・ロー的な法的思考方法が、日本法のありかたに大きく影響を及ぼしている。その結果、現代の日本法は、ヨーロッパ大陸法的な特徴とコモン・ロー的な特徴が渾然一体となっている。そこで、以下この章では、ヨーロッパ大陸法とコモン・ローが、どのように生成・発展してきたのかを歴史的に概観し、そのうえで、現代のヨーロッパ大陸法とコモン・ローがそれぞれどのような特徴をもっているのかを理論的側面から考察する。

II 大陸法とコモン・ローの歴史的生成・発展

1 ヨーロッパ古来の法と裁判

初期中世（5世紀頃）から12世紀半ばに至るまでのヨーロッパ大陸の法およびイングランドの法は、いずれもゲルマン・封建法体系に属し、両者はほぼ同じものであった。裁判は、地方共同体の裁判所、都市裁判所、封建裁判所などで行われたが、この時期の裁判は、今日のように立法者が定めた法に従って判決を下す、というものではなく、裁判に参加している共同体のメンバーや封建領主の家臣たちが、当該事例について昔から解決策とされているものを探しだし、それに従って判決を提案する、「判決発見」と呼ばれる手続であった。被告人が有罪か無罪かを決定するために、神判（ordeal）や決闘（trial by battle）や雪冤宣誓（wager of law）と呼ばれる手続が行われることも少なくなかった。

ドイツの歴史家フリッツ・ケルンは、ヨーロッパにおける中世的法観念を「良き古き法」という概念を用いて説明した。ケルンによれば、ヨーロッパ中世の法は、①法は古いものである、②法は良いものである、③良き古き法は非制定的・不文的である、④古い法はより新しい法を破る、⑤法の改新は良き古き法の再興である、という特質をもっていたとされる[1]。この良き古き法の概念が、初期中世のヨーロッパにどの程度現実に存在していたかについては、今日では議論がある。しかし山内進によれば、「王も臣民もともに従うべき、先祖伝来の、神聖で正しい秩序または慣習が存在する」という、良き古き法に通じる考え方は、古代および初期中世のヨーロッパに存在していたという[2]。上述のように、ヨーロッパ古来の裁判は、今日のように抽象

---

1) フリッツ・ケルン〔世良晃志郎訳〕『中世の法と国制』（創文社、1968年）。
2) 勝田有恒＝森征一＝山内進編著『概説西洋法制史』（ミネルヴァ書房、2004年）92頁［山内進執筆］。

的な法体系の解釈を通して具体的な結論を導くという手続ではなく、判決発見と呼ばれる手続であったが、ヨーロッパ古来の法は、裁判を通して発見された判決の集積であり、そのようにして形成された法は、現代の法とは異なって、古くからの慣習として存在していたということができる。

慣習として存在していた法は、元々は不文のものであったが、次第に法知識を有する私人によって記録されるようになった。こうした慣習法の記録の集積は、やがて、不文の法の発見から書かれた法の適用へという、大きな変化をもたらすことになる。法知識を有する私人が慣習法を記録して編纂した法書は、ドイツのアイケ・フォン・レプゴウによる『ザクセンシュピーゲル』(1225年)、フランスのボマノワールによる『ボヴェジ慣習法書』(1283年)、イングランドのヘンリー・ド・ブラクトンによる『イングランドの法と慣習』(1250年頃)をはじめ、各地に存在した。

2　コモン・ローの生成・発達
(1)　陪審制の導入とコモン・ローの成立

12世紀半ば以後、ヨーロッパ大陸の法とイングランドの法は、次第に大きく異なってくる。イングランドでは、国王ヘンリー2世（在位1154－1189年）が訴訟手続と裁判機構の改革を行った。すなわち、民事訴訟手続に関して、ヘンリー2世は、土地の権利に関する訴訟のために、大アサイズ（grand assize）と呼ばれる一種の陪審による審理を導入した。次いで、新侵奪不動産占有回復訴訟や相続不動産占有回復訴訟など、土地の占有侵奪に関する訴訟のために、小アサイズ（petty assize）と呼ばれる一種の陪審による審理を導入した。刑事訴訟手続に関しても、1166年のクラランダン法は、国王の平和をおびやかす殺人・強盗等の犯罪の嫌疑のある者を、宣誓した12名の地方住民により構成される大陪審（grand jury）に起訴させ、起訴された被告人を国王裁判官のもとで神判によって審理すべきことを定めた。さらに国王ヘンリー3世（在位1216－1272年）の治世のはじめに、大陪審に起訴された被告人を、宣誓した地方住民が審理する小陪審（petty jury）の制度が導入された。

12世紀後半から13世紀前半にかけて、イングランドの国王は、平和と秩序の維持のために裁判権を拡大させたが、それまでの神判や決闘に代わる、より合理的な審理方法としての陪審制を導入は、国王のもとに訴訟を集中させる有力な要因となった。国王の裁判所と訴訟手続に人々が殺到した結果、イングランド王国に共通の判例法であるコモン・ローが成立することになる。

(2) コモン・ローの発達とエクイティ

コモン・ローによる裁判は、国王の裁判所である王座裁判所（Court of King's Bench）、人民訴訟裁判所（Court of Common Pleas）、財務府裁判所（Court of Exchequer）および各地方で開かれる巡回裁判において行われた。これらの裁判所に訴えを提起するためには、原告は、訴訟方式（forms of action）と呼ばれる数多くの令状（writ）のひな形のなかから、自らの訴えに適したものを自ら選択して、大法官（Chancellor）に令状を発給してもらう必要があった。訴訟方式ごとに、管轄裁判所、被告および陪審員の召喚方法、証明方法、評決、判決、執行に関する方法が定められていた。13世紀後半以降、大法官が新しい類型の令状を発給することが事実上できなくなり、その結果訴訟方式が次第に固定化し、コモン・ロー裁判所により許容される救済方法が限定されるようになった。

その結果、コモン・ロー裁判所で救済されえない類型の事件が生じることになるが、そうした類型の事件のうちのあるものは、15世紀以降、国王に対する請願として大法官のもとに提出され処理されるようになった。大法官はこれらの事件に対して、正義と衡平に基づいて裁量的に救済を与えた。やがて大法官による救済は、大法官府裁判所（Court of Chancery）におけるエクイティ（equity）と呼ばれる法として確立していった。

(3) 法曹法

イングランド法は、「縫い目のない織物」と呼ばれることもあるように、12世紀から今日に至るまで、途切れることなく発展してきた。王座裁判所、人民訴訟裁判所、財務府裁判所、大法官府裁判所は、高等法院（High Court of Justice）の女王座部（Queen's Bench Division）および大法官部（Chancery Division）として今日まで存続している。コモン・ローの連続性は、歴史上何度か危機にさらされたことがあるが、その度に、主にコモン・ロー法曹（裁判官と弁護士）たちの努力によって、そうした危機は乗り越えられてきた。コモン・ローが判例法であるということは、言い換えれば、それが法曹法である、つまり、コモン・ロー法曹たちの手によって発展し続けてきた法であるということである。後述するコモン・ローの諸特徴の多くは、コモン・ローが法曹法であることに由来するものである。

3　ヨーロッパ大陸法の生成・発展

(1) ローマ法とその実務への影響

中世以来今日に至るまで、ヨーロッパ大陸法の骨格をなしているのは、

ローマ法（Roman law）[3]である。註釈学派（glossatores）や註解学派（commentatores）の学者たちによってローマ法が研究されると、ローマ法は、ヨーロッパ大陸の法理論と法実務に非常に大きな影響を与えるようになった。中世のヨーロッパ大陸における法律学は、書かれた法、すなわちローマ法の法文の解釈が中心となった。また、ローマ法の研究は、自然法論などとともに、近世・近代における法典編纂のさいに、立法のための法理論的な裏付けとなった。さらに、ひとたび法典編纂が行われると、ヨーロッパ大陸の法律学は、当然のことながら、書かれた法である法典の解釈をその使命とするようになった。

(2) ローマ法の継受とパンデクテンの現代的慣用

ドイツ（神聖ローマ帝国）では、15世紀末にローマ法が継受（reception）された。ところがドイツでは、各地に小国が分立し、各地域の慣習法がローマ法と並んで重視されていた。そこで、法律家たちは、16世紀から18世紀にかけて、ローマ法と地域の慣習法との関係を明確にし、かつ両者を同時代の社会的要請に合致させるための法理論を発達させていった。このように、ローマ法と慣習法の関係を調整するための法解釈を、パンデクテンの現代的慣用（usus modernus pandectarum）という。パンデクテンの現代的慣用は、高度に抽象的かつ体系的な法律学を生み出した。

(3) 法典編纂

18世紀から19世紀初頭のヨーロッパ大陸諸国では、啓蒙主義の影響を受けて、自然法論と結びついた法典編纂が相次いで行われた。プロイセン一般ラント法（1794年）、オーストリア一般民法典（1811年）、フランス民法典（1804年）などがその例である。これらの法典編纂は、各国におけるそれぞれの政治的、経済的、思想的な契機から始められたものであるが、法典編纂を現実に可能にした大きな要因は、各国における、ローマ法の法文に基づいた、高度に抽象的かつ体系的な法律学の存在であった。

19世紀のドイツでは、ヴィントシャイト（1817－1892年）の『パンデクテ

---

[3] 6世紀の東ローマ皇帝ユスティニアヌス（在位527－565年）は、古代ローマの学識法（法学者の学説）と皇帝法を、『学説彙纂』（Digesta, Pandectae）、『法学提要』（Institutiones）および『勅法彙纂』（Codex）の3つの法典に編纂させた。これと『新勅法彙纂』（Novellae）を合わせてユスティニアヌス法典または市民法大全（Corpus Iuris Civilis）という。12世紀ごろ以降、法学者たちはユスティニアヌス法典とりわけ『学説彙纂』の学問的な解釈を行うようになり、やがて法実務にも利用するようになっていった。

ン法教科書』など、大学教授による体系的な著作が、法実務のよりどころになっていた。これらの体系書は、ローマ法の法文から抽象的な概念を導きだし、かつそれを当時のドイツの社会的実情に適合するように再構成するという方法で記述されていた。法解釈の方法は、きわめて抽象的かつ論理的であった。

　パンデクテン法学は、ドイツ民法典（1900年）の編纂に対して決定的な影響を与えた。とりわけ、ドイツ民法典第一草案は、ヴィントシャイトの『パンデクテン法教科書』の内容にほぼ則したものであり、ドイツ民法典に含まれる法概念の多くは、ローマ法に由来するものであった。ドイツ民法典の構成は、『学説彙纂』にならって、はじめに総則が置かれ、その後に、債権法、物権法、親族法、相続法の規定が置かれていた。こうした精緻な法理論と体系的な法典のおかげで、ドイツ法は、20世紀のヨーロッパ大陸の法学において有力な地位を占めた。ドイツ法は、諸外国の法典編纂と法改正に対して大きな影響を与え、わが国の民法典（1898年）も、ドイツ民法典第一草案の影響を強く受けて編纂された。

Ⅲ　大陸法とコモン・ローの諸特徴

　ヨーロッパ大陸法とコモン・ローは、歴史的な成り立ちにおいて大きく異なっているだけでなく、現代においてもなお顕著な相違点をもっている。以下では、ヨーロッパ大陸法とコモン・ローの相違点を10の観点から考察し、そのことを通して両者の特徴を考えてみたい。

1　法の断絶性と連続性

　ヨーロッパ大陸法とコモン・ローの違いとして、歴史的な連続性の有無が挙げられる。明治時代のわが国の法典編纂にみられるような過去の法とのほぼ全面的な断絶は、ごく例外的な現象であるが、ヨーロッパ大陸諸国の法の歴史には、いくつかの画期がある。たとえば、ヨーロッパ大陸諸国におけるローマ法の継受や法典編纂は、法の内容と形式をそれ以前のものとは大きく変容させており、その意味で法の歴史におけるひとつの区切りとなる。

　これに対して、イングランドのコモン・ローの歴史には、明白な断絶がどこにもない。ローマ法を継受することもなく、法が革命前と革命後の時代に分けられることもなかった。歴史的な連続性は、コモン・ローの最も大きな特徴である。イングランドでは、19世紀以来、コモン・ローの法典化が幾度か試みられてきたが、いずれも失敗に終り、今日に至るまで法典をもって

いない。
2　制定法主義と判例法主義
　ヨーロッパ大陸法は、制定法主義にたっている。制定法主義とは、法の基本的部分が制定法（＝書かれた法）によって規定されており、新しい法律問題が生じたときには、制定法の解釈または新たな立法によって対応しようとする考え方である。
　ヨーロッパ大陸では、18世紀以降、中央集権的な国家権力の確立を背景に、各国において体系的な制定法を整備する法典化の作業が進んだ。ヨーロッパ大陸法系に属する国々では、法典編纂が行われ、体系的・包括的な法典が導入されたことによって、立法者による法の制定と、裁判官および大学教授による法の解釈という、現在行われているような役割分担が確立したということができる。
　ヨーロッパ大陸法が制定法主義であるのに対して、コモン・ローは判例法主義である。判例法主義とは、「法の基本的部分の大部分が制定法によってではなく判例法によって規律されていること、および、法律家が新しい法律問題に直面した場合にその立論の基礎をまず従来の判例に求め、それを類推し、拡張し、反対解釈し、〔中略〕というやり方で解決しようとする傾向が強い」[4]ことをいう。
　ただし、注意しなければならないことは、ヨーロッパ大陸法が制定法主義であり、コモン・ローが判例法主義であるという場合、英米法系の国には制定法がないとか、ヨーロッパ大陸法系の国では判例法が重要ではないということを意味するのではない。今日では、ヨーロッパ大陸法系の国と英米法系の国のどちらにおいても、その国の法を理解するためには、制定法と判例法の両方がともに重要であるが、ただ、制定法主義の国ではどちらかと言えば制定法が中心にあり、判例法主義の国では判例法が中心にあると考えればよい。
3　演繹的思考と帰納的思考
　ヨーロッパ大陸法系に属する国々の法は、きわめて精緻に論理的かつ系統的に整理され、体系的に制定法のかたちでまとめられている。これらの諸国の法律家は、抽象的な成文の法体系・法規範からの論理的な演繹によって法的な議論を行っている。ヨーロッパ大陸法系の法学では、総論的な思考に基

---

[4]　田中英夫『英米法総論(上)』（東京大学出版会、1980年）15頁。

づいて、法概念を抽象化・体系化し、一貫した理論的説明を行うことが重要視されている。

　ヨーロッパ大陸法系の諸国の法律家が、成文の法規範からの論理的な演繹を通じて法的推論を行うのに対し、英米法系の諸国の法律家は、具体的な事実に着目し、そこから経験的帰納的に推論を行う。また、英米法系の諸国の法律家は、個別の事件に妥当な解決を与えることを重視する一方で、法を抽象化・体系化し論理的に一貫した理論的説明を行うことをそれほど重要視していない。イングランドのコモン・ローは、法典化がされていないのみならず、総論的な思考や概念そのものをしばしば欠いているとさえ言うことができよう。

4　公法・私法の区別

　ヨーロッパ大陸法は、国家と個人との関係を規律する公法と、私人間の関係を規律する私法とを明確に区別する。しかし、コモン・ローにおける両者の区別はヨーロッパ大陸法ほど厳密ではない。

　たとえばコモン・ローの民事訴訟には、懲罰的損害賠償（punitive damages）と呼ばれる制度がある。懲罰的損害賠償とは、不法行為訴訟において、加害行為の悪性が強いときに、通常の損害賠償に加えて、加害者に対して制裁を加える目的で認められる金銭賠償である。懲罰的損害賠償は、被害者の財産的・精神的な損害を補償する民事法上の損害賠償と、加害者および第三者に対する法違反抑止機能をもたらす刑事法上の罰金という、2つの性格をもつ制度であって、私法と公法を明確に区別するヨーロッパ大陸法上の理論からすれば相容れない制度であるが、コモン・ローでは、裁判所の手を通じて法の実現をはかるための必要な手段の一つであると理解されている。

5　実体法と手続法の関係

　ヨーロッパ大陸法は、実体法と手続法を明確に区別している。たとえば、ヨーロッパ大陸法系のいずれの国においても、法律上の実体的な権利義務関係そのものについて規定する民法典と、裁判を通して法律上の実体的権利義務関係を実現する手続について規定する民事訴訟法典は、独立に存在する。これは、実体法と手続法の関係について、実体的権利義務そのものが法として存在し、その実体的権利義務を裁判によって実現する必要があるときに訴訟手続を行う、という関係であることを意味する。こうした実体法と手続法の分離は、ローマ・カノン法手続として知られる訴訟手続が生まれた中世にさかのぼる。すなわち、中世ローマ法学の発展により実体的権利義務が「書

かれた法」として規定されるようになり、同時に学者たちは、ユスティニアヌス法典のなかから手続法を抜き出して実体法とは独立に研究するようになったのである。

これに対して、コモン・ローでは、伝統的に実体法と手続法を明確に区別してこなかった。歴史的コモン・ローにおける実体的権利義務と訴訟手続の関係は、訴訟方式ないし令状のかたちで規定されている手続の束(たば)がまずあって、その束のなかから実体的権利義務関係が生み出されてくる、という関係であり、ヨーロッパ大陸法のように、法律上の実体的権利義務関係がまずあって、それを実現するための手続法が別にある、というものではなかった。

コモン・ローにおける訴訟方式は、イングランドでは19世紀に、アメリカ合衆国では20世紀前半に廃止されたが、訴訟方式を中心とする法体系および法的思考は、長年にわたってコモン・ローを特徴づけてきており、コモン・ローの現行法制度の理解のためにも、その知識は欠かすことができない。

6　職権主義と当事者主義

裁判官と訴訟当事者の関係も、ヨーロッパ大陸法とコモン・ローでは大きく異なっている。この点は、とくに刑事訴訟において違いが大きい。

ヨーロッパ大陸法系諸国では、ローマ・カノン法手続の影響を受けて、刑事訴訟における証拠の収集および提出は、実体的真実を発見する義務を負う検察官によって行われる。裁判官は、自ら職権で証拠を調べ、実体的真実を発見しようと努める。ヨーロッパ大陸法系諸国における弁護士の役割は、訴訟の進行についての提案をしたり、裁判所による証人尋問を補充したりといった、従属的かつ補充的な役割に留まる。ヨーロッパ大陸諸国では、職権主義にたって訴訟に関する権限が裁判所に集中しており、検察官と裁判官が、より主導的に裁判を運営しているという特徴がみられる。

他方、イングランドにおける刑事訴訟の最大の特徴は、証拠の収集、選択および提出を、両当事者の弁護士の責任に委ねている点にある。イングランドでは、刑事訴追の多くは検察官（Crown Prosecutor）により行われるが、公判における弁論は、訴追側、被告人側とも弁護士により行われる。事実審理は、両当事者の弁護士が提出した証拠に基づいて行われる。陪審による審理の場合も、陪審が積極的に証拠を収集することはなく、弁護士が提出した証拠に基づいて評決が下される。当事者主義のもとでの裁判官の役割は、訴訟手続の公正さを維持することであり、ここでの訴訟当事者と裁判官の関係は、いわばボクシングの選手とレフェリーのようなものである。

7　陪審制

　陪審とは、地域住民のなかから基本的には無作為抽出の方法で選ばれた一定数の構成員（陪審員）によって構成され、一定の司法的職務（刑事事件における正式起訴の決定、刑事事件および民事事件における事実審理など）に従事する機関のことをいう。イングランドでは12世紀以来存在しており、アメリカ合衆国では、陪審による審理を受ける権利は、憲法上の権利として保障されている（修正第6条、修正第7条）。陪審制は、ヨーロッパ大陸諸国でも、啓蒙主義思想の影響などを受けて18世紀末から19世紀にかけて導入されたが、ドイツやフランスのように、裁判官と一般市民が一緒に法廷を構成する参審制に移行している国も少なくない。

8　法曹一元

　わが国を含むヨーロッパ大陸法系諸国では、法律職のキャリアの始めに、裁判官、検察官、弁護士から一つの道を選択して、原則として退職までその道に留まる。他方、英米法系の諸国では、裁判官は、弁護士その他の領域で長年にわたって法律職としてのキャリア・経験を積んだ者のなかから選ばれる。こうした、裁判官の採用をもっぱら弁護士（または検察官その他の法律家）のなかから行うシステムを、法曹一元制度という。法曹一元制度のもとでは、法律家のなかで最も経験を積み長老的地位を占める者が裁判官となり、裁判官を中心として、強い一体感をもった法律家たちのサークル（法曹界）が出来上がることになる。

　法曹一元制の長所としては、①法曹界が一体となって司法の運営に協力する体制が出来ること、②経験と見識のある優れた裁判官をもつことが可能になること、③裁判官の官僚制化が排除されること、が挙げられる。他方で、法律職としてのキャリアを長年積んだ者が裁判官になることは、公平性と廉直性の点で問題を生じさせる可能性がある、という短所も指摘されている[5]。

9　法学教育・法曹養成

　法曹一元制を採用するか否かは、理論的・政策的な問題であると同時に、各々の諸国の法学教育・法曹養成制度とも密接に関連している。

　英米法系の諸国においては、法学教育・法曹養成（および資格認定）は、法曹みずからの手で行われてきた。イングランドでは、中世以来、裁判官・弁護士の自治組織であるインズ・オブ・コートが法曹教育と弁護士（バリスタ）

---

5)　同上・24頁。

資格の付与を行ってきた。19世紀になってようやく大学に法学部が設置され、大学における法学教育が行われ始めるようになるが、現在に至るまで弁護士（バリスタ）養成教育の中心的役割は、法曹団体によって担われている。

　アメリカ合衆国においても、法曹になるためには、アメリカ法律家協会（ABA）が認定するロー・スクール（法科大学院）を修了し、各州の法律家協会が実施する司法試験に合格することが必要である。このことは、アメリカにおける法曹養成が、法曹団体である法律家協会の主導によって行われていることを示している。

　これに対して、ドイツの法学教育・法曹養成制度は、国立大学法学部における法学理論教育と国家試験合格による法曹資格付与という特徴をもつ。大学法学部で法学教育を修了し、2回の国家試験に合格すれば法律職（裁判官・検察官・弁護士）につく資格を得ることができる。ドイツの法曹養成制度は、伝統的に大学法学部の教育が中心であり、その上で、国家公務員である大学教授や司法官僚が国家試験委員等として法曹養成に多大な影響を与えてきた。この意味で、ドイツの法曹養成制度は司法官僚・法学教授主導であるということができる[6]。

　フランスでは、弁護士養成教育と、司法官（裁判官・検察官）養成教育が、明確に区別されている。どちらも、大学法学部での理論教育を前提に、弁護士については弁護士研修所における実務教育と弁護士倫理教育が行われるのに対して、司法官については、国立司法官学校において実務教育が行われる。すなわち、フランスでは、法曹養成の段階で、いわばコース別の教育が行われており、弁護士については弁護士自治の原則のもとで弁護士会による法曹養成が行われる一方で、司法官については国家主導での法曹教育が行われている。

10　法の支配者

　さて、以上にみてきたコモン・ローとヨーロッパ大陸法の9つの特徴は、ベルギーの法史学者ヴァン・カネヘムによれば、それぞれの法体系において「法の支配者」は誰であるか、という政治史上の問題の帰結であるということになる[7]。

　イングランドやアメリカ合衆国のように、法曹すなわち裁判官や弁護士が

---

[6]　黒田忠史「法曹養成制度の歴史的諸類型」甲南法学43巻1・2号（2002年）5-9頁。
[7]　R・C・ヴァン・カネヘム〔小山貞夫訳〕『裁判者・立法者・大学教授』（ミネルヴァ書房、1990年）90頁。

法の支配者であるところでは、法は、具体的な事件を踏まえた判例法を中心に展開し、それゆえに帰納的な思考に司られる。法体系は手続法主体となり、弁護士同士の当事者主義的手続が行われる。法学教育・法曹養成は、法曹自身の手によって行われ、法曹界の最上位にある者たちが裁判官の地位を占める法曹一元制度が自ずと生まれてくる。法曹界・法曹団体の自治と法学教育の伝統は、法の歴史的連続性をもたらす。法実務・法的思考の頂点に国家権力を据えない考え方は、公法・私法の峻別論を退け、陪審制などによる司法への民衆参加を容易にする。

　他方で、ヨーロッパ大陸法系諸国のように、国家（君主・議会、司法官僚、国立大学法学部教授たち）が法の支配者であるところでは、法は、立法者の制定する実定法典を中心に展開し、制定法の演繹的解釈により法の事実への適用が行われる。法学教育・法曹養成・法曹資格付与においても国家が主導的な役割を果たし、弁護士は一定の自治権をもつ一方で司法官は国家的統制のもとに置かれる。訴訟は国家の官吏と裁判官によって司られ、職権主義的な手続が行われ、司法への民衆参加は限定的なものとされる。国家権力の作用は公法という特別の範疇にくくられ、公法と私法が明確に区別される。

　かくして、ヨーロッパ大陸法系および英米法系における諸特徴は、歴史的な沿革によるものであり、また理論的に自己認識して受容されているものであるのと同時に、各国における政治力学の産物でもあるということになる。

11　小括──法に対する複眼的なみかた

　ヨーロッパ大陸法とコモン・ローの両者の特徴を端的に比較するならば、ヨーロッパ大陸法は、抽象的、論理的であり、コモン・ローは具体的で経験的で場当たり的であるということになる。これから日本法を学ぶ、あるいは現在日本法を学んでいる学生諸君にとっては、日本法がその一つであるヨーロッパ大陸法系の仕組みや発想のほうによりなじみやすいため、ことによると、ヨーロッパ大陸法のほうがコモン・ローよりも優れたものであるように感じられるかもしれない。しかし、ヨーロッパ大陸法が抽象的であるということは、わかりにくいということでもあり、論理的であるということは硬直的であるということでもあり、体系的であるということは融通がきかないということでもある。他方でコモン・ローが具体的で経験的であるということは明確ということでもあり、場当たり的であるということは柔軟性があるということでもある。各国の法制度のなりたちには、各々理由があり、当然ながらそれぞれ長所と短所がある。現代日本法の正しい法解釈の方法を知り、

より良い法制度の構築について考えるためには、日本法を様々な角度から視る必要がある。

> 〈参考文献〉
> - 勝田有恒＝森征一＝山内進編著『概説西洋法制史』(ミネルヴァ書房、2004年)
> - ピーター・スタイン〔屋敷二郎監訳〕『ローマ法とヨーロッパ』(ミネルヴァ書房、2003年)
> - クヌート・W・ネル〔村上淳一訳〕『ヨーロッパ法史入門』(東京大学出版会、1999年)
> - J・H・ベイカー〔小山貞夫訳〕『イングランド法制史』(創文社、1975年)
> - F・W・メイトランド〔小山貞夫訳〕『イングランド憲法史』(創文社、1981年)
> - 田中英夫『英米法総論(上)』(東京大学出版会、1980年)
> - R・C・ヴァン・カネヘム〔小山貞夫訳〕『裁判者・立法者・大学教授』(ミネルヴァ書房、1990年)

【小室輝久】

第5章

法律文書の読み方・作成方法

第1節 リーガル・リサーチの方法

I 法情報調査の基本枠組み

　これから学ぶ各種の法律専門科目において、レポート作成や試験勉強のためといった切実な必要性もあるが、通常の授業においても、そこで言及された項目について疑問、関心をもったテーマがあるならば、自ら調査・検討しなければならない機会が多くなる。

　しかし、ただやみくもに図書館などで調べても意味はない。そこにはいろいろなプロセスがあり、自分に適した方法を見つけなければならないが、初歩の段階としては、基本的に「テーマの設定、事実・問題の把握」→「法情報・資料の収集」→「法情報・資料の分析」→「自説の形成・文章化」といったプロセスをふむことが重要である[1]。ただ、このなかで「資料の分析」、「自説の形成・文章化」は、それぞれの分野によって異なる場合が多いことからここでは省略し、「テーマの設定、事実・問題の把握」、「法情報・資料の収集」について述べる。

II 法情報調査の流れ

1 テーマの設定、事実・問題の把握

　学生の場合のテーマ設定は、たとえば授業でのレポート課題などによってなされることが多い。またゼミの中には自らがテーマを設定して報告すると

---

[1] 詳しくは、いしかわまりこ「リーガル・リサーチとはなにか？」法学セミナー2004年4月号38頁参照。

いった形式をとっているところもあり、その場合は自らテーマを設定しなければならない。

　授業でのレポート課題の場合、次のプロセスが重要となる。まず提示されたテーマを理解する。そして教科書などの該当箇所をあたり、何が問題となっているかを把握する。その際、専門用語が出てきたら専門事典類で確認する。自らテーマを設定する場合、授業・ゼミなどで入手した情報、法的考え方をふまえて様々な事実・情報に接して何が問題となっているのかを把握し、また自分の疑問点を提示することになる。

　さらに設定されたテーマに基づいた事実・問題の把握においては、様々な観点から分析するというのが重要であり、問題点を明確にし、より的確な事実認識を行うことが必要不可欠となってくる。とくにここでは、法学以外の文献や、新聞のデータベースなどを検索したり、インターネット検索をしたりする必要がある[2]。

　ただ、ここで注意しなければならないのは、その情報の信頼性について各自が責任をもって判断しなければならない点である。とくにインターネット上の情報の場合、その信頼性にかなり疑問をもたざるを得ないような情報があったり、偏った情報しか公開していないサイトがあったりする。また、新聞といっても、その記事を書いた記者が法律に明るくなく、かつ見当違いや思い込みで記事を書いている場合が少なくない。

　最近はまた、インターネット上のフリー百科事典である「ウィキペディア」（Wikipedia）が広く利用されている。たしかにウィキペディアは、実際有用なものである。しかしながらウィキペディアでは、（紙の百科事典でも同じことがいえる場合があるが）記述が不十分であったり、一方的な観点のみに基づいて書かれていたり、学説上の対立点が省略されていたりする。したがってこの種のものは、初歩段階の大雑把な理解をかためるために利用するにとどめたほうが無難である（また、ウィキペディアでは、それに関連するサイトがリンクされていたりするので、そのリンク先にもアクセスするほうが良い）。

　そこで可能な限り多くの情報にあたり、多角的な観点から事実認識を行うように注意しなければならない。高等学校までの学習においては、教科書な

---

[2]　図書館にある新聞データベース等の利用方法については、大学図書館が大学新入生に対して説明ガイダンス、図書館ツアーを開催するのが一般的である。このような機会を積極的に活用するのが望ましい。もっともこのような機会がなくとも、章末の参考文献・サイトでも様々な情報を得ることができる。

どに記載されているものを何の疑問もなくただ暗記することが多かったと思われるが、実際の学問は、教科書などに記載されているものが本当に正しいのかを各自が批判的に分析しなければならない[3]。もちろん法学では法律や判例などが重要であって、日常生活ではそれに従わなければならないが、ではその法律や判例が本当に妥当なのか、時代遅れなものでないのかについて批判的に検討しなければならないのである。とくに、鮮明に対立している立場をそれぞれ検討し、どこで対立しているのかを分析すると同時に、その背景にあるものは何か、またいかなる社会的問題に対応しようとしているのかを把握することが重要である。そのなかで国会、首相官邸および各省庁の公式サイトにアクセスして、そこに公開されている情報を入手し、その情報を批判するサイトの情報と比較する必要がある。もっとも、これらのサイトにおいてもアドレス変更などがあることから、紙媒体（白書など）でも公刊されている場合は、紙媒体を基本とするのが現時点では望ましい。

2　法情報の収集

以上のテーマの設定、事実・問題の把握をふまえて法情報の収集を行うことになるが、そのための法情報の検索方法の主なものとして、キーワード検索、芋づる式検索の2つがあり、この2つを組み合わせた検索を行わなければならない。

まずキーワード検索とは、大学のOPAC、インターネット検索エンジンなどにある語句を入れて検索するものである。この検索方法には、包括的な検索が可能というメリットがある一方で、その語句が含まれていれば必要とする内容とまったく無関係な情報もヒットしてしまう、という問題点もある。

次に、芋づる式検索とは、教科書、論文などに引用されている文献を集めるというものである。この検索方法によれば、その道の専門家が重要と判断

---

[3] とくに最近では、ネット上の文章をそのままコピーし、貼り付けただけのものをレポートとして提出する学生が少なくない。筆者の担当する授業のレポートでも、学生が提出したレポートであるのに、主語が「本紙は」となっており、おそらく検索エンジンでレポート課題に関連する用語を検索し、上位でヒットしたネット配信新聞記事などを、まったく読まずに貼り付けたものと思われるものが時々ある（この他の事例およびこの問題に関する検討については、林紘一郎＝名和小太郎『引用する極意　引用される極意』（勁草書房、2009年）2頁参照）。たしかに他の人が書いた文章を引用するのは、初学者が学問の作法のようなものをマスターするためには有益な場合がある。しかし、それはあくまでも学生自身の頭で考えることを前提とするものであり、何も考えずにコピーするのは問題外である。

した文献がピンポイントで入手できる。しかし、そこで引用されている文献に引用者の主観が入っている場合が少なくなく、自分とは相容れない見解の論文が引用されていない場合もある。

そこで実際には、まずキーワード検索を行ってヒットした文献を読み、そこに引用されている判例・文献などがあれば、それを図書館などで入手する。また引用されている文献中に別の文献が引用されていれば、それらも入手する作業が必要になる。

ここで注意しなければならないのは、文献の引用において様々な略語が用いられ、文献の引用方法においてはある程度統一化がはかられていることである。たとえば最高裁判所が下した判決を引用する際には、大法廷、小法廷の区別、判決、決定の区別、その判決が下された年月日、公式判例集の何巻何号何頁に登載されているのかを明記するのが通例である。なお最高裁判所が下した民事事件に関する判決文は最高裁判所民事判例集に、また刑事事件については最高裁判所刑事判例集に登載されているが、これらの判例集は、それぞれ「民集」、「刑集」と略されている。例をあげると、憲法、商法などの教科書でしばしば引用される「八幡製鉄政治献金事件判決」は、最高裁の第3小法廷が昭和50年11月28日に下した判決であり、民集の第29巻10号1698頁以下に登載されているのであるが、この場合、「最3小判昭和50年11月28日民集29巻10号1698頁」あるいは「最判昭和50・11・28民集29巻10号1698頁」と引用されるのが一般的である（さらに詳しくは、次節を参照すること）。

III　法情報・資料の種類

法情報・資料の収集を円滑に行うために、書籍・雑誌やインターネット上において有用なものは、以下の通りである。

1　法令情報

まず紙媒体のものとして一般的なのは、いわゆる「六法」と呼ばれるものである。この六法は複数の出版社から刊行され、条文のみのもの、判例付きのもの、分野別のものなど様々なものがある[4]。これらの六法は、毎年1回のペースで出版される。また、六法よりも最新の法令情報を入手したい場合には、「加除式法令集」（『現行日本法規』（ぎょうせい）、『現行法規総覧』（第一法規）など）が便利であり、さらに成立したものをいち早く入手したい場合には、「官報」にあたるべきである。なお六法や加除式法令集では、一時期DVDな

どの電子媒体を用いた有料の法令情報提供サービスを行っていたが、最近は休止されつつある。

　DVDなどに代わって現在普及しているのが、インターネット上での法令情報の提供である。とくに政府が、電子政府化を推進するための最重要施策の1つとして法令情報の電子提供を重視した結果、インターネット上で最新の法令情報が無料で入手できるようになっている。

　ここで最も包括的に法令情報を提供しているのが、「法令データ提供システム」(総務省行政管理局公式サイト)〈http://law.e-gov.go.jp/cgi-bin/idxsearch.cgi〉である。また各省庁のホームページでも、所轄法令や通達などが公開されている。さらに各省庁のサイトでは、法案作成段階での議論状況(議事録資料など)が公開されており、立案段階でどのような事実認識の下でどのような議論がなされていたのかを知ることができる。

　前述の官報については、国立印刷局の公式サイト〈http://kanpou.npb.go.jp/〉において、その電子版も公開されている。他方、国会における議事録は、衆議院〈http://www.shugiin.go.jp〉、参議院〈http://www.sangiin.go.jp/〉それぞれの公式サイトで公開されており、また議事録検索サービスも提供されている〈http://kokkai.ndl.go.jp/〉。

　一方、最高裁判所規則については、最高裁判所の公式サイトにある最高裁判所規則集のページ〈http://www.courts.go.jp/kisokusyu/〉で入手することができる。

　以上に加えてインターネットの発達によって便利になったのが、各地方公共団体の条例情報の入手である。これまではすべて紙媒体のみでの提供であったため、地方公共団体の条例を調査することはきわめて困難であったが、各地方公共団体が公式サイトを開設し、自らの条例・規則などを無料で一般に公開するようになった。そこで条例情報を入手する場合には、条例Web〈http://www.jourei.net/〉などの便利なサイトもあるが、各地方公共団体の公式サイトにアクセスするのが有益である。なお、各地方公共団体の公式サイトを調べるには、財団法人地方自治情報センターが提供している全国自治

---

4)　六法は、各自の好みのものを購入しても問題ない。ただ、大学の授業においては、担当教員が指定する場合もあり、また期末試験では判例付きの六法の持ち込みが禁止される場合が多い。なお入学時に購入した六法を卒業時まで使っている学生が時々みうけられるが、毎年様々な法律が新たに制定されたり、現行法の改正があったりするので、毎年新しいものを入手すべきである。

体マップ検索〈http://www.nippon-net.ne.jp/cgi-bin/search/mapsearch/nn_MapSearch.cgi〉が便利である。

2　判例情報

　判例情報については、数多くの紙媒体の判例集があり、裁判所の公刊する公式判例集と、民間出版社が刊行する判例集がある。前述のように最高裁の公式判例集は民集、刑集というものである。民間出版社のものとしては、判例時報社による「判例時報」、判例タイムズ社による「判例タイムズ」が代表的なものである。また判例集には、民集、刑集のように略称が用いられるのが一般的であり、民間出版社のものは、「判時」、「判タ」と略される。それらについては、法律編集者懇話会作成の『法律文献等の出典の表示方法』を参照する必要がある（詳しくは次節を参照のこと）。一方インターネット上では、最高裁判所の公式サイト〈http://www.courts.go.jp/〉で最近の主な判例を検索できる。さらに民間の業者が有料で提供するものとして、LEX/DB、レクシス（Lexis）などがある。

　なお、判例の理解を補助するために、有斐閣による判例百選シリーズなどの様々な判例解説・判例評釈が公刊されており、有益なものが多い。とくに初学者にとっては、判例解説・判例評釈に通常掲載されている参考文献が、前述の芋づる式検索の重要な手掛かりとなる。

　しかしながら、調査研究にとって重要な判例は、その原文にあたるべきである。判例解説・判例評釈に掲載されているのは、「判旨」すなわち要約的なものであるので、解説執筆者の判断により、重要でないとされた部分が省略されていたりする点などに注意しなければならない。

3　法律書籍・論文・記事など

　法学においては、上述の法令および判例情報に加えて、学説の検討も必要不可欠である。それらを収集する際には、書籍については大学のOPACも便利であるが、雑誌などに掲載された論文・記事などを検索するのは困難な場合が多い。この点、国立国会図書館の蔵書検索・申込サービス「NDL-OPAC」〈http://opac.ndl.go.jp/〉では、同図書館に所蔵されている雑誌論文・記事の検索ならびに郵送複写（遠隔複写）の申し込みが可能である。

　また国立情報学研究所（NII）が提供しているGeNii（NII学術コンテンツ・ポータル）は、「総合検索窓口や、論文情報や図書情報を提供するための各サービスを提供するとともに、各サービスの連携」を行うものである[5]。そのうち、CiNii（NII論文情報ナビゲータ）は、日本の論文情報に関するデータ

第1節　リーガル・リサーチの方法

ベースで、前述のキーワード検索ができるようになっている。また一部では、同サイトから直接ダウンロードできる論文があり、後述の機関レポジトリでもって公開されている論文へのリンクが張られているものもある。さらに一部では、その論文が引用されている文献に関する情報も得ることができ、芋づる式検索も可能となっている。

これらで検索してヒットした書籍などを自らの大学図書館または最寄りの公立図書館などで探せばいいのであるが、もし自らの大学図書館などに所蔵されていない場合には、GeNiiの一部を構成するWebcat Plus（NII図書情報ナビゲータ）〈http://webcatplus.nii.ac.jp/〉でもって当該図書を所蔵している他大学図書館などを調べ、大学図書館などのレファレンス・サービスでコピーの取り寄せなどを依頼することができる。

さらに最近は、大学や研究機関が刊行する紀要に掲載された論文などを電子化し、ネット上でダウンロード可能な状態にしておく機関レポジトリが各大学・研究機関で構築されており、たとえば明治大学のMeiji Repository（明治大学学術成果リポジトリ）では〈https://m-repo.lib.meiji.ac.jp/dspace/〉、法学関係では法律論叢や法科大学院論集に掲載された論文がPDF形式でダウンロードできるようになっている。

〈参考文献およびサイト〉
- 加賀山茂＝松浦好治編『法情報学──ネットワーク時代の法学入門［第2版補訂版］』（有斐閣、2006年）
- いしかわまりこ＝村井康子＝藤井のり子『リーガル・リサーチ［第3版］』（日本評論社、2008年）
- 指宿信＝米丸恒治『インターネット法情報ガイド』（日本評論社、2004年）
- いしかわまりこ「法情報資料室☆やさしい法律の調べ方☆」〈http://www007.upp.so-net.ne.jp/shirabekata/〉
- 齊藤正彰＠北星学園大学〈http://www.ipc.hokusei.ac.jp/~z00199/〉

【佐々木秀智】

5) NII公式サイト「GeNiiについて」（http://ge.nii.ac.jp/outline-j.html）より引用。

第2節　法律論文の構成と叙述方法、注の方法

I　法律論文の構成と叙述方法

　法律論文を書く場合、第1に論文をどのように構成するか、第2に論文をどのように叙述するかということについて知ることが必要である。論文を書くということは「死刑制度は廃止されるべきか」というようになんらかの主題について自己の意見を述べることを目的とするものであるから、「論文の構成」を考えるにあたっては、第1に、主題を明確に提示することが必要である。その際できれば、想定されうる結論についても仮説的に述べておくことが読者の便となることも多いであろう。第2に、主題にかかわって自己の結論を導き出すための論証が必要である。そのためには、まず当該主題についての研究史を概観しておくことが有益である。主題にかかわる既存の研究成果とは異なる自己の見解を述べようとするのであるから、既存の諸見解をあらかじめ整理し述べておくことが、自己の立論の観点の新しさ、いまだ論じられていない論点の発見などを明示するためにも必要となるからである。次に当該主題にかかわって自己の見解の立論の基礎となるいくつかの論点（死刑制度についてであれば、死刑は他の刑罰と比べて残酷であるか、死刑制度には犯罪抑止力がどの程度あるか、被害者家族・親族さらには社会の応報感情はどのようなものか、諸外国における死刑制度の存否の現状はどうなっているかといった論点）について、論点ごとに論証を行うことが必要である。この場合は論点ごとに、様々な考え方・立論の比較検討、一定の事実から論拠をもって論理的に導き出される結論の提示を行っていくことになる。法令の解釈の問題であれば、法令の文言（法律要件）、認定されるべき事実、同事実の同文言へのあてはめと結論（法律効果）の提示という一連の作業を各文言について繰り返すことになる。第3に、以上の論点ごとの論証作業を基礎として、主題にかかる自己の最終結論を述べる。

　法律論文において最も重要なのは、第2の主題にかかわって自己の結論を導き出すための論証のプロセスである。文章は、文の積み重ねによりパラグラフを作り、パラグラフの積み重ねにより文章が作られていくというものであるから、論点の論証において、パラグラフにおいては、パラグラフとパラグラフの関係が論理的に関係づけられていなければならず（このためには順

接・逆説の関係詞をおくことなども有用であろう)、また、パラグラフの中の文と文の関係が論理的に積み重なっていなければならない。この場合、一つの文は基本的に一つのことを述べるものであって、基本的に1文中に二つのことを述べてはならず、また論述においては、事実は他の事実との因果関係において叙述される必要があり、当該事実に対する評価・判断は事実関係の叙述とは厳密に区別される必要があることは言うまでもない。

II　法律論文執筆における引用、注とはなにか

　以上のような方法で法律論文が構成され叙述が行われたとして、この場合他の研究書・研究論文の引用と注ということが問題となる。これについて定めるのが著作権法である。

　著作権法は、著作権者の権利の内容およびその保護について定めるとともに、著作権者の権利行使の限界（著作権行使の制限）についても定めている。著作権行使が制限される場合として、私的使用のための複製（著作権法30条）、図書館における複製等（31条）、教科書用図書への掲載等（33条）、学校その他の教育機関における複製等（35条）、試験問題としての複製等（36条）、営利を目的としない上演等（38条）、時事の事件の報道のための利用（41条）、裁判手続における複製等（42条）、放送事業者による一時的固定（44条）などがあるが、さらに「引用して利用される場合」(32条)がある。引用と関連しては「出所の明示」(48条)に係る規定もおかれている。著作権法32条および48条は以下のように定めている。

　「第32条　公表された著作物は、引用して利用することができる。この場合において、その引用は、公正な慣行に合致するものであり、かつ、報道、批評、研究その他の引用の目的上正当な範囲内で行なわれるものでなければならない。

　　2　国若しくは地方公共団体の機関、独立行政法人又は地方独立行政法人が一般に周知させることを目的として作成し、その著作の名義の下に公表する広報資料、調査統計資料、報告書その他これらに類する著作物は、説明の材料として新聞紙、雑誌その他の刊行物に転載することができる。ただし、これを禁止する旨の表示がある場合は、この限りでない。」

　「第48条　次の各号に掲げる場合には、当該各号に規定する著作物の出所を、その複製又は利用の態様に応じ合理的と認められる方法及び程

度により、明示しなければならない。
一　第三十二条、第三十三条第一項（同条第四項において準用する場合を含む。）、第三十三条の二第一項、第三十七条第一項若しくは第三項、第四十二条又は第四十七条の規定により著作物を複製する場合
二　第三十四条第一項、第三十七条の二、第三十九条第一項又は第四十条第一項若しくは第二項の規定により著作物を利用する場合」

　法律論文の執筆に際して必要となる引用と注について、「映画の著作物の著作権を映画監督に帰属させるべきか」という論題について以下の文章を参照して具体的にどのように行ったらよいかを示しておくことにしよう。なお、著作権法29条は、映画の著作物の著作権について、「その著作者が映画製作者に対し当該映画の製作に参加することを約束しているときは、当該映画製作者に帰属する」と定めている（本条のもとで、「七人の侍」や「東京物語」の著作権は、黒澤明監督や小津安二郎監督ではなく、映画の製作会社に帰属している）。

　角田正芳＝辰巳直彦『知的財産法［第3版］』（有斐閣、2006年）の318頁には、「映画の著作物については、その製作に監督、カメラマン、美術監督など多数の者が関与しており、その著作者の特定も、その死亡の事実や時期の特定も困難であるため公表起算主義が採用されている。この点は、映画の円滑な流通の促進という理由とともに、映画の著作権を映画製作者に帰属させているのと同様の理由となっている（29条参照）」と述べられている。また同書は、「なお、映画著作権の保護期間が満了した場合には、その映画の著作物の利用に関する限り原著作物の著作権（28条）も消滅したものとされる（54条2項）。したがって、保護期間が満了した映画を第三者が利用する場合には、映画著作権者のライセンスが不要であるだけでなく、その映画の原作である小説やシナリオの著作権者のライセンスも不要であって、自由利用となる。ただし、映画の原作以外の音楽や美術の著作物についてまでライセンスが不要となるわけではない」と述べている。なお、著作権法16条は、映画の著作物の著作者は、その映画の著作物において複製等された既存の著作物の著作者（小説、脚本、音楽等）を除き、「制作、監督、演出、撮影、美術等を担当してその映画の著作物の全体的形成に創作的に寄与したものとする」と規定している。ここで「制作」は、プロデューサーを意味している。なお日本映画監督協会は、「文学の著作権は出版社ではなく、作家にあります。音楽の著作権は音楽出版社やオペラ興行者やレコード会社ではなく、作曲家

にあります。美術の著作権は画商ではなく、美術家にあるのです。映画だけが、著作権法の根本精神とベルヌ条約の趣旨に反して、自然人の著作者である監督に著作権がないのです」と主張している（www.dgj.or.jp/）」。

　この問題については、引用を含めた論じ方の一例は次のようになろう。「映画の著作物の著作権は映画の製作会社に帰属するとされている（著作権法29条）。その理由は、映画の製作に監督、カメラマン、美術監督など多数の者が関与しており、また映画の円滑な流通の促進という理由もあるとされている[1]。これに対して、日本映画監督協会は、映画の著作権は、文学の著作権が作家にあり、音楽の著作権が作曲家にあるように、著作権法の根本精神とベルヌ条約の趣旨からいって自然人の著作者である監督に帰属させるべきであると主張している[2]。著作権法29条の立法理由には権利の帰属単一化や危険負担などの点で合理性があると思われるが、自然人に著作権が帰属するというベルヌ条約の精神との関係がなお問題となる。この点著作権法は法人著作物については、法人の名義で公表される著作物の制度ももっている（15条）。そこで、考えてみると……（以下略）」。

資料：

法律文献等の出典の表示方法

　　　参考出典：法律編集者懇話会作成「法律文献等の出典の表示方法」

I　文献の表示
　1　雑誌論文

執筆者名「論文名」雑誌名　巻　号　頁（発行年）
または
執筆者名「論文名」雑誌名　巻　号　（発行年）　頁

　　例；①横田喜三郎「条約の違憲審査権――砂川判決を中心として」国家
　　　　73巻7=8号1頁以下（1960）
　　　②末弘厳太郎「物権的請求権理論の再検討」法時11巻5号（1939）
　　　　1頁以下〔民法雑記帳(上)（日本評論社、1953）所収、238頁以下〕

---

1)　角田正芳＝辰巳直彦『知的財産法［第3版］』（有斐閣、2006年）318頁
2)　日本映画監督協会ホームページ www.dgj.or.jp/

2 単行本
(1) 単独著書の場合

```
執筆者名『書名』 頁（発行所、版表示、発行年）
　または
執筆者名『書名』（発行所、版表示、発行年） 頁
```

例；三ケ月章『民事訴訟法』125頁（弘文堂、第3版、1992）
(2) 共著書の場合
  (a) 一般

```
執筆者名「論文名」共著者名『書名』 頁（発行所、発行年）
　または
共著者名『書名』 頁〔執筆者名〕（発行所、発行年）
```

例；①竹内昭夫「消費者保護」竹内昭夫ほか『現代の経済構造と法』397頁（筑摩書房、1975）
　　②林良平ほか『債権総論』124頁以下〔林〕（青林書院、1978）
  (b) 講座もの

```
執筆者名「論文名」編者名『書名』 頁（発行所、発行年）
```

例；①金沢良雄「独占禁止法の理論——構造（目的）」経済法学会編『独占禁止法講座Ⅰ総論』159頁（商事法務研究会、1974）
　　②平野竜一「現代における刑法の機能」『岩波講座・現代法(11)』9頁（岩波書店、1965）
  (c) コンメンタール

```
編者名『書名』 頁〔執筆者名〕（発行所、版表示、発行年）
　または
執筆者名『書名』 頁〔編者名〕（発行所、版表示、発行年）
```

例；幾代通編『注釈民法(15)』205頁〔広中俊雄〕（有斐閣、昭41）
　　または、広中俊雄『注釈民法(15)』205頁〔幾代通編〕（有斐閣、昭41）

(d)　記念論文集

```
執筆者名「論文名」献呈名『書名』　頁（発行所、発行年）
```

　例；我妻栄「公共の福祉・信義則・権利濫用相互の関係」末川先生古稀
　　　記念『権利の濫用(上)』46頁（有斐閣、昭37）
　(3)　翻訳書の場合

```
原著者名（訳者名）『書名』　頁（発行所、発行年）
```

　例；ヴォン・メーレン編（日米法学会訳）『日本の法(上)』153頁（東京大
　　　学出版会、昭53）
3　**判例研究**
　(1)　雑誌の場合

```
執筆者名「判批」雑誌名　巻　号　頁（発行年）
　　　または
執筆者名「判批」雑誌名　巻　号（発行年）　頁
```

　例；大隅健一郎「判批」商事140号7頁（昭34）
　(2)　単行本の場合

```
執筆者名『書名』　事件　または、　頁（発行所、発行年）
```

　例；鈴木竹雄・判例民事法昭41年度18事件評釈（有斐閣、昭52）
4　**座談会等**

```
出席者ほか「テーマ」雑誌名（書名）　巻　号　頁〔〇〇発言〕（発行年）
　　　または
出席者ほか「テーマ」雑誌名（書名）　巻　号（発行年）　頁〔〇〇発言〕
```

　例；池原季雄ほか「法例改正をめぐる諸問題と今後の課題」ジュリ943
　　　号19頁〔溜池発言〕（平1）
5　**その他（文中の表記）**
　(1)　前掲文献の扱い
　例；鈴木・前掲注㉘123頁
　　なお、当該執筆者の文献が同一の（注）のなかで複数引用されている
　場合には、下記いずれかの表示方法をとる。

(a) 論文の場合

該当の雑誌名だけを表示するのを原則とする。ただし、論文のタイトルの略表示を用いることでもよい（特に、連載論文の場合、この用法がわかりやすい）。巻、号等は省略する。

例；㉜　高柳賢三「司法的憲法保障制(4)」国家45巻6号15頁（昭6）
→高柳・前掲注㉜「憲法保障(4)」15頁

(b) 単行本の場合

例；㉚　我妻栄『近代法における債権の優越的地位』（有斐閣、昭28）50頁→我妻・前掲注㉚優越的地位50頁

(2) 注番号の扱い

注番号は、本文中の小見出しごとに番号を改めるような細分化をせず、通し番号とする。ただし、何を基準として通し番号とするかは、講座論文、雑誌論文、モノグラフ等、発表形態および分量によって異なる。したがって、以下の方法が望ましい。

(a) 講座論文、雑誌論文の場合は、同一論文中は、通し番号とする。ただし、長論文の場合は、(b)による。

(b) モノグラフの場合（雑誌連載、単行本とも）は、編、章または節のような大見出しごとの通し番号とする。

II　判例、先例、通達の表示

1　判例

```
最判昭和58年10月7日民集37巻8号1282頁〔1285頁〕
東京地八王子支判昭37・11・28下民13・11・2395
大判大12・4・30刑集2巻378頁
```

2　先例、通達

```
昭41・6・8民甲1213号民事局長回答
```

【高橋岩和】

第3節　訴状、準備書面、判決書の構造の理解、読み方の基本

Ⅰ　訴　　状

1　訴状の必要性

　訴えを提起するには、書面を裁判所に提出する必要がある（民事訴訟法133条1項）。簡易裁判所での訴訟手続については[1]、口頭での訴え提起が認められている（民事訴訟法271条）。

2　訴状の記載事項

　社会的に注目を集めている事件について訴訟が提起された場合に、マスコミが被告のコメントを求めて取材をすると、「訴状が届いていないのでコメントできません」といった内容の返事が返ってくることがある。訴状は、裁判所での事件審理のスタートとして重要な役割を果たすことになるが、訴状には何を書かなければならないのであろうか。

　民事訴訟法は、訴状の必要的記載事項として、次の事項を規定している（民事訴訟法133条2項）。すなわち、「当事者及び法定代理人」、そして「請求の趣旨及び原因」、である。では、これらについて見ていくことにしよう。

　第1に、当事者を記載しなければならない。これは、紛争の主体を特定するために要求される。自然人については氏名と住所、法人などについては、商号と本店（主たる事務所）の所在地が記載される。では、民事訴訟において、誰が当事者になることができるのであろうか（これを当事者能力という）。民事訴訟法28条によると、当事者能力を有するのは、権利能力者である。したがって、自然人、法人、そして民法が特別に認めた場合には（たとえば、民法721条）、胎児も当事者能力を有する。また、民事訴訟法29条は、実体法に修正を加えている。つまり、法人でない社団・財団であっても、代表者や管理人の定めがある場合には当事者能力を有するとしている。本来、このような団体は、法人格を有していない以上、同28条の原則からすれば当事者能力を有しない。しかし、団体として現に存在し、その団体の取引活動など

---

[1]　民事事件においては、第一審裁判所としては、簡易裁判所と地方裁判所がある。簡易裁判所は訴額（訴訟の目的の価額）が140万円以下の事件について、地方裁判所は140万円を超える訴額の場合に、それぞれ管轄を有する（裁判所法33条1項1号）。このような裁判所間の役割分担を事物管轄という。

で紛争が生じた場合に、当事者として扱うことができないとすると、団体の構成員全員を相手に訴えなければならないことになる。しかし、これでは紛争解決の観点からは非常に不便であるので、このような特則を設けた[2]。

　第2に、法定代理人がいる場合にはその記載が求められる。訴訟では、相手の出方に応じてこちらも戦術を考え、ときとしては数年かけて判決を得ることになる。そこで、訴訟活動を行うには、一定程度の判断能力が必要とされる。たとえば、売掛代金債権の支払を求めて訴えを提起した場合、債権者が敗訴すれば、その代金債権はなかったものとして扱われる。その意味では、訴訟手続は財産処分行為という面を有する。そこで、訴訟手続を進めていくには、それに相応しい判断能力を有している必要がある（これを訴訟能力という）。この訴訟能力は、基本的に行為能力に対応している（民事訴訟法28条）。そこで、未成年者と成年被後見人については、訴訟活動は法定代理人によらなければならないとしているため（民事訴訟法31条）、法定代理人が選任されていればその氏名の記載が求められている。この本人と法定代理人の関係は、法人とその代表者等の関係にもあてはまる（民事訴訟法37条）。

　第3に、請求の趣旨に関する記載が要求される。これは、原告が裁判所に対して求める救済方法に関する申立てであり、請求の内容や範囲を示して、裁判所にどのような判決を下してもらうのか示す部分である。この請求の趣旨は、原告の請求が認容された場合に、判決文に対応することになる。たとえば、給付訴訟の場合には「被告は原告に金〇〇円を支払え、との判決を求める」、確認訴訟については「別紙目録記載の建物につき原告が所有権を有することを確認する、との判決を求める」、形成訴訟の場合には、「原告と被告とを離婚する、との判決を求める」と記載される[3]。

　第4に、請求原因の記載が求められる。この部分は、原告が主張する請求を特定するのに必要な事実である。たとえば、売掛代金債権の支払いを求める訴えを提起した場合を考えてみよう。原告（債権者）と被告（債務者）が長年取引関係にあった場合には、複数の金銭債権が成立していると考えられる。仮に1,000万円の金銭債権について訴えを起こしたいと原告が考えたとしても、金額が同じで履行期の異なる債権が同一当事者間で幾つもある場合には、金額だけでは請求は特定されない。そこで、いつの売買なのかなどを、この

---

[2]　民法上の組合については議論がある。参照、最判昭和37・12・18民集16巻12号2422頁。
[3]　これらの訴訟の種類は、訴えの3類型と称される。

請求原因によって特定することになる。

3 訴状の審査

裁判所に訴状が提出されると、裁判長が訴状を審査する（民事訴訟法137条）。裁判長は、訴状の必要的記載事項（民事訴訟法133条2項）が充足しているか、また手数料分の印紙が貼付されているかを審査する。

これらに不備があれば、裁判長は、相当期間を定めて補正命令を下す。補正された場合、および訴状に不備がなかった場合には、被告に訴状の送達がなされる（民事訴訟法138条1項）。訴状に不備があり補正命令が出されたにもかかわらず原告がこれに従わなかった場合には、訴状は却下される（民事訴訟法137条2項）。

II 準備書面

1 準備書面とは何か

口頭弁論においては、それぞれの当事者が自己の主張を展開し、証拠の提出を行ったりする。その際、事前に相手方の出方を知っていれば、口頭弁論期日での対応を考慮することができ、手続に要する時間の節約になると考えられる。そこで、民事訴訟法161条は、口頭弁論を書面によって準備しなければならないとした。なお、被告が提出する最初の準備書面を答弁書という。

2 準備書面の記載事項

準備書面には、自らの主張や証拠の申出（これを攻撃防御方法という）、相手方の攻撃防御方法に対する陳述を記載する（民事訴訟法161条）。

3 準備書面の提出・交換

当事者は、準備書面を裁判所に提出し、相手方当事者にも送付する（民事訴訟規則79条、83条）。

4 準備書面提出の効果

準備書面を提出すると、提出した当事者が口頭弁論に欠席しても、準備書面に記載した事項については陳述したものと扱われる（民事訴訟法158条）。

III 判決書

1 判決書の記載事項

裁判所は、訴訟が裁判をなすのに熟したときには、終局判決を下すとされている（民事訴訟法243条）。判決を下すには、口頭弁論終結の日より2か月以内に（民事訴訟法251条1項）、判決書の原本に基づき（民事訴訟法252条）、言渡

しによって効力が生ずる（民事訴訟法250条）。

　民事訴訟法253条1項は、判決書の記載事項として、次の事項を掲げている。すなわち、主文、事実、理由、口頭弁論の終結の日、当事者および法定代理人、そして裁判所、である。

2　判決主文のもたらす意味

　判決の中でも、主文（民事訴訟法114条1項）について、いくつかコメントしておこう。

　第1に、訴状との関係である。前述のように、訴状の記載事項における「請求の趣旨」は、原告が裁判所に対して救済を求める申立ての内容を指し、原告の言い分が正しいと認められた場合には、請求の趣旨に対応する判決主文が言い渡される。たとえば、給付訴訟の場合には「被告は原告に金○○円を支払え」、確認訴訟については「別紙目録記載の建物につき原告が所有権を有することを確認する」、形成訴訟の場合には、「原告と被告とを離婚する」などといった主文になる。

　第2に、判決の効力が及ぶ対象との関係である。たとえば、原告（債権者）が被告（債務者）に1億円を貸し付けていたとしよう。原告は、いきなり1億円請求することはやめて、とりあえず利息分の500万円だけ裁判で請求し、勝訴したとする。この場合、判決の及ぶ対象は、主文の部分、すなわち利息債権の支払いを命じた部分に限られる。論理的には利息の存在は主たる債権債務関係の存在（1億円の貸金債権）を前提としているが、この1億円の債権が存在することについては、判決の効力は及ばない（判決理由中の判断とよばれ、この部分には判決の効力は及ばないのが原則である）[4]。

　第3に、上訴との関係がある。ここでは、原告側の上訴について見てみる。原告が、被告を相手に、土地の所有権確認の訴えを起こしたとする。原告は訴状に、「別紙目録記載の建物につき原告が所有権を有することを確認する、との判決を求める」と記載し、裁判所は、原告の請求を認容して、「別紙目録記載の建物につき原告が所有権を有することを確認する」と、判決を下したとしよう。この場合、原告の申立ての部分と、裁判所の判決主文は対応関

---

[4]　したがって、債権者が利息請求について勝訴した後、1億円の貸金債権について請求した場合に、必ずしも勝訴するとは限らない。利息請求訴訟において主たる債務についても決着をつけたい場合には、中間確認の訴え（民事訴訟法145条）を使うことになる。学説では、争点効という理論による解決が提唱されているが、最高裁は、この考えを否定した（最判昭和44・6・24判時569号48頁）。

係にある。そこで、この場合には、原告は上訴を提起できない。なぜなら原告の要求通りに、裁判所は判決を下しているからである。このことは、たとえ、原告が売買による所有権の取得を主張していたのに、裁判所が相続による所有権取得を認めた場合であっても当てはまる[5]。原告の所有権を認めている点で異なるところはなく、また、売買に基づくものなのか、それとも相続によるのかという部分には判決の効力は及ばないため、原告に不利益は生じないからである。原告の請求が棄却されれば、原告は上訴提起が可能である。

【芳賀雅顯】

---

5) このような立場を、形式的不服説という。通説・判例（最判昭和31・4・3民集10巻4号297頁）が支持する見解である。

第2部 市民生活・経済社会と法Ⅰ

第6章

民　　法

第1節　契約法

I　契約の意義

1　契約の締結

　契約（contract）は、不法行為（tort）と並ぶ債権の重要な発生原因の一つである。債権とは、ある特定の人（債権者）が他の特定の人（債務者）に対して、一定の行為（給付）を請求できる権利のことをいう。たとえば、売買契約を締結すれば、売主は買主に対して代金の支払いを請求できる権利を取得し、買主は売主に対して目的物の引渡しを請求できる権利を取得する。売主と買主が取得するこれらの権利は、いずれも債権である。このように、売買契約を締結することにより、売主と買主のそれぞれが債権という権利を取得できるのは、両当事者がそのように欲したからであり、法律はその意思を尊重して一定の権利の発生を認めていると説明することができる（私的自治の原則（private autonomy））。そして、契約締結により法的権利が発生し、これが法律で保護されるという保障があるからこそ、私たちは安心して日常の取引を行うことができるのである。

　契約は、原則として当事者の合意（agreement）のみで成立する。甲時計の売買契約であれば、売主の「甲時計を1万円で売ろう」という意思と、買主の「甲時計を1万円で買おう」という意思が合致（合意）すれば契約は成立するのであり、契約書のような特定の方式は必要とされない。不動産売買契約などの重要な契約を締結する場合には、契約書を作成するのが通常であろうが、契約書の法的意味は、契約が成立したということと契約の内容を証拠づけるものにすぎず、契約の成立要件ではない。

第1節　契約法

2　契約自由の原則とその制限

　近代民法においては、誰と契約を締結するか、どのような内容の契約を締結するか、そもそも契約を締結するか否かについても、当事者が自由に決定できるのが原則であり、これを「契約自由の原則（freedom of contract）」とよぶ。この原則は、人はみな合理的な判断能力を有していることを前提としており、そのような個人の自由意思を尊重して各人の自由取引競争に委ねておけば、経済的・社会的秩序が保たれるという考え方に基づいている。わが国の民法には13種類の契約（典型契約）が定められているが、当事者がこれらとは異なる内容の契約を締結することも自由である。民法の契約に関する規定は、これまでの経験に基づいて典型的な種類と内容の契約について定め、当事者の合意内容が不明確であったり不完全である場合の解釈基準を提供しているにすぎない。つまり、契約に関する規定は任意法規（directory provision）[1]が多く、当事者の自由意思の方が優先されるのであり、これは私的自治の原則の契約領域における現れとみることができる。

　契約自由の原則の具体的内容は、①契約締結の自由、②契約方式の自由、③契約内容決定の自由の三つに分類することができる。①契約締結の自由とは、契約を締結するか否か——申込みや承諾をするか否か——の自由であり、②契約方式の自由とは、契約書などの特別な方式を備えることなく、当事者の合意だけで契約を締結できることを意味する。そして、③契約内容決定の自由とは、契約を締結する際に、その内容を自由に定めうるということである。

　この契約自由の原則は、所有権絶対の原則と並んで近代私法における大原則であるが、この自由を形式的に徹底しさえすれば、個人の自由と平等が実現されるというわけではない。個人の自由意思にすべてを任せていたのでは、力の強い者が他者の自由をおびやかし、かえって不平等を招くこともありうる。そこで、個人の実質的な平等を確保するために、契約自由の原則についても一定の干渉や制約が認められている。たとえば、①契約締結の自由に対しては、電気・ガスなどの独占的事業や医師などの公益的職務について、正当な理由なしに申込みを拒絶することはできないという承諾義務が定められており（電気事業法18条1項、ガス事業法16条1項、医師法19条1項）、②契約方

---

[1]　任意法規とは、公の秩序に関しない規定であり（91条）、当事者の意思により排斥できる規定である。これに対し、公の秩序に関する規定で、個人の意思により排除できない規定を強行法規（mandatory provision）という。

式の自由については、建設工事の請負契約や労働協約などで、書面の作成が義務づけられている（建設業法19条、労働組合法14条）。また、③契約内容決定の自由に関しては、後述するように民法の公序良俗規定（90条）による制約があるほか、借地借家法や消費者契約法などの各種特別法が、強行法規（mandatory provision）として民法の一般原則を修正している部分があることに注意が必要である。

3　契約が守られなかった場合

契約を締結した以上は、これを守らなければいけないことは契約法上の大前提であるが[2]、当事者の一方が契約を守らなかった場合（breach of contract）に、その相手方はどのような手段をとりうるのか。たとえば、AB間でAが自己の所有する時計をBに売却するという契約を締結したが、Aが時計の引渡期日を過ぎても一向に時計を引き渡さない場合を考えてみよう。この場合にBがとりうる契約法上の救済手段は、大きく分けて三つある。一つは、Aの時計引渡しを強制的に実現させる方法（414条1項本文）であり、民事執行法の手続に従って、当初の契約内容を実現させることができる。二つめは、Aの債務不履行（415条）を理由とする損害賠償請求である。Aに前述の強制履行をさせても、なおBに損害（damage）（たとえば履行遅延による損害など）が残る場合には、債務不履行の要件を充たす限り、併せて損害賠償請求をすることができる（414条4項）。これら二つの手段をとった場合でも、BはAに代金を支払わなければならない。たといAの債務不履行があったとしても、AB間の契約は未だに有効に存続しているから、Bにも自らの債務を約束どおりに履行する義務があるからである。もし、BがAとの契約関係の解消を望むなら、三つめの手段として契約の解除（dissolution of contract）（履行遅滞を理由とする解除については541条）をすることもできる。契約を解除すれば、Bは自らの債務を免れることができるが、Aもその債務を履行する必要がなくなるので、BはAから時計の引渡しを受けることはできなくなる。Bがあくまでも時計を欲するのなら、Aに支払うはずであった代金額分を用いて他からこれを調達すればよく（もっとも、同種の時計を調達することができない場合には金銭で満足するしかないが）、Bが自らの債務を免れてもなお損害が残るときには、その分の損害額をAに請求することもできる（545条3項）。

---

[2]　もっとも、アメリカでは、「契約を破る自由」が論じられており、契約を履行するか、あるいは契約を破って損害を賠償するかを当事者の自由に委ねた方が、契約の締結が促進されるという考え方もある。

4 契約の拘束力と無効・取消事由

なぜ契約を守らなければいけないのかに、契約法における基本的かつ最重要問題ではあるが、ここでは従来の理解に従って、その根拠を当事者の意思 (intent) に求めておくこととする。契約の拘束力の根拠を当事者の意思と考えるなら、自己の正常な意思決定に基づく契約にのみ拘束されるべきといえる。そこで、民法は、契約締結の意思が存在しない場合にはその契約を無効 (void) とし（後述Ⅱ）、意思は存在するがそれが正常な意思決定に基づかない場合にはその契約を事後的に取り消すことができる (voidable)（後述Ⅲ）としている。

Ⅱ 契約が無効になる場合

1 意思無能力

自己の行為の法的な結果を判断することができる精神的能力のことを意思能力といい、契約が法的に有効と扱われるためには、当事者に意思能力のあることが必要とされる。このことは民法に明文規定はないが、判例も当然のこととして認めている。これにより、意思無能力状態で締結された契約は無効とされ、意思無能力者は保護されるが、そのためには意思無能力者側が契約締結時に意思能力がなかったことを証明しなければならない（証明責任 (burden of proof)）。

2 意思の不存在

契約を締結する意思がないのにこれがあるかのように表示して契約締結行為をしても、その契約は無効である。このように、表示に対応する意思がないことを「意思の不存在（意思欠缺）」という。意思の不存在には、①心裡留保（93条）、②虚偽表示（94条）、③錯誤（95条）の三つの場合がある。

①心裡留保とは、表意者が自己の表示行為に対応する真意がないことを知りながら意思表示をすることをいう。たとえば、冗談で贈与の約束をするような場合である。この場合、表示に対応する意思がないのであるから、そのような契約は無効となるはずだが、民法はこのような契約も有効としている。真意でないことを知りながら敢えてそれとは異なる表示をした表意者を保護する必要はなく、かえってそのような表示を信頼して取引関係に入った相手方を保護する必要があると考えたからである。ただし、相手方が表意者の真意を知り、または知ることができたときは、その契約は無効とされる。

次に、②虚偽表示とは、両当事者が通謀して真意でない意思表示を行うこ

とであり、強制執行を免れるために不動産の売買契約を仮装して登記名義を移転する場合などが典型例である。この場合、不動産の売主に売却の意思はなく、買主もそれを承知のうえで虚偽の意思表示をしているので、意思なきところに契約の拘束力は認めないという原則どおり、この契約は無効である。もっとも、このような虚偽の外観を信頼して取引関係に入った第三者に対しては、契約が無効であることを対抗することはできない。たとえば先ほどの例で、不動産の仮装譲受人を所有者と信頼し、その者からさらにその不動産を譲り受けた者に対しては、本来の所有者である仮装売主は、当初の仮装売買契約が無効であることを主張できず、その不動産の所有権を失う結果となる。

③錯誤とは、表示から推測される意思と真意が一致しない意思表示である。表意者が自らの勘違いでその不一致に気付いていない点で、心裡留保や虚偽表示とは異なる。表意者が何を勘違いしていたかにより、錯誤はいくつかの類型に分けることができる。一つは表示上の錯誤で、書き間違いや言い間違いの場合である。二つめは内容の錯誤で、米ドルとユーロの価値が同じだと思い100ドルを100ユーロと表示したような場合である。さらに、動機の錯誤と呼ばれる類型があるが、これを上記二つの類型と同様に錯誤として扱うべきか否かについては古くから議論がある。動機の錯誤とは、名画だと思ったからその絵を買うことにしたが、実は名画ではなかったというように、絵を買うという意思と表示の間に不一致はなく、ただ、その意思を形成する動機に勘違いがあるにすぎない場合だからである。判例は、動機が相手方に表示されていた場合には錯誤無効の主張を認めている[3]。

いずれにしても、錯誤無効の主張は相手方に不測の損害を与える可能性があるので、意思表示の主要な部分について錯誤があったこと（要素の錯誤）および表意者に重過失のないことが要件とされている。

3　強行法規・公序良俗違反

これまで見てきた契約の無効原因は、契約締結意思の不存在にあったが、契約を締結する意思が存在していても、その契約内容が強行法規や公序良俗に違反する場合には、その契約は無効である。

強行法規とは公の秩序に関する法規であり、これに反する契約が無効であ

---

[3]　他に、動機についての相手方の認識可能性を必要とする見解などもある。要は、錯誤者の保護と相手方の保護（取引の安全）をどのように調和させるかの問題といえる。

ることは91条に含意されている。何が強行法規に該当するかは明確になっておらず、その法規の趣旨に照らして個別に判断するしかない。一例を挙げると、民法典中の制限行為能力に関する規定は強行法規であり、利息制限法、借地借家法、消費者保護に関する各種法律の規定には強行法規が多い。

強行法規に反していなくても、契約の内容が「公の秩序又は善良の風俗」に反する場合には、公序良俗違反として当該契約は無効となる（90条）。何が「公の秩序又は善良の風俗」に該当するかは、社会や時代の変化と共に変遷するものであるから具体的にこれを示すことはできないが、古くは人倫に反する行為が多く問題とされてきたのが、近時は経済的公序に反する行為も積極的に問題とされるに至っている点が注目される。

4 無効の主張

無効とは本来、最初から当然に無効と扱われることを意味し、誰からでもこれを主張できるはずのものである。しかし、ある意思表示の無効原因が、一方当事者を保護するために認められている場合には、その相手方からの無効主張を認める必要はない。そこで、意思無能力無効や錯誤無効の場合には、意思無能力者や錯誤者側からのみ主張できると解されている。この点で、これらの無効は取消と共通するが、その主張期間に制限が設けられていない点で取消とは異なる[4]。

III 契約を取り消しうる場合

1 制限行為能力

前述したように、契約締結時に意思能力がなかったことを証明すれば、その契約の無効を主張することができる。しかし、その証明は必ずしも容易ではないため、民法は、意思能力に欠ける者を定型化し、これらの者が単独で契約を締結した場合にはその契約を取り消すことができることにした。これが制限行為能力制度と呼ばれるものであり、民法上単独で有効に契約を締結することができる能力のことを行為能力という。

わが民法で制限行為能力者とされる者には、①未成年者（5条）、②成年被後見人（7条・精神上の障害により事理弁識能力を欠く常況にある者）、③被保佐人

---

[4] 意思無能力無効や錯誤無効は、取消と同様に主張権者が制限されていることから、「取消的無効」あるいは「相対的無効」とも呼ばれる。さらに進んで、主張期間も取消と同様に制限すべきとの議論もあり、近時は無効と取消の区別を相対的に捉える傾向が強くなっている。

(11条・精神上の障害により事理弁識能力が著しく不十分である者)、④被補助人 (15条・精神上の障害により事理弁識能力が不十分である者) がある。制限行為能力者は、契約締結時における意思能力の有無を問わずに契約の取消が認められるが、未成年者を除いては、裁判所の審判を受けなければ制限行為能力者とは扱われない[5]。制限行為能力者には、それぞれ①親権者または未成年後見人、②成年後見人、③保佐人、④補助人という保護者が付き、それぞれの類型に応じて異なる権限を有する保護者が、制限行為能力者の利益を守るために機能している。

2　瑕疵ある意思表示

詐欺や強迫に基づいて契約を締結させられた場合には、たとい行為能力者による契約であってもこれを取り消しうる (96条1項)。相手方から騙されたり、脅かされたりしたために契約を締結した場合、その契約を締結しようという意思自体は存在するものの、それは自由かつ正常な意思決定によるものとはいえないため、契約の取消が認められるのである。このように、意思の形成過程で不当な干渉を受けた意思表示は「瑕疵ある意思表示」と呼ばれ、前述の「意思の不存在」と区別される。意思の不存在の場合には、その意思表示の効果は無効であるが、瑕疵ある意思表示の場合は他人の不当な干渉が介在してはいるものの、契約締結の意思に欠けるところはなく、また、それに基づく契約内容が必ずしも当事者に不利益をもたらすとは限らないので、契約は無効ではなく、取り消しうるものとされている。

3　取消の主張

取消とは、一応有効に成立した意思表示の効果を初めから無効にすることである (121条)。取消の主張権者については明文規定があり、制限行為能力を原因とする場合には、制限行為能力者またはその代理人、承継人もしくは同意権を有する者であり、瑕疵ある意思表示の場合には、瑕疵ある意思表示をした者またはその代理人もしくは承継人である (120条)。これらの取消権者は追認をすることにより、取り消しうる意思表示を確定的に有効 (valid) にすることもできる (122条)。追認がない場合でも、当該意思表示は取り消されるまでは一応有効であるが、その取消の主張が無期限に認められると、いつまでたっても法律関係が安定しないことになる。そこで、取消権は、追

---

[5]　制限行為能力者が、契約締結時に意思無能力であったことを証明できた場合には、その者は制限行為能力者制度に基づく取消と意思無能力無効との両方を主張することができる (通説)。両者とも行為者を保護するための制度だからである。

認をすることができる時から5年間で時効消滅し、行為の時から20年を経過したときも消滅するとされている（126条）。

IV 消費者契約法

1 消費者契約の特殊性

消費者契約とは、契約の中でもとくに「消費者と事業者との間で締結される契約」（消費者契約法2条3項）を指し、民法のほか、各種個別業法や消費者契約法による規律が用意されている。このように、民法典における契約概念とは別に、「消費者契約」という独自のカテゴリーが必要とされるのは、消費者と事業者との間に生じるトラブルの原因が、両者の間に存在する「情報の質及び量並びに交渉力の格差」（1条）という特殊性に由来することに基づく。民法は、契約の主体として、それぞれが合理的な判断能力を有した対等な当事者を想定しているが、消費者と事業者とでは、取引に必要な情報力と交渉力に格差があるのが現実である。そのため、たとえ形式的には両者の合意によって契約が成立したといえる場合でも、実際には消費者にとって不必要であったり不利な内容の契約が締結されるおそれがあるのである。具体的には、①契約締結過程において、事業者がその優位な立場を利用して、消費者にとって必要な情報を適切に提供しなかったり、強引な勧誘行為によって契約を締結しようとする場合がある。また、②契約条項の内容については、事業者によってあらかじめ定型化された契約条項（約款）が用いられることが多く、消費者がこれを理解するのは困難で、仮に理解したとしてもその内容を変更してもらうことはほとんど不可能な状況にある。

2 民法と個別業法による対応と限界

(1) 民法による対応と限界

民法は私法の一般法であるから、消費者契約についてもその適用がある。まず、契約締結過程の問題については、民法上の意思表示に関する詐欺、強迫、錯誤の規定、および公序良俗違反による対応が考えられる。また、契約条項の問題についても、民法上の信義則違反（1条2項）、公序良俗違反で対応することが可能である。

しかし、民法は、契約の主体として対等な当事者を予定しているから、意思表示に関する規定の要件は厳格である。詐欺の場合であれば、詐欺者には相手方を騙して錯誤に陥らせようとする故意と、その錯誤によって意思表示をさせようとする故意の「二重の故意」が必要であり、強迫の場合にも、相

手方を畏怖させようとする故意と、その畏怖によって意思表示をさせようとする故意の「二重の故意」が必要とされる。また、信義則や公序良俗の原則は、一般条項の宿命ではあるが、抽象的で予見可能性に欠けるという限界がある。

(2) 個別業法による対応とその限界

民法が私人間に直接的に私法上の効果をもたらす包括的な民事ルールであるのに対し、業法とは、特定の業種を対象とし、その業界の取引秩序を維持するために監督官庁に一定の権限を与える法律である[6]。業法では、事業者に対して免許、許可、登録、届出などの義務を負わせたり、広告規制や表示規制をかけるなど、行政規制がその中心となっている[7]。消費者契約トラブルでとくに問題となることの多い①訪問販売、②通信販売、③電話勧誘販売、④連鎖販売取引（マルチ商法）、⑤特定継続的役務提供契約（エステティックサロンや語学教室）、⑥業務提供誘引販売取引（内職・モニター商法）については、「特定商取引法」がこれを規制しており、業者には、氏名等の表示義務、契約内容を明らかにした書面の交付義務、誇大広告の禁止など、各種の規制がかけられている。

個別業法は、特定の業種をその規制対象としているため、その業界取引に相応しい個別的な規制を設けることができるというメリットがある。しかし、これは、消費者契約トラブルとの関係からみれば、特定の事業者しかその規制対象にならないということであり、新手の悪質商法には対応することができないという限界がある。さらに、業法は、業界の取引秩序の維持を目的としており、消費者保護を直接の目的としているわけではない。

3 消費者契約法による規律内容

以上のように、民法と個別業法だけでは、現代の消費者契約トラブルに十分対応できない。そこで、深刻化する悪質商法などのトラブルに対応するため、平成12年に消費者契約法が制定された（平成13年4月1日施行）。消費者契約法は、消費者と事業者との間に存する「情報の質及び量並びに交渉力の

---

[6] 「旅行業法」、「宅地建物取引業法」、「特定商取引に関する法律」、「住宅の品質確保の促進等に関する法律」、「割賦販売法」、「出資の受入れ、預り金及び金利等の取締りに関する法律」、「貸金業法」、「金融商品取引法」など。

[7] 業法の中には、クーリング・オフ（契約当事者が、申込み等の後一定の期間に限り、申込の撤回や契約解除を行うことができる制度）のような民事ルールを含むものもあるが（たとえば、特定商取引法9条・24条・40条・48条・58条）、その中心はあくまでも行政規制であり、私人間に直接的な効果をもたらすものではない。

格差」を正面から認め、消費者に自己責任を求めることが適切でない場合のうち、契約締結過程および契約条項に関して、消費者が契約の全部または一部の効力を否定することができる場合について定めている[8]。

(1) 契約締結過程に対する規律

　消費者契約法では、民法が定める詐欺や強迫よりも緩やかな要件で消費者に取消権を認めており、具体的には、①誤認による取消と②困惑による取消とがある[9]。

　①誤認による取消とは、契約締結過程（事業者の勧誘）において、事業者による情報提供に問題がある場合に認められる取消事由である。事業者が、㈠不実告知（4条1項1号）、㈡断定的判断の提供（4条1項2号）、㈢不利益事実の不告知（4条2項）のいずれかの行為を行い、これにより消費者が「誤認」をした場合には、その誤認に基づく契約の申込みまたは承諾を取り消すことができる。㈠不実告知とは、事業者が、重要事項について事実と異なることを告げることにより、消費者がその告げられた内容を事実であると誤認する場合であり、㈡断定的判断の提供とは、事業者が、物品、権利、役務その他の消費者契約の目的となるものに関し、将来における変動が不確実な事項について断定的判断を提供することにより、消費者がその内容を確実であると誤認する場合である。これらの場合には、民法上の詐欺も成立する余地があるが、事業者の故意が不要である点で詐欺の要件が緩和されている[10]。㈢不利益事実の不告知とは、事業者が、ある重要事項または当該重要事項に関連する事項について消費者の利益となる旨を告げ、かつ、その重要事項について消費者の不利益となる事実を故意に告げないことにより、消費者が当該事実が存在しないと誤認する場合である。たとえば、「眺望・日当たり良好」という業者の言を信じてマンションを購入したが、半年後に隣接地に高層建

---

[8] 消費者契約法は、民法の適用を排除するものではなく、本法に特段の定めがない事項については、民法および商法の規定が適用される（11条1項）。また、個別業法との関係では、業法の私法規定に本法と抵触する規定がある場合には、業法の規定が優先的に適用される（同条2項。たとえば、利息制限法4条と消費者契約法9条2号との関係）。

[9] 消費者が誤認や困惑に基づいて契約の申込みや承諾をした場合であっても、それが同時に民法の詐欺や強迫の要件に該当する場合には、消費者は、どちらの主張をしてもよいし、両方の主張をすることもできる（6条）。

[10] もっとも、不実告知の場合には、詐欺と異なり、「重要事項について」という限定がある。

物ができたという場合、業者がその建物建設予定を知りながらこれを告げなかったならば、ここにいう不利益事実の不告知にあたる。この場合には、(ア)不実告知や(イ)断定的判断の提供と異なり、明文で事業者の故意が必要とされているが、消費者保護という立法目的に照らし、ここにいう故意は、詐欺の場合のそれよりも緩やかに解すべきとする見解や、重過失も含むと解すべきとする見解もある。

②困惑による取消とは、契約締結過程において、事業者による不適切な勧誘行為が行われ、これにより消費者が「困惑」してなした契約の申込みまたは承諾の取消を認めるものである。「困惑」とは、精神的動揺を意味する広い概念（畏怖も含む）であり、(ア)不退去（4条3項1号）と(イ)退去妨害（4条3項2号）が取消事由として認められている。(ア)不退去とは、事業者に対し、消費者が、その住居またはその業務を行っている場所から退去すべき旨の意思を示したにもかかわらず、それらの場所から退去しないことにより、消費者が困惑した場合であり、(イ)退去妨害とは、事業者が消費者契約の締結について勧誘をしている場所から、消費者が退去する旨の意思を示したにもかかわらず、その場所から消費者を退去させないことにより、消費者が困惑した場合である。いずれも、畏怖にまで至らない困惑により意思表示をした場合にも取消を認める点で、民法の強迫よりも要件が緩和されている。

(2) 契約条項の内容に対する規律

情報力・交渉力において優位にある事業者が、自己に有利な内容の契約条項を定め、これにより消費者が不利益をこうむることがないように、消費者契約法は、契約条項の全部または一部が無効となる場合について定めている。民法上の信義則や公序良俗とは異なり、契約条項が無効となる場合を具体的に列挙して予見可能性を高めている点にその独自性がある。(ア)契約条項が全部無効になるのは、事業者の損害賠償責任が免除あるいは制限されている場合であり、債務不履行責任の全部免責条項（8条1項1号）、故意・重過失による債務不履行責任一部免責条項（同項2号）、債務履行時の不法行為責任全部免責条項（同項3号）、債務履行時の故意・重過失による不法行為責任一部免責条項（同項4号）、瑕疵担保責任全部免責条項（同項5号、ただし2項で例外あり）がこれにあたる。(イ)契約条項が一部無効になるのは、事業者が消費者に対して要求する損害賠償額の予定や違約金の定めが、平均的な損害額を超える過重なものである場合であり、消費者契約の解除に伴う損害賠償額予定条項または違約金条項について、解除に伴い当該事業者に生ずべき平均的な損害額

を超える部分（9条1号）、金銭債務の履行遅滞に伴う損害賠償額予定条項または違約金条項について、年14.6％の割合を乗じて計算した額を超過する部分（同条2号）が無効になるとされている。また、(ア)(イ)の具体的列挙とは別に、「民法、商法その他の法律の公の秩序に関しない規定の適用による場合に比し、消費者の権利を制限し、又は消費者の義務を加重する消費者契約の条項」で、「民法第1条第2項に規定する基本原則に反して消費者の利益を一方的に害するもの」は無効とする一般規定も設けられている（10条）[11]。

(3) 差止請求権の新設

　消費者契約トラブルには、同種の被害を多数の者がこうむるという特殊性があるが、平成13年に施行された消費者契約法は、個別的・事後的に消費者被害を救済するものであり、同種の被害発生や拡大を防止するには限界があった。そこで、消費者契約法は平成18年に一部改正され（平成19年6月7日施行）、同種紛争の未然防止と拡大防止をはかり、消費者全体の利益を保護するために、一定の消費者団体に事業者の不当行為の差止請求権が認められることとなった（12条）。

　差止請求の対象となる事業者の行為は、不当な勧誘行為（4条1項～3項）と不当な契約条項（8～10条）を含む消費者契約の申込みまたは承諾であり、これを現に行い、または行うおそれがあるときは、当該行為の停止もしくは予防または当該行為の停止もしくは予防に必要な措置をとることを請求できる。さらに、平成20年改正により、特定商取引法および景品表示法に規定される一定の行為についても差止請求をすることができるようになった（特定商取引法に関しては2009年12月1日から、景品表示法に関しては2009年4月1日から施行）。

　差止請求権を行使できるのは、内閣総理大臣に申請して認定を受けた消費者団体（適格消費者団体）に限られる（13条）。個々の消費者ではなく、消費者団体が差止請求権者とされたのは、一般に個々の消費者は専門的知識や情

---

[11] 10条のような一般規定を消費者契約法の中に設けることについては、立法過程においても様々な議論があった。このような規定を設けることは、予見可能性という面からみれば問題があるが、現実問題として、現在そして将来における不当条項を広くカバーできるルールの創設を目指すなら、8条と9条の具体的列挙だけでは不十分である。また、本条と民法1条2項との関係も問題になるが、同条項の信義則は、本来は「権利の行使及び義務の履行」について問題になるもので、直接的に契約条項を無効とする効果まではないのに対し、消費者契約法10条は、不当条項の効力そのものを否定する規定である。

報収集能力に乏しく、専門家に依頼する資力も不十分であるのに対し、消費者団体はすでに消費者契約の適正化に向けた専門的な活動を行っているものもあり、また、団体として活動することで情報収集力なども高まることが期待されたからである[12]。

〈参考文献〉
- 落合誠一『消費者契約法』(有斐閣、2001年)
- 内閣府国民生活局消費者企画課編『逐条解説消費者契約法［新版］』(商事法務、2007年)
- 日本弁護士連合会消費者問題対策委員会『コンメンタール消費者契約法［第2版］』(商事法務、2010年)

【有賀恵美子】

---

12) EU諸国ではすでに消費者団体訴訟制度が広く導入されており、アメリカではクラスアクション制度（被害者集団の代表者が訴訟当事者となる制度）が設けられている。

第2節　物権法

I　物権法概説

1　はじめに
　近代私法は個人の尊厳（憲法13条前段、民法2条）に究極の価値を置き、自由と平等を基本原理とする。この基本原理のもとに、個人は、自ら保有する私有財産について、その自由意思に基づいて使用・収益・処分することができ、他人はもちろん国家権力といえども、これを侵害してはならない（私的財産の絶対性・所有権絶対の原則）。本節は、この所有権絶対の原則にかかわる法秩序、すなわち、物権法を考察の対象とする。
　ところで、民法典の財産法に関する領域は、物権編（第二編）と債権編（第三編）、そして、主に物権と債権に共通した事項を取り扱う総則編（第一編）によって構成されている。本節で扱う対象は、その内の第二編が規定する物権法の領域である。

2　近代物権法の成立とその特徴
　人が生活を営むためには、現実の世界に存在する「物」を有効に利用することが必要不可欠である。ところで、人類の欲望は無限である一方で、現実の世界に存在する物資は有限である。そのため、物の利用に関する安全性と確実性を維持する法制度を整備することが不可欠となる。このような現実の世界に実存する物の利用に関する支配秩序を定める法規範が物権法である。人や国家に対する信頼を基礎とする法治国家体制の充実を待たなければならない債権法と異なり、原始的な時代から重要性を有する物権法はかなり早い時代から発達をみせた法領域である。
　近代社会成立以前において、土地に関する物的支配の関係はきわめて複雑かつ身分的であった。たとえば、耕作をする権利、採草・放牧・狩猟をする権利、水を利用する権利、さらには貢納を徴収する権利など、封建的支配関係を前提とした多種多様な物権が複雑に絡み合い重層的に存在するといった場合が多くみられていた。このように土地利用をめぐる権利関係は、身分的階層秩序および封建的支配関係が色濃く影響し、非常に複雑な状況にあった。
　しかし、近代法は、個人すべてに対等な人格的地位を付与し、個人の財産的法律関係は所有権絶対の原則と契約自由の原則という民法における二大原

則を通じて規律する。そして、社会が商品取引中心の近代資本主義社会へ移行するに伴い、物権制度は取引安全の法理をより重視する方向へと進み、土地などの不動産を含めて、物が有する交換価値がより重視されるようになる。すなわち、物権法は、物の物質的な利用から物の有する交換価値の把握へ（「利用」から「所有」へ）とその重点が移るに至った。

かくして近代物権法は、取引の安全の要請に応えるべく、封建的身分的支配関係を排除した上で、第一に、全面的支配権という単純明瞭な近代所有権概念を創造し、それを物権法の中心的地位に据えるとともに、第二に、所有権以外の用益物権を極力排除して、不測の損害の発生をできるだけ回避している、という特徴を有している。

II　物権の性質・客体・効力——債権との対比を中心に

1　物権の性質

物権の性質、客体、効力について、債権と対比しつつ説明を加える。

(1)　物権の本質

物権は、特定の物を直接支配できる内容の権利（対物権・支配権）である。これに対し、債権は、特定人（債務者）に対して一定の行為（給付）を請求できる権利（対人権・請求権）である。

(2)　直接支配性

物権は、特定の物を「直接支配」できる権利である。ここにいう直接支配とは、他人の行為の介在をまたずに、物から一定の利益を享受できることを意味する。これに対し、たとえば、特定物の引渡請求権など、債権は、権利内容の実現について、債務者による履行という他人の行為の介在を必要とするところに、その特徴がある。

(3)　絶対権・対世権

物権は、物に対する権利であるが、その権利の存在を何ぴとに対しても主張することができる（絶対権・対世権）。これに対し、債権は、特定の相手方（債務者）以外には、権利内容の実現を請求することはできない（相対権・対人権）。なお、この議論は権利の本来の効力が誰に及ぶかという話であり、権利が侵害を受けたときの救済法理、すなわち不法行為に基づく損害賠償や妨害排除請求を論じる場合とは次元を異にするものである点に留意する必要がある。

(4)　権利の排他性

物権が支配権であることから、同一物上に両立できない内容の物権は併存

できないという性質が導かれる。これを物権の排他性という。たとえば、同じ物に対する所有権は一つしか存在しえない。世の中に一つしか存在しない物の上に同一内容の物権が複数成立するということは、直接支配という物権の本質と相容れないからである。これに対し、債権については、不動産賃借権など一定の例外を除き、両立し得ない内容の債権が複数発生することが許容される。たとえば、世界に一枚しか存在しない絵画を同時に二人に売却したり賃貸する契約を締結した場合、法はそれらの債権契約を法律上有効なものと扱い、権利の発生を肯定する。そうした上で、債務者の任意履行や債権者の強制履行に委ねるのを本来とし、不履行となる債権について専ら債務不履行の法理（民法415条など）の適用を問題とするに過ぎない。

(5) 自由譲渡性

物権は、その財産権性から、また、権利行使自由の原則の現れとして、自由にそれを譲渡することができる。他人への売却という法律的処分はまさに所有権者が自由にできる処分行為の典型的な一類型である。いずれにせよ、物権の場合は、権利の自由譲渡性が強度に認められている。これに対し、債権は、人的色彩が強いものもあり、一概に自由譲渡性が認められるとは言い切れない。

2 物権の客体

(1) 現存物・特定物

物権の客体は、現存する特定の物であることを要する。支配できる対象が定まっていなければ、物を直接に支配する関係を想定できないからである。これに対し、債権の場合は、物の引渡しや利用を目的とする債権であっても、必ずしも現存したり特定の物である必要はない。債権は将来の給付をその権利内容とするから、履行すべき時期までに特定できれば、それで十分だからである。たとえば、不特定物の引渡しを内容とする債権（種類債権）も、将来生成される物の引渡しを目的とする債権も可能である。

(2) 独立物（一物一権主義）

物権の客体は独立の物であることを要する。言い換えれば、物の一部（または物の集団）に対して一つの物権を認めることは原則としてできない。このことを一物一権主義という。その根拠は、①通常、物全体に対する直接支配をすることで物が本来有する価値を収められるのであり、物の一部のみ（または物の集団）に対する物権を認める必要に乏しいこと、および、②その例外を許容すると、その公示が不可能あるいは困難であり、また、部分単位

の権利状態まで調査することは容易でないため、取引の迅速性と安全性が害されてしまうからである。

一物一権主義の例外は認められるか。また、認められるとして、その基準は何か。この主義の根拠にかんがみれば、①その例外を認める社会的必要性や実益が大きく、かつ、②何らかの公示が可能で、しかも調査が容易であることを前提に、その例外が認められると解してよい。たとえば、土地の一部に対する物権を認めることは可能である。土地の個数は登記簿上の単位に従って定められるものであるが、そもそも土地は人為的に画されたものであり、その一部のみでも土地本来の効用を享受することは可能であり、かつ、取引の安全の要請は、第三者に対する対抗問題として登記を要求することで満たしうるからである。また、収穫直前の果実（未分離の果実）についても、その未分離状態の果実を独立に取引する慣行が行われ、慣習法上の公示方法である明認方法を施す慣行が行われていることを前提に、土地や樹木とは独立して物権取引の対象となることを認めてよい。これに対し、債権は、二当事者間の履行を論ずる関係に過ぎず、また、第三者に効力は及ばないから、契約内容自由の原則が妥当する。よって、物の一部の引渡を内容とする債権の発生も認められる。

なお、講学上、一物一権主義という用語は、上に述べた物権の「客体の独立性」ではなく、「物権の排他性」を示す表現としても使用されることがある。そこで、両者の質的差異に留意する必要がある。すなわち、「物権の排他性」が観念的存在かつ人為的概念としての権利の世界における、権利の性質そのものを論ずる場面の話であるのに対し、「客体の独立性」は、権利の客体としての「物」すなわち、現実的存在としての物資の物理的範囲を論じており、明らかに両者はその次元と内容を異にする。その差異は、たとえば、その例外の許容性の考察の際にも現れる。つまり、権利の排他性の別表現としての「一物一権主義」の例外は一切認められない。排他性のない物権は物権の本質に反し認められないからである。これに対し、すでに述べた通り土地の一部や未分離の果実などに対する物権が認められるように、客体の独立物の別表現としての「一物一権主義」の例外は認められる。

3 物権の効力
(1) 優先的効力

物権は排他的な権利であるから、同一物上に両立できない内容の物権を成立させることはできない。このことから、物権相互間では時間的に先に成立

したものが優先するという法則が導かれる（物権相互間の優先的効力）。また、物権の対物権と債権の相対権性という特質から、債権との関係ではその時間的先後にかかわらず物権が優先するという法則が導かれる（債権に対する優先的効力）。これに対し、債権の場合は、いずれが優先するという関係には立たず、その発生時期の前後を問わず、すべての債権が平等に扱われる（債権者平等の原則）。

(2) 物権的請求権

物権は物を直接支配できる権利であるから、現実の世界において他人がその支配を妨害し、またはそのおそれがある場合において、物権を有する者は、自己の権利内容の完全かつ円滑な実現を可能にするため、物の妨害者に対して、物の返還または妨害の除去もしくは予防を請求することができる。この請求権を物権的請求権または物上請求権という。上記(1)で述べた優先的効力は取引上の競争関係に立つ者相互間における問題であるのに対し、この物権的請求権は無権限者との関係での問題である。物権的請求権の種類として、物権的返還請求権、物権的妨害排除請求権、物権的予防請求権の3種が認められる。救済を受けるためには、客観的な侵害状態があれば十分で、不法行為に基づいて損害賠償を請求する場合と異なり、加害者側の故意・過失の要件は問わない。これに対し、債権には原則としてこのような請求権は認められない。ただし、不動産賃借権に基づく妨害排除請求権が認められるかは一つの大きな問題である。排他性を備えた債権に限定してこれを肯定する見解もあるが、この場合は、本来、競争関係に立つ取引者相互間において問題となる権利の排他性という概念を、現実の世界における物的侵害者との関係を問題とする物権的請求権の発生にどのように関連させるか、この点に関する理論的整合性が問われるところである。

III　物権の種類

1　物権法定主義

物権は、民法その他の法律で定められたものに限り認められ、新しい種類の物権や、法律とは異なる内容の物権を創設することは許されない。これを物権法定主義（民法175条）という。ここにいう法律は民法その他の成文法を指し、慣習法は含まないのが一応の本来的な姿である。この主義の根拠は、①先に述べた通り、近代物権法は、封建的身分的支配関係を排除し近代的所有権関係を創設し法整備をしたが、慣習法の名の下にそのような前近代的物

権関係が復活することを阻止する必要があったこと、②物権の種類および内容の限定は、物権取引における真実の権利状態の調査を容易にし、第三者に不測の損害が発生することを防止し、取引の安全に資すること、および、③新たな種類や内容の物権を公示することは、動産については困難または不可能であり、不動産については登記簿の一覧性の要請に反してしまうことに基づく。契約自由の原則から、強行法規に反しない限り、その権利の種類や内容を契約当事者間で自由に定めることができる債権とは対照的である。

2 民法が定める物権

物資の利用には物資の物質的な利用、すなわち、物を使用収益する際の価値に着目した支配形態と、物資の有する交換価値を重視する支配形態の二類型に分類できる。両者の価値を全面的に支配するのが所有権であり、一方のみを支配するのが制限物権である。そして、用益物権は物の用益価値を支配する制限物権であり、担保物権は物の交換価値を支配する制限物権である。民法典が認める物権は、占有権（民法180条）と所有権（民法206条）、そして、他人の土地の使用収益を目的とする4種の用益物権と4種の担保物権の計10種である。

(1) 占有権

占有権（民法180条以下）は物の所持という事実的な支配状態に着目して認められる物権である。物の支配を基礎づける正当な権原（本権）の有無を問うことなく、その事実的支配状態をそのまま法的に保護するところに特徴がある。この占有権制度は、社会生活の平和と秩序を維持し、あわせて権利の証明の負担を軽減することを目的としている。

占有権の主な内容として、占有の訴え（民法197条以下）、権利の推定（民法188条）、善意占有者の果実取得権（民法189条）などがあげられる。

(2) 所有権

所有権とは、所有物を法令の制限内において自由に使用・収益・処分できる権利をいう（民法206条）。所有権には次の特徴がある。すなわち、物の現実的な支配の有無とは無関係にその存立が承認される（所有権の観念性）。また、制限物権により制限されていても、その制限は有限であり、いつかは絶対的支配権が復帰することが認められ（所有権の弾力性）、物自体の消滅と離れて消滅することはない。すなわち、存続期間を限定されたり、消滅時効にかかることはない（所有権の恒久性、民法167条2項）。

自己の所有物をいかに使用・収益・処分するかは、個人の自由であり、こ

の自由を他人はもちろん国家権力といえども侵害してはならない。わが憲法が財産権の不可侵性を定め（憲法29条1項）、民法が所有権を「自由に」使用・収益・処分できる権利として規定しているのは（民法206条）、この現れである。もちろん、我々は社会共同生活を営んでいる以上、絶対的な権利というものはなく、権利者といえども不当に他人を害することは許されない（所有権の社会権性）。また、資本主義経済が高度に発展するにつれて、様々な矛盾と緊張が社会に惹起するところとなり、この原則も必然的に現代的変容を迫られることになる。わが憲法29条2項が財産権の内容に「公共の福祉」による制限を加えていること、これを受けて民法1条1項が同様の制限を定めているのは、その現れである。しかしながら、重要なことは、所有権絶対の原則が契約自由の原則と結合して個人の自由ひいては個人の尊厳に奉仕するという、この原則の根本的発想それ自体である。このことは、現代においても尊重されなければならない。

(3) 制限物権

制限物権は物の使用価値または交換価値を一時的一面的に支配できる権利である。その全部を全面的に支配できる所有権と対置関係に立つ。制限物権はさらに地上権などの用益物権と、抵当権などの担保物権とに分かれる。用益物権とは、他人の物を一定の範囲において使用収益しうる権利をいい、担保物権とは、債権の履行を確保するために債権者が債務者または第三者に属する財産を優先的に支配する権利をいう。民法が定める用益物権は、いずれも土地に関するものであり、地上権（民法265条）、永小作権（民法270条）、地役権（民法280条）、入会権（民法263条・294条）の4種である。また、民法が定める担保物権は、留置権（民法295条）、先取特権（民法303条）、質権（民法342条）、抵当権（民法369条）の4種である。

3 商法その他の特別法が定める物権

商法が認める物権として、商事留置権（商法521条ほか）、商事質権（商法515条参照）、船舶先取特権（商法842条）、船舶抵当権（商法848条）がある。特別法が定める代表的なものに、用益物権に近いものとして鉱業権（鉱業法5条）、租鉱権（同6条）、採石権（採石法4条）、漁業権（漁業法6条）、入漁権（同7条）などが、担保物権として仮登記担保権（仮登記担保法13条）、各種の財団抵当権（工場抵当法8条、鉱業抵当法1条、鉄道抵当法2条、企業担保法1条）、各種の動産抵当権（農業動産信用法12条、自動車抵当法4条、建設機械抵当法6条、航空機抵当法3条）などがある。

4 慣習法上の物権

慣習法上の物権とは、民法その他の法律に定められていないが、社会の法的確信に支えられ物権としての効力を認められたものをいう。物権法定主義のもとにおいて、慣習法上の物権を認めるかどうかは大きな一つの問題である。思うに、1で触れた物権法定主義の理由にかんがみれば、民法が予定する近代的所有権秩序に矛盾せず、これを物権として認めるべき社会的必要性が強く、かつ、一定の確実な公示方法が慣行上確立されているという基準を満たす場合には、慣習法上の物権として承認される可能性を認めてよい。判例は、これを肯定することに一般論としては消極的であるが、水利権や温泉権などの水に関する利用権については、その物権的権利性を承認する傾向にある。なお、譲渡担保を担保物権の一つとして把握する学説によれば、これも慣習法上の物権の一つに数えられることになる。

Ⅳ 公示の原則と公信の原則

1 公示の原則

物権の排他性は、取引上の競争関係に立つ第三者に影響するところが大きいので、取引の安全をはかるべく、物権の帰属とその内容を外部から知りうるように、登記や占有などの一定の外形的な表象をもって第三者に公示することが要請される（公示の要求）。すなわち、物権は、物それ自体とは異なり、目に見えない観念的存在であるため、外部から知覚できる表象を通して物権の内容や物権変動の過程を認識できるようにしないと、第三者に不測の損害を与えてしまうことになる。

ところで、Cが真の所有者Aから所有権を譲り受けても、それ以前にすでに地上権や抵当権などの制限物権がBに対して設定されていた場合、Cが常に制限物権付きの所有権しか取得できないというのであれば、Cに不測の損害を与えることになり妥当でない。また、CがAから所有権を譲り受けたと思っていたが、すでにAがBに所有権を譲渡していた場合も同様である。そこで、法は、取引の安全をはかるための特別な仕組み（制度）として、物権の取得・喪失・変更があっても、それを示す公示方法を備えなければ、その物権変動の効果を第三者に対抗することができないという公示の原則（民法177条・178条）を採用した。たとえば、BがAから土地を購入しても、Bは登記を備えなければ、所有権の取得を、その後にAから同じ土地を購入した第三者Cに対して対抗できない。この手法により、たとえば不動産であれば、

登記簿に記載のない者から物権変動の存在を主張されることはなく、安心して取引をすることが可能となる。このように、「第三者に対する対抗要件主義」というルールを採用することにより、不動産物権変動における真の権利者の保護と取引の安全との調和をはかる環境がある程度整備されたと評価できる。つまり、取引の相手方の「公示のないところに物権変動なし」という信頼（消極的信頼）が保護されることにより、第三者にとって取引の際に必要とされる調査が容易となる一方で、真の権利者側も自己が積極的に関与した物権変動について公示方法を具備することさえ怠らなければよいといえるからである。

なお、登記簿の役割が、真実の権利状態を調査するきっかけとして機能する点にあるということにも十分留意する必要がある。登記簿に記載がない不動産物権変動を無視することはできるが、登記簿に記載がある物権変動が真実の権利状態を正しく反映しているか否かは保障されていない。すなわち、「公示のないところに物権変動なし」という第三者の消極的信頼は保護されるが、「公示のあるところに物権変動あり」という積極的信頼まで保護されているわけではない。よって、AB間でなされた不動産の売買契約が何らかの原因で法律上無効であるにもかかわらず、そのことを知らないCがAからの購入者Bから不動産を購入した場合、第三者を保護する特別規定があるという例外的な場合を除いて、Cは保護されない。このように、わが国では登記簿の記載に公信力が認められていないため、慎重な不動産取引を望む者は、登記の記載を手掛かりとして、物権変動の過程に関する真実の権利状態の調査を慎重に行う必要がある。

公示を要する物権変動の範囲について、判例は、売買や贈与による所有権の移転や抵当権の設定の場合などのほかに、契約の取消や解除をした場合、遺産分割をした場合、取得時効が完成した場合などを含め広くとらえ、公示の理念の徹底をはかっている。なお、「第三者」は物権変動の存在を認識していた場合でも保護されるが、たとえば、専ら真の権利者に嫌がらせをする意図で土地を買い受けた場合のように、登記の欠缺を主張することが信義則に反する場合は、保護の対象から除外される（いわゆる背信的悪意者排除論）。

2　公信の原則

ところで、動産取引については公示の原則を適用するだけでは取引の安全をはかるのに不十分である。というのは、①動産は頻繁・迅速・大量に取引されるが、すべての取引に真実の権利状態の調査を要求することは、その費

用と手間の点で問題である。また、②調査するにも、占有は登記と異なり物権変動の過程を公示する力を欠くために、また、動産はその物の同一性の識別が困難な場合が多いために、調査する手掛かりに乏しい。のみならず、③公示方法（対抗要件）としての占有は、現実の引渡しだけでなく、工場や倉庫に入ったままでの引渡し（占有改定・指図による引渡し）でも可能とされているから（占有の観念化）、公示の原則の適用下においても第三者を不当に害してしまうからである。このように、動産の物権変動における公示の不完全性を補完する特別な仕組みが必要となる。

　そこで、法は動産の取引についてはさらに一歩進めて、占有を信頼して取引をした者は、たとえ譲渡人が無権利者であったとしても、物権を取得するという公信の原則（民法192条、即時取得制度）を採用した。たとえばＣがＢの占有を信頼して、ある動産を買った場合、たとえＡＢ間でなした売買が無効であるためＢが無権利者であったとしても、Ｂの占有に公信力を認めて、Ｃはその物の所有権を取得する。これにより「公示のあるところに物権変動あり」という積極的信頼が保護されることになる。この公信の原則は、物権取引の安全を最大にはかるものである反面、真実の権利者の犠牲の上に成り立つものである。よって、その適用には厳格な要件が要求され、相手方の善意無過失要件や、盗品や遺失物などのように権利者の意思によらないで占有が離れた場合の２年以内の回復請求権（民法193条）が規定されている。

3　不実登記を起点とする民法94条2項類推適用論の展開

　民法94条1項が定める通謀虚偽表示に該当する場合でなくても、真の権利者と異なる者に不動産の登記名義が存在し、その不実の登記の存在に何らかの形で真の権利者がかかわったことを前提に、同条2項を類推適用して、その不実登記を信頼した第三者を保護する余地を認める解釈論が広く展開されている。判例も、真正権利者が不実の登記に対して意思的承認をした場合に、民法94条2項を類推適用して、不実登記を信頼した第三者にその権利の帰属を認める可能性を認めている。登記に公信力を認めないわが民法の下で、不動産取引の安全をはかる機能と役割がこの法理に期待されているが、その適用基準や理論的考察など、検討すべき課題も多い。

【神田英明】

第3節　家族法

I　はじめに

　なぜ、いま家族法なのか。家族法がなぜ重要なのか。その答えを出すことは容易なことではないかもしれない。しかし、今日ほど家族の役割が問われ、家族のあり方が議論されている時代もこれまでなかったであろう。こうした家族にかかわる法律として家族法がある。家族法という法領域を学習することを通して、家族とは何か、家族とはいかにあるべきか、を考える契機となるに違いない。以下において、家族法の概略について述べておくことにしよう。

1　家族と家族法

　わが国の民法は5つの編から成り立っているが、これらのうち第4編親族と第5編相続とを併せて家族法と呼んでいる（「親族・相続法」、あるいは「身分法」などと呼ぶこともある[1]）。民法は、私人の日常生活（私的生活関係）を規律する最も基本的な法律である。この私的生活関係は、財貨の生産と取引を目的とする経済生活関係と、夫婦・親子関係などのような人間の種族保存を目的とする家族生活関係という二面性をもっている。前者を規律するのが財産法（民法の第1編から第3編まで）であり、後者を規律するのが家族法である。家族法のうち親族編は、夫婦、親子、その他の親族という基礎的な家族関係上の地位の得喪、変更に関する要件および家族的身分関係を有する者相互間の権利義務について規定している。一方、相続編は、家族的身分関係に結合する財産関係の承継（法律の規定に基づいて相続させる法定相続、財産を残す者の意思に基づいて相続させる遺言、遺言の内容に一定の制約を課する遺留分）等について規定している。このように相続編は、財産移転の法であるという一面を有しているが、財産の移転が家族関係を要件の一つとすることが多いという点で親族編と深い関係をもつ。なお、財産法と家族法とではその性質等に大きな違いが指摘されているが、この点については後述のⅡ.1を参照。

---

[1]　一般に「身分」というと社会的上下関係をイメージするが、ここでいう「身分」とはそのようなものではなく、夫婦とか親子というような家族関係に基づく地位を意味する。この「身分」という語は、今日でも身分権とか身分行為という言い方で残っている。

2　家族法の変遷

わが国の民法典は明治23年にはじめて公布されたが（このときの民法を「旧民法」という）、穂積八束の「民法出デテ忠孝亡ブ」という論文に象徴される「法典論争」を生じ、結局、旧民法の施行は延期されることとなった。その後、明治31年に、民法第4編親族および第5編相続（これを「明治民法」または「旧法」と称する）が公布され、施行された。この明治民法の特徴は、「家」の制度を定め、家族の統率者として「戸主」の制度を設け、それに伴い相続法上の制度として家督相続の制度を設け、家産が戸主から長男子へと承継される建前をとった。また、「親族会」という「家」の機関を設け、重要な事項に関する事柄を決定する際にその同意を要するとされた。このような家父長制的家族法は、当時の天皇制の下で、忠孝一致という国家思想の根幹を形成していたものといえる。

第二次世界大戦後、個人の尊厳、男女平等を定めた日本国憲法が昭和22年5月3日に施行されたが、この憲法改正作業と並行して、家族法の改正作業も進められた。この家族法の改正は新憲法施行には間に合わなかったため、新憲法との調和をはかるために、「日本国憲法の施行に伴う民法の応急的措置に関する法律」（いわゆる「応急措置法」）が公布・施行された。その後、昭和22年12月22日に「民法の一部を改正する法律」が公布され、翌年の1月1日より施行された。この改正された民法では、日本国憲法の精神を受けて、男女同権や個人の尊厳を基本としている。その具体的な現れとして、戸主制度の廃止、妻の無能力の廃止、夫婦・父母の平等を規定、さらに諸子平等を原則としたことがあげられる。

その後も、家族法に関してはいくつかの重要な改正が行われてきたが、昭和55年には、兄弟姉妹の代襲相続、相続分、寄与分、遺留分等に関する改正が、昭和62年には特別養子制度の新設が、また、平成11年には高齢社会に対応するために成年後見制度の整備がすすめられ、今日に至っている。

3　氏と戸籍

各人の姓名のうち、姓を法律上「氏」という。現行法は、旧法上の「家」制度を廃止したため、氏は家の呼称であった意味を失ったが、わが国における習俗と国民感情とを顧慮して氏を存続させた。現在では、氏は、名とともに「個人の同一性を示すものである」とか「単なる個人の呼称にすぎない」といわれているが、夫婦同氏（民法750条）・親子同氏（民法790条・810条）の原則等が規定されており、必ずしも個人の呼称ともいい切れない部分もある。

ある人物がいかなる身分関係にあるかということは、その人物本人にとって重要であるばかりでなく、その人物と身分上ないし財産上交渉をもつ第三者および社会公共の利益維持のためにもきわめて重要な事柄である。そこでこのような身分関係を他から知り得る仕組みが必要とされる。こうした要請から、人の親族的身分関係を記録し、これを一般に公示公証するために設けられた制度が戸籍の制度である。

　戸籍は、市区町村の区域内に本籍を定める「一の夫婦及びこれと氏を同じくする子〔未婚の子を指す：著者注〕ごとに」1個を編製するものとし（戸籍法6条）、2組以上の夫婦、3世代にわたる親子を同一の戸籍に記載することを認めない主義を採用している。氏の変動と戸籍とは密接な関係をもっており、養子縁組や婚姻、離婚等により戸籍の変動を伴う事柄が多い。

　身分関係の変動は、原則として当事者の届出に基づいて戸籍に記載される（戸籍法15条・25条以下）。この戸籍の届出はその性質によって報告的届出と創設的届出とに分類することができる。報告的届出とは、出生や死亡、裁判認知等のように、すでに法的に効果の発生した事柄を報告するために行う届出である。これに対して、創設的届出は、婚姻や協議離婚、任意認知等のように、届出の受理によって初めて身分上の効果を生じるという身分行為の方式としての届出である。

Ⅱ　家族法の構成

　以下において、親族編および相続編の内容についてその外観を説明することにする。

1　親族法の構成

　親族編では、親族一般に関する規定のほか、夫婦、親子、親権・後見、扶養に関する規定をおいている。

(1)　夫婦の法Ⅰ

　夫婦の法では、第1に、婚姻についての規定がおかれている。しかし、家族法の授業では、婚姻に入る前に婚約について学習することにしている（大学や先生によっては異なる場合もあるが）。婚約について民法は規定を設けていないが、婚約は婚姻につながる重要な行為である。婚約は、一般に、将来婚姻をしようという当事者間の合意のことをいう。婚約をした場合、当事者はお互いに婚姻の成立に向けて誠実に行動しなければならないとされている。婚約が当事者の一方から不当に破棄された場合、他方の当事者は相手方に対

して婚姻の強制を求めることはできないが、損害賠償の請求をすることができる。また、わが国では、婚約の際に結納を取り交わすことがあるが、婚姻が不成立に終わった場合には、結納を授与した側から相手方に対してその返還を求めることができるとするのが通説的な見解である。

さて、次に、婚姻についてみておくことにしよう。婚姻が成立するにはいかなる要件が必要か。婚姻の届出が必要であることはもちろんであるが、当事者に婚姻しようという意思がなければならない。その他にも、婚姻が可能な年齢が男18歳以上、女16歳以上であること、重婚でないこと、近親婚でないこと、女性の場合には再婚禁止期間内でないこと、未成年者の婚姻の場合には父母の同意があること等が必要となる。婚姻が成立すると、夫婦の間では戸籍が同じとなり、同時に氏も同じになる（民法750条）。また、夫婦の間には同居・協力・扶助義務が生じ（民法752条）、お互いに貞操義務も生じる。さらに、未成年者が婚姻すると、民法上は成年者とみなされ、行為能力者となる（これを成年擬制という。民法753条）。一方、これらの効果とは別に、財産上の効果として、婚姻共同生活維持のために互いに婚姻から生ずる費用を分担すべき義務が生じ（民法760条）、衣食住など婚姻生活から生じる日常家事に関する債務については夫婦の連帯責任とされる（民法761条）。

(2) 夫婦の法Ⅱ

夫婦の法の第2は、婚姻の解消についてである。婚姻の解消には、死別と離婚の2種類があるが、死別については相続のところとも関連する。ここでは専ら離婚を中心に規定がおかれている。離婚には、協議離婚（離婚件数全体の約90％）、調停離婚（同約9％）、審判離婚（同約0.1％）そして裁判離婚（同約1％）がある。まず、協議離婚の成立には、当事者間に離婚意思の合致があることと、離婚の届出が必要である。協議によって離婚の合意ができないときは、裁判所に訴えを起こすことになるが、離婚については調停前置主義が採用されているため、必ず家庭裁判所の調停を経なければ訴えを起こせないことになっている。この家庭裁判所の調停によって成立する離婚のことを調停離婚という。また、家庭裁判所は、調停が成立しないときでも、相当と認めるときは、職権で当事者双方の申立ての趣旨に反しない程度で審判をなしうる。この審判によって成立する離婚を審判離婚という。調停が不成立の場合または審判について異議が申し立てられた場合には、裁判（これを裁判離婚という）離婚へと移行する。

ところで、裁判離婚を求めるためには、法定の離婚原因がなければならな

い。民法が定める離婚原因には、配偶者に不貞な行為があったとき（民法770条1項1号）、配偶者から悪意で遺棄されたとき（民法770条1項2号）、配偶者の生死が3年以上明らかでないとき（民法770条1項3号）、配偶者が強度の精神病にかかり、かつ回復の見込みがないとき（民法770条1項4号）、その他婚姻を継続し難い重大な事由があるとき（民法770条1項5号）がある。婚姻解消の効果としては、再婚が可能になるほか、離婚の場合には、離婚成立と同時に姻族関係が終了し（民法728条1項）、また婚姻の際に氏を変更していた者は婚姻前の氏に復することになる（民法767条1項）[2]。一方、父母の離婚の際に未成年の子がいる場合には、父母の一方を親権者に定めなければならない（民法819条）。その他、婚姻の解消によって、婚姻費用分担義務や日常家事債務に関する連帯責任等の夫婦財産関係も将来に向かって消滅するが、離婚の当事者の一方は相手方に対して財産の分与を請求することができる（民法768条1項・771条）。

以上は法律上の夫婦に関するものであるが、事実上夫婦のような関係を保ちながら婚姻届を提出していないため、法律上の夫婦とは認められない関係も実際には存在する。このような関係を内縁または事実婚と呼んでいる。このような内縁ないし事実婚には民法の婚姻に関する規定をそのまま適用することはできないが、戸籍の記載により形式的画一的に処理されるべきものを除き、婚姻に準ずる関係（準婚）として、判例および多数説はできるかぎり婚姻の規定を類推適用しようと解している。

(3) 親子の法

親子については、大きく分けて実子と養子の2種類がある。このうち、実子については、「嫡出子」と「嫡出でない子（非嫡出子）」とがあり、嫡出子にも「生来の嫡出子」と「準正嫡出子」とがある。嫡出子とは、法律上の婚姻関係にある男女間に懐胎・出生した子をいい、出生のときから嫡出性を取得する子を生来の嫡出子と呼んでいる。また、嫡出でない子であっても、父親がその子を認知するとともに、子の父母が婚姻した場合は、その父母の間の子は嫡出子としての身分を取得する。これを準正嫡出子と呼んでいる。

嫡出子には、民法772条2項の規定により、婚姻中に懐胎した子と推定を受ける「推定される嫡出子」と、この規定の推定を受けない「推定されない

---

[2] ただし、死亡による婚姻解消の場合には当然の復氏は起こらず、生存配偶者の復氏届により任意に復氏が認められる（民法751条）。

嫡出子」とがある。民法772条によって推定を受ける嫡出子は、嫡出否認の訴えまたは審判によらなければ嫡出子としての身分を奪われない。この嫡出否認の訴えは、原則として夫からしか訴えを起こすことができず（民法774条）、また夫が子の出生を知ったときから1年以内に訴えを提起しなければならないとされている（民法777条）。

　嫡出でない子（非嫡出子）とは、婚姻関係にない男女間に生まれた子のことをいう。非嫡出子の母子関係については、分娩という事実によって明らかであることから、当然に母子関係の存在を認めることができると考えられているが、父子関係については認知がなければ法律上の父子関係は発生しない（民法779条）。

　なお、今日では医学の進歩が急速に発達し、人工補助生殖医療が盛んに行われるようになってきた。人工授精や体外受精のほか、代理出産によって生まれた子の法的地位については、今後まだ十分議論しなければならない問題が残されている。

　親子関係のもう一つの柱は養親子関係である。養親子関係は、人為的・擬制的な親子関係である。なぜこのような親子関係を創設するのかというその目的は時代や地域により複雑に変化してきている。しかし、今日では、養子制度は「子の福祉のため」にこそあるべきであるという考え方が広まりつつある。わが国における養子制度には、普通養子と特別養子の2種類がある。いずれの場合であっても、養子縁組がなされると、養親と養子との間には嫡出親子関係が発生する。普通養子縁組の場合は、実親子関係をそのまま残しながら養親との間に新たに親子関係を生じさせるものであるが、特別養子縁組は、実親子関係を法律上断絶させて新たに養親と養子との間に親子関係を創設させるものである。

　ところで、親子、とくに親と未成年者との関係では、子どもの保護をどのようにはかるかが重要である。こうした問題を扱うのが親権である。親子の法律関係のうち、親の子に対する監護養育関係が親権関係であり、父母の養育者としての地位・職分から生ずる権利義務を総称して親権という。親権は父母が共同で行使するのが原則であるが、父母の離婚、一方の死亡などの事由により、父母いずれかの単独親権になることがある。親権は、監護教育権や居所指定権などを内容とする身上監護権、財産管理権および法定代理権をその内容としている。しかし、親権は子の福祉のために用いられなければならないことから、親権を有する父母が親権を濫用したり、著しい不行跡を

行った場合には、親権喪失宣告により親権を剥奪する制度がある。親権者がいない場合あるいは親権者がいても管理権を有しない場合には、未成年後見が開始する。未成年後見人は一人であり、その権限の内容はほぼ親権とほぼ同様である。

　成年ではあるが、精神上の障害により事理弁識能力の減退等がある場合には、日常の生活を送るために他者の援助が必要となる。こうした場合に備えて民法は成年後見制度を設けている。法定の成年後見制度としては、後見、保佐および補助の3類型がある。それぞれは被保護者の事理弁識能力がどの程度かによって類型化される。後見人、保佐人および補助人にはそれぞれに代理権や同意権などが付与され、被保護者の財産管理等にあたる。

2　相続法の構成

　一方、相続編には法定相続と遺言の制度について規定がおかれている。遺言がある場合には遺言が優先するが、遺言がない場合などには法定相続となる。わが国では、遺言の慣習がほとんどないため、多くの場合法定相続となっている。

　法定相続では、誰が相続人となるのか、その相続人はどの割合で相続できるのか、相続人としての資格を失う場合とはどのような場合か、どのような財産を相続できるのかなどが問題となる。また、相続人がいない場合には、遺産はどのように扱われるかという問題もある。さらに、相続をするとしても、負の財産ばかりのときにはどのようにしたらよいか、という問題も扱っている。

　遺言では、どのような種類の遺言があるか、それぞれの遺言はどのような違いがあるのか、遺言にはどのようなことが書けるのか、遺言はどのように執行されるのかなどが問題となる。そして、遺言に書かれた内容どおりでは相続人の権利が害される場合、相続人にはどのような権利が残されているかなどの問題も扱われる（遺留分など）。

Ⅲ　論　点

1　家族法と財産法との違い——家族法の特質

　家族法（親族編と相続編）も財産法（総則、物権編および債権編）もどちらも民法の一部であるが、家族生活関係を規律する家族法と経済生活関係を規律する財産法とではその性格を異にしている。これを明らかにすることにより、家族法の特質を明らかにすることができる。しかし、家族法のなかにも、後

見、相続などのように経済生活関係と深く結び付くものもあり、あまり家族法と財産法の違いを強調し過ぎることは避けなければならない。以下において家族法の主要な本質を指摘しておこう。

(1) **非合理性・非打算性**

家族法が規律の対象とする夫婦、親子その他の親族との家族生活関係は、人が本来有している種族保存本能に基づくものであり、自然的感情的であり、その本質は非合理的・非打算的である場合が多い。この点、利益追求を第一義とし、合理的・打算的考慮により決定される取引活動を通じた目的社会的結合関係を対象とする財産法とは著しく異なる。たとえば、親子血縁関係は、親となろうとか、子になりたいというような合理的打算的思考によって発生するものではない。親子の結合は、種族保存的、宿命的なものであって、将来、自己の老後の扶養をさせることを目的とする打算に出るものではなく、純粋に子に対する愛情に基づく本質的なものである。

もっとも、当事者の合意によって成立する婚姻や養子縁組においては、打算的取引的な動機に基づくものが皆無であるとは言い切れないが、ほとんどの場合においては、当事者間の終生に及ぶ全人格的結合を求める純粋に感情的要素をもつ婚姻意思や縁組意思が中心を占め、家族法においてもこれらの意思の存在が問題とされるのである。また、財産法上の法律行為が有効に成立するためには、厳格な行為能力が必要とされるのに対して、家族法上の行為[3]をするためには、原則として、その内容を弁識する意思能力があれば足りるとされるのも、非合理性・非打算性の現れの一つとされる。

(2) **強行法規性**

私的生活関係における取引社会においては、私的自治の原則のもと、国家は国民の生活に積極的な干渉をすること避け、市民相互間に紛争が生じた場合であってもその紛争解決のための手段を提供するに止まる。しかし、国家が積極的な干渉をしないといっても、国家の存立や社会の秩序維持にかかわる問題については、私的自治に委ねることはせず、強行法規を設けてこれに反する合意を認めない姿勢をとっている。財産法においては、国家の領土と経済体制に多大な影響が生ずる物権法などの規定については強行規定を設けているが、私的自治を原則とする契約法の領域については、多くの規定が任意規定とされている。

その一方、家族法の領域においては、夫婦や親子という家族的共同生活関係を規律し、この関係は国家社会を構成する最小単位であり、国家社会の基

本的秩序に関連する。また、家族的生活関係は国民道徳にも重大な影響があるため、個々の市民の意思とは無関係に定められた客観的規範によって規律される。もちろん、婚姻するかどうかは当事者自身の自由意思によって決せられるものではあるが、一度夫婦となった以上は、夫婦としてあるべき姿を当事者の意思とは無関係に定められた客観的規範によって規律され、個人の意思によって任意にこれと異なる改変をすることは許されない。このような家族法における客観的規範性は、同時にそれが公序良俗に関する公益的性質を有するものであることを意味し、個人の自由意思によってこれを排除することができない。そのため、家族法の規定の大部分は強行法規としての性格をもち、国家機関である家庭裁判所が後見的立場から家族の健全な維持・発展をはかるために関与する場面が少なくない[4]。

2 家事紛争はどのように解決されるか
(1) 家事事件の特殊性

夫婦間の不和や老親扶養をめぐる問題、遺産分割をめぐる問題等、家族や親族をめぐる様々な問題も純粋に私的な事件ではなく、多かれ少なかれ社会秩序にかかわる事件である。そのため、国家も個人の身分関係の内容について一定の法的基準を設け、司法機関を通じて身分関係の形成や一定の身分関係にある者同士の紛争の処理に関与し、健全な家族共同体の維持をはかろうとしている。しかし、こうした家族や親族関係にある者同士の紛争を通常の訴訟手続に従って公開の法廷で審理し、一刀両断的に勝敗を決するやり方は、関係者の心情に反するだけでなく、将来家族共同生活関係や親族関係を続けていくことが困難になりかねない。こうした身内の者の間の紛争については、権利義務のみの問題として割り切るのではなく、非公開の場で、具体的人間関係の問題として調整し、適切妥当な処理をすることが望ましい。このよう

---

3) 身分関係を当事者の意思によって発生・変更・消滅させる法律行為を、一般に身分行為と呼んでいる。夫婦や親子などの身分関係は、当事者の意思とは無関係に定められた客観的規範によって規律されることが多いが、その客観的規範の範囲内において各人の自由意思によって定めることができる場合もある。
4) 身分行為も当事者の意思表示を要素とする法律行為であることから、財産法上の法律行為と同様、行為能力や意思表示、取消しなどが問題となる。こうした法律行為一般に関しては民法総則に規定されているが、民法総則の規定は主として財産法への適用を念頭において制定されたものであり、これと性格を異にする家族法に適用されるとするのは原則として妥当でない。ただし、身分行為といっても財産的色彩の強いものもあることから、民法総則の規定の適用を全面的に否定するのではなく、個々具体的に検討することが必要である。

な観点から、非訟事件手続の性格をもつ家事審判法を制定し、非公開、職権主義による手続によって家庭に関する事件を扱う家庭裁判所を設置し、「個人の尊厳と両性の本質的平等を基本として、家庭の平和と健全な親族共同生活の維持を図ること」にしたのである（家事審判法1条）。

(2) 家事審判法による処理

上述のような家事事件の特殊性を受けて、家庭裁判所では家庭に関する事件を審判と調停によって処理している。

審判は、家事審判法9条1項甲類事件（成年後見の開始や失踪宣告など裁判所が諸般の事情を考慮して公的立場から決定し、当事者の合意に拘束されることのない事件）、同法9条1項乙類事件（扶養や遺産分割など当事者間の協議や任意の処分が許される事件）および他の法律で特に家庭裁判所の権限に属させた特別審判事件をその対象としている。家事審判官は、一般人から選任された参与員を立ち会わせ、またはその意見を聞いたうえで、あるいは家事審判官が単独で審判を行う（家事審判法9条・3項1項・10条）。また、合議体で審判を行うこともある（裁判所法31条の4）。審判では、当事者出頭が原則とされ、非公開、職権探知主義が採用されている（家事審判規則5条〜7条）。審判に不服がある者は、2週間以内に即時抗告をすることができる。

調停は、人事に関する訴訟事件その他一般に家庭に関する事件のうち、家事審判法9条1項甲類事件を除く事件について、家事審判官と一般人から選ばれた家事調停委員2人以上とともに組織する調停委員会が、あるいは家事審判官が単独で行う（家事審判法17条・22条・3条1項ただし書・3条2項ただし書）。これらの調停事件について訴えを提起しようとする者は、まず調停を申し立てなければならない（これを「調停前置主義」という）。調停手続では、本人出頭、非公開、職権探知主義が採られている。調停では、当事者の互譲による合意の形式をあっせんし、紛争を自主的に解決するよう助言・勧告するなどし、法規に必ずしも拘束されずに、条理による妥当な解決の実現を目的としている。当事者間に紛争に関する合意が成立し、これを調書に記載すると、その記載は確定判決・審判と同一の効力を有する（家事審判法21条）。しかし、婚姻・養子縁組の無効など離婚・離縁を除く人事訴訟事件において、その原因に関して争いがないときは、さらに事実を調査するなどして所定の手続を経たうえで、合意に相当する審判がなされ（家事審判法23条）、それ以外の事件についても調停が成立しない場合には、調停委員の意見を聞いたうえで、当事者双方の衡平を考慮して、職権で調停に代わる審判がされることがある

（家事審判法25条）。この２つの特殊な審判に対して２週間以内に異議申立てがあればその効力を失うが、異議申立てがなければ、確定判決と同一の効力が認められている（家事審判法25条）。

(3) 人事訴訟法による処理

人事訴訟法は、婚姻事件、養子縁組事件および親子関係事件などの基本的身分関係の存否につき紛争がある場合に、その処理をするための特別な民事訴訟法である。

人事に関する訴えについてこのような特別な訴訟手続が設けられている理由は、基本的身分関係が客観的事実に基づいて対世的に確定される必要があるために、裁判所の職権探知や公益代表としての検察官の関与が認められること（絶対的真実主義）、また、訴訟の結果を対世的に確定して同一の身分関係が反復して争われることがないようにし、その全面的安定をはかることが要請されること（全面的解決主義）がある。人事訴訟法は、それまでの人事訴訟手続法を改正し、平成15年に成立した（平成16年4月1日施行）。この法律によって、人事訴訟の第一審の管轄が地方裁判所から家庭裁判所に移管された。また、離婚訴訟における子の親権者の指定等について家庭裁判所調査官の専門的な調査を活用することができるようになった。その他、人事訴訟の審理・裁判にあたり参与員の意見を聴くことができるようになったり、調停を経た家庭裁判所による自庁処理の制度を新設し、訴訟上の和解による離婚や離縁が可能になった。

【星野　茂】

第7章

商　　法

第1節　私法学総論
── 民法と商法の体系について ──

I　はじめに

　標記のタイトルが示すとおり、本節では、私法の体系のあらましを概観する。

　そこで、まず問題となるのは私法とは何かということであるが、おおまかにいうと、私法とは私人間の法律関係を規律するルールの総体であるといえる。この点で、私法は公法と区別される。すなわち、公法とは公的な権力をもつ国や自治体などと国民との関係や国のあり方を規律するものである。公法には、憲法や刑法などが属している。たとえば、憲法は、主権が国民に帰属すること、国民には納税の義務があることなどを規定している。また、刑法は、犯罪の類型とその犯罪を犯した者に科される刑罰を定めることにより、国が国民に対して刑罰を科すことができる根拠となる法である。

　私法には民法、商法、会社法、手形法、小切手法などが属している。このうち、民法は私法の一般法である。これに対して、商法、会社法などは私法の特別法である。ここに一般法というのは、私人間の法律関係一般を規律する法であるのに対し、特別法というのは、同じく私人間の法律関係であってもある特別な性質を有する場合に、一般法に優先して適用される法である。たとえば、契約を個人間で締結する場合と、企業が契約の当事者になる場合とではその法律関係の性質に違いがある。この点については、後で触れる（下記Ⅲを参照）。

Ⅱ　民法の体系

　私人間の法律関係を規律する私法の一般法である民法の体系は、どのようなものであるのか。これは、法の存在形式、すなわち、民法という法律（民法典）がどのような体系で編成されているのかという問題である。そこで、民法典をみると、「総則」、「物権」、「債権」、「親族」、「相続」という5つの編からなりたっていることがわかる。講学上は、これら民法の5つの編のうち、「総則」、「物権」、「債権」は、私人間の財産にかかわる関係（換言すれば経済活動にかかわる関係）を規律するものとして、財産法とよばれている。これに対し、「親族」、「相続」は、私人間の家族など身分（婚姻など）にかかわる関係を規律するものとして、家族法（または身分法）とよばれている。

　さて、これら5つの編はどのように体系化されているかというと、パンデクテン方式という、ドイツの民法典が採用しているのと同じ方式によって体系化されている。すなわち、私人間の財産にかかわる関係と身分にかかわる関係それぞれにおいて共通する事柄を抜き出して、それらを集めた抽象的な規定群たる総則を設ける。この点で、総則は、財産法と家族法の双方に適用される一般的な規定群である。そして、総則のもとに財産法と家族法がおかれ、さらに財産法の各則として物権と債権がおかれ、家族法の各則として親族と相続がおかれている。ただし、総則には家族法にそのまま適用される規定もあるが、実際上、総則は主として財産法に共通する規定群となっていることに留意すべきである[1]。

　次に、民法の5つの編それぞれが規定している内容を簡潔に述べる。第1に、総則編は、各編に共通する事項の規定群であり、権利の主体、権利の客体、権利の変動について規定している。第2に、物権編は、人の物に対する権利の規定群である。物を直接に支配することのできる権利を物権というが、物権は物を全面的に支配できる所有権と、物の一部にのみ支配が及ぶ制限物権とに大別される。さらに、制限物権は、用益物権と担保物権とに区別される。前者は他人の不動産を用益するための権利（たとえば地上権）であり、後者は債権の担保のために債権者が債務者や第三者の所有する財産（物や権利）を支配する権利（たとえば抵当権）である。第3に、債権編は、人の人に対す

1）　たとえば、人をだまして契約させた場合は民法96条が適用されるが、相手をだまして結婚させた場合には同条は適用されず、民法747条が適用される（椿寿夫『民法（財産法）25講［第2版3訂版］』（有斐閣、2006年）7頁。

る権利の規定群である。債権とは、一定の人に対して一定の行為をすることを要求できる権利のことである。債権編では、このような債権について規定されている。第4に、親族編は、夫婦や親子の関係などの家族関係に関する事柄を規定している。第5に、相続編は、人が死亡したときに、その人に帰属していた財産を誰に承継させるかというような相続に関する事柄を規定している。

III 商法の体系

1 序論：民法と商法の関係

商法も民法と同じく私法に属している。わが国は、いうまでもなく資本主義経済社会であり、市民同士の自由な経済活動（取引）が容認されている。そこで、民法も商法もそれを前提にしているのである。

それでは、商法は民法といかなる点で異なっているのであろうか、換言すれば、両者は私法に属していながらなぜ民法とは異なる商法という法領域が存在しているのであろうか。実際、民法（財産法）にも資本主義経済社会における経済活動、すなわち取引に関する規定が存在している。それにもかかわらず、商法の存在が認められるのはなぜであろうか。

結論からいうと、民法と商法は規律の対象となる私的生活関係を異にしているのである。すなわち、取引といっても、それが一般市民同士の場合と企業が当事者となる場合とではそのありようが異なるのである。具体的にいうと、企業が取引をする場合には、企業は多くの利益をあげるために創意工夫し、他者と競争するのである。そこで、一般市民同士の取引と企業が当事者となる取引では、異なった規律が設けられる必要があるといえる。このようなことから、取引に関する法という分野において、民法は市民の生活関係を規律する一般法であるのに対し、商法は企業に関する特別法であると説明されている。もっとも、企業に関する事柄すべてが商法で規律されるものではないことに注意する必要がある[2]。

それでは、民法と商法で、両者の規律の対象となる生活関係の相違に応じて規定の相違がみられる場面を挙げてみよう。

第1に、企業の取引においては、取引が簡易・迅速に行われる必要がある

---

[2] この点に関し、商事に関する法源の適用順位についての詳細は、商法総則・商行為法の講義で学ぶであろう。

が、それに応じて、商法が民法の規定に補充・変更を加えていることが挙げられる。たとえば、ある人Aが契約を結ぶようなとき自分自身で契約をするのではなくて別の人Bに依頼してCと契約をしてもらうような場合を「代理」というが、契約してくれと依頼する人Aを「本人」といい、依頼された人Bを「代理人」という。この代理について、民法では、代理人Bが本人Aに代わってCと契約をする際、本人Aの名を示して契約するという顕名主義を採用している（民法99条1項）。これに対し、商法では、本人Aにとって商行為となる取引において、代理人Bが本人Aの名前を示さずにCと取引をしても、その効果は本人Aに帰属するという非顕名主義を採用している（商法504条）。このように、代理について民法が顕名主義を採用しているのに対して商法が非顕名主義を採用しているのは、商取引においては、営業主が商業使用人を使用して大量で継続的である取引をするのが通常であるから、取引のたびごとに本人の名を示すことは煩雑で取引の敏活性を害するし、取引の相手方にとっても、その取引が本人のためになされたものであることを知っていることが多いからであると説明されている（取引の簡易性・迅速性の実現ということである）。また、ある人A′がB′に対し、50万円を支払う債務を負担しているような場合において、B′がA′に対して請求しないまま一定の期間を経過すると、A′はその支払いを免れることができるという制度がある。このような制度を「消滅時効」というが、債権の消滅時効につき民法では時効期間は原則10年とされている（民法167条1項）。これに対し、商法では、商行為によって生じた債権については、商法に別段の定めがある場合を除きそれが5年であると規定されている（商法522条）。このように、商法が民法に比して債権の消滅時効期間を短くしているのは、商取引については迅速な結了が要求されるからであると説明されている。

第2に、商法は民法上まったく存在しない新しい制度を創造しているということを挙げることができる。たとえば、商人が営業上自己を表すために使用する名称を「商号」（商法11条）というが、民法には商号に該当する規定はない。民法上、自然人が自己を表すために用いる「氏名」であるのと相応しているが、商人がその商号を用いて長年営業を継続すると、商号そのものに商人の信用が結びついて価値が生じるのである。さらに、ほかの例としては商業帳簿（商法19条）の制度を挙げることができる。営利を追求する主体である商人としては、合理的な経営を行うことが肝要であるが、そのためには営業に関する財産状況・損益状況を把握することが重要であり、その手段と

して商業帳簿が存在する。また、商人と取引する者にとっても、その商人の経営状況を把握することが重要であり、商業帳簿はそのための判断材料にもなるのである。

2　商法の体系

　商法を定義しようとするとき、講学上それを「形式的意義における商法」と「実質的意義における商法」とに分けて説くのがふつうである。

　形式的意義における商法とは、商法典、すなわち「商法」という名前の法律である。商法は、「総則」「商行為」「海商」という三つの編から成り立っている。そして、商法におけるそれぞれの編は、以下のようなことを規定している。第1に、総則編は、企業の主体である商人の概念を定めるとともに、商人の名称である商号、商人の会計に関する商業帳簿、商人の補助者として商人に選任されて取引を行う商業使用人などについて規定している。第2に、商行為編は、企業の取引たる商行為の意義・種類および特色、それぞれの商行為を目的とする各種企業（仲立業、問屋業、運送業、倉庫業など）について規定している。第3に、海商編は、海上取引を目的とする海上企業に関して、その中心的設備または用具たる船舶の意義、船舶の運営の任にあたる船長、船舶によって行われる運送取引、船舶の航行に関連して生じる海損および海難救助などについて規定している。

　なお、商法典のほか、企業に関する私法の特別法として、会社法、手形法、小切手法、保険法などが存在する。これらは商法典とともに実質的意義における商法に位置付けられる。すなわち、実質的意義における商法とは、民法とは別個に商法として統一的・体系的に把握されるべき特殊の法領域のことをいう。この点に関し、民法と商法は私人間の生活関係を規律する点で共通性があるが、商法はとりわけ企業に関する法であるとする「商法企業法論」が、こんにちではほぼ一致した見解である[3]。すなわち、企業とは一定の計画に従い、継続的・反復的意図をもって営利活動を実現する独立の経済単位であり、このような企業における組織および活動とこれに関連する事項に特有な法規の総体が商法であるというのが商法企業法論である。そこで、商法典のほか、会社法、手形法、小切手法、保険法などは、企業に関する法として、実質的意義における商法として位置づけられる。ゆえに、商法の体系を

---

[3]　商法の意義（形式的意義における商法、実質的意義における商法）や商法企業法論については、商法総則・商行為法の講義で詳しく学ぶであろう。

述べる場合、これらの実定法にも言及することになる。

このうち、会社法は、営利（おおまかにいうと、事業収益を上げて出資者たる構成員——これを社員という——に分配すること）を目的とする法人たる会社に関する法律である。

会社法では、会社の種類は、株式会社、合名会社、合資会社、合同会社の4種類に分けられる（会社法2条1号。なお、わが国においては、会社形態としては株式会社が圧倒的多数である）。会社法は膨大な条文からなるが、同法は、会社の組織や意思決定、経営についてのルールを定めているという意味において会社の基本法である。なお、かつては、会社に関する規定は商法典におかれていたが、平成17年に会社法が成立し、会社法は商法典から独立した法典となった[4]。

次に、手形法および小切手法は、支払決済の手段などとして用いられる為替手形・約束手形・小切手について定めている。手形法および小切手法は手形債務・小切手債務の発生に必要な振出、手形・小切手の流通、手形・小切手の支払などについて規定している。

さらに、保険法は、たとえば、火災によって家屋や家財が焼失してしまうリスクに備えて火災保険契約が締結される場合や、家計を支える人が不慮の事故で亡くなった場合に備えて、遺された家族の生計を維持するために生命保険契約が締結される場合について規律する法律である[5]。

---

[4] この点に関し、会社法には商法総則の諸規定に対応する規定群が置かれており（会社法第1編総則）、会社にはこれらの規定が適用される。また、商法典のうち第2編商行為、第3編海商の諸規定は会社にも適用される（田邊光政『商法総則・商行為法［第3版］』（新世社、2006年）5頁は、商法典の第2編商行為・第3編海商の規定の適用を受けるのは主として会社であると指摘される）。なお、商法典の商行為に関する規定は、商人であることが適用の要件である規定も含め、会社が商人であると解するまでもなくすべて会社について適用されるという見解もある（相澤哲＝葉玉匡美＝郡谷大輔編著『論点解説　新・会社法』（商事法務、2006年）11－12頁）。しかし、商法の規定のうち、たとえば商法513条などは、明文をもって商人性を要件としているのにもかかわらず、会社を商人と解さなくても会社に適用されるという見解には無理がある。このようなことを考慮すれば、会社法5条によって会社が事業としてする行為および事業のためにする行為は商行為であり、商行為をなす者は商人（固有の商人）である（商法4条1項）から、会社は固有の商人であると解すべきであろう。つまり、会社に対する商法典の商行為に関する諸規定の適用は商人概念を介してなされると解すればよい。なお、この点についての議論の詳細は、前田庸『会社法入門［第12版］』（有斐閣、2009年）7頁を参照。

3 民法の商化——民商二法統一論の適否

さて、商法は、企業に内在する特別の需要に基づいて、民法に対する関係で特殊な法領域を形成している。しかし、民法と商法の限界は必ずしも明確ではなく、固定的なものではないとされている。ここに、いわゆる「民法の商化」という現象が出現する。すなわち、「民法の商化」とは、商法上の原理・原則が民法の中に取り入れられること、また逆に、従来は民法の適用を受けていた制度が商法の適用下におかれることをいう。

このうち、前者については、次のような例を挙げることができよう。たとえば、民法の諸原則のひとつに「契約自由の原則」という原則がある。この原則は、一般に、契約当事者は、契約をするか否か、どのような相手方と契約をするか、どのような内容の契約をするか、どのような方式で契約をするかについて、自由に決めることができる原則であると定義されている[6]。そして、そもそも契約自由の原則は企業取引の中で発展してきたものであるが、一般市民の経済生活の進歩発展によって民法の中に取り入れられたのである[7]。これに対し、後者については、次のような例を挙げることができよう。たとえば、ある者が自分の畑で野菜を作り店舗を構えて野菜を販売するような場合については、かつては民法が規律していた。しかし、このような場合についても、商法は4条2項によって、その者を商人として、商法の適用下におくことにしたのである（そのような者を「擬制商人」という）。

さて、「民法の商化」によって、民法と商法の境界が不明確となり、そのために商法の独自性に対する疑問が生じ、民法と商法の二法を統一しようとする『民商二法統一論』が主張されるに至った。実際、民商二法統一論の立法例として、イタリア民法典やスイス債務法を挙げることができる。このような民商二法統一論の根拠は、一般市民の生活関係が進歩・発展した以上、商法の規定の大部分を一般市民に適用してよいというものである。しかし、民商二法統一論は、こんにちではほとんど支持されていない。その理由は、たとえば、一般市民の生活関係がいくら進歩発展したとしても、一般市民の社会的・経済的生活は、企業における合理主義で支配されるものではないの

---

5) 保険に関する規定は、従来、商法典の第2編商行為の中におかれていたが、平成20年に保険法が成立し、平成22年4月1日に施行された。
6) 椿寿夫・前掲（注1）48頁。
7) このほかにも、債権の譲渡性、善意取得の制度などをその例として挙げることができる。田邊光政・前掲（注4）19頁。

で、民法の商化現象に限界があることを認めざるをえないことが挙げられる[8]。すなわち、民法の商化現象がいくら進展しようとも、企業関係に内在する進歩性・合理性により新たな制度が創設されるから、商法が完全に民法に包摂されることはありえない。さらに、民商二法統一論の実例として挙げたスイス債務法などは、その内部に依然として民商二法の対立を存続させており、立法としては失敗の事例であるとみられている[9]。このようなことから、商法は今後も民法と区別された存在であり続けるであろう。

> 〈参考文献〉
> 　　本項目に関する事柄につき、比較的新しく入手しやすい書物として下記の書物が挙げられる。
> - 伊藤正巳＝加藤一郎編『現代法学入門［第4版］』(有斐閣、2005年)
> - 椿　寿夫『民法（財産法）25講［第2版3訂版］』(有斐閣、2006年)
> - 関　俊彦『商法総論総則［第2版］』(有斐閣、2006年)

【髙木正則】

第2節　会社法
―― 会社とはなにか ――

I　個人企業と共同企業

　企業は、個人企業と共同企業に分けられる。個人企業とは、出資者が1人で事業を営む形態であり、共同企業とは、出資者が複数で事業を営む形態である。個人企業では、事業を行う者が、事業上の意思決定を単独で行い、その有する経営能力・手腕をいかんなく発揮することができ、得られた利益もすべて自己に帰属させることができる反面、生じた損失はすべて個人で負担しなければならない。個人企業においても、たとえば、金融機関から資金を借り入れたり、さらに労働者を雇い入れたりして、規模の拡大をはかることも可能である。しかし、借入れによる資金調達の額も、最終的には事業者個

---
8) 鴻常夫『商法総則［新訂第5版］』(弘文堂、1999年) 27頁。
9) 鴻常夫・前掲（注8）28頁。

人の信用の範囲に限定され、雇い入れた労働者には賃金を支払うことが必要であり、大規模な企業を営む形態としては、限界がある[1]。

これに対して、共同企業は、多数の者からの出資を結合し、危険の分散をはかり、より大規模な事業や事業リスクの大きい事業を行うことを可能にする。もちろん、共同企業といっても、たとえば、出資者の責任が出資額に限定される有限責任が認められる法形態か、法人格が認められるか、出資者が自ら企業経営に当たることを原則としているかあるいは所有と経営との分離を原則としているかなど相違点があり、上記の可能性は、選択された共同企業の形態によって異なる。すなわち、共同企業には、複数人が出資をして共同で事業を行うことを合意して成立する民法上の組合（民法667条以下）や、出資者（匿名組合員）が事業を行う者（営業者）の営業のために出資をし、営業者が匿名組合員に営業から生じる利益の分配を約束することによって成立する匿名組合（商法535条以下）など様々なものがある[2]が、その典型は、会社である。会社は、今日の経済活動を担う共同企業の中核的存在である。会社に対しては、様々な規制が課せられているが、中心となるのは、「会社法」という法典である。

II　会社法上の会社とは——営利を目的とする社団法人

会社法は、会社の設立、組織、運営および管理に関する法律である（会社法1条）。平成17 (2005) 年改正前においては、会社についての私法上の規定は、「商法典」の会社編と「有限会社法」とに置かれていたが、同年の改正により、「会社法」として独立化した。以下では、現行会社法上の会社、とくに株式会社を中心に概説する。

会社は、営利を目的とする社団法人である。ここにいう「営利」の目的とは、対外的な事業活動を行い、その事業活動によって得られた利益を何らかの方法（典型は剰余金の配当）によって出資者である構成員に分配することをいう。「社団」とは何かについては、古くから争いがあるところであるが、広く株主・社員（会社法では、社員とは従業員のことではなく「出資者」を意味する。

---

[1]　個人企業は、「商法」では、「商人」として扱われ、商法4条1項・2項の規定により商人となる者は、商法総則の規定が適用される。

[2]　現代の企業形態は多様である。会社法施行の前の文献であるが、基本的な文献として、藤田友敬「企業形態と法」岩村正彦ほか編『現代の法7 企業と法』（岩波書店、1998年）35頁参照。

したがって、一般の用語法とは異なり、株主は株式会社の社員である）を構成員とする人の結合体を意味する[3]。「法人」とは、自然人以外の者で、権利義務の帰属点となりうるものを意味する。会社法では、会社はすべて法人であり（会社法3条）、会社がその事業としてする行為およびその事業のためにする行為は商行為とする（会社法5条）と規定し、会社は営利を目的とすることを前提としている[4]。

Ⅲ　会社の種類——株式会社と持分会社

　会社のうち、現代社会において最も重要な機能を果たしているのは、株式会社であるが、会社法上、会社には、株式会社のほか、合名会社[5]・合資会社[6]・合同会社[7]が含まれる（会社法2条1号）。会社法は、後三者の会社を合わせて持分会社と呼んでいる。したがって、会社は、株式会社（会社法第2編）と持分会社（会社法第3編）に大別され、さらに持分会社は、合名会社・合資会社・合同会社に分けられる。なお、平成17年改正前に存在した有限会社は、会社法施行後は、株式会社に移行していない限り有限会社の商号を用いているが、会社法上の株式会社（特例有限会社）として存続している[8]。

---

3)　社団については、会社法では会社は社団である旨の規定が置かれていないが、会社は社団であると解するのが通説である。なお、株式会社・合名会社・合同会社では、株主または社員が1人の会社も設立・存続でき、このような「一人会社」を社団とするのは、社団を人の結合体と解することと理論的に矛盾するとの見解もあるが、株主・社員はいつでも複数となる可能性があることから、潜在的には社団であると一般に解されている。

4)　会社の営利性については、落合誠一「会社の営利性について」黒沼悦郎＝藤田友敬編『企業法の理論（上巻）［江頭憲治郎先生還暦記念］』（商事法務、2007年）1頁参照。

5)　合名会社とは、出資者である社員全員が、会社債権者に対して人的無限責任を負う会社であり、原則として社員全員が会社の業務を執行し（経営に当たり）会社を代表する権限を有する（会社法576条2項・580条1項・590条1項・599条1項）。

6)　合資会社とは、合名会社の社員と同様に無限責任を負う社員（無限責任社員）と出資額を限度とする責任しか負わない社員（有限責任社員）とから構成された会社であり、業務執行と会社代表については、合名会社と同じように、原則として全社員が担当する（会社法576条3項・580条1項2項・590条1項・599条1項）。

7)　合同会社とは、出資者である社員全員が、会社に対して出資額を限度とする有限の責任しか負わない会社形態であり、その点では株式会社におけるのと同様であるが、会社の内部的な関係については、合名会社・合資会社と同様に組合的な規律が適用され、業務執行・会社代表については、原則として全社員が担当する会社形態である（会社法576条4項・580条2項・590条1項・599条1項）。

IV 株式会社

1 株式会社の基本的特色——有限責任と株式

　株式会社は、構成員である株主全員が、会社に対して、株式の引受価額を限度とする出資義務を負うだけで、会社債権者に対しては何ら責任を負わない会社である（会社法104条）。これを株主有限責任の原則[9]という。株主の地位は、原則として細分化された均等な割合的単位の形をとり、これを株式[10]という。株主は、原則として、出資した金銭等（金銭以外の財産を出資の目的とすることもある）の払戻し・返還を会社から受けることができない代わりに、自由に株式を譲渡して投下資本の回収をはかることができる。また、株主は、剰余金の配当による投資的利益のほかに、取引所に上場された株式会社の株式の場合には株価が形成され、自己が株式を取得した際に払った金額よりも高い株価になれば、株式を売却することによって投機的利益を取得することもできる。会社が事業の失敗によって倒産しても、すでに履行した出資の額を超えた責任を負わずにすむとともに、少額資産しか有していない者も、株式の細分化により少額からの資本参加が可能となり、投下資本の回収も、株式の売却によって行うことができ、さらに、投資的利益・投機的利益を得ることも可能となるために、多数の者が容易に会社に資本参加することができ

---

[8]　会社法の施行に伴う関係法律の整備等に関する法律（平成17年法律第87号）2条・3条参照。なお、特例有限会社は、会社法上の株式会社ではあるが、旧有限会社法の規律が実質的に維持されるように手当てがなされている（たとえば、同法18条・21条など）。

[9]　間接有限責任とも呼ばれる。合資会社の有限責任社員の責任は、これに対して直接債権者に対して責任を負うことから、直接有限責任と呼ばれる。株主有限責任の理論的根拠については、江頭憲治郎・後掲「参考文献」32頁参照。なお、株主有限責任は、会社の事業失敗のリスクを会社債権者に転嫁することになるので、会社債権者保護のために、会社財産を確保するための制度、とくに資本充実・維持が要請されることになる。

[10]　株式とは、株式会社における株主たる地位を意味する。従来は、株式を表章する有価証券である株券の発行を原則として会社に要求していた。有価証券としての株券の発行により株式の流通性が高められ取引の安全に資すると考えられていたからである。しかし、会社法では、定款に別段の規定をしなければ、株券の発行をしないこととして「株券不発行」を原則化している。小規模の閉鎖会社では実際に株券が発行されていない状況を考慮したことや、公開大規模会社でも、株券の盗難等株券を発行した場合の問題点があり、他方で、コンピュータを利用した振替による決済システムが整備され、ペーパーレス化が可能となったことなどが、その理由である。

る。株式会社からすると、株式の発行により容易に資金調達が可能となる。このように、株式会社は、社会に散在する遊休の資本を吸引し集中することを可能とする法機構であり、巨大な事業やリスクの高い事業を行うことを可能にする。

2 機構上の特色——所有と経営の分離

ところで、大規模な企業の経営は、必然的に複雑化し専門化せざるを得ない。多数の株主が存在し、また株式の譲渡によって絶えず株主が変動する株式会社では、株主が自ら会社の経営に当たることは、一般に株主が十分な専門的知識をもたずその意思も有しないことから期待できないし、多数の株主が経営に当たることは、実際上不可能である。株主にとっては、経営については、経営の専門家に任せるのが得策である。そこで、そのような株式会社では、企業の所有（株主は、実質的には会社企業の所有者である）と経営とが分離する制度が採用されることとなる（所有と経営の分離）[11]。もっとも、会社法では、所有と経営の分離に相応する機関の設計を選択することもできるとする一方で、家族で会社を運営するような小規模の株式会社にも配慮を払い、所有と経営が未分離の機関の設計も選択できることとしている[12]。

3 大規模公開会社の機関

会社法は、株式会社が、株主総会および取締役以外について、どのような機関設計を選択するのかを原則として会社の任意に委ねている（会社法326条2項）が、大会社（資本金額が5億円以上の会社など。会社法2条6号）であって、公開会社（会社が発行する全株式について定款による譲渡制限を定めている会社以外の会社。会社法2条5号）である会社（上場会社等）については、①株主総会・取締役会・代表取締役・監査役会・会計監査人という機関設計か、②株主総会・取締役会・執行役・代表執行役・3委員会（指名委員会・監査委員会・報酬委員会）・会計監査人という機関設計かのいずれかを選択しなければならないものとしている（会社法327条・328条・400条以下参照）。現在、①を選択している会社が大多数であり、従来型とかなじみ型などと呼ばれ、②を選択し

---

[11] 所有と経営の分離については、三枝一雄＝南保勝美『新基本会社法Ⅱ』（中央経済社、2006年）3頁参照。

[12] 会社法の特色の一つとして、株式会社における機関設計の柔軟化があげられ、株主総会と取締役というミニマムな機関を置くだけの会社も認められる。ただし、定款規定により株式の譲渡を制限していない公開会社（全株式譲渡制限会社以外の会社）については、所有と経営の分離が基礎にすえられている。

ている会社は委員会設置会社と呼ばれる。②は、アメリカ法を参考にして、平成14年商法改正以降導入されたモデルであり、経営の監督と執行とを制度的に分離し、社外取締役（会社法2条15号）にガバナンス機能を期待したモデルある。①②は、いずれも、大規模公開会社におけるコーポレート・ガバナンスを強化するために、それらの機関設置が義務付けられている。

V 大規模公開会社のガバナンス——内部統制システム

　公開会社では、株主を構成員とする意思決定機関である株主総会の権限は、法令・定款により株主総会の権限事項とされている事項に限定され（会社法295条2項・327条1項1号）、経営上の意思決定は、株主総会によって選ばれた取締役からなる取締役会（上記②のタイプの会社では、取締役会の決議により執行役）に委ねられる。業務の執行・代表は、①タイプの会社では代表取締役が、②タイプの会社では代表執行役が担当する。すなわち、経営上の事項については、株主総会ではなく経営機構に権限が集中する。これは、経営上の事項については、取締役会あるいは執行役によって適時に適切な意思決定を行うことが効率的な経営につながり、会社ひいては株主の利益に資するとの考慮に基づいている。

　取締役は、会社に対して委任関係に立ち（会社法330条）、会社に対して善良なる管理者の注意を払って職務を遂行する義務（善管注意義務）を負っている（民法644条）。また、取締役は、法令・定款・株主総会決議を遵守し、会社のために忠実に職務を行う義務（忠実義務）を負っている（会社法355条）[13]。上記①②タイプの会社では、取締役を構成員とする取締役会が置かれ、取締役会は、重要な業務執行の意思決定（②タイプの会社では経営の基本方針等）のほか、取締役（②タイプの会社では取締役・執行役）の職務の執行を監督する（会社法362条・416条）。さらに、①タイプの会社では、取締役の職務の執行を監査するため監査役会が置かれ、②タイプの会社では、取締役・執行役の職務の執行を監査するため監査委員会が置かれる。取締役など役員が任務を懈怠して会社に損害を与えたときは、会社に対して連帯して、生じた損害を賠償する責任を負う（会社法423条1項・430条）。

　このような機関の権限の分配と責任規定により、会社法は、法令遵守や健

---

[13] 両者の義務の関係については、忠実義務は、善管義務を敷衍し、かつ一層明確にしたにとどまり、善管義務とは別個の高度の義務を規定したものではないという同質説が判例（最判昭和45・6・24民集24巻6号625頁など）・通説である。

全な経営を確保しようとしているが、実際には、企業不祥事や会社に損害を生じさせる多数の事件が発生し[14]、健全な企業経営・ガバナンスの確保がいかに難しい問題であるかを示している。そうしたなか、ニューヨーク支店において従業員が、独断により、簿外で米国財務証券の取引等を行ったことで多額の損失を出したことについて、取締役等役員の会社に対する損害賠償が求められた大和銀行株主代表訴訟事件（大阪地判平成12・9・20判時1721号3頁）で、裁判所は請求を一部認容し7億7,500万ドルの支払いを命じる判決を下したことが特筆される。その判決理由のロで、「取締役は、取締役会の構成員として、また、代表取締役又は業務担当取締役として、リスク管理体制を構築すべき義務を負い、さらに、代表取締役及び業務担当取締役がリスク管理体制を構築すべき義務を履行しているか否かを監視する義務を負うのであり、これもまた、取締役としての善管注意義務及び忠実義務の内容をなすものと言うべきである」と説かれている。社会的にも影響が大きい企業不祥事について、従業員が行ったことを知らなかったということで、取締役等役員が責任を免れることはできないということである。この事件や米国で以前から高まっていた内部統制の議論[15]を踏まえて、わが国においても内部統制システム構築についての義務が高々と論じられるようになった。会社法では、「取締役の職務の執行が法令及び定款に適合することを確保するための体制その他株式会社の業務の適正を確保するために必要なものとして法務省令〔会社法施行規則100条〕で定める体制の整備」を、大会社である取締役会設置会社については、取締役会で必ず決定しなければならないものと規定している（会社法362条4項6号・5項）[16]。この内部統制システムの具体的な内容は、

14) 後述の大和銀行株主代表訴訟事件のほか、食品衛生法上使用が認可されていない添加物を含む肉まんを販売したダスキンの株主代表訴訟事件（大阪高判平成18・6・9判タ1214号115頁）、国によるBSE感染肉の買上げに関連して偽装工作を行った雪印食品株主代表訴訟事件（東京地判平成17・2・10資料版商事法務256号52頁）などがあり、食品関連では、現在多数の会社による違法行為が報道されているところである。それ以外にも、子会社を利用した粉飾決算や自動車メーカーによるリコール隠しなど枚挙にいとまがない。
15) 米国では、トレッドウェイ委員会組織委員会の報告書（COSOレポート）が1992年に公表され、そこでは、内部統制の目的として①業務の有効性と効率性、②財務報告の信頼性、③関連法規の法令遵守の3点があげられ、これらを合理的に保証するため企業内部に設けられ、経営者その他すべての構成員によって遂行される仕組みが内部統制であるとされている。小林秀之編『内部統制と取締役の責任』（学陽書房、2007年）12頁［高橋均］参照。

会社の業種・規模、組織体制、その他個々の会社の特質によって異なると考えられている。システムの整備は、困難な問題であり、実務による実践の努力と判例・裁判例の積み重ねを待つよりないが、より実効性のあるものとしていかなければならない。

〈参考文献〉

[入門書として]
- 神田秀樹『会社法入門』〈岩波新書〉（岩波書店、2006年）
- 宍戸善一『ベーシック会社法入門［第5版］』〈日経文庫〉（日本経済新聞社、2006年）

[概説書として]
- 江頭憲治郎『株式会社法［第3版］』（有斐閣、2009年）
- 神田秀樹『会社法［第10版］』（弘文堂、2008年）
- 龍田 節『会社法大要』（有斐閣・2007年）
- 弥永真生『リーガルマインド会社法［第12版］』（有斐閣、2009年）

[立法担当者による解説として]
- 相澤哲編著『一問一答　新・会社法』（商事法務、2005年）
- 相澤哲＝葉玉匡美＝郡谷大輔編著『論点解説　新・会社法　千問の道標』（商事法務、2006年）

[問題点とその評価を論じるものとして]
- 稲葉威雄『会社法の基本を問う』（中央経済社、2006年）
- 森淳二朗・上村達男編『会社法における主要論点の評価』（中央経済社、2006年）

【南保勝美】

---

16) 上場会社等については、会社法とは別に、金融商品取引法が、金融商品取引法上の財務報告にかかる内部統制を要求している。この関係については、小林・前掲（注15）51頁［今戸智恵］参照。

第8章

経 済 法

I はじめに

　経済法は、経済分野における国家の政策的介入のための一群の法の総体（経済政策立法）のことをいう。経済法は、1920年代のドイツで著しい経済統制法の叢生がみられたことから、同国においてこれを、私法、公法とは区別して、社会法という独立の法分野とすることが提唱されたことに始まる。第二次大戦後においては、社会法は経済法、労働法、社会保障法などを含む法分野として確立されたが、今日では、社会法を後二者を中心として理解し、経済法はさらにこれと区別された独立の法分野として、むしろ商法に隣接するものとして理解する傾向にある。経済法はいずれにしても今日、経済と国家・法の関係についての一般理論を総論とし、各論としては以下の各領域を含む経済政策立法の総体として理解される。(1)独禁法と補助立法としての下請法の領域、(2)電気事業法などの各種事業法を含む産業法・事業法の領域、(3)国際経済関係の規律に係る諸国際協定を含む通商法の領域、(4)消費者の権利の実現と消費者被害の救済に係る、消費生活協同組合法等を含む消費者法の領域。

　このように今日経済法は、独禁法を中心として、公正な取引と自由な競争の実現を目的とする諸法律から構成される法分科として理解されている。独禁法は、国内市場であると国際市場であるとを問わず、自由で公正な競争秩序を創出し、維持するために必要な事業者間取引の基本ルールを定めた法律であって、日本の市場経済体制を規律する中核的法である（ドイツでは独禁法は「市場経済のマグナ・カルタ」とよばれている）。市場経済体制は競争促進による業績競争の実現とそれによる一般消費者の利便の増進を最終目的としており、この意味で独禁法は、消費者法の中核をなしているともいえよう。

II 独占禁止法——市場経済体制の法的保障

　独禁法の内容は私的独占の禁止、不当な取引制限の禁止、不公正な取引方法の禁止および一定の企業集中の禁止に大別することができる。その規制対象は一般の製造業、流通業のほか、電気・ガス、通信・放送、航空等の政府規制産業、農業協同組合、中小企業協同組合等の協同組合、さらには知的財産権の権利行使にも及んでいる。今日、企業の事業活動は独占禁止法による規制を念頭におかずして遂行することは不可能である。業界の慣行として長年にわたり行われてきた事業行為であっても独禁法上違法とされる場合があり、合併・提携等の企業集中であっても当該企業の市場における地位によっては阻止されることがあるからである。また、国外における事業活動であっても自国とは規制対象や規制水準の異なる当該国における独禁法による訴追を予想外に受けるおそれもある。

1　独禁法の歴史

　独占禁止法の起源はイギリス市民革命（清教徒革命、名誉革命）期にまでさかのぼる。同革命においては「初期独占」が廃絶され、その結果、国家からの自由としての「営業（活動）の自由（の体制）」が成立した（「体制」とは、一つの統一的原理により編成されているシステムのことをいう）。このことは、国家から自立した経済社会としての「市民社会」の成立、換言すれば「自由競争を原則とする市場経済システム」の成立を意味した。この市場経済システムを法的側面から支えたのは「近代市民法」——とくに民法——である。そこでは、(1)経済主体は権利能力を有する自然人と法人とで構成され、(2)取引客体は生産手段と生産物に対する私的所有権の保障として構成され、(3)取引行為は契約の自由として構成された。また、(4)紛争処理は、公序良俗違反行為の無効、不法行為としての差止請求権と損害賠償請求権として構成された。

　この市場経済システムのもとではさらに、とくに17世紀のイギリスにおいてであるが、コモン・ローを補完するエクイティの法理として、事業者の共同行為と独占行為が厳しく禁止された（これは「営業制限禁止の法理」といわれる）。またあわせて「同業組合による産業統制（カルテル）」も廃止された。こうして、国家による営業統制も同業組合の営業統制が廃絶され、カルテルや私的独占が厳格に禁止されたことで「市場経済体制」が完成した。

　19世紀になるとイギリスを嚆矢として産業革命が起こり、大企業体制が成立するに至った。そして競争のあり方も、それまでの中小企業を中心とす

る競争から、大企業による競争が中心となってきた。とくにアメリカにおいては、石油産業や鉄道事業における独占が成立し（これらを「初期独占」に対して「近代的独占」という）、これら独占に反対する運動（グレンジャー運動）が起こった。その結果、このような近代的独占を規制することを目的とするコモン・ローの制定法化としてのシャーマン法が1890年に成立した。シャーマン法は「不当な取引制限」と「独占」を禁止する。不当な取引制限の禁止は、契約の自由の実質化をはかるものである。不当な取引制限の典型である価格カルテルを例とすると、価格カルテルを行う事業者の契約の自由に比して、当該価格で購入することを余儀なくされる事業者もしくは一般消費者の契約の自由――取引先選定の自由、取引内容決定の自由など――は著しく制限されることになり、またカルテルを行った事業者間の競争（売り手間競争）も消滅するので、これを禁止することが必要となる。この課題を、国家（政府）が公共の利益の観点から介入して、競争の自由を回復するのが不当な取引制限の禁止の趣旨であり、ひいては独禁法の趣旨である。

2　独禁法（日本）の内容

「独占」に対する法の態度には、歴史的に、(1)自由競争経済秩序の回復・維持をめざす独占禁止法制、(2)独占の容認と濫用行為を禁止する経済力濫用防止法制とが区別される。(2)は戦前のドイツの法制であり、(1)はアメリカの法制である。第二次大戦後、アメリカ占領下にあったドイツ、日本において、さらには1958年に発足した欧州経済共同体（EEC、今日のEUの母体）においてもアメリカ型の独占禁止法制が採用された。これにより独占禁止法制は世界的に広がることとなり、今日、発展途上国、さらにはベトナムや中国のような体制移行国においても、相次いで法制化が進められている。

独禁法は、不当な取引制限の禁止、私的独占の禁止、不公正な取引方法を禁止し、また企業集中（Merger & Acquisition）を、これら行為が市場の競争を制限したり阻害する場合に禁止する。適用除外として、知的財産権の行使行為、協同組合の一定の行為、著作物の再販売価格維持行為がある。

(1) 不当な取引制限の禁止

これらのうち、不当な取引制限（その典型はカルテル）とは、(i)「事業者」が、(ii)「他の事業者と共同して、相互にその事業活動を拘束し、又は遂行すること」により、(iii)「公共の利益に反して」、(iv)「一定の取引分野における競争を実質的に制限すること」であり、禁止される（独禁法2条6項・3条後段）。過去には、1953年の独禁法の改正により不況カルテル（24条の3）および合

理化カルテル（24条の4）が導入され、また独禁法とは別に適用除外カルテルを認める様々な法律が制定され、さらには産業助成官庁の行政指導に基づくカルテルまでもが行われていた。今日では、不況カルテルと合理化カルテルの制度は廃止され、適用除外カルテルも改廃され、行政指導カルテルについても事実上廃止されている（1981年公取委ガイドライン「独占禁止法と行政指導との関係についての考え方」参照）。この結果、カルテルの禁止原則は相当程度貫かれるようになっている。しかし、カルテル禁止規定が独禁法の中核となって日本の市場経済を秩序づけているとはいえ、相互協調的行為、談合といった禁止困難な問題をなお残している。

(2) 私的独占の禁止

私的独占とは「事業者が、単独に、又は他の事業者と結合し、若しくは通謀し、その他いかなる方法を以てするかを問わず、他の事業者の事業活動を排除し、又は支配することにより、公共の利益に反して、一定の取引分野における競争を実質的に制限すること」であり、禁止される（独禁法2条5項・3条前段）。私的独占は、単独の事業者により行われる場合と、事業者の結合により行われる場合とがある。その行為態様は「排除すること」または「支配する」ことという一方的行為である。「排除」とは、(i)他の事業者の事業活動を継続困難にさせ、ひいては当該事業者を市場から退出させたり、(ii)他の事業者の市場への新規参入を困難にさせたりすることである。「支配」とは、他の事業者の事業活動を自己の意思に従わせることである。すでに獲得している自己の市場支配力を行使する場合が中心となるが、市場支配力の獲得のための支配もある。また私的独占の禁止は「公共の利益に反して、一定の取引分野における競争を実質的に制限すること」（独禁法2条5項）を要件とするが、これらについては不当な取引制限について述べたところと同じである。

(3) 不公正な取引方法の禁止

不公正な取引方法とは、以下の行為であって、「公正な競争を阻害するおそれ」があるものをいう。(1)不当に他の事業者を差別的に取り扱うこと、(2)不当な対価をもって取引すること、(3)不当に競争者の顧客を自己と取引するように誘引し、または強制すること、(4)相手方の事業活動を不当に拘束する条件をもって取引すること、(5)自己の取引上の地位を不当に利用して相手方と取引すること、(6)自己または自己が株主もしくは役員である会社と国内において競争関係にある他の事業者とその取引の相手方との取引を不当に妨害

し、または当該事業者が会社である場合において、その会社の株主もしくは役員をその会社の不利益となる行為をするように、不当に誘引し、そそのかし、もしくは強制すること（独禁法2条9項・19条）。不公正な取引方法の禁止規定は、下請取引、流通取引、消費者取引、知的財産権の行使など、その規制対象領域は広く、企業間、また企業－消費者間における取引行為は同規定により秩序づけられている側面も大きい。

(4) 企業集中の禁止

企業集中とは合併や企業買収のことである。これらの行為も「一定の取引分野における競争を実質的に制限することとなる場合」には禁止される（独禁法10条・13条・15条等参照）。企業集中規制には、カルテル規制としての意味もある。合併などにより高度寡占的な市場構造が成立して、2、3社のみが当該商品や役務を生産・販売し、当該製品の輸入も少ないような場合には、価格協定や同調的価格引上げ行為が可能となるなどが起こってくるからである。

Ⅲ　産業法——各種事業法と独禁法からの適用除外

独禁法は、以上のように私的独占、不当な取引制限、不公正な取引方法などを禁止するが、これらの禁止規定からの適用除外も認めている。すなわち、無体財産権の行使行為（21条）[1]、協同組合の行為（22条）[2]および再販売価格維持契約（23条）がそれである。これらは独禁法上の適用除外であるが、これらとは別に個別事業法に基づく適用除外制度がある。以下ではこの個別事

---

1) 独禁法21条は、「この法律の規定は、著作権法、特許法、実用新案法、意匠法又は商標法による権利の行使と認められる行為にはこれを適用しない」と規定する。ここで「著作権法、特許法、実用新案法、意匠法又は商標法」として列挙されている諸法律は、総称して知的財産法と呼ばれるものである。知的財産法の対象となる知的財産権の種類には、①人間の精神活動による創作物（著作物、発明、考案、意匠、集積回路、植物新品種、ノウハウ、トレード・シークレットなど）、および②営業上の信用を化体した標識（商標、商号、サービス・マーク、原産地表示など）とがあり、①を保護する諸法律は創作法、②を保護する諸法律は標識法と呼ぶことができる。次に、「権利の行使と認められる行為にはこれを適用しない」として、一定の行為には独禁法各本条の適用はない旨が定められているが、この点につき、適用除外が、公正・自由競争の促進の観点から、どの範囲で認められるかを明らかにすることが必要となる。

2) 小規模事業者による協同組合を通じての共同行為は、組合員が個々に取引活動を行う場合に比してそれら事業者の取引上の地位、また競争上の地位を向上させるものであり、それにより公正かつ自由な競争秩序の形成が促進されると考えられる。この点に適用除外の根拠があるといえる。

業法に基づく適用除外制度について概略を述べておこう。

　第二次大戦後の日本は、輸出の振興、輸入と対内直接投資の抑制とを中心的課題とする産業・通商政策体系の下で、自動車・電機・エレクトロニクス等の戦略産業を育成し、これら産業に国際競争力を獲得させるという経済運営を行った。このために産業法を制定し、これら産業に対する保護と規制とを行った。これは独禁法の側から見ると、産業政策上の要請のある事業分野について、新規参入、価格決定等の事業活動を政府の直接規制（許認可等）のもとにおいたり、競争を制限する各種共同行為を行うことを容認するというもので、これらの事業上の行為を同法の適用除外とするものであった。今日、個別の法律に基づく適用除外制度には次のものがある。

　(a)　酒類販売業――合理化カルテル　　酒税の保全および酒類業組合等に関する法律（財務省所管）は、原価の引き下げ、能率の増進、酒類取引の円滑化、消費者の保護その他酒類製造業または酒類販売業の経営の合理化のために、酒類業組合が行う酒類の販売のための施設に関する規制、酒類の容器に関する規制その他酒類の販売方法に関する規制は独禁法の適用を除外されると定めている（42条）。酒類業組合は当該規制を行うために必要な組合員間の協定について財務大臣の認可を受けなければならない（43条）。財務大臣はこの認可をするに当たって公取委と協議をしなければならない（94条）。

　(b)　中小企業――過度競争防止カルテル　　生活衛生関係営業の運営の適正化及び振興に関する法律（厚生労働省所管）は、大部分が中小企業である生活衛生関係の営業を行う者が、業種ごとに生活衛生同業組合を組織し、当該業種における過度の競争により組合員が適正な衛生措置を講ずることが阻害されるおそれがある場合等において、料金を制限したり、営業方法を制限する行為を認めている（8条）。このような料金の制限や営業方法の制限を行うには主務大臣の認可が必要であり、主務大臣は公取委と協議をする義務がある（13条）。主務大臣の認可は、当該制限が必要かつ最小限度であることや、特定の組合員を差別するものでないこと、利用者または消費者の利益を不当に害するものでないことを条件とするものでなければならない（9条）。

　(c)　貿易関係――輸出カルテル　　輸出入取引法（経済産業省所管）は不公正な輸出取引（知的財産権侵害商品の輸出、原産地虚偽表示貨物の輸出等）を防止し、ならびに輸出取引および輸入取引の秩序を確立し、もって外国貿易の健全な発展をはかることを目的としている。同法は、輸出業者が輸出取引における価格、数量、品質、意匠その他の事項についての協定を締結することを許し

ている（5条〔輸出業者〕、11条〔輸出組合〕）。

(d) 運輸関係――運輸カルテル　道路運送法（国土交通省所管）は需要減少により事業の継続が困難な路線において路線バス事業者の行う共同経営に関する協定（運輸カルテル、18条）を、海上運送法（国土交通省所管）は内航海運カルテル（28条1～3号）および外航海運カルテル（28条4号）を、内航海運組合法（国土交通省所管）は内航海運カルテル（8条1項1～6号）、共同海運事業（8条1項7～13号）を、さらに航空法（国土交通省所管）は国内航空カルテル（110条1号）、国際航空カルテル（110条2号）を、それぞれ独禁法の適用除外としている。

(e) 保険関係――損害保険　保険業法（金融庁所管）は保険カルテル（101条1項1号・2号）を、損害保険料率算出団体に関する法律（金融庁所管）は料率団体による自賠責保険、地震保険の基準料率の算出について（7条の2第2項）、それぞれ独禁法の適用除外としている。

　個別事業法による適用除外カルテルについては、これまで①国際競争力を強化するために産業の合理化、育成・強化をはかる、②中小企業を保護する、③不況に対処する、④不公正な輸出取引を防止するなど、様々な目的からするものがあると考えられてきた。しかし今日では、競争により経済の発展・活性化をはかることの有効性と、競争を制限して市場メカニズムの働きを制約する適用除外カルテルの弊害とが広く認識されるに至っている。それゆえ適用除外カルテルをできる限り廃止し、競争を導入することが必要となっている。カルテル以外の適用除外、とくに参入に関わる政府の直接的規制についても、これらをできるだけ緩和・撤廃し、競争政策・競争法に委ねることが必要であるといえよう。

Ⅳ　論点――著作物再販の妥当根拠等

　以上で述べてきたように独禁法の規律する領域は多岐にわたり、法解釈学上、また立法政策上も様々な論点がある。ここで、それらのすべてについて言及することはできないが、公正かつ自由な市場経済秩序のもとでの一般消費者の権利に関わって、独禁法の適用除外制度としての「著作物の再販売価格維持行為」、および、独禁法21条の規定する知的財産権、とくに著作権の適用除外について述べておくこととしよう。

1　著作物の再販売価格維持制度

　すでに述べたように独禁法は、知的財産権の行使行為（21条）、協同組合

の行為（22条）および再販売価格維持契約（23条）を同法からの適用除外として規定している。これらの適用除外はどのような理由に基づいて認められているのであろうか。結論的にいえば、知的財産権の行使行為と協同組合の行為は独禁法の創出しようとしている競争秩序と整合的である点に、再販売価格維持契約のうち著作物の再販売価格維持契約（23条4項）は文化政策上の目的を達成するために認められるべきであるという点に、それぞれ根拠が求められよう。

ここで著作物の再販売価格維持行為について述べると、再販売価格維持行為は独禁法19条により拘束条件付取引として禁止されるが、独禁法23条4項は以下のように規定して、著作物再販について適用除外としている。「著作物を発行する事業者……が……再販売価格を決定し、これを維持するためにする正当な行為」には独禁法を適用しない、ただし、(1)一般消費者の利益を不当に害することとなる場合、および(2)販売業者の行為について「その商品を生産する事業者の意に反してする場合」は同法の適用を除外せず、同法19条ほかを適用する。また、生協を含む各種協同組合等には適用除外は及ばない（23条5項2号・4号・5号参照）。

日本における著作物の再販売価格維持制度は海外主要国のそれと比較すると対象が、「書籍」「雑誌」「新聞」「音楽用CD・レコード・テープ」ともっとも広範囲（6種類）に及んでいるのみでなく、運用も、同様の制度を有している場合の諸国と比較すると硬直的である点に特徴がある。これらのうち書籍の再販売価格維持制度の妥当根拠——制度目的とそのための手段・方法——をみておくと、次のように考えられよう。書籍再販の目的は「多様な書籍の出版により国民に読書の機会を豊富かつ平等に提供し、それによって文化水準の維持・向上をはかる」ところにある（なお、国が文化水準の決定に関わるべきではないとの観点から、フランスでは目的を「創作活動における多様性を維持すること」と解している）。そのための手段・方法は、書店に売れ行きの良い書籍の利益で売れ行きの遅い本の仕入れをさせるという内部補助の仕組みである。これにより、売れ行きの遅い書籍も書店に品揃え・陳列され、やがて売れる——そのためには一定の値引き販売も必要となる——ので、そのような書籍の出版も可能となるのである（このような考え方を「文化配慮説」と呼ぶことができる）。ところで、以上で述べた内部補助関係の機能する書籍再販制度を必要とするのは、もっぱら中小出版者および中小書店である。書店について大規模チェーン書店や量販店の書籍売場などの大型書店は、仕入れの

集中化により有利な取引条件を得ることができることを背景として、ベスト・セラー書を中心とした売れ行きの良い書籍の販売にもっぱら注力するのに対して、中小書店は、書籍再販制度のもとで、売れ行きの良い書籍の販売で得た利益を使って売れ行きの遅い書籍の販売にも注力する存在と見られている。そして、売れ行きの良い書籍をもっぱら販売する書店は「貧しい雰囲気の店」であるとの判断が前提となって、売れ行きの遅い書籍の販売にも注力する中小書店の販売網の存続をはかるというところに書籍再販制度の中心的意義が見出されている。この意味では書籍再販制度は文化政策としてのみならず中小企業政策としても必要とされるものである[3]。

書籍再販売価格維持制度について、一つの参考になるのはドイツのそれである。ドイツでは、出版社は小売店に対して販売価格を拘束することができるが、取次ぎ（卸）については取引価格は自由競争とするものである[4]。このような制度のもとで、中小出版社による書籍や読者の少ない書籍を含めた多様な書籍の出版と中小零細書店の多様な販売形態の実現をはかりつつ、広範な値引き販売を実現して一般消費者の利益をはかり、結果としても一国の文化水準の向上という制度目的を実現させている。

2 著作権法に基づく頒布権の行使と独禁法の適用

映画の著作物の頒布権による流通支配が問題となった事案にソニーコンピュータエンタテイメント（SCE）に関する件がある（公取委審判審決平成13・8・1審決集48巻3頁）。SCE（Sony Computer Entertainment）は、プレイステーションと称する家庭用テレビゲーム機およびそのためのソフトウェア（PSソフト）について、取引先小売業者および取引先卸売業者に対して、①小売業者は、PSソフトの販売にあたっては希望小売価格で販売する、②小売業者は、PSソフトの中古品の取扱いはしない、③PS製品を、小売業者は一般消費者のみに販売し、また卸売業者は小売業者のみに販売するとともに取引先の小売業者をして一般消費者のみに販売させるとの販売方針を遵守させることとした。SCEは、②の要請を受け入れた小売業者および卸売業者との間で、①③を内容とする特約店契約を締結し、同契約を締結した特約店と取引を開始した。SCEは、営業担当者が小売業者を訪問してPSソフトの販売価格お

---

[3] 以上の叙述については、高橋岩和ほか『現代経済法［第2版］』（三省堂、2010年）44－45頁参照。

[4] 出版物の価格拘束を規定するための法律（Gesetz zur Regelung der Preisbindung bei Verlagserzeugnissen）（2002年）参照。

よび中古品取扱い状況を調査し、また取引先小売業者または取引先卸売業者の取引先である小売業者以外の者が販売するPS製品について、その出荷先を調査した。SCEは、以上の調査および特約店からの苦情により、小売業者が①～③の販売方針に従っていないことが判明した場合には、自ら、または取引先卸売業者を通じて、当該小売業者の取引先である卸売業者へのPS製品の出荷を停止する措置を講じている。

　公取委は、SCEに対し、平成10年2月6日、審判開始決定を行い、平成13年8月1日、同社が販売するPSソフトの販売に関し、自らまたは取引先卸売業者を通じて、①新たに発売されたPSソフトについて、小売業者に対し、原則として希望小売価格で販売するようにさせ、卸売業者に対し、取引先小売業者に原則として希望小売価格で販売させるようにしていた、②小売業者に対し、PSソフトを一般消費者のみに販売するようにさせ、卸売業者に対し、PSソフトを小売業者のみに販売するとともに取引先小売業者に一般消費者のみに販売させるようにしていた行為が、独占禁止法19条の規定（①は旧不公正な取引方法の一般指定12項1号〔再販売価格の拘束〕に該当、②は同13項〔拘束条件付取引〕に該当）に違反するとして、独占禁止法54条1項および2項の規定に基づき審決を行った。

　本件では、独禁法21条の「この法律の規定は、著作権法……による権利の行使と認められる行為にはこれを適用しない」という文言に関わって、著作権法による権利行使（映画の著作物の頒布権）と独禁法との関係を明瞭にすることが一つの争点であった。この点、同審決では、著作権法に基づく頒布権の行使に関して、次のように判断されている点が注目される。「被審人は、中古品売買が著作権法に基づく映画の著作物に認められる頒布権の侵害行為であり、中古品取扱い禁止は著作権法による権利の正当な行使であって、公正競争阻害性はない、あるいは、独占禁止法第21条の規定により同法の適用はない旨主張する。しかしながら、同条の規定は、著作権法等による権利の行使とみられるような行為であっても、競争秩序に与える影響を勘案した上で、知的財産保護制度の趣旨を逸脱し、又は同制度の目的に反すると認められる場合には、当該行為が同条にいう『権利の行使と認められる行為』とは評価されず、独占禁止法が適用されることを確認する趣旨で設けられたものであると解される。そして、……本件においては、中古品取扱い禁止行為が再販売価格の拘束行為と一体として行われ、同行為を補強するものとして機能しており、中古品取扱い禁止行為を含む全体としての再販売価格の拘束

行為が公正競争阻害性を有するものである以上、仮に被審人の主張するとおり、PSソフトが頒布権が認められる映画の著作物に該当し、中古品取扱い禁止行為が外形上頒布権の行使とみられる行為に当たるとしても、知的財産保護制度の趣旨を逸脱し、あるいは同制度の目的に反するものであることはいうまでもないから、被審人の上記主張は採用できない」。

V　おわりに

　以上で経済法の意義、内容および若干の論点について述べてきた。すでに述べたように経済法は、いずれにしても、(1)独禁法と補助立法としての下請法等の領域、(2)各種事業法を含む産業法・事業法の領域、(3)国際経済関係の規律に係る通商法の領域、(4)消費者の権利の実現と消費者被害の救済に係る、消費生活協同組合法等を含む消費者法の領域といった広範な対象から構成される法領域である。これら各領域に通じる共通原理は、市場経済秩序のもとで各領域に公正かつ自由な競争を浸透させ、一般消費者の商品・役務の選択権を最大限保障するということである。今日経済のグローバル化のもとで、各企業の行動を規律し、そして各消費者の経済基本権を最大限保障するものとして経済法はその重要度を高めているということができよう。

【高橋岩和】

第9章

民事訴訟法

I　民事紛争と民事訴訟

1　民事紛争

　社会生活があるところには、紛争が必然的に生ずる。では、その紛争をいかにして解決していくのか。紛争解決は、社会共同体にとっては永遠のテーマである。本章では、その紛争解決手続に関するルール、なかでも民事手続に関するルールを見ていく。

　まず、民事紛争の簡単な例を挙げてみよう。〔例1〕Aは、親族のBに、200万円を貸したが、返済期限を過ぎても、「もう少しで金が入るから待ってくれ」というばかりで一向に支払う様子をみせない。そこで、AはBを相手に貸金の返還を求めて裁判所に訴えを提起した。ところが、裁判になるとBは、「Aからは贈与として200万円をもらったのであり、返還義務はない」と主張してきた。

　ところで、裁判手続は、一つの社会的事象を法的に分断して、一面だけを取り上げている場合も少なくない。〔例2〕Cが、車を運転中に、Dをはねて負傷させてしまったとする。この場合、Cは、業務上過失傷害の罪で刑事裁判にかけられたり、免許停止の処分の取消を求めて公安委員会を相手に行政訴訟を起こしたり、あるいはDがCを相手に損害賠償を求めて民事訴訟を提起することがありうる。この場合、社会的事件は一つであるが、それぞれの手続（刑事、行政、民事の各訴訟）は、独立して進行し、また法的判断も別個になされる。本章が扱うのは、最後の民事訴訟手続である。

2　処分権主義

　民事紛争が発生した場合、すべてが民事訴訟によって解決されるとは限らない。〔例1〕で、AがBに取立にいったところ、逆にBが腹をたててAに怪

我を負わせてしまったとする。この場合には、Aは貸金債権のほかに不法行為に基づく損害賠償請求権を有することになる。

　この事案では、債権者（原告）には、いくつかの選択肢が認められる。まず、そもそも訴訟手続を利用するか、訴訟手続ではなく裁判外の紛争処理手続（たとえば、仲裁や調停）によって紛争を処理することが当事者の意思に委ねられている。また、〔例1〕で、仮に訴訟手続による場合であっても、貸金債権または不法行為債権だけを請求するか、それとも両方一度に請求するか、また、債権額の全額を請求するか一部分にとどめるのか、といった訴訟の対象（これを訴訟物という）の設定は当事者（原告）の意思に委ねられる。また、一度開始した訴訟手続を当事者の意思によって終了させることもできる。このように、訴訟制度の利用の有無、訴訟物の範囲の決定、訴訟の終了の際に当事者の意思を尊重する建前を処分権主義という。

II　民事訴訟法と実体法の関係――法的三段論法

　法的紛争が裁判所に持ち込まれたとき、裁判官は"法的三段論法"に従って判断を下す。つまり、実体法を大前提として、裁判所に持ち込まれた事件を小前提として、結論を導くというものである。

　もう少し具体的に見てみよう。〔例1〕の場合、民法587条が、貸金返還請求権を有するか否かの判断基準を定めている。すなわち、同条によると、金銭の授受があったこと、そして返還の合意があったこと、が認められればAはBに対して200万円の返還請求権を有していることになる（現実の訴訟では、さらに返還期日をすぎていることを明らかにする）。そして、裁判所は、当該事件がこれらの要件を充足しているか否かを判断する。もし、具体的事件（小前提）が民法587条の要件（大前提）を充たしていれば原告の請求認容、充たしていなければ請求棄却という形で結論が示される。

　このように実体法は紛争解決の基準を示しているのに対して、訴訟法は紛争解決のための手続、たとえば、どの裁判所に訴えるのか、証拠はどのような場合に必要なのか、裁判所の判断にはどのような効力があるのか、判決に不服がある場合には、当事者はどのような手段を有するのか、などを定める。

III　民事保全・民事執行との関係

　民事紛争の根本的な解決には、民事訴訟法だけでは不十分な場合がある。たとえば、〔例1〕で、債権者が債務者を相手に貸金返還請求訴訟を提起し

て勝訴しても、債務者が任意に支払わなかった場合には、債務者の財産に対して強制執行を行って、被告の財産を換価し、そして債権者の債権の満足をはかる必要がある。そのための手続は、民事執行法に規定されている。また、せっかく、Aが民事訴訟手続で勝訴判決を得て、Bの財産に対して強制執行をかけようとしても、Bが事前に自分の財産を処分・毀損してしまっていては、Aは実際には債権回収をはかることができなくなってしまう。これでは、せっかく債権者が裁判手続を踏んで自己の権利実現をはかろうとしても、徒労に終わってしまい、手続を行う意味がなくなってしまう。そこで、Aに対して、訴訟開始前にBが財産の処分をしてしまわないように手段を講じる必要がある。このことを定めているのが、民事保全手続である。

以下では、〔例1〕をもとにして、民事訴訟手続の流れを見ていくことにする。

Ⅳ 民事訴訟手続の流れ

1 訴訟手続を起こすのはいつまで可能か

原告が貸金返還を求めて裁判所に訴えるに際して、まったく期間の制限に服しないというわけではない。しかし、この問題は民事訴訟法に規定はなく、民法などの実体法に規定されている（民法167条、商法522条など）。このように、わが国では、この問題は実体法上の請求権の消滅として扱われている（法的性質については議論がある）。

2 どのような救済方法が認められるのか

民事訴訟手続では、3種類の訴えが認められている（訴えの3類型）。まず、給付訴訟がある。これは原告が被告に対して、たとえば、金銭の支払いや売買目的物の引渡しなど、一定の給付を求める訴訟である。この訴訟で原告が勝訴すると、給付請求権の存在が訴訟法上認められるとともに（この効力を既判力という）、被告が履行しない場合には、強制執行手続を利用することができる（この効力を執行力という）。次に、確認訴訟がある。たとえば、原告が、土地の所有権確認訴訟を提起して認容された場合、当該土地の所有権が原告に帰属することについて、既判力が認められる。しかし、確認訴訟においては執行力が生じないため、強制執行を行うことができない。最後に、形成訴訟がある。これは、たとえば、株主総会決議取消の訴えのように、判決によって従来の法律関係を変動させる訴えである。この訴訟で原告が勝訴し、判決が確定すると、株主総会の決議が取り消される（この効力を形成力という）。

3　訴状にはどのようなことを記載するのか

訴訟を起こすには、訴状を裁判所に提出する必要がある（民事訴訟法133条1項、ただし、簡易裁判所については同271条）。では、訴状には何を記載しなければならないのだろうか。訴状の記載事項として、当事者（法定代理人がいる場合には、その法定代理人）、そして請求の趣旨（どのような救済を求めるのか、金額など）および請求原因（請求の対象）を記載しなければならない（民事訴訟法133条2項）。

4　どの裁判所に訴えを提起するのか

裁判所に訴えを提起しようとする場合、もし裁判所が全国に一つしかなければ、原告は、どこに訴えを提起すべきか迷うことはない。しかし、それでは、当事者が裁判を行うにはあまりに不便である（北海道や沖縄にいる当事者が、東京にしかない裁判所で民事訴訟を行う労力を考えてみてほしい）。そこで、第一審の裁判所として、全国に50の地方裁判所と438の簡易裁判所が設けられている。

まず、地方裁判所と簡易裁判所のどちらで、訴えを提起すべきであろうか。民事事件についてみてみると、簡易裁判所は、訴訟の目的の価額（これを訴額という）が140万円以下の請求について管轄を有し、他方で、地方裁判所は140万円を超える請求について管轄を有する（裁判所法33条1項1号、民事訴訟法8条を参照）。両者の区別は、事物管轄と呼ばれる。〔例1〕の場合は、地方裁判所が管轄を有する。

次に、どの地方裁判所（あるいは、どの簡易裁判所）に訴えを提起すべきかが問題になる。この点については、原則として被告の住所地の裁判所が管轄を有するが、事件の特性に応じて特別のルールが認められている（民事訴訟法4条以下）。

5　誰が当事者になるのか

裁判手続は、紛争に実体法を適用してその解決をはかるものである。したがって、訴訟手続において当事者になることができるのは（これを当事者能力という）、実体法上、権利義務の帰属主体となりうる者（権利能力者）である必要がある（民事訴訟法28条）。また、実体法が認める限り、胎児も当事者能力を有する（民法721条）。

また、民事訴訟法独自のルールも認められている。たとえば、同窓会やサークル、PTAといった"権利能力なき社団・財団"については、上記の原則からすると権利能力を有しないため当事者能力を有しないことになる。

そうすると、個々のメンバーが原告あるいは被告とならざるを得ない。しかし、これでは訴訟手続が煩雑になってしまう。そこで、民事訴訟法は、このような団体については、たとえ権利能力が認められなくても、団体そのものに当事者としての地位を認めることとした（民事訴訟法29条）。

6 どのようにして審理が進むのか
(1) 裁判所と当事者の役割分担
　訴訟手続では、裁判所と当事者の役割分担がある。両者の役割分担は、"裁判官は法を知る"、"汝は事実を語れ、我は法を語らん"といった法格言として表現される。

　まず、法的三段論法の大前提となる法の解釈・適用については、裁判所の専権事項とされる。また、手続の進行に関しては、職権で進行していくことになる（これを職権進行主義という）。

　他方で、法的三段論法の小前提をなす事実の主張・証拠の収集は、当事者の役割とされる。これは、"弁論主義"と呼ばれるが、その内容は3つに分かれる。第1は、主張責任と呼ばれ、当事者の主張した事実だけが裁判の基礎になるというものである。第2は、自白の拘束力というもので、当事者の主張が一致した場合には拘束力が生じ、裁判所の事実認定権が排除される（民事訴訟法179条）。第3は、職権証拠調べの禁止というもので、争いのある事実に関しては、当事者の提出した証拠によって事実認定を行うというものである（ただし、例外として民事訴訟法14条）。

(2) 口頭弁論
　訴訟手続は、口頭弁論によって行われる（必要的口頭弁論の原則。民事訴訟法87条1項本文）。原告・被告の両当事者が、第三者が傍聴することができる"公開の"法廷において互いの主張をぶつけることができる環境を保つことで、裁判の公平性を確保しようとした（参照、憲法82条）。

(3) 争点整理手続
　先に見た弁論主義に基づき、当事者間で争いのない事実はそのまま判決の基礎として扱われるのに対して、争いのある事実（これを争点という）は当事者の提出した証拠によって決着がつけられる。たとえば、〔例1〕の場合、金銭の授受があったことについては当事者間で争いはない。したがって、この点については、裁判所は事実認定を行う必要はない（弁論主義の第2テーゼ）。しかし、当事者間で争いのある返還の合意の有無については、証拠調べを行う必要がある（弁論主義の第3テーゼ）。

このように、ある事実が当事者間で争いがあるか否かということは、民事訴訟手続において重要な相違が生じる。そこで、どの事実について争いがあるのか、換言すれば証拠調べを行う必要があるのか、振り分ける必要がある。そのための手続が争点整理手続である。この手続は3種類に分かれる。第1は、準備的口頭弁論（民事訴訟法164条以下）、第2は、弁論準備手続（民事訴訟法168条以下）、第3は、書面による準備手続（民事訴訟法175条以下）である。

(4) 証拠調べ

争いのある事実は、当事者が提出する証拠によって決着がつけられる。証拠は、大別して人証と物証に分かれ、前者は、証人（民事訴訟法190条以下）、当事者本人（当事者尋問という。民事訴訟法207条以下）、鑑定人（民事訴訟法212条以下）があり、後者は、書証（民事訴訟法219条）、検証（民事訴訟法232条）に分かれる。

(5) 自由心証主義と証明責任

判決を下す際、争いのない事実については、そのまま判決の基礎にする（自白の拘束力。民事訴訟法179条）。他方で、争いのある事実については、裁判官は、自由な心証に基づいて弁論の全趣旨と証拠調べの結果を判断し、その事実の存否を判断する（自由心証主義。民事訴訟法247条）。〔例1〕については、金銭の授受については自白が成立し、返還の合意については証拠調べにより判断される。

しかし、証拠調べの結果を考慮しても、返還合意という事実の存否が不明な場合（これを真偽不明という）、この要件を充足しているか否か判断がつかないことになる。だが、たとえ事実の存否が真偽不明であっても、そのことを理由に裁判不能という事態は許されない。そこで、証明責任によって事態の打開をはかることになる。つまり、ある事実の存否が不明な場合に、その事実の存否について当事者が負う不利益を証明責任という。〔例1〕の場合、返還の合意については、債権者（原告）が証明責任を負い、もしこの事実の存否が真偽不明に陥った場合には、返還合意の事実はないものと扱われる。したがって、民法587条が定める要件の一つを充足していないため、原告（債権者）は敗訴することになる。

7 訴訟手続の終了

(1) 判決による終了

(a) どのような場合に判決を下すことができるのか　裁判所は、訴訟が裁判をなすのに熟していると判断したときには、判決を下す（民事訴訟法243条

1項)。判決の言渡しは判決書の原本に基づき（民事訴訟法252条。判決書の記載事項は253条を参照）、言渡しによって効力を生ずる（民事訴訟法250条）。

判決を下す場合、処分権主義に基づき、裁判所は当事者の申立てに拘束される（民事訴訟法246条）。たとえば、原告が土地の所有権確認の訴えを起こしているのに、土地の明渡しを命ずることはできないし、また〔例1〕で原告は200万円の給付を求めているのに、裁判所が500万円の支払を命ずることは許されない。

(b) **判決の種類** 判決は、様々な観点から分類されるが、ここでは訴え却下判決（訴訟判決ともいう）と本案判決という分類を紹介しておく。

まず、訴え却下判決がある。これは、訴訟要件（本案判決を下すための要件。たとえば、当事者が実在すること、当事者適格を有すること、など）を充足していない訴えについて下される判決である。この場合には、原告が敗訴することになる。裁判所は紛争の実体法的判断（これを本案という）を行っていないことから、"門前払い判決"と言われたりするが、これは法律用語ではない。

次に、本案判決がある。これは、訴訟要件を充足している訴えについて、実体法的判断を行った判決である。これには、原告が勝訴する請求認容判決、原告が敗訴する請求棄却判決がある。

〔例1〕で、当事者間で訴訟を起こさないという合意があったにもかかわらず（このような合意を不起訴の合意といい、適法性が認められている）、債権者が訴訟を提起した場合には、訴えは却下される。また、〔例1〕の訴えが訴訟要件を充足している場合には、本案判決が下される。もし、原告の訴えが民法587条の要件を充足していれば請求認容が、充足していなければ請求棄却判決が下される。

(c) **判決の効力** 判決の効力には様々なものがあるが、ここでは確定判決の効力について見ていこう。

判決が確定するとは、通常の不服申立ができなくなることをいう。通常の不服申立ができなくなるとは、たとえば、控訴期間や上告期間内に控訴や上告が提起されなかった場合や（民事訴訟法116条参照）、上訴をしない合意があった場合（これを不上訴の合意という）をいう。

確定判決の効力として、既判力、執行力、そして形成力がある（これらについては、すでに述べているので、ここでは繰り返さない）。また、確定判決が実体法上及ぼす効力として、法律要件的効力がある。これは、短期消滅時効にかかる債権（民法169条から174条参照）であっても、その債権に関する訴訟で

債権者が勝訴した場合には時効期間が10年になるというものである（民法174条の2）。

(2) 当事者の意思による終了

訴訟手続は判決以外にも、当事者の意思によって終了することがある。第1に、訴えの取下げ（民事訴訟法261条）がある。これは、原告が訴えを撤回する意思表示である。取下げが認められると、訴訟は最初から係属していなかったことになる（民事訴訟法262条1項）。第2に、請求の放棄がある（民事訴訟法266条）。これは、原告が、自分の請求に理由がないことを認める陳述である。第3に、請求の認諾がある（民事訴訟法266条）。これは、被告が、原告の請求に理由があることを認める陳述である。第1と異なり、第2および第3では、訴訟手続は消滅しない。また、〔例1〕で被告（債務者）が請求の認諾をすると執行力が認められ、被告の財産に対して強制執行を行うことが可能になる。

8 判決に不服があるとき

(1) 通常の不服申立方法

裁判も人が判断する以上、誤りがないとは限らない。そこで、裁判に対する不服申立制度として上訴が認められている。ここでは、判決に対する不服申立である、控訴と上告を見てみよう。

控訴は、第一審裁判所が下した判決に対する不服申立である。第一審裁判所が簡易裁判所である場合には控訴審裁判所は地方裁判所が行い、また第一審が地方裁判所であるときには高等裁判所（全国に8か所ある）が控訴審手続を行う。控訴期間は判決の送達を受けたときから2週間である（民事訴訟法285条）。不服申立の理由としては、事実認定そして法解釈のいずれも理由とすることができる。控訴を提起した当事者を控訴人、その相手方を被控訴人と呼ぶ。

これに対して、上告審は法律審であるので、法令違反を対象とする。控訴審が地方裁判所であるときには上告審は高等裁判所が、また控訴審が高等裁判所であるときには最高裁判所が上告審となる（民事訴訟法311条）。ただし、上告理由は、高等裁判所に対して行う場合と、最高裁判所に行う場合とで異なる（民事訴訟法312条。なお、318条も参照）。上告理由は上告を提起した当事者を上告人、その相手方を被上告人という。

(2) 特別の不服申立方法

通常の不服申立は、判決が確定するまで行うことができる。確定すると、

たとえ判決に瑕疵があっても是正する手段はなくなる。しかし、判決に重大な瑕疵がある場合にも、その判決をそのまま妥当させて効力を認めるのは著しく正義に反する。そこで、民事訴訟法は、一定の場合には特別の不服申立方法として再審を認めている（民事訴訟法338条1項の各号を参照）。だが、安易に再審を認めると法的安定性を欠くことになるので、再審事由を控訴または上告で主張することができた場合には、再審を申し立てることができないとしている（民事訴訟法338条1項ただし書）。

〈参考文献〉
［比較的簡潔なもの］
- 中野貞一郎『民事裁判入門［第3版］』（有斐閣、2010年）

［詳細なもの］
- 伊藤　眞『民事訴訟法［第3版3訂版］』（有斐閣、2008年）
- 上田徹一郎『民事訴訟法［第6版］』（法学書院、2009年）
- 河野正憲『民事訴訟法』（有斐閣、2009年）
- 新堂幸司『民事訴訟法［第4版］』（弘文堂、2008年）
- 高橋宏志『重点講義民事訴訟法(上)、(下)［補訂第2版］』（有斐閣、2005年・2010年）
- 中野貞一郎ほか編『新民事訴訟法講義［第2版補訂2版］』（有斐閣、2008年）
- 松本博之＝上野泰男『民事訴訟法［第5版］』（弘文堂、2008年）

【芳賀雅顯】

第3部 刑事法

第10章

刑　　法

I　刑法概説

　「刑法」とは、「犯罪」と「刑罰」を定めた法規をいい、狭義の「刑法」（刑法典）と「特別刑法」（軽犯罪法、道路交通法など）から成り立っている。また、狭義の「刑法」（以下、とくに断らない限り「刑法」と表記する）は、第1編「総則」と第2編「罪」から成り立っており、前者は、正当防衛や刑の種類など、個々の犯罪、刑罰に関する一般的事項を規定し[1]、後者は、殺人罪や窃盗罪など、個々の犯罪の「成立要件」と、それに応じて科される「刑種・刑の範囲」（いわゆる「法定刑」）を規定している。

　「刑法学」は、以上のような分類に応じて、「犯罪」の内容を考察する「犯罪論」と「刑罰」の内容を考察する「刑罰論」に分けられ、また犯罪に関する一般的問題を扱う「刑法総論」と犯罪に関する個別的問題を扱う「刑法各論」に分けられる。

　ところで、犯罪がいかなる場合に成立し、それに応じていかなる刑罰を科すべきかという問題はもちろん重要であるし、初学者はこれらの問題を中心に学習することになる。しかし、犯罪に対しては、なぜ刑罰をもって対処しなければならないのであろうか。本章では、この自明にみえるけれども、根源的な問題をまず検討し、この問題を受けて、刑法総論・各論に関する問題をそれぞれ一つ、具体的には「法人の処罰根拠」および「窃盗罪の保護法益」をとり上げることにする。

---

[1]　なお、刑法8条は、他の法令に特別の規定がない限り、刑法の「総則」がその他の法令についても適用されるとする。

1　刑法の目的・機能

　行為者に対して刑事責任を追及し、刑罰を科すという場合、そこでは多大な労力・費用・期間がかかり、また、行為者の自由・財産を剥奪する結果になるのであるから、このような刑事司法の営み自体が正当なものであると根拠付けられなければならない。そのためには、まず、刑法の目的・機能が少なくとも合理的なものであると評価される必要がある。

　一般的に刑法の目的は、「社会秩序の維持」にあって、この目的を達成するために「社会統制機能」をもつと解されている。さらに、当該機能は、第一次的なものとしての「法益保護機能」と、第二次的なものとしての「人権保障機能」に分けて理解されている。すなわち、前者は、国家の任務として、個人の生活利益（個人法益）とその集合体としての社会的利益（社会法益）の保護、およびこれらの利益を維持・促進するための諸機構、装置、制度（国家法益）の保護を挙げる。これに対して、後者は、逆に国家の任務を制限し、ある行為を罰する規定がない限りはその行為を罰することはできないという意味において、国民一般の権利・自由を保障しようとするものである[2]。

　さて、刑法の「法益保護機能」という観点からすると、国家の刑罰権の行使は、行為者を処罰することによって犯罪を予防・阻止し、もって法益の保護をはかることにあると考えられることになる。しかし、ここで考慮されるべきなのは、犯罪行為が、法益侵害・危殆化の惹起と解されることである。つまり、ひとたび犯罪が起きてしまうと、それは常に刑法における「法益保護機能」の失敗・不全性を意味することになる。さらに、法益保護だけでなく、たとえば、「人を殺してはならない」という行為規範を問題としても、殺害行為がなされれば、やはり行為規範が有効に作用しなかったという結果になろう[3]。確かに法益保護それ自体の意義は、立法の局面においては、法益侵害・危殆化事態を犯罪として規定すべきであるという基準を示し、実際に犯罪が生じている局面においては、国家が当該事態に介入し得る根拠を与える点にあると思われる。しかし、犯罪が発生してはじめて刑罰権の発動が認められるという犯罪と刑罰の関係からすると、刑法の果たすべき第一次的機能は、犯罪に対する「事前的対処」ではなく、むしろその「事後的対処」に求められなければならない。他方で、刑法の「法益保護機能」は、法益侵

---

2)　以上につき、曽根威彦『刑法学の基礎』（成文堂、2001年）3頁以下。
3)　以上につき、齋野彦弥「犯罪論体系の構造とその規範理解」『鈴木茂嗣先生古稀祝賀論文集（上巻）』（成文堂、2007年）119頁以下参照。

害性が、国家に対して犯罪に介入し得る根拠とその限界を示すという意味において、「人権保障機能」と裏腹の関係にあるといえる。それゆえ、この2つの機能は、刑法が果たすべき二次的な「事前的対処」機能として整理される必要があろう。

2　刑罰の正当化根拠

以上のように考えた場合、なぜ犯罪に対して刑罰をもって対処すべきかが問題となる。合理的な根拠なしに行為者の権利・自由を奪うことは許されないのであって、刑罰を正当化する根拠が必要なのである。

(1)　予防論

刑罰を科すことによって犯罪の発生を抑止・予防するという考え方を「予防論」という。さらに、「予防論」は、刑罰による威嚇を通じて国民一般が犯罪行為に出ないことを求める「消極的一般予防論」と、処罰される行為者自身が犯罪行為を繰り返さないことを求める「特別予防論」に分けて理解されている。このように予防論は、刑法の「法益保護機能」と結びつき、犯罪の発生を防ぐという点において刑罰の正当化を試みるものである。

しかし、まず、消極的一般予防論についてみてみると、刑罰が、国民一般に対する「予防効果」を実際に有しているのかが問題になる。刑罰が本来的に「予防効果」をもつとすれば、他の社会的・個人的要因にかかわらず、犯罪発生率は一定となるか、漸次減少する傾向を示すはずであるが、実際はそうでない。むしろ、たとえば、完全失業率の上昇・低下と一般刑法犯の認知件数の推移が相関関係にあると推測されるように[4]、犯罪の発生・抑止は様々な社会的・個人的要因に左右されるとみるべきであろう。すると、刑罰の「予防効果」が仮に実証されたとしても、それは他の要因との関係において相対的なものにとどまることになり、立法における法定刑の決定に際しても、実際の裁判における量刑に際しても、刑罰の「予防効果」を第一次的基準として採用することはできないはずである[5]。これに対して、あくまで刑罰の「予防効果」を追求するのであれば、際限のない厳罰化を生み出すことになって、かえって個人の自由や社会の安定を害することになろう[6]。

また、近時は、国民の法秩序に対する信頼や、その規範意識を維持・強化することによって、犯罪抑止をはかることを刑罰の意義と認める「積極的一

---

[4]　『平成18年版 犯罪白書』214頁以下参照。
[5]　さらに、曽根・前掲（注2）47頁参照。
[6]　さらに、松宮孝明「法定刑引き上げと刑罰論」法律時報78巻3号（2006年）8頁参照。

般予防論」が有力に主張されている[7]。この考え方においては、実際に犯罪の抑止をはかることが目的というよりも、刑罰によって「法秩序に対する信頼の回復」ないしは「規範の安定・確証」をはかるという象徴的な意義が前面に出てくることになる[8]。しかし、そのような象徴的・観念的な意義しか刑罰に認めることができないのであれば、その「刑罰」に見合った行為者個人の刑事責任の「重さ」を具体的に量ることが不可能となり、刑事責任と刑罰との質的・量的関係性が失われることになろう[9]。このように、行為者個人の刑事責任と切り離された自己完結型の刑罰制度においては、その妥当性を具体的に検証することができず[10]、かえって刑事司法に対する国民の信頼を失う可能性があると思われる。

　他方で、「特別予防論」は、犯罪者自身を対象とし、刑罰によって犯罪者を教育・改善し、再び社会復帰させることを目標とする。しかし、刑罰にいくら教育・改善プログラムをとり入れたとしても、その効果はいまだに未知数である。また、仮に刑罰における教育・改善効果を認めたとしても、特別予防論を徹底するならば、再犯の危険性のない犯罪者には刑罰を科す意味がなく、逆に再犯の危険性が認められるのであれば、その危険性を除去するまで刑を執行しなければならないはずである。しかし、これは受刑者の地位を著しく不安定なものにするのであって、不当である[11]。具体的に考えても、犯罪者における再犯の危険性には様々な要因があると推測されるのであり、その様々な要因をとり除くよう、刑の執行過程において対応することは不可能に近い。確かに刑の執行過程において教育・改善プログラムをとり入れることは許されるであろうが、それを刑罰の本来的要素とするのではなく、せいぜい両者は並行的な関係にあるか、場合によっては教育・改善プログラムのみを義務付けることも認めるべきであろう。たとえば、アルコール依存症患者による飲酒運転の事例においては、刑罰に比べてより制限的でない治療措置を講じるほうが再犯の防止に効果的であるように思われる。

---

7) 詳しくは、松宮・前掲（注6）9頁以下参照。
8) 松原芳博「国民の意識が生み出す犯罪と刑罰」世界761号（2007年）59頁。
9) 内田幸隆「財産犯における領得概念(1)」奈良法学会雑誌17巻1＝2号（2004年）94頁。
10) 松原芳博「刑事責任の意義と限界」法律時報76巻8号（2004年）8頁。さらに、松原・前掲（注8）59頁参照。
11) 松原・前掲（注10）8頁。

(2) 応報刑論

　刑罰は、過去の悪行に対する当然の報いであるとする考え方を「応報刑論」という。「予防論」が将来における犯罪の抑止という意味で「展望」的な刑罰論であるのに対して、「応報刑論」は「回顧」的な刑罰論と把握することができ、刑法の機能が犯罪に対する「事後的対処」にあるとする見地に親和的であると認められる。そこでは犯罪者を倫理的に非難することによって正義の実現をはかることが求められているのだが、ここでいう「正義」が抽象的・観念的なものに過ぎないのであれば、悪を自動的に罰するという意味において自己完結型の刑罰制度を構築することになり、やはり刑事司法に対する社会の信頼を失うことになろう。それゆえ、「正義」の具体化が問題となろうが、価値観の多様な現代社会においてそれは困難であるとしても、「他者を理由なく害してはならない」という侵害原理については、社会における共通の理解があるとみることができる。しかし、他者危害（法益侵害）の禁止が正当であるといい得ても、直ちにそこから、他者に害悪を加えた者に対して同じく害悪（刑罰）を加えても構わない、とはいい得ない[12]。過去の悪行、つまり法益侵害行為に対して責任を追及し、行為者に対して刑罰を科すためには、そこに抽象的・観念的な意義ではなく、社会におけるすぐれて実践的な意義を見出す必要があるのである。

(3) 事後処理的な観点の必要性

　司法において、紛争の予防・介入・解決が求められるとすれば、このことは刑事司法においても同様に求められていると解される。そこで、刑事司法において、行為者に刑罰を科す必要があるとすれば、それは起きてしまった犯罪という紛争を解決する「事後処理」的な観点に基づくことになる[13]。そして、民事司法において、犯罪による財産的損害の回復が目指されるのであれば、刑事司法においては、それとは異なる役割が与えられる必要がある。犯罪が起きた場合、一般的には、被害者や社会の人々において行為者に対する憤激が生じ、また、なぜ犯罪が起きてしまったのか、その「理由」を知りたいという欲求が生じる。仮にこれらの反応を放置すれば、被害者や社会の人々によって行為者に対する「報復」がなされ、また、その「理由」がわからないことによる「不安」から人々の関係性が失われることになろう。そこ

---

12) さらに、松原・前掲（注10）6頁以下参照。
13) 吉岡一男『刑事制度の基本理念を求めて』（成文堂、1984年）106頁以下参照。

では社会が分断され、あくまでも自力救済・自警活動が最重視される世界が広がるのみである。むしろ、このような世界から脱し、あるいはその出現を阻止し、人々が共生できる社会を築くために法が存在すると解される。そこで、刑法は、法益侵害状態が起きた「理由」の問いかけという実践的な意義から行為者の刑事責任を追及し[14]、行為者を罰することで被害者や社会の人々の憤激を鎮め、事件を終結させることによって「報復」を阻止する機能を担っているのである[15]。そこでは、行為者は、「理由」の問いかけに「応答」する責任が生じ、刑罰によって反省を促され、刑罰を甘受することで自らの反省を象徴させる[16]。これに応じて、被害者や社会の人々は、行為者による「理由」の疎明と刑罰の甘受によって事件終結の「納得」を得ることになる。

ただ、行為者が示す反省は倫理的・宗教的なものとすべきではなく、刑法の「法益保護機能」に照らすのであれば、「法益尊重意識」の覚醒・回復に基礎づけられるものと捉えるべきである[17]。それゆえ、刑罰の量は、行為者が実現した法益侵害・危殆化の量に価値的に相応するものでなければならず、また、たとえば「突然襲われてとっさに反撃してしまった」、「そのような重大な結果が生じるとは予想できなかった」など、行為者が示す「理由」が「許容」される内容をもつのであれば、その内容に応じて刑罰の減免ないしは無罪が認められることになろう。

以上のように、責任追及と処罰の過程は、行為者と被害者・社会の人々の間における法的なコミュニケーションの再構築と把握することができ、また、このコミュニケーションの十分な保障が、当事者同士の立場の互換性を裏づけることになる。当事者がその他方から一方的に排除される関係は、やはり社会の分断を招くことになるのであって不当である。ただし、当事者の生の声を当該過程に直接反映させることには慎重であるべきである。それは、か

---

14) このような応答責任論について、詳しくは、瀧川裕英『責任の意味と制度』（勁草書房、2003年）127頁以下参照。

15) 松原・前掲（注10）7頁は、報復感情充足機能と事件終結機能を強調することが、真の問題解決を阻害することにつながると指摘する。しかし、犯罪報道の弊害や、被害者の救済、犯罪の社会的原因の探求は、刑罰制度において解決されるべき問題とは次元の異なるものであって、むしろそれぞれの問題に応じた枠組みを別々に作ることによって、問題解決の方法の棲み分けを行うべきである。

16) 瀧川・前掲（注14）202頁。

17) 松原・前掲（注10）8頁以下参照。また、行為者個人に「究極の責任」を問うことはできないと指摘する見解として、増田豊「脳科学の成果をめぐる自由意志論争と刑事責任（続）」法律論叢79巻6号（2007年）22頁以下参照。

えって紛争の悪化につながる可能性があり、必ず法的言語・法的手続によって「濾過」される必要がある[18]。もちろん、現代社会において「厳罰化」が主張される点は看過できない[19]。「厳罰化」の主張は、被害者や社会の人々において、現在の刑事司法では事件終結のための十分な「納得」が得られていないことを示唆しているからである。しかし、過度の「厳罰化」は行為者の「反発」を招くことになり、たとえこの者が社会に復帰したとしても社会の不安定要因を作り出すことになりかねない。他方で、過度の「緩刑化」は被害者や社会の人々の「反発」を招き、刑事司法の信頼性を失わせることになろう。結局、当事者全員の納得が得られる刑罰量の均衡点を常に探ることが求められているのである。

II　法人処罰の根拠

　一般的に犯罪の主体は、「自然人」であると解されている。確かに刑法の中で規定されている犯罪、たとえば、殺人罪や窃盗罪といった「自然犯」において処罰の対象となっているのは「自然人」である。これに対して、特別刑法の中で規定されている「法定犯」においては、その違反行為に対して自然人たる行為者を処罰するのと同時に、その者が属する「法人」もまた処罰する両罰規定が設けられている場合がある。たとえば、公害犯罪処罰法（「人の健康に係る公害犯罪の処罰に関する法律」）4条では、「法人の代表者又は法人の……代理人、使用人その他の従業者が、その法人……の業務に関して前二条の罪を犯したときは、行為者を罰するほか、その法人……に対して各本条の罰金刑を科する。」とされている。ここで、そもそも問題となるのは、法人に罪を犯す能力（犯罪能力）があるのかということである。これを否定する論拠として、行為をなすのは自然人であって、法人自体はそもそも行為に出ることはできないという点が挙げられよう。しかし、法人は、社会において実体的に存在するものと扱われており、また、その組織としての活動は、それに属する自然人の分業の総和を超えた効果を生み出すことが時として認

---

[18] この意味で、刑事裁判における被害者参加制度については、さらなる理論的な検討と実践面の検証が必要になると思われる。なお、当該制度と裁判員制度との関係につき、「特集／被害者参加と裁判員裁判」刑事法ジャーナル16号（2009年）30頁以下参照。

[19] 現代社会における「厳罰化」の傾向について、詳しくは、井田良『変革の時代における理論刑法学』（慶應義塾大学出版会、2007年）11頁以下参照。

められる。すると、ある法益侵害・危殆化状態が法人自体の活動によって引き起こされたとみなすことも可能になると思われる。そこでは、法人の活動が法益侵害を惹起したとして、法人自体に刑事責任を追及し、処罰することの意義が問われてくるであろう。

まず、刑罰によって、人間の規範意識に訴え、将来的な犯罪の発生を抑止するという積極的一般予防論の考え方からすると、そもそも法人を刑事責任の追及対象とするのは困難である。法人自体が規範意識を有しているわけではなく、法人はあくまで自然人によって運営されているのであるから、この者に対して刑事責任を追及し、処罰することによって「規範の確証」をはかることで十分と考えられるということである[20]。

また、消極的一般予防論の見地から、法人自体の活動を刑罰によってコントロールするという考え方にも限界がある。当該法人が経済的な利益を上げることを行動基準としている場合、罰金刑を科される期待値が、利益を上げる期待値よりも低いのであれば、当該法人に対する刑罰のコントロールは弱いとみなされ得る。だからといって、際限なく罰金額を上げることは、やはり刑事責任に相応しない処罰を認めることになり、不当である[21]。

特別予防的な見地から、法人を罰することによって、法人における法令遵守体制の確立をはかることも考えられるが、それは間接的な効果にとどまるであろう[22]。当該体制の確立を促す措置は、より制限的ではないが、直接的な内容をもつものを模索すべきである。刑罰の内容として法令遵守体制の確立を命じる立法も構想されようが、それは、犯罪が起きる前であっても行政処分の内容として義務付けられ得るものであるから、刑罰としての制裁という意義を見出せなくなるおそれがある。

応報刑論によった場合、確かに法人を処罰することで何らかの「正義の実現」をはかることは可能かもしれないが、自然人に対する道義的非難に問題があるのと同じく、法人自体を道義的に非難することの意義が改めて問われることになろう。これに対して、法益侵害状態がなぜ引き起こされたのかを事後的に検証するという実践的な観点から、法人に対してその「理由」を問いかけ、その刑事責任を追及することはなお意義を有すると考えられる。法

---

20) たとえば、松宮孝明『刑法総論講義［第4版］』（成文堂、2009年）58頁参照。
21) 髙山佳奈子「法人処罰」ジュリスト1228号（2002年）74頁参照。
22) 伊東研祐「『組織体の刑事責任』論の近時の展開について」『鈴木茂嗣先生古稀祝賀論文集（上巻）』（成文堂、2007年）409頁。

人は、その立場において、自然人の応答責任と同じく、「緊急状態であって他にとり得る手段がなかった」、「当該活動の違法性を想定することができなかった」等の「理由」を疎明することが可能である。その「理由」が許容できないものであれば、法人に対して刑罰が下される。法人はその刑罰を甘受することによって自らの反省を象徴させ、今後は法益を尊重しつつ活動することを証し立てる。このようなプロセスを経て事件は終結し、刑法は、その犯罪に対する「事後的対処」機能を果たすことになると考えられるのである。

III　窃盗罪の保護法益

たとえば、学生Xが大学に通学するために自転車を購入したところ、それがYによって盗まれたとする。もちろんYの当該行為は窃盗罪にあたる（刑法235条）。ところで、後日になってXは、Yがちょうどコンビニの前に停めた当該自転車を発見し、これを自己の家に運び去った場合、Xの当該行為は、他人の占有に係る自己の財物を窃取したとみなされ（刑法242条）、窃盗罪として評価されるのであろうか。ここでは、Xの引き起こした事態が、刑法によって強制的に解決されるべき「紛争」にあたるといえるかが問われている。具体的には、窃盗罪における保護法益とは何かが問題となる。窃盗罪の保護法益を侵害・危殆化したといえなければ、「紛争」が生じたと価値的にみなすことはできない。

窃盗罪の保護法益につき、占有を根拠づける所有権その他の「本権」とする本権説、物に対する「事実上の支配」とする占有説、「平穏な占有」ないしは「合理的理由のある占有」とする中間説といった見解がそれぞれ主張されている[23]。ここでは、刑法上の罪責につき、民事法上の権利関係に従ったうえで論じるべきなのか、それともこれとは独立に論じるべきなのかという観点が出てこよう[24]。

この点につき、本権説は、民事法上保護に値する権利のみが刑法においても保護されるとする。この説によれば、設例において、YはXに対する関係において民事法上保護に値する権利を有していない以上、Xの当該行為は窃盗罪を構成することはない。

次に、占有説は、所有と占有の分離が進んだ現代社会においては、物に対

---

23) 学説の対立状況につき詳しくは、佐伯仁志「窃盗罪の保護法益」刑法の争点（2007年）166頁参照。
24) 伊東研祐『現代社会と刑法各論［第2版］』（成文堂、2002年）188頁以下参照。

する占有それ自体も保護に値するのであり、また、法的な手続を離れて「自力救済」を行うのは原則として禁じられるべきとする。それゆえ、この説によれば、Yが窃盗犯人であったとしても、その占有は刑法上保護に値するのであり、その占有を侵害したXの当該行為は少なくとも窃盗罪の構成要件に該当することになる。後は、例外的に「自力救済」が認められて当該行為の違法性が阻却され得るのかが問題になるのみである。これに対して、中間説は、窃盗犯人の占有は「平穏」なものとはいえないとし（平穏占有説）、あるいは「合理的な理由」が認められないとして（合理的占有説）、Yの占有はXに対する関係において刑法上保護に値しないとする。それゆえ、これらの説によっても、XがYから奪われた自転車を取り戻すことは許容されることになる[25]。

以上から、本権説は民法従属的な立場にあり、占有説は刑法独立的な立場にあると理解できる。すなわち、本権説によると、Xの当該行為が「紛争」の内実であるべき法益侵害を惹起したとは認められない。これに対して、占有説によると、原則的に禁じられている「自力救済」がなされ、一度起きてしまった「紛争」が解決される前に、また新たな「紛争」が引き起こされたとして、Xの刑事責任が追及されることになるのであろう。ただ、刑法の独自性を肯定することは、刑法自らがその介入すべき「紛争」を決めることになってしまう。しかし、それは、刑事司法の自己目的化につながり、不当と思われる。刑法の機能は、あくまですでに生じた「紛争」を解決するための最後の手段を提供することにあり、他の法分野で（設例においては民事法において）権利関係が明らかとされていて、「紛争」となり得ない場合に刑法が介入することは許されないのである。この場合において、原則として「自力救済」を禁じることは、Xに対して民事訴訟を強制することになり、妥当ではないであろう。自己に民事法上の権利があるからといって、必ずそれを民事訴訟において実現すべきとはいえないからである。結局、占有説は、自力救済禁止それ自体を刑法独自の観点から窃盗罪の処罰根拠に取り込む点において疑問があるといえよう[26]。

以上からすると、民事法上保護に値する権利が侵害されてはじめて刑法の

---

[25] 判例は、かつては本権説に立脚していたが、現在では占有説の立場にあるものと見られている（たとえば、最決平成元・7・7刑集43巻7号607頁参照）。この点につき、内田幸隆「財産罪における可罰性の核心」法律時報81巻6号（2009年）59頁以下参照。
[26] 山口厚『問題探究刑法各論』（有斐閣、1999年）105頁以下参照。

介入を認めようとする点において、本権説は基本的に正当であると認めることができる。ただ、設例においては、XとYにおける民事法上の権利関係は明らかであって、そこに刑法が介入することは控えるべきであるといえても、その権利関係が不明確な場合が問題となる。確かに権利関係は不明確ではあるが、占有者に「清算の利益」や「同時履行の抗弁権」が認められる場合には、占有者に民事法上保護に値する利益があると解される。それゆえ、財物を奪取することで当該利益を侵害することは窃盗罪と評価すべきである。しかし、財物の奪取行為時に、その占有には「一応合理的な根拠」しか認められない場合、民事法上保護に値する利益が存在する可能性があることを理由に窃盗罪の成立を肯定することはできるのであろうか。もちろんこの場合に刑法の介入を認め、窃盗罪を成立させることによって、最終的に当事者に対して民事訴訟制度を利用するよう強制することも考えられる[27]。だが、この考え方は、将来的に民事法上において起こり得る「紛争」を予防するために、刑法の介入を認めてしまうことになろう。そこでは、窃盗罪において、財産的利益の保護ではなく、民事訴訟制度それ自体の維持が目指されているのではないかという疑問が生じる[28]。刑法の第一次的な機能が、引き起こされた「紛争」の解決にあることからすると、財物奪取によって、民事法上保護に値する権利・利益に対する侵害・危殆化が生じてはじめて刑法が介入し、窃盗罪の成立が認められると解するべきであろう[29]。

〈参考文献〉(脚注に掲げたもの以外)
[刑法の基礎、責任論・刑罰論について]
- 曽根威彦『刑法の重要問題(総論)[第2版]』(成文堂、2005年)1頁、27頁
- 「特集／刑罰思想の現在と課題」法律時報78巻3号(2006年)
- 「特集／犯罪・非行に対する『責任』の所在」法律時報76巻8号(2004年)

[法人の処罰根拠について]
- 樋口亮介「法人の処罰」刑法の争点(2007年)10頁
- 今井猛嘉「法人処罰」法学教室260号(2002年)73頁
- 川崎友巳「法人の処罰」刑法の争点[第3版](2000年)10頁

27) 以上につき、山口厚『刑法各論[補訂版]』(有斐閣、2005年)191頁。
28) 林幹人『刑法各論[第2版]』(東京大学出版会、2007年)163頁以下。
29) なお、本文のように解し得たとしても、刑事裁判において民事上の権利・利益の存在をいかに認定するかという問題が残る。この点につき、佐伯・前掲(注23)167頁、林・前掲(注28)164頁、内田・前掲(注25)63頁以下参照。

[刑法と民法の関係、窃盗罪の保護法益について]
- 曽根威彦『刑法の重要問題（各論）[第2版]』（成文堂、2006年）121頁
- 山口厚＝井田良＝佐伯仁志『理論刑法学の最前線Ⅱ』（岩波書店、2006年）49頁
- 佐伯仁志＝道垣内弘人『刑法と民法の対話』（有斐閣、2001年）220頁、238頁

【内田幸隆】

第11章

刑事訴訟法

I 刑事手続と民事手続

　ここでは、捜査の段階から、起訴を経て、刑事裁判を行うための刑事手続を規定した刑事訴訟法について、民事手続との比較を行いながら説明する。

1 目的・対象の相違および主体の相違

　両手続の相違は、簡単にいえば次のようにいうことができる。刑事手続が、罪を犯したとして起訴された被告人に刑罰を加えるために必要とされる手続であるのに対して、民事手続は、私人同士の争いを解決するための手続である。

　具体的には、たとえば、XがAの家に泥棒に入り、現金を盗んだという事件が発生した場合に、捜査機関である警察が、XがAの現金を盗んだという証拠を集め、それを検察官が検討して、起訴して処罰するに値すると判断した場合に起訴し、刑事裁判において、捜査段階で集められた証拠に基づいてXが犯人であることを証明し、これに対して被告人および弁護人が反駁し、最終的に裁判所が有罪か無罪かの判決を下し、有罪の場合にはさらに一定の刑罰を言い渡す。そして、検察官あるいは被告人が判決に不服がある場合には、さらに上級の裁判所に上訴する。おおまかにいえば、これが刑事手続である[1]。

　これに対して、民事手続は、争い（紛争）の内容によって3つの類型がある。第1に、たとえば、AがBに貸した金を期限が過ぎても返してくれないので、返してくれと裁判所に訴え出て（「給付の訴え」）、これが認められた場合に、給付判決が下り、裁判所が強制執行を行うことができるようになる。第2に、

---

1) 田宮裕『日本の裁判［第2版］』（弘文堂、平成7年）3頁以下参照。

隣接するAとBの境界争いで、自分の土地をBに勝手に使われたAが土地の所有権の確認を求めて訴える場合もある（「確認の訴え」）。第3に、たとえば、離婚訴訟で、妻が離婚に応じない夫に対して離婚理由があるとして裁判所に訴え出て、裁判所が離婚理由があると認める判決を出した場合に初めて2人は夫婦でなくなる。これを「形成の訴え」と呼ぶ。私人間の争いは、多岐にわたるので、一般にこのような分類がされている[2]。

ところで、このように刑事手続と民事手続の目的や対象が異なることから、誰が裁判の当事者になるかについても、相違が出てくる。民事手続では、私人間の争いであるから、民事裁判における当事者も当然に私人（原告Aと被告B）であるが、刑事手続ではそう簡単ではない。たとえば、前述の例で、A（被害者）と現金を盗んだXが当事者になるのかというと、そうではない。刑事手続における当事者は、検察官と被告人Xである。この検察官は、国家機関であるので、いわば国家を代表している。検察官が、国家を代表して、Aの現金を盗んだXを、裁判所に処罰を求めて訴えるのである（国家訴追主義）。そこでは、被害者であるAはほとんど手続に関与しない。

2　刑事手続における被害者の地位

刑事手続の歴史は、手続から被害者を排除する歴史であったともいわれている。なぜこうなったのか。ここでは、刑事手続における被害者の地位について考えてみよう。歴史的に見ると、ヨーロッパ古代のゲルマン法においては、裁判には刑事と民事の区別はなかった。刑事手続は民事手続と同時に行われた。たとえば、人が殺された場合には、訴えは被害者の氏族が民会と呼ばれる裁判所に金銭を求める形で行われた[3]。しかし、中世においては、民会に代わって、裁判官が原告となり、判決も行う糾問手続が広く行われるようになった[4]。その後の普通ドイツ刑事訴訟においては、刑事訴追はもっぱら国家の役割であった[5]。その後も、被害者は刑事手続への関与から排除され続けた。ドイツでは、現在でも一定の軽微な犯罪については被害者が訴追することができる場合を認めているが、日本では、被害者にこのような権限は認められていない。したがって、被害者は民事事件では犯罪からこうむっ

---

2)　田宮・前掲（注1）64頁。
3)　クラウス・ロクシン〔新矢悦二・吉田宣之訳〕『ドイツ刑事手続法』（第一法規出版、1992年）664頁。
4)　ロクシン・前掲（注3）666頁。
5)　ロクシン・前掲（注3）672頁。

た被害に対する損害賠償を求めて訴えを起こし、当事者（原告）として手続の不可欠の主体となるが、刑事事件では、ごくわずかな関与が認められているにすぎない。たとえば、被害届を出したり、告訴したりすること、検察審査会へ審査の申立てをすること、証人として証言することなどである。最近では、被害者保護の観点から、被害者が刑事手続に参加することを認める立法や法改正も行われているが、必ずしも十分なものとはいえないとされている[6]。

なぜ、被害者が当事者としての地位を国家に奪われたかについては、明らかではないが、おそらく民事事件と異なって、刑事事件では犯罪というものの国家にとってもつ意味が違うからなのではないだろうか。犯罪は国家の秩序維持あるいは存立にとって大きな脅威となるものである。それを放置すると国家の存亡にかかわることになりかねない。このようにもっぱら国家側の事情から国家が訴追・処罰権を握ったと考えられる。そのことは、歴史的にも、絶対主義国家の成立と、そこでの刑法の公法的性格の確認を背景にした糺問主義の全ヨーロッパにおける採用の事情から判断することができる[7]。したがって、私人訴追（被害者訴追）は後退し、それを認める国でも一定の軽微な犯罪に限っているのである。

3 判決の相違

新聞を読んでいると、たまに「刑事無罪、民事有罪」という記事に遭遇する。有罪・無罪判決は刑事事件に限られるが、「民事有罪」とはどういうことなのか。前述したように、同じ事件でも、刑事事件のほかに民事事件となり、加害者は刑事事件で起訴されて被告人になり、民事事件で被害者から損害賠償を提起されて被告となる。裁判は刑事と民事とで別々に行われ、判決も別々に出される。それらが事件の発生や加害者であるかどうかの点について同じ結論になることもあれば、異なった結論になることもある。刑事事件で無罪判決が出た被告人について、同じ事件で民事賠償が認められた、すなわち被告人が加害者であったという判決が出ることもある。これが、俗に

---

[6] 一般に「犯罪被害者保護二法」と呼ばれる「刑事訴訟法及び検察審査会法の一部を改正する法律」と「犯罪被害者等の権利利益の保護を図るための刑事手続に付随する措置に関する法律」が平成12年に成立した。この刑事訴訟法改正によって、被害者の意見陳述制度が採用されたほか、平成19年の刑事訴訟法改正によって、被害者参加制度も採用された。また、後者の法律において、後述する「損害賠償命令」制度（平成19年改正）も新たに採用された。

[7] 団藤重光『新刑事訴訟法綱要［七訂版］』（創文社、昭和42年）6・7頁。

「刑事無罪、民事有罪」と呼ばれる場合である。それでは、このことはどうして起こるのか。

　主たる理由は、事実認定にかかわる。両手続における事実の証明の程度の問題である[8]。刑事事件では、被告人が罪を犯したという事実について、検察官は「合理的な疑いを超えた証明」をすることが必要であり、裁判官はそのような確信をもたなければ有罪判決は出せない。検察官による犯罪事実の証明の結果、その存在に合理的な疑いを抱けば、裁判所は無罪判決を出さなければならないのである。被告人にしてみれば、裁判官に合理的な疑いを抱かせればよいのである。これに対して、民事事件では、事実の認定は、「証拠の優越」あるいは合理的な疑いを超えた程度よりもかなり低い程度で足りるとされている。これが前述の問題に対する答えである。刑事事件では、検察官が合理的な疑いを超えた犯罪事実の証明を果たさない限り、無罪判決が出される。無罪判決には理由を付する必要がないし、まして真犯人が誰であるかという指摘も必要ないので、被害者ないしその遺族には事件の「真相」がわからない。そこで、被害者ないしその遺族が損害賠償を求めて、訴えを提起する。その過程で、被害者がどのようにして被害を受けたのかを知ろうとするのである。

　それでは、なぜ刑事と民事とで証明の程度が異なるのか。それは制裁の内容に関係する。前述のように、民事裁判では原告勝訴の判決が出ると、被告は貸金を返還したり、損害を賠償したりしなければならないが、刑事裁判では、有罪判決が出てそれが確定すると、被告人には一定の刑罰が科される。刑罰には、死刑から始まって自由刑である懲役・禁錮、そして罰金、科料等がある。これ自体被告人にとってかなり過酷な制裁であるのみならず、刑罰に伴ういろいろな不利益も受ける。法的な制約のみならず、事実上社会的な制裁も受ける。たとえば、有罪判決を受けると、勤務していた会社を解雇されることもあるだろうし、社会からの非難を受けることもあろう。住む所も限られ、社会的・家族的交際も遮断され、一家離散という結果さえ生じうる。このような大きな不利益が生じる刑罰の前提となる刑事裁判は慎重でなければならず、誤判があってはならないのである。

---

8) そのほか、証拠使用の制限（証拠能力）の問題もある。刑事裁判においては、一定の理由から、証拠の使用について厳格な制限が設けられている。

4　無罪の推定

欧米の古い法律の諺に、「10人の犯罪者を逃しても、1人の無実の者を罰してはならない」というものがある。これは刑事手続においては大変重要な原則である。犯人や犯罪を憎むあまり、捜査を中心にした刑事手続というものは行きすぎたものになりやすい。しかし、前述したように、刑罰のみならず、刑事手続に巻き込まれることそれ自体が大変過酷な負担を強いられるものである。

「無罪推定の原則」という原則もこれと共通の考えに基づいている。本来この原則は、被告人は有罪判決が出るまでは無罪と推定され、事実認定もそのことを前提にしなければならないという証拠法上の原則であった。しかし、この理念は刑事手続全体を通じてあてはまるものである。捜査の段階から、被疑者を犯人として扱うのではなく、無辜（無実の者）として扱うことによって、慎重な捜査が行われるであろう。したがって、常にこの被疑者・被告人は無実ではないかと反省しながら、手続を進めることこそ刑事手続に携わる者にとってとるべき態度なのである。これは、理念である。したがって、被疑者が明らかに犯人であるという証拠が十分にある場合であっても、この理念はあてはまるのである。

前述の諺や無罪推定の原則が十分に守られてこそ、近代法治国家といえるのである。これはひとつの試金石なのである。

5　付帯私訴

前述のように、同じ事件でも刑事裁判と民事裁判は区別されている。しかし、刑事裁判の場で民事上の損害賠償の訴えを提起することができるという制度もある。これを「付帯私訴」と呼んでいるが、日本でも旧刑事訴訟法においてこの制度が採用されていた。この制度は、被害者が損害を回復するのに一度の手続で済み、手続や経済的負担が軽くなること、刑事裁判での証拠が民事裁判でも使えることから同じ結果が出ることなどのメリットがある。しかし、現行刑事訴訟法ではこの制度は廃止された。理由は必ずしも明らかではないが、2つの手続が同時に行われることから、手続が遅延し、被告人にとってかえって不利益が生じてしまうという点が指摘されている[9]。

ところが、被害者の権利保護という観点から、最近またこの制度の見直し

---

9) 川出敏裕「付帯私訴制度について」廣瀬健二＝多田辰也編『田宮裕博士追悼論集〔下巻〕』（信山社、2003年）287頁。

が行われている。そして、平成19年に法案が国会で可決され、この制度に類似した制度（損害賠償命令制度）が導入されることになった[10]。

6　訴訟構造

　刑事手続と民事手続の目的や対象が異なることは、訴訟構造にも影響する。民事訴訟は、「当事者主義」訴訟構造をとる。当事者、すなわち訴える者（原告）と訴えられる者（被告）が対等の関係で、証拠に基づく主張・立証を行い、その結果を裁判所が判断して、判決を下すという方式である。ここでは、勝訴・敗訴の裁判の結果は、両当事者の能力にかかっているのである。なお、後述のように、刑事手続において、職権主義を採用する大陸法系の国、たとえばドイツでも、民事手続は当事者主義を採用している。

　これに対して、刑事手続では、訴訟の対象となるのが犯罪という国家の関心事であること、国家を代表する検察官と起訴された被告人（私人）の両当事者間には歴然とした能力の差（強大な検察・警察の証拠収集能力や検察の訴訟追行能力など）があることなどの理由から、歴史的・比較法的に見て、大別すると2つの訴訟構造が存在してきた。

　1つが「職権主義」訴訟構造である。これは、本来的には、証拠の収集、手続の開始、裁判の遂行といった刑事手続のすべてを裁判所が行うという裁判の方式である。これはドイツやフランスといった大陸法系の国が採用してきた方式である。犯罪事実の認定や犯人の確定、刑罰の適用などを裁判官・裁判所の公正・中立を信用してそれらにすべて任せるという方式である。ここでは被告人も当事者というより、証拠のひとつにすぎない。

　もう1つは、イギリス・アメリカなどの英米法系の国が採用してきた「当事者主義」訴訟構造である。これは民事手続と同じ訴訟構造を刑事手続においても採用するという方式である。ここでは被告人は検察官と対立する当事者である。もちろん、前述のように、検察官と被告人とは歴然とした能力の

---

[10]「犯罪被害者等の権利利益を図るための刑事手続に付随する措置に関する法律」第5章9条以下に規定がある。この制度によれば、犯罪被害者等は、一定の犯罪（たとえば、故意の犯罪行為により人を死傷させた罪およびその未遂罪、強制わいせつ罪・強姦罪、逮捕・監禁罪、略取・誘拐罪など）を審理する裁判所に対して、その刑事事件を原因とする不法行為に基づく損害賠償命令の申立てをすることができる。刑事事件について有罪の言渡しがあったときは、裁判所は直ちに損害賠償命令の申立てについて審理するが、その期日は4回以内とされている。そこでは最初に刑事事件の訴訟記録の取調べが行われる。裁判所は、4回以内で審理を終わらせることが困難であると認めるときは、事件を終了させ、事件を民事手続に移行させることができる。

差があるから、被告人ができるだけ検察官と対等の地位に立てるような工夫が必要になる。このことは、裁判の場のみならず、それ以前の手続段階である捜査の段階でも保障されなければならない。このため、逮捕・勾留や捜索・差押えといった強制処分の規制、弁護人選任権の保障、黙秘権の保障、証拠収集の規制など多くの制度が採用されている。また、前述のように、検察官は被告人が罪を犯したことを、「合理的な疑いを超える」程度まで立証する負担を負っているのである。

これらの訴訟構造の違いは、それぞれの国の歴史的・社会的な事情や国民性の違いに由来するもので、どちらが正しい方式であるかについては、一概にいうことはできない。どちらの方式も、適正な手続に従って真実を究明することを目的とする裁判を行うのにふさわしいものとして採用され、実施されてきたものなのである。

II 日本の刑事手続

1 日本の刑事手続

日本の刑事手続は、職権主義と当事者主義のどちらの方式を採用してきたか。戦前の旧刑事訴訟法（大正13年施行）は、当時のドイツ刑事訴訟法の影響を強く受けて、職権主義訴訟構造を採用した。しかし、日本での法律の運用の実際は、当時の政治的・社会的状況の影響もあって、多くの人権侵害を伴った。とくに戦時中の人権侵害はひどかった。そこで、戦後、アメリカのGHQの指導のもとに、新しい憲法の理念（とくに憲法31条以下には、他の国の憲法には見られないほどの多くの刑事手続上の権利保障規定が設けられた）に従って、刑事訴訟法が全面的に改正された。そこでは、基本的には、英米法、とくにアメリカ法にならって、当事者主義訴訟構造が採用された。いわば180度の転換である。これほど根本的な全面改革がなされた法律は、他の分野には見られない。ここでも、被告人には、当事者として、国家の代表者である検察官と対等になるように、多くの権利が保障されている。また、被告人の前段階である被疑者（被疑者が起訴されて被告人になる）についても、戦前の人権侵害の経験を踏まえて種々の権利が保障され、捜査における強制処分に対しても司法的抑制が新たに設けられた。かつて捜査は、刑事手続の中でも「暗い谷間」とされ、法的規制が及びにくい分野であるといわれてきた。新憲法およびその精神を受けた現行刑事訴訟法によってはじめてこの暗い谷間にも光が差し出したのである。

しかし、必ずしも刑事訴訟法の規定上、全面的に当事者主義が徹底されたわけではなかった。なお旧刑事訴訟法の残滓ともいうべき制度が残っている。これは、旧刑事訴訟法から現行刑事訴訟法への改正作業がごく短期間に行われたという物理的な理由からだけではなく、職権主義から、それとはまったく異なる当事者主義への全面的な変更に対する抵抗・疑問・違和感の表れともとれる[11]。それにもかかわらず、刑事訴訟法学界では、現行刑事訴訟法をアメリカ法にならって、当事者主義の観点から解釈するという方法が提唱され[12]、通説的な地位を占めた。しかし、実務を見ると、現行刑事訴訟法施行後半世紀以上を経た現在、当事者主義というにはかなり疑わしい運用がなされているといえる（当事者主義の形式化・形骸化）。

2　現行刑事手続の特色
(1)　制度改革

前述のように、戦後、刑事手続の改革が行われたが、一般にその特色は「英米法化」と「当事者主義化」にあったといわれている。そこでいう当事者主義とは、当事者、とくに被告人に当事者としての諸権利を保障し、手続を適正に行わせることも意味する。その重点は、公判段階のみならず、当事者となる前段階である捜査段階における被疑者の権利保障の強化の点にあった。

具体的には、まず、捜査段階において、予審制度が廃止され、捜査の主体が検察から警察に移ったことに伴い、強制処分における「令状主義」が採用されたことである。旧刑事訴訟法では、検察官が捜査の主体であり、警察官はその補助機関であった。強制処分の権限は、原則として予審判事がもっていた。現行刑事訴訟法は、この予審制度を廃止したから、強制処分は裁判官の権限あるいは裁判官のチェックを受けたうえでの捜査機関の権限となった（令状主義の採用）。また、被疑者にとっては、黙秘権や弁護人選任権が保障され、強化された。被疑者と弁護人との自由で秘密の接見交通（面会）も認められるようになった。

---

11)　刑事訴訟の目的である「真実発見」を当事者、とくに被告人・弁護人に任せてしまうことへの疑問・不安があったと思われる。アメリカ法の特徴である「アレインメント制度」を採用しなかったことを、その代表的な例としてあげることができる。アレインメント制度とは、被告人が裁判の場で有罪であることを認めると、証拠調べをせずに直ちに刑の量定手続に入ることを認める制度をいう。ここでは、いわば被告人が自分の意思で事件を左右することができることになる。この制度は、「司法取引」とも結びつけられているので、真実発見や公正の観点から、疑問があげられている。

12)　平野龍一『刑事訴訟法』（有斐閣、昭和33年）。

公訴提起（起訴）の段階においては、検察官が原則的に公訴権を独占する（起訴・不起訴の決定を検察官のみがその裁量によって行う）ので、これに対する濫用防止の目的で、準起訴手続や検察審査会等の権限抑制ないしチェックのための制度が設けられた。

公判段階では、公判中心主義の徹底がはかられた。すなわち、公判での両当事者の活発な弁論にもとづいて、裁判が行われることができるような制度が新たに採用された。すなわち、起訴に際しては、検察官は起訴状しか裁判所に提出できず、証拠は公判での証拠調べのときまで裁判官の目に触れることがなくなった。これによって、「公平な裁判」が保障されたのである。また、「訴因」制度も採用された。訴因とは、「検察官による具体的犯罪事実の主張」であり、訴因のみが起訴状に記載される。そして、これについてだけ裁判所は裁判することができるのである。つまり、裁判所は、検察官が主張する犯罪事実を被告人が犯したかどうかだけを判断すればよいのである。

証拠法については、強制、拷問、脅迫等によって被告人から引き出された自白を証拠として使用することが禁止された（自白法則）。また、自白だけで被告人を有罪にすることもできない（補強法則）。したがって、検察官は被告人を有罪にしたい場合には、自白以外の証拠を裁判に提出しなければならないのである。さらに、伝え聞きや聞き書きも原則的に証拠として使用することができない（伝聞法則）。当事者（とくに被告人・弁護人）の反対尋問でその誤りを正すことができないからである。

そのほか、上級裁判所への不服申立制度である上訴（控訴、上告など）も公判中心主義の徹底などのために改革された。また、再審制度も無実の者の救済の趣旨から、不利益な再審が廃止された。

(2) 制度改革の限界

しかし、このような英米法化・当事者主義化は必ずしも徹底されなかった。たとえば、捜査段階では、長期の逮捕・留置期間（最大72時間）およびそれに続く勾留期間（一般犯罪では延長を含めて最大20日間）とそれを利用した被疑者取調べの承認、警察の留置場（留置施設）を本来の被疑者収容施設に代えることを認める「代用監獄」（代用刑事施設）制度の存置、取調べへの弁護人の立会い許可規定の不備、起訴前保釈制度の不存在、捜査機関による接見指定制度など多くの点があげられる（最近の刑事訴訟法改正で、ようやく被疑者への国選弁護が認められるようになった）。

また、公訴段階では、検察官の広範な起訴・不起訴の裁量権、訴因制度の

採用にもかかわらず温存された公訴事実の観念（公訴事実の観念は、職権主義を基礎とする）などがあげられる。証拠法では、捜査書類を中心とした広範な伝聞法則の例外の承認があげられる。

(3) 制度運用の実態

日本では、このような制度の運用面でも、英米における当事者主義とはかなり異なった状況が認められる。強大な捜査権限を駆使した徹底した捜査、広範な訴追裁量権に基づく起訴・不起訴の徹底選別、そして、その結果としての異常に高率の有罪率（実に99パーセントを超える）、捜査書類中心の実体審理（書面審理主義）である。このような刑事手続の実態は、「精密司法」とよばれている。しかし、それは、実質的に見れば、裁判の結果はすでに検察官の起訴・不起訴選別のときに決定されており、裁判所での裁判はそれを追認するための手続にすぎないという意味で、検察官による裁判すなわち「検察官司法」とも呼ばれている。したがって、裁判は活気を失い、法律専門家同士による流れ作業化してくる。

実際に裁判を傍聴してみると、このことはある程度理解できるであろう。罪状認否では、ほとんどの被告人は起訴事実を認め（否認事件に遭遇することはめったにない）、検察官が取調べ請求する証拠に対して弁護人は同意を与え、検察官が提出する証拠は膨大な捜査書類からなり（証人尋問によることが刑事訴訟法の本来の趣旨であった）、書面の朗読は省略される。証人が出てくるとしても、被告人側の情状証人のみである。証拠調べが済めば、あとは形式的にあらかじめ準備された検察官の論告・求刑と弁護人の最終弁論が読み上げられるだけで、裁判は終了する。通常の事件では、裁判の開始から弁論終了までにせいぜい40分くらいしかかからない。そして、次回に刑が宣告される。

このような状況の中で、平成21年から「裁判員制度」が導入された。裁判官とともに素人である裁判員が裁判に参加するこの制度が、現状を打開するきっかけとなるかどうかは微妙なところであるが、少なくとも素人にもわかる裁判を心がける努力が法律専門家の間に生まれる契機となるであろうと思われる。

〈参考文献〉
- 田宮　裕『日本の裁判［第2版］』（弘文堂、平成7年）――全体について
- 本書「第21章　日本の裁判制度と裁判の実際(2)　刑事裁判」

【山田道郎】

第4部 国際社会と法

第12章

国 際 法

I 国際法の基本的枠組み

1 はじめに

　本章では、まず、国内法秩序と比較しながら、国際法の基本的枠組みについて検討する。次いで、国際社会において妥当する国際法規則が、具体的な問題においてどのように適用されるのかを、近年日本と他国、日本とNGOとの間で大きな問題を引き起こしている捕鯨問題についてみてみることにする。この検討を通じて、国際法が前提とする国際社会とはいかなるものなのか、また、国際法は国際社会の現実の問題をいかにして解決するのかについて、学びとってほしい。

2 国際法の意義：合意規範としての国際法

　国際法とは、主として国家間の関係において適用され、国家を法的に拘束する規則の総体を指す。もっとも現在では、国際組織や個人も国際法上の権利・義務の主体として位置付けている規範もあるが、今日においても、国際法が主として国家関係を規律するものであることに変わりはない。

　国内法が何かを知るためには、六法等の法令集を繙けばよいのに対し、国際法の場合には、どんなサイズの条約集にも掲載されていない法がある。法の存在形式のことを「(形式的) 法源」というが、国際法の主要な法源には、条約と慣習国際法がある。条約が「文書」という形式で存在するのに対し、慣習国際法は、国家間の慣行という、目に見えない「形」で存在するのである。いずれも集権的な立法機関が制定するものではない点は国内法と大きく異なる。

　国際社会においてすべての国家を拘束する国際法を一般国際法という。このような一般国際法は、かつては神の意思による自然法が一般国際法である

と考えられてきたが、19世紀以降、国家実行に基礎をおく慣習国際法という不文法が、自然法にかわって一般国際法として位置付けられるようになってきた。外交官の特権免除等を定める外交関係法、条約の効力・解釈基準等を定める条約法、海洋秩序に関する海洋法などは慣習国際法として成立し、発展してきたものである。

　これに対し、慣習国際法と並んで主要な国際法の法源である、条約は、文書によって締結される国家間の合意である。条約には、国家間の条約のほか、国際組織と国家、国際組織と他の国際組織との間で結ばれる条約もある。第二次世界大戦頃までは、通商・投資、安全保障、犯罪人引渡などについて二国間条約が締結され、国際運河・河川の管理、国際通信などの分野において多数国間条約が締結されてきた。他方、第二次世界大戦後になると、植民地地域の独立による国家数の増加し、また、様々な分野において国家間の相互依存関係が深まり、それまで二国間条約によって規律されてきた分野や、従来は国内問題であるとされてきたために慣習国際法の規律対象外であった、人権や環境などの新たな分野について、一般的な法制度が必要となった結果、数多くの多数国間条約が締結されるようになった。

　第二次世界大戦後は、国際法の定立は、かなり組織的に行われるようになってきた。国連の下で設置された国際法委員会では、慣習国際法の明確化・漸進的発展をはかるための法典化（慣習法規則を条約として成文化すること）作業が開始され、外交関係法、条約法、海洋法などに関する法典化条約がつくられた。また、多数国間条約の数も大幅に増加し、これらのなかには、条約の設置する国際組織や締約国会議などの条約上の機関が、条約採択後の状況の変化に対応するため、様々な規範を定立することを認めているものがある。国際組織の決議は、内部事項に関するものを除き、一般的には勧告的効力しかもたない。しかしながら、民間航空、船舶、保健衛生、気象などの技術的問題について、各専門機関が国際基準の統一をはかるために規則を制定することがある。これらの決議は多数決で採択され、一定期間経過後に加盟国を拘束するが、期間内に異議申立等により自国への適用を拒絶する自由が加盟国には認められている（適用除外（contracting-out）の方式）。

　国際社会では、集権的立法機関が存在しないばかりか、法規則の履行を担保するために強制力を発動する執行機関や、法を解釈適用して判決を強制する司法機関も存在しない。国際社会には集権的執行機関がないため、国家が負う国際法上の義務は、各国の国内法を通じて実施される。国家は、環境条

約や人権条約において定められている環境基準や人権水準を確保するため、新規の立法や既存法令の解釈を通して国際法上義務付けられているレベルを担保しなければならないのである。たとえば、クロマグロの国際取引の規制をめぐって注目された、「絶滅のおそれのある野生動植物の種の国際取引に関する条約」（ワシントン条約）では、絶滅のおそれのきわめて高い動植物種をリスト化し、これらの国際的取引を、原則として禁止している。国際的取引は、大部分は私人・私企業により行われるため、条約の規制を実現するためには、私人の経済活動を規制する必要があるが、これは各国が国内法を通じて行うことになる。日本の場合には、外国為替及び外国貿易法、関税法等を通じて、自国内での条約実施を担保している。このように国家は、自国の国内法を実施するだけでなく、国際法の実施機関としての機能をもはたしているのである。

また、集権的司法機関、すなわち強制管轄権をもつ国際裁判所を前提としえない国際社会では、国家の行為について有権的に合法性を判断する機関が存在しない。オランダ・ハーグの国際司法裁判所といえども、ここで裁判を行うためには、両紛争当事国間の合意がなければならない。たとえば、竹島の領有権問題に関して、韓国と日本との間に見解の相違があるが、日本が国際司法裁判所での紛争解決を主張するのに対して、韓国側は紛争の存在自体を認めず、本問題を裁判所に付託することを望んでいないとされる。一方の紛争当事国が提訴しても、相手国の同意（あらかじめ国際司法裁判所規程36条2項に基づき、裁判所の管轄権を包括的に受諾する強制管轄権受諾宣言を行っている場合には、「同意」があったとみなされる）がなければ、国際司法裁判所としては管轄権がないとして、裁判自体を行えないのである。国内社会では、裁判所が強制管轄権をもっており、紛争当事者による自力救済は禁止されているのに対し、国際社会の場合には、必ずしも自力救済が否定されてこなかったという事実は、このような集権的司法機関の不存在との関係で、理解する必要がある。

II　ケース・スタディ：日本の調査捕鯨とNGOの抗議活動

1　事案の概要

本稿では、2010年2月に起きた海洋生物保護NGO、シー・シェパードのメンバーによる調査捕鯨船侵入事件およびその後の日本政府の対応について検討することにする。

新聞報道等によれば、この事件は、同年1月、南氷洋において調査捕鯨活動に随行する日本の監視船に対し、シー・シェパードの船舶アディ・ギル号（ニュージーランド船籍）が抗議活動を展開中、両船舶が衝突、大破したアディ・ギル号はその後沈没したことに端を発する。約1か月後の同年2月に、アディ・ギル号のニュージーランド人船長は、別の小型船に乗り込んで日本の監視船に接近し、「酪酸（皮膚のただれを引き起こし、強酸性で強い臭気を放つ）」入りのガラス瓶を、筒状の器具を使って複数発射、船上で破裂させた。監視船上では、このため異臭が拡散しただけでなく、ガラス瓶が割れて飛び散った酪酸により、日本人船員1人が1週間程度のけがを負った。数日後、この元アディ・ギル号船長は、「アディ・ギル号について損害賠償の請求をするため」として、水上バイクで再度監視船に接近し、防護ネットを大型ナイフで破り、このナイフを携帯したまま捕鯨船内に侵入した。監視船側が、元船長を船舶内に留め置いたまま、約1か月後の3月に東京湾に帰港したところ、海上保安庁により元船長は艦船侵入罪容疑で逮捕され、その後送検された。これを受けて東京地検はさらに捜査を進め、同年4月、艦船侵入罪のほかに傷害、威力業務妨害（異臭の拡散等により、船員を混乱させて業務を妨害したためとされる）、銃刀法違反、器物損壊の計5つの罪で元船長を起訴した。

2　検討すべき点

国際法の観点からまず問題とされるべき点は、「日本の調査捕鯨活動は違法である」とのNGO側の主張の適否である。日本が行う調査捕鯨について、日本政府側が条約上認められる合法な活動であるとしているのに対して、シー・シェパードは、「脱法的行為」であるとして、その合法性を否定している。このような日本の調査捕鯨に対する否定的評価は、NGOだけでなく反捕鯨を掲げる多くの国も共有するところとなっており、NGOの政治的主張にすぎないとしてすませるわけにはいかないのが現状である。実際、オーストラリア首相は、今後も継続するのであれば、国際司法裁判所への提訴も辞さないという強硬な態度で捕鯨の停止を日本政府に対してせまっている（朝日新聞2010年2月22日朝刊）。以下では、まずそもそも捕鯨活動がどのような法的規制を受けているのか、という点について簡単にみておくことにし、そのうえで調査捕鯨というのはいかなる捕鯨活動を指すのか、なぜ日本の活動について合法性に関して疑義が生じるのかといった点について、検討する。

第二に、NGOの「調査捕鯨」に対する抗議活動を国際法上どのように評価するのか、また、そのような抗議活動に対してどのような法的規制が可能

なのかという点が問題となる。調査捕鯨活動の法的評価とは別に、日本政府がシー・シェパードによる過激な抗議活動に対して必ずしも十分な対応をとれずにいたのはいかなる理由によるのか、さらにこのような抗議活動の再発を防止するためになんらかの措置はとりうるのか、といった点について、考えてみたい。

3 捕鯨は国際法違反か？
(1) 公海自由の原則

伝統的国際法は空間を、国家の管轄権が排他的に及ぶ領域と、いずれの国家の領域主権にも服さない国際公域（公海等）とに区分してきた。海洋に関しては、その後の国際法の進展により、大陸棚制度が慣習法化し、さらに国連海洋法条約により、国家実行を基礎として排他的経済水域制度が創設された。これは、領海の拡張を主張する沿岸国の主張と、航海自由の維持を主張する海洋国との主張とが調整された結果であるとみることができる。すなわち、これらの海域において沿岸国は、国家が自国の領土や領水（内水および領海）について有している領域主権のような包括的な権利はもたないが、他方で、天然資源に対する主権的権利や管轄権という、特定の利用形態に限定された「機能的」権利を国際法上認められることとなったのである。したがって、天然資源の利用に直接関係しない他国の海洋の利用（航行）は、公海と同様に認められることとなり、沿岸国は自国の大陸棚・排他的経済水域内における他国船舶の通航の自由を保障しなければならない。

公海については、慣習国際法上、「公海自由の原則」が認められてきた。同原則には、「公海の利用の自由」という積極的側面と、「公海の領有の禁止」という消極的側面とがある。もっとも、いかなる利用の自由が認められるのか、どういった行動が禁止されるのかといった、具体的内容については、公海自由の原則から必ずしも演繹的に導きだせるものではなく、国家実行の集積により具体的な内容が明確化されてきた。1982年国連海洋法条約も、公海自由の原則について、基本的理念については定義を設けず、自由が認められる利用形態を列挙するにとどまる（同条約87条1項）。すなわち、同条約では、航行、漁獲、海底電線および海底パイプラインの敷設、上空飛行の自由といった、それまで慣習国際法上認められてきた利用形態のほか、さらに人工島その他の施設建設や科学調査についても、公海自由の原則に含まれるものとしたのである。しかし、公海利用の自由は、すべての国家に認められる以上、各国家は、他国による公海利用について、「妥当な考慮を払う義務」

がある（同条約87条2項）。

(2) 捕鯨をとりまく国際環境の変化：資源としての利用から生命の保護へ

鯨類は、古くから世界各地において食料・燃料用として捕獲の対象とされ、19世紀以降は、とりわけ欧米における燃料油・食用油としての需要の高まりをうけて、捕獲量も急激に増大した。19世紀後半には、沿岸捕鯨による資源の枯渇および船舶・捕鯨の技術的発展により、公海自由の原則のもとで南極海等公海上での遠洋捕鯨が活発化していくこととなった。

慣習国際法上、自国領海内において捕鯨を規制する国家といえども、公海上での捕鯨については、旗国として自国船舶を取り締まるしかなく、他国の船舶に規制を及ぼすことはできなかった。そこで、すでに1930年代には、捕鯨国においても、鯨類を生物資源として持続的に利用するため、国際条約により幅広く捕鯨を規制すべきであるとの認識が高まっていった。

こうした捕鯨規制の動きは第二次世界大戦後に本格化し、1946年には国際捕鯨取締条約が採択されるに至った（日本は1951年に加入）。同条約は、前文と本文11条および具体的規則を定める附表からなり、附表は条約と一体をなすものとされ、条約の目的として、その前文において、「鯨族という大きな天然資源を将来の世代のために保護することが世界の諸国の利益であることを認め、捕鯨の歴史が一区域から他の地の区域への濫獲及び一鯨種から他の鯨種への濫獲を示しているためにこれ以上の濫獲からすべての種類の鯨を保護することが緊要であることにかんがみ、」としつつ、「鯨族の適当な保存を図って捕鯨産業の秩序ある発展を可能とする」と規定している。同条約は、各締約国代表をメンバーとする国際捕鯨委員会を設置し、附表の変更を決定する権限を与えた（5条）。附表変更の決定は、委員会の4分の3の特別多数決で行うことができるが、他方でこの決定に不服な締約国には異議申立てにより変更の自国への適用を排除する権利が認められている。

上記に引用した条約前文にあるとおり、当初この条約は、慣習法上認められている公海での捕鯨の自由を捕鯨国みずから制限し、捕鯨活動を国際的な管理のもとにおくことを相互に約束するものであり、鯨類を枯渇させずに持続的に利用していこうとするものであった。しかしながら、1970年代以降、とりわけ1972年の国連人間環境会議を契機とした国際的な環境保護意識の高まりは、国際捕鯨取締条約の締約国の間にも浸透し、反捕鯨の立場をとる国がさらに新たな国を条約に引き入れていった結果として、徐々に締約国の構成も反捕鯨国が多数をしめるようになっていた。1982年には、これら反

捕鯨国の賛成により、国際捕鯨委員会において、附表にいわゆる「商業捕鯨モラトリアム」(10項(e))の規定を盛り込むこと提案が採択された。これは、1990年までに見直しをすることを条件に、商業的目的のための捕鯨を禁止するというものである。これにより締約国は、異議申立てをしない限り、当面商業的捕鯨が禁止されることとなったのである。資源に悪影響を与えない安全な捕獲頭数を算定する計算式（改定管理方式）とこれに基づく捕獲枠遵守のための監視体制について最終的な締約国間の合意がえられないため、モラトリアムは現在も継続している状況にある。

　これに対し日本は、鯨類のなかには資源が回復しているものもあるはずであるとし、この点を明らかにするために科学的調査が必要との立場から、条約8条によって認められている、いわゆる調査捕鯨を1980年代後半より行っている。このような日本の行う調査捕鯨について、反捕鯨国やシー・シェパードは、科学調査としては不十分であるだけでなく、その実質は商業捕鯨に他ならないというところにある。調査に対する内在的批判としては、日本の調査捕鯨が、生態系における鯨類の役割などの掲げた目的について十分解明されていない点、調査方法として致死的方法による必要があるのか、といった点も、各国より批判されている点である。また、調査活動の財源が鯨肉売上に過度に依存しており、研究費と営利追求のために補殺を続けなければならないという構造的問題があるとの批判もなされており、世界的には日本の調査捕鯨への批判はかなり強いものとなっている。

(3) 検　討

　調査捕鯨の合法性については、条約8条は、致死的方法による調査を前提としており、また捕殺した鯨については、同条2項が「実行可能な限り加工し、また、取得金は、許可を与えた政府の発給した指令書に従って処分しなければならない」として、収益を上げることも認められていることから、条文上、ただちに調査捕鯨およびそれら鯨類の補殺を違法とすることは困難であるというほかない。もっとも、「科学的調査」とは何か、という定義の解釈について、形式だけでなく実質的要件を必要とするという理解は成り立ちうる。

　いずれにせよ、調査捕鯨をめぐる問題の背景には、国際捕鯨取締条約をどのような制度として位置付けるのかという、条約の趣旨・目的をめぐる条約締約国間の見解の対立がある。そもそも日本は、商業捕鯨モラトリアムに関して、条約5条が附表の改正について科学的根拠に基づくべきと定めている

にもかかわらず、委員会はなんら科学的根拠のないまま決定をしたとして、その採択に異議を申し立てていただけでなく、そのような捕鯨の全面的禁止は、条約の趣旨・目的に反するという立場をとっている。

国際捕鯨条約自体は条約改正、解釈適用をめぐる締約国間の紛争の処理手続についての規定を欠いており、また国際捕鯨委員会にも明示的には条約の解釈権限を認めていない。そこで問題となるのは、条約機関の立法権限には限界がないのかという点と、条約の解釈は誰がいかにして行いうるのかという点である。

国際捕鯨取締条約は、他の環境条約と同様、委員会の決定の多数決での採択を認めており、全当事国の同意を要件としていないものの、締約国の意思を尊重し、opting-out方式を採用している。生物資源の保全、生物種の保護を含む環境条約においては、規制をまったく受けない国家の存在は、条約の目的達成を妨げるものであり、条約制度としては、すべての関係国を取り込まないことには制度としての存続意義がないからである（この点は、軍備管理とも共通する点である）。現在、捕鯨活動はごく少数の国によってのみ行われ、大多数の国際捕鯨取締条約締約国にとって、条約自体、諸国家間の活動の調整のための規制という意味合いは薄れてきていることも事実である。外的状況の変化に対応するために、条約機関による、締約国の意思に基づかない立法を認めるべきかについて、論者の中には、環境規制においては、環境保護という普遍的目的の達成を重視し、条約機関の意思決定は、政治的な締約国間の合意から正統性を付与されるのでなく、決定内容の実効性によって与えられるとするものもある。この点は、国際法が解決すべき非常に困難な課題である。

他方、あくまでも条約機関の意思決定は国家の合意に基づくべきとするとしても、何をもって国家の意思とすべきかという問題は残る。条約の規範内容の特定は、条約の解釈によってなされることになる。条約解釈とは、条約締約国の意思を探求することにほかならないが、条約の締結からかなりの時間が経過している場合に、国際社会の変化を受けて、条約締約国の意思も、変化しうるものとして、条約規定の「発展的解釈」を認めうるかが問題となる。

条約に関する基本的規則を法典化した条約法条約は条約解釈の規則を定める。これによれば、「条約は、文脈によりかつその趣旨及び目的に照らして与えられる用語の通常の意味に従い、誠実に解釈するものとする」（31条1項）

と規定する。この点、反捕鯨国側は条約前文のうち「鯨族という大きな天然資源を将来の世代のために保護することが世界の諸国の利益であること」を規定している部分を重視する。また、条約法条約は、用語の意味が不明確な場合には、条約締約国による事後の実行を考慮してその解釈を確定することを認めている点、また「当事国の間の関係において適用される国際法の関連規則」を考慮することをも認めている点は、反捕鯨国側の解釈にとって有利に働く要素であるとも考えられる。

　後者の国際法の関連規則（31条3項1(c)）については、いわゆる「予防原則」を本条約の解釈において考慮することの当否が問題となる。予防原則は、科学的知見の欠如により損害発生の危険性が不確実である場合であっても、回復不能な損害の発生を予防するために一定の措置を講ずるべきであるとする考え方で、近年国際環境法の分野で重視されているものである。商業捕鯨モラトリアムや、一定の海域内での捕鯨を禁じる捕鯨禁止海域（サンクチュアリ）の設定は、この予防原則の考え方に基づくものとされる。予防原則を関連規則として考慮すべきかどうかは、この原則を慣習国際法の原則とすることができるかどうかにかかっている。

　予防原則の法的位置付けについては様々な議論があるが、すでに同原則が一般国際法上の原則にまでなっていると確定的にいうことは困難であるし、また、少なくともこれを考慮すべきことが、国際捕鯨取締条約締約国の統一的な見解であるとは言い難いように思われる。

　条約制度の維持のためには、条約制度趣旨に関する「当事国の意思」を、締約国相互の外交的努力によって確立することが望ましい。生態系の保護を含む様々な国際環境規制は、いずれも条約を基礎としてつくられている以上、過度の見解の対立は条約制度の崩壊につながり、一部の国の条約制度からの離脱をもたらす。その結果として、これら離脱国は「条約の第三国」として規制に拘束されないことになってしまう。地球温暖化の問題において、京都議定書が結局うまくいかなかったのは、米国をはじめとする多くの国を締約国としてとりこめなかったためである。また、国際捕鯨取締条約においても、反捕鯨国の強硬な態度は、捕鯨国であるアイスランドが一時条約を離脱するという結果を招いてしまった。条約はあくまでも合意規範であることを前提として、関係国が条約の目的に関する認識を共有していくかが鍵となるであろう。報道によれば、ニュージーランドは、日本がかねてから求めてきた沿岸捕鯨について、これを容認する意思を固めた点は、このような歩み寄りの

動きとして注目に値する。

4 公海上の不法行為をどのように規制すべきか？
：シー・シェパードの抗議活動に対する対応

(1) 国家管轄権

仮に日本の調査捕鯨に問題があるとしても、だからといってシー・シェパードの行っているような、通常の抗議活動の枠を逸脱する暴力行為まで放置されてよいことにはならないであろう。国家としては、同団体の行う暴力行為を阻止する何らかの措置をとる必要があるが、問題は「誰が」「どこで」「どのような」措置をとりうるのかという点である。国家の規制権限にはどのような国際法上の制約がありうるのかが、ここでの問題となる。

国家が人・財産・事実に対して自国の国内法を適用し行使しうる国際法上の権限を国家管轄権という。国家管轄権はその行使態様ないし機能により、立法管轄権・執行管轄権・司法管轄権に区別される。刑事法令を例にとれば、国家は、自国内で生じた様々な法益侵害行為を犯罪化する権利をもち（立法管轄権）、また、国内裁判所は、このような法令を適用し、犯罪行為を行ったものを処罰する権利をもつ（司法管轄権）一方、こうした規制が実効性をもつには、犯罪事件について捜査を行い、容疑者を逮捕する権利（執行管轄権）をもつ必要がある。こうした国家管轄権の行使は、国家が自らの判断に基づき行うものではあるが、これを他国に対して有効なものとして主張できるためには（対抗力）、当該措置が国際法上の基準を満たして行使されなければならない。

慣習国際法上認められている国家管轄権の適用基準には、属地主義、積極的属人主義、保護主義、そして普遍主義がある。国家は、自国の領域（国家領域内）では、原則として排他的な統治権能を有する。これを領域主権という。国家の領域主権の及ぶ範囲である国家領域は、陸（領土）だけではなく、海（領海）、空（領空）からなる。原則として自国領域内の人・財産や自国領域内で生じた事実については、領域主権に基づき管轄権を行使しうる（属地主義）。自国領域外にある人・財産や自国領域外で生じた事実に管轄権を行使する場合の基準には、国籍を基準とする積極的属人主義、自国の重大な利益侵害行為であることを根拠とする保護主義、自国ではなく国際社会の重要な共通利益侵害行為についてすべての国家に管轄権の行使を認める普遍主義などがある。

X国内でA国人がB国人を殺害した場合を例にとると、X国は自国内で

行ったこの殺人という事実に対して自国の国内法（刑事法令）を適用できる。自国の領域主権に基づき、自国領域内の人・財産・事実に国家が自国法令を適用することを属地主義という。ある事件について国家管轄権を行使しうる国家がひとつであるとは限らない。この事案の場合、A国政府も、容疑者の国籍という紐帯を基礎としてA国の刑事法を適用する権限を有する。これを（積極的）属人主義という。このように立法管轄権は、複数国間で競合する場合がある。執行管轄権・司法管轄権の行使をめぐる争いを惹起しうるという消極的側面もあるが、このように管轄権の競合を認めることによって、犯罪者の「逃げ場」をなくし不処罰を回避しうるという積極的側面もある。とりわけ国際テロ犯罪を防止するための条約は、この国家管轄権の競合の積極的側面を重視し、様々な国家に管轄権を配分している。たとえば「民間航空の安全に対する不法な行為の防止に関する条約」（モントリオール条約）は、爆弾設置等による航空犯罪を規制する条約であるが、国際テロ犯罪を規制する他の条約と同様、①規制対象犯罪の特定、②対象犯罪の国内法による厳重な処罰義務、③複数の締約国への管轄権配分を規定する。管轄権について本条約は、属地主義、積極的属人主義のほかに、犯罪が行われた航空機の登録国や使用国などに管轄権を配分している。管轄権配分に関して国際テロ犯罪規制条約は、管轄権の行使を国家の権利として認めるのではなく、そのような管轄権が行使できるように国内法を整備することを義務付けている点、第二に容疑者が自国領域内に所在する国（容疑者の逃亡先）は、管轄権を有する国に容疑者を引き渡すか、引き渡さない場合には自国で刑事手続を開始することを義務付けている（aut dedere aut judicare）点に特徴がある。この第二の点は、要するにすべての締約国に対して、自国が犯罪行為と直接の結びつきがなくとも、たまたま容疑者が所在するということで管轄権行使を認めている。条約締約国間かぎりで認められる「普遍主義」である。

(2) 海洋における国家管轄権の配分

海洋上の人・船舶・財産およびそこで生じる事実に関する国家管轄権は、海洋の各海域（内水、領海、大陸棚、排他的経済水域、公海等）の特性を反映して、海域ごとに異なる。

第二次世界大戦以前の国際法では、海は、国際法上、沿岸国の管轄権行使が認められる領海と、あらゆる国に利用が認められる公海とに区分されていた。公海を航行する船舶への規制は、それぞれの船舶が船籍を登録する旗国が排他的な規制権限を有するものとされた。このような領海と公海からなる

海洋区分とそれぞれの海域における国家の権限・行動を規律してきたのは慣習国際法である。慣習国際法とは不文法であり、国家実行の集積から、いわば自然発生的につくられてきた法規範である。今日でも、前述の属地主義、属人主義などの国家管轄権の適用基準は慣習国際法によって規律されている。第二次世界大戦以降、国家は天然資源への自国による排他的利用を行いうる範囲を拡張するため、大陸棚制度を採用するようになる。当初は、米国の国内法に基づく一方的行為に基づくものでしかなかった大陸棚制度は、他国による同様の制度の採用と米国の措置に対する抗議の欠如や黙認を通じて、慣習国際法上合法な制度となっていたのである。その後、海底資源のみならず、魚など、海洋内（上部水域という）の天然資源についても、他国による乱獲を排除しようと、沿岸国が一定の範囲の海域における漁業を自国船舶にのみ認めるようになっていた。こうした国家実行から、排他的経済水域制度が生まれたのである。したがって、今日では、一国の領海外であっても自由な漁業があらゆる国家に認められるわけではなく、他国の排他的経済水域では沿岸国の規制が及ぶことになる。

　内水・領海において、国家は領域主権を有しており、属地主義の原則が基本的には妥当する。ただし領海では沿岸国は、単に自国領海を通航する船舶に対しては航行の自由を保障しなければならない（無害通航権）。大陸棚・排他的経済水域においては、国家は特定活動を排他的に行う権利が国際法上認められる結果、当該活動に関連する問題を規制する管轄権が認められる。2008年、オーストラリア裁判所は、日本の調査捕鯨船に対してオーストラリアの立法管轄権の存在を認めたが、これは調査捕鯨船が操業を行う海域を自国の排他的経済水域として位置付ける同国の国内法を前提とするものである（Humane Society International Inc v. Kyodo Senpaku Kaisha, Ltd.）。

　他方、公海上では基本的には旗国主義が妥当し、原則として当該船舶の国籍国（旗国）が管轄権を行使する（旗国主義）。船舶内の犯罪行為に対して旗国以外の国が警察権の行使によりその航行を妨害することは許されず、旗国が執行管轄権と司法管轄権を行使する。

慣習国際法上、各国の軍艦は、公海上において犯罪を行った疑いのある船舶に接近し、当該船舶に対して国籍の確認を求めることができる。しかしながら、仮に国籍の確認の求めに対して当該船舶が返答しなかったとしても、当該船舶に強制的に乗船して検査を行うこと（臨検）や、当該船舶を拿捕することは原則として認められない。

旗国が自国船舶に対する規制を実効的に実施しえないか、または実施する意思に欠ける場合に、旗国以外の国が公海秩序の維持および自国の利益の保護の観点からいかなる措置もとりえないのかどうか、仮に何らかの措置がとりうるとした場合にはどのような措置がとりうるのかが問題となる。慣習国際法上も一定の場合には、旗国の利益よりも公海秩序の維持という国際社会の共通利益を重視して、旗国以外の国の関与を認めてきた。すなわち、海賊行為、奴隷取引、無許可放送を公海上で行っているか、または無国籍であるとの疑いのある船舶に対しては、疑うに足る十分な理由がある場合には臨検をすることが認められる。さらに海賊行為の場合には、当該船舶の拿捕や自国裁判所における起訴・処罰が認められる。

慣習国際法上、公海上での臨検が認められる場合として、無国籍船舶の場合がある。シー・シェパードの保有する船舶は、船舶ごとに旗国が異なるため、日本政府は、各旗国に対して船籍を剥奪するよう働きかけを行った。この結果、トーゴは、同国を旗国とするシー・シェパード船舶の船籍を剥奪した。

(3) 公海上でのシー・シェパードの行為に対する立法管轄権の存否

調査捕鯨船に対する暴力行為について自国の国内法を適用することは、どの限度で可能であろうか。慣習国際法により公海上での強制的な措置が禁じられるとしても、強制力の発動を伴わない、旗国以外の国の立法管轄権の行使までもが、ただちに排除されるわけではない。公海上でのフランス船舶とトルコ船舶との衝突事故について、トルコが自国刑法を適用し、フランス船舶乗員を逮捕、処罰したローチュス号事件（1927年）では、公海上の事件にトルコが立法管轄権を行使しうるかが問題となったが、常設国際司法裁判所は、立法管轄権の域外適用の可能性を肯定している。

海上における犯罪行為の場合、その行為の行われた海域および行為態様により、国際法上管轄権行使を認められる国は異なる。仮に暴力行為が、A国の内水や領海内で行われた場合には、A国が属地主義に基づき、自国の国内法を適用して規制することができる。2003年11月、シー・シェパードの一員が地元の捕鯨組織が追い込み漁で捕獲した鯨を囲うため、湾口を仕切っていた網を切断したが、これに対して和歌山県警は威力業務妨害罪（国内犯）にあたるとして容疑者2名を逮捕している。他方、同様の暴力行為が公海上で行われた場合には、上述した旗国主義が壁となる。もっとも、旗国主義が尊重されなければならないのは航行の自由を確保するためであるとするなら

ば、航行の自由が保障される限度において、他国の管轄権行使も認められる余地があることになる。たとえば、執行管轄権や司法管轄権を行使するのではなく、立法管轄権のみを行使することは慣習国際法・条約で禁止されない限り認められることになる。また条約では、公海上における海上航行の安全を妨げる暴力行為を規制する、1988年海上航行不法行為防止条約は、公海上での暴力行為について関係国に管轄権を配分する。

公海上での暴力行為の場合、慣習国際法上、規制権限は、原則的には当該加害船舶の旗国が有する。もっとも、これには重要な例外が認められており、当該行為が海賊にあたる場合には、すべての国に執行管轄権および司法管轄権の行使が認められている（国際海洋法条約101条〜107条、普遍主義）。

(4) 執行管轄権・司法管轄権の行使

もっとも海賊の場合はあくまでも例外であり、海賊行為に該当しないその他の場合、当該国内法が対象とする海上での暴力行為に関して、立法管轄権が国際法上認められるとしても、この法令に基づいて、暴力行為を行う船舶を現場で取り締まることが当然にできるわけではない。たとえば、日本で殺人を行った容疑者がブラジルに逃亡した場合、日本の警察がブラジル国内で容疑者を逮捕することは、ブラジルの主権を侵害するものであり、国際法違反となる。拿捕・逮捕といった現場での実力の行使を行いうる権能、すなわち執行管轄権を他国領域内で行使することは、特別の許容規則がない限り禁止されるのである（ローチュス号事件判決）。

今回のシー・シェパード乗組員の日本国内での逮捕は、こうした執行管轄権に関する国際法上の制限を考慮してなされたものと考えられる。

Ⅲ　おわりに

国際法は合意規範である以上、国家は自らの意思で「法」に服するのであり、原則として望まない「法」に従う必要はないということを前提とする。「合意の自由」が前提となるという意味で、国際法は国家と国民との間の垂直的な関係を前提とする国内法令よりもむしろ、平等な私人間の関係を前提とする契約に近い。こういうと、そんなものが「法」といえるのだろうか、という疑問をもたれるかもしれない。しかし、前提とする社会が異なる以上、それぞれの社会においてその秩序を維持するためのルール設定方式が異なっても不思議はない。異なる価値観を有し、文化的背景も異なる国家間において共通のルールを設定し、それが継続的に守られるには、そのようなルール

が各国家にとって受け入れ可能なものでなければならない。仮に集権的立法機関が存在したとして、そのような機関が各国家に対して強制的に法規則を押し付けたとすれば、そのような法はおそらく破られるであろうし、かえって法としての権威を失わせることになるのである。

　捕鯨問題に関しても、生命倫理や宗教観とは切り離して問題を考えていく必要がある。強制的管轄権をもつ国際裁判所が存在しない、多元的な国際社会にあっては、絶対的に客観的な基準が定立されることのほうがまれであり、客観性とは、あくまでも相互主観性を基礎としたものにほかならないからである。国際社会をみていく際には、この点を肝に銘じておかねばならないであろう。

〈参考文献〉
- 石井　敦「なぜ調査捕鯨論争は繰り返されるのか」世界2008年3月号194-203頁
- 兼原敦子「公海制度の現代的意義」法学教室281号（2004年）16-22頁
- 児矢野マリ「捕鯨問題」城山英明＝山本隆司編『環境と生命』（東京大学出版会、2005年）275-306頁
- 酒井啓亘「アキレ・ラウロ号事件と海上テロ行為の規制」栗林忠男＝杉原高嶺編『海洋法の主要事例とその影響』（有信堂高文社、2007年）128-158頁
- 鈴木亮太郎「捕鯨をめぐる問題——調査捕鯨問題を中心に」ジュリスト1365号（2008年）56-64頁
- 山本草二「沿岸国の執行措置」海洋法・海事法判例研究3号（日本海洋協会、1992年）158-163頁
- 村瀬信也＝奥脇直也編『国家管轄権』（勁草書房、1998年）
- 山本草二『国際法［新版］』（有斐閣、1994年）
- 山本草二『海洋法』（三省堂、1992年）
- 山本草二『国際刑事法』（三省堂、1991年）

【水田周平】

第13章

国際私法

I 国際私法はなぜ必要か

1 生活関係の国際化

こんにち、我々の日常生活は様々な局面で外国との関係を有している。観光旅行、食料品や外国製品の輸入、外国人労働者の雇用、国際結婚などを通じて、外国と関係する私法的生活関係（渉外的私法生活関係）は、意識するにせよ、しないにせよ我々の生活にとって珍しいことではなくなった。では、渉外的私法生活関係について法的紛争が生じた場合、どのような扱いがなされるのであろうか。

〔例1〕日本の商社Aは、B国の商社Cを通じて、D国のE社製の冷凍食品を輸入した。この冷凍食品は、F国とG国で生産された食材をもとにD国で加工されたものであった。日本の消費者Hらは、この製品を食べたところ、食中毒を起こしたため、損害賠償の請求をしたいと考えている。Hらは、外国の会社を相手に訴えるのは不便だと考え、A社を被告にしたいと思っているが可能か。また、損害賠償請求の有無を判断するのはどの国の法によるのか。

〔例2〕日本の大学に通うPは、交換留学制度を使ってQ国の大学に留学した。Pは、そこで知り合ったR国の留学生Sと結婚し、R国の隣のT国で生活をしていた。しかし、文化的背景の相違などから、次第に両者は婚姻生活を続けることが困難になり、ついにSはPのもとを去って行方不明になってしまった。そこで、Pは、日本に戻って離婚訴訟を提起した。

2 世界的な統一私法

このような場合、私法が世界中で統一していれば、いずれの国に訴えても

統一的解決がはかられるので、法的安定性という面では大きなメリットがある。しかし、とりわけ民法や商法といった実体法[1]の規律は、その国の歴史的・文化的背景を色濃く反映しているため、世界的な統一には多くの困難を伴う。部分的ではあるが、統一が達成されている分野として、手形・小切手の分野や船荷証券をあげることができる。

3 法廷地法による処理とフォーラム・ショッピング

世界的な私法の統一が現実問題として望めないとなると、訴えが提起された国の実質法（法廷地法）の適用が考えられる。しかし、このような処理を認めると、当事者は自分に有利な実質法を適用してくれる国を探し出して、その国に訴えを提起することになる。このような事態（法廷地漁り：フォーラム・ショッピングという）を放置していると、同じ事案であっても当事者の活動如何によって法的処理が異なることになるため、法的安定性を著しく欠くことになり、正義にも反する。

4 国際私法

そこで、多くの国では、"ある渉外事件について、いずれの国の法を適用するか"、という形で渉外的私法生活関係に関する規律を設けている。このような規律を、国際私法あるいは抵触法という。国際私法による解決は、法廷地の国内実質法を必ずしも適用するものではなく外国法の適用もあり得るので、フォーラム・ショッピングの回避という点では有用ではある。たしかに、国際私法に関するルールが国際的に統一されていれば、どこで訴えを提起しても同じ法が準拠法として適用されることになる（たとえば、日本は、ハーグ私法会議の「扶養義務の準拠法に関する条約」を批准し、国内法化した「扶養義務の準拠法に関する法律」を制定した）。しかし、国際私法も、多くの場合、国内法的規律によるため（日本の場合、「法の適用に関する通則法」が主要な法源である。以下では、単に条文数だけを表記する）、同一事案についてA国の国際私法が指定する国の法とB国の国際私法が指定する国の法とが異なることがありうる。そうすると、当事者としては自分に有利な準拠法（たとえば、賠償額が高額な国）を指定してくれる国の国際私法を探すことが可能になり、フォーラム・ショッピングを完全に回避するには至っていない。〔例1〕については18条、〔例2〕については27条を参照。

---

[1] 民法や商法などの実体法は、国際私法（抵触法）との関係では、実質法と呼ばれる。また、国際私法を通じて決定される法を準拠法（または準拠実質法）という。

Ⅱ　国際私法と国際裁判管轄の関係

　先に述べたように、現時点では、渉外民事事件が発生した場合には国際私法による解決が多く採用されている。しかし、国際私法は国内法によって規律されているため、国によってその内容が異なる。また、国際裁判管轄に関するルールも、ほとんどが国内法によって規律されている。

　そこで、ある渉外民事事件が発生したときには、多くの場合、次のような順序で判断がなされる。①まず、訴えが提起された地（法廷地）が国際裁判管轄を有するか否かが検討され、②これが肯定されると法廷地の国際私法によって準拠法が決定される。そして、この準拠法を適用して、原告の請求の当否が判断されることになる。

　なお、国際裁判管轄と区別すべきものとして裁判権の問題がある。後者は、国際法上の主権免除の問題である。かつて、国家は相互に対等な関係にあるため、ある国が他の国を裁判にかけるということは一般的に許されないと考えられていた（絶対免除主義）。たしかに、国家の活動が国の治安や国防といった主権活動に限定されていた時代には、この考えは適していた。しかし、国家の活動が商業分野にまで及ぶようになってくると、この考えは合理性を失う。たとえば、売買契約をめぐる紛争で、取引相手が外国の私企業である場合には訴えることができるが、相手が国営企業では裁判権が及ばないとなると、取引安全の見地からは問題がある。そこで、こんにちでは、私法的・業務管理的行為と公法的・主権的行為に分けて、後者についてのみ外国国家などは裁判権から免除されとする考えが国際的な傾向となった（制限免除主義）。最近になって、最高裁は制限免除主義の立場をとることを明らかにし（最判平成18・7・21民集60巻6号2542頁）、「外国等に対する我が国の民事裁判権に関する法律」（平成21年法律第24号）が2009年に成立した。

　そこで、次に、どのような場合に日本の国際裁判管轄が認められるか、その上で、国際私法による準拠法決定のルールについて見てみよう。

Ⅲ　国際裁判管轄

1　国際裁判管轄の決定基準

　わが国の国際裁判管轄に関するルールについては、様々な議論があるが、現在では次のような理解が有力である。すなわち、まず、わが国には国際裁判管轄について直接規律する規定はなく、民事訴訟法4条以下が定める国内

土地管轄規定は国内事件を規定しているにすぎない。そこで、解釈によって国際裁判管轄を判断することになるが、その際、民事訴訟法の国内土地管轄規定が有用な基準を提供してくれるので、その基準に照らして当該事件が日本に国際裁判管轄を有するか否かを判断する。しかし、本来、国内事件を対象にして設けられた管轄規定をそのまま渉外事件に適用すると、事案に適切に対処することができなくなるおそれがある。そこで、国内土地管轄規定によれば日本に管轄原因があるときでも、当事者間の公平を欠くなどの日本の国際裁判管轄を否定すべき「特段の事情」がある場合には、日本の国際裁判管轄が否定される。これを特段の事情ルールといい、こんにちでは、最高裁判所もこの考え方を支持している（最判平成9・11・11民集51巻10号4055頁）。なお、現在、国際裁判管轄に関する立法作業が進行中である。

2 説例の場合

〔例1〕の場合、製造物責任訴訟に関する国際裁判管轄が問題になる。製造物責任訴訟に関する土地管轄規定は国内民事訴訟法にはない。そこで、不法行為に関する規定を参考にして、「不法行為地」に管轄が認められる（参照、民事訴訟法5条9号）。不法行為地としては、被害者の便宜などを考慮して、加害行為地と結果発生地の双方に管轄が認められる（東京地（中）判昭和59・3・27判時1113号26頁）。これを遍在理論という。しかし、たとえば、事件をめぐる証拠が日本と国交のない外国に集中しているため、日本に証拠を取り寄せることが困難な場合には、日本の法廷で事件を審理することに重大な支障が生ずるため、日本の国際裁判管轄を否定する「特段の事情」があるとされる場合がある。たとえば、ボーイング社製の航空機を購入した台湾の遠東航空が墜落した事件で、日本の遺族は、製造物責任に基づく損害賠償請求訴訟を日本で起こしたが、裁判所は日本と台湾に国交がないため証拠収集ができないことを理由に、日本の国際裁判管轄を否定する特段の事情があるとして訴えを却下した（東京地（中）判昭和61・6・20判時1196号87頁）。

〔例2〕の離婚の国際裁判管轄については、最高裁が昭和39年に次のようなルールを示している（最判昭和39・3・25民集18巻3号486頁、最判昭和39・4・9家裁月報16巻8号78頁）。つまり、被告の住所地を原則としながら、原告が遺棄された場合、被告が行方不明の場合その他これに準ずる場合には、被告の住所地が日本にない場合でも、日本に国際裁判管轄が認められる。

日本に国際裁判管轄が認められれば、日本の国際私法規定（法の適用に関する通則法）によって当該事件に適用される法（準拠法）が決定される。他方、

日本に国際裁判管轄が認められなければ、訴えは却下され手続は終了する。では、どのようにして準拠法が決定されるのか、そのプロセスを次に見ていくことにしよう。

IV　国際私法

1　法律関係の性質決定

準拠法決定に関する、法の適用に関する通則法をみてみると、多くの場合、「○○については△△の法を適用する」という規定をしている。たとえば、13条1項は、「……動産又は不動産に関する物権……は、その目的物の所在地法による」と規定している。ここで、○○の部分（動産又は不動産に関する物権）を単位法律関係といい、また、△△の部分（目的物の所在地）は連結点（または連結素）という。

法律関係の性質決定は、この単位法律関係と関わりをもつ。つまり、ある具体的事件がどの単位法律関係に属するのか（換言すると、どの条文の適用を受けるのか）、そのふるい分けを行う作業が法律関係の性質決定である。しかし、この問題は、古くから議論がある。たとえば、所有権の移転は物権の問題なのか債権の問題なのか、消滅時効は実体法上の権利の消滅なのか手続の利用制限に関する問題なのか、国によってその位置付けは異なる。この問題について、仮に法廷地実質法（訴えが提起された地の民法や商法）で用いられている概念によって判断するとなると、法廷地ごとに判断が分かれることになり、法廷地漁りを助長することになる。そこで、現在では、法廷地の実質法上の法的概念から切り離して、国際私法独自の立場から概念決定する立場が有力である。

このように、法律関係の性質決定の問題は準拠法の決定を左右するため、国際私法では重要な役割を果たす。たとえば、ある問題が物権の問題なのか債権の問題なのかは、A国法の適用を受けるのかB国法の適用を受けるのかと形で差違をもたらす。そして、準拠法が異なるということは、要件・効果が異なるため、訴訟の結論に差をもたらす[2]。

---

[2]　ただし、法律関係の性質決定は国内事件でも法適用の際に行われている。たとえば、貸金返還請求訴訟で、不法行為（民法709条）ではなく消費貸借（民法587条）の規定を適用するのは、当該事件に適用される条文が対象としている概念の適用範囲について確定作業を経ていることになる。ただ、国際私法の場合には、準拠法そのものが異なる可能性があることから、事案の処理に大きな影響を及ぼすことになる。

2　連結点の確定

ある事件が法律関係の性質決定によって、単位法律関係に振り分けられた場合、次のステップとして連結点を確定する作業に移る。この連結点は、多くの場合、事実概念である。たとえば、物権の準拠法では"目的物の所在地"(13条)、一般不法行為の準拠法では"結果発生地"(17条)、といった場所の法が適用される。

ただし、たとえば、婚姻（24条～26条）、離婚（27条）、相続（36条）など、当事者の本国法（国籍を有する国の法）を適用すべき場合には問題が生ずる。つまり、国籍付与の要件が国によって異なるので、当事者が複数の国籍を有する場合、あるいは無国籍の場合、いずれの国籍を有する国の法を適用すべきか決定が困難になる。このような場合について、38条は、重国籍の場合にはいずれかに常居所地があればその地の法を適用することを基本とし、また、無国籍の場合には常居所地法の適用を基本としている。

3　準拠法の決定

このように国際私法は、単位法律関係ごとに連結点を定めて、準拠法を決定するという作業を行う。この場面では、いずれの国の法を適用するかというレベルの問題を扱うにとどまる。ここでは、準拠法の決定に際して結論的な課題となる、2つのテーマについて見ておこう。

(1)　場所的不統一法国

わが国は一つの国家が一つの法体系を有しているが、外国にはこれと異なる法制度を有している国も少なくない。たとえば、米国では、連邦と州の法制度が並立している（他に、オーストラリア、カナダ、スイス、英国など）。そこで、不法行為地法の適用が問題となり、米国の特定の地域が不法行為地と判断されたときに、米国全体が指定されただけにすぎないとして、具体的にどの州法が適用されるかは米国の国内の抵触法ルール（準国際私法）によって判断するという立場も考えられる。しかし、わが国の通説は、日本の国際私法規定が特定の場所を最も適切な場所を選択した以上、その地域の法が直接指定されたものとして扱うべきであるとしている。

(2)　反　致

ある渉外事案について法廷地国際私法によると外国法が指定されるが、当該外国の国際私法によると法廷地法が適用される場合に、内国法を適用するのが（狭義の）反致という制度である。国際私法の規定も多くは国内法として立法されていることから、国によって準拠法指定の連結政策が異なる。そ

こで、反致を認めることで、関係国間の国際私法規定の抵触を解消できるという考えもある。しかし、本来、法廷地の国際私法が最も適切と考えた準拠法指定のルールを、外国の国際私法規定を根拠に変更するというのは、一貫性がない。そこで、有力説は、反致を定める41条の規定を限定的に捉えようとする。つまり、当事者の本国法が適用される場合に、当該本国の国際私法が日本法を指定しているときには、日本法によると解している。

4　準拠法の適用

準拠法が決定されると、法廷地の裁判所は、その準拠法が定める要件そして効果に照らして当事者の紛争を最終的に解決することになる。準拠法の適用に際しては、幾つか問題がある。ここでは、外国法の内容が不明の場合と、外国法の適用が否定される場合の2つについて見ていくことにする。

(1) 外国法が不明の場合

法廷地の裁判官にとって、準拠法となった外国法の内容が不明の場合、どのように扱うか問題になる。この場合、当該外国法の母法となった国の法や法体系の類似する国の法を参考にして解決する近似国法説や、条理に従って解決する条理説などが有力に主張されている。

なお、外国法が不明の場合と区別すべきものとして、外国法の欠缺がある。後者は、当該問題について外国法がそもそも規定をおいていない場合を指し、これは外国法の解釈問題に帰結する。

(2) 外国法の適用が否定される場合——公序

国際私法は、外国法と内国法が等価値であることを前提として、準拠法を適用する。いわば、価値中立的な規範であるといえる。しかし、各国の実質法は歴史的・文化的・宗教的な背景と密接な関係を有しており、具体的事案に外国法を適用することが内国の法秩序にとって混乱をもたらす場合もあり得る（たとえば、一夫多妻婚を認める外国法、離婚を認めない外国法の適用など）。他方で、日本の強行法規に反する外国法の適用を一切認めないとすると、外国の物権法や婚姻に関する規定を適用する余地はなくなってしまいかねない。それでは、内外国法を等価値として適用する国際私法的解決方法そのものに反することになる。そこで、外国法を具体的事案に適用した結果、日本の公序に反することが明白な場合であって、事案が日本と密接な関係がある（内国牽連性が認められる）場合には、公序を適用して外国法の適用が排除されることとされた（42条）。公序が適用された場合、適用すべき準拠法がなくなるわけではなく、内国法が適用されるというのが通説の理解である。

5　説例の場合

まず、〔例1〕については、18条の規定が適用される。同条によると、生産業者には流通業者も含まれるため、A社を相手に訴えることが可能である。また、被害者が生産物の引渡を受けた地の法が適用されるため、日本法が適用される。

次に、〔例2〕については、27条により、次のような扱いになる。まず、①夫婦の一方が日本に常居所を有する日本人である場合には、日本法が適用されるが（27条ただし書）、それ以外の場合には25条により、②夫婦の共通本国法、③夫婦の共通常居所地法、④夫婦に最も密接な関連を有する国の法（最密接関連国法）の順番で適用される。これを段階的適用という。この場合、Pは訴え提起時に日本に帰国しており、日本の常居所を有する日本人ということができる。しかし、夫婦生活にとって最も密接な関係を有する国は、T国といえ、T国法の適用の可否が問題になる（この点については、後掲、澤木＝道垣内・124頁も参照）。

6　説例以外の場合

(1)　契　約

契約の成立および効力については、当事者が準拠法を選択することができる（7条。当事者自治の原則という）。また、契約の方式については、契約の成立の準拠法または行為地法のいずれかに適合していればよい（10条）。

(2)　消費者契約・労働契約

消費者契約や労働契約のように、非対等当事者型の契約について当事者自治を認めると、交渉力に優る一方当事者に有利な準拠法選択が可能となり、妥当でない。そこで、消費者契約については、消費者の常居所地法の強行法規の適用を排除することができないとしている（11条）。また、労働契約については、労務給付地法の適用が中心となる（12条）。

(3)　物　権

物権については、動産・不動産の区別なく、目的物の所在地法が適用される（13条）。

(4)　不法行為

一般の不法行為については、原則として結果発生地の法が適用される。ただし、結果発生地での結果発生が加害者にとって通常予見することができないものであった場合には、加害行為地国の法が適用される（17条）。このようにして、被害者の保護と加害者の予見可能性の調和をはかっている。

名誉棄損については、被害者の常居所地法の適用が定められている（19条）。これは、名誉毀損の場合には17条による結果発生地を具体的に確定することが容易ではないこと、また被害者の社会的信用はその者の常居所地で最も侵害されていると考えられることによる。

(5) 婚　姻

婚姻をめぐっては、成立に関しては各当事者の本国法、方式については挙行地法によるのが原則である（24条1項・2項）。また、効力については、①共通本国法、②共通常居所地法、③最密接関連法の段階的適用になる（25条）。

(6) 親子関係

嫡出親子関係の成立については、子供が出生した当時において、夫婦のいずれかの本国法により嫡出と認められる国の法が適用される（28条）。これは、嫡出となる機会を増やすためである。

非嫡出親子関係の成立については、まず、子の出生時の非嫡出親子関係については、父子関係については父の本国法が、母子関係については母の本国法が適用される。これに対し、認知がなされたことによる非嫡出親子関係の成立については、父子関係については父の、母子関係については母の、認知時の本国法または認知時の子の本国法による（29条）。

準正（非嫡出子から嫡出子になること）の成立については、準正の要件が充足した当時の、父もしくは母の本国法または子の本国法による（30条1項）。

養親子関係の成立は、縁組当時の養親の本国法による（31条）。これは、養親が生活の中心となることによる。

上記4タイプの親子関係の法律関係が成立した場合、その法律関係は、父または母の本国法と子の本国法が共通の場合には、その共通本国法が適用される。それがないときには、子の常居所地法が適用される（32条）。

(7) 相　続

相続は、被相続人の本国法による（36条）。

(8) 遺　言

遺言の成立・効力については、遺言成立時の遺言者の本国法による（37条）。しかし、遺言の方式については、「遺言の方式の準拠法に関する法律」による。

〈参考文献〉
- 石黒一憲『国際私法［第2版］』(新世社、2007年)
- 神前禎＝早川吉尚＝元永和彦『国際私法［第2版］』(有斐閣、2006年)

- 木棚照一『国際取引法［第 2 版］』（成文堂、2009 年）
- 木棚照一＝松岡博＝渡辺惺之『国際私法概論［第 5 版］』（有斐閣、2007 年）
- 小林秀之＝村上正子『国際民事訴訟法』（弘文堂、2009 年）
- 櫻田嘉章『国際私法［第 5 版］』（有斐閣、2006 年）
- 澤木敬郎＝道垣内正人『国際私法入門［第 6 版］』（有斐閣、2006 年）
- 本間靖規＝中野俊一郎＝酒井一『国際民事手続法』（有斐閣、2005 年）
- 松岡博編『国際関係私法入門［第 2 版］』（有斐閣、2009 年）

【芳賀雅顯】

第5部 市民生活・経済社会と法 II

第14章

消費者法

I　はじめに

　市場経済のもとで消費者——生産・流通の末端で生活必需物資を生活のためにのみ購入する経済主体——は、商品・サービスを特定の企業との契約により入手する。この契約において消費者は商品・サービスをもっぱら当該企業の提供する情報に基づいて購入することになる。この場合、当該企業において不当表示が行われたり、価格協定や再販売価格維持行為が行われている場合、消費者は誤った情報に基づいて、また当該企業の一方的に定めた価格で購入することを強いられる。ここでは、消費者が対等かつ独立の経済主体として当該契約を行うという契機は失われている。そこで、消費者の対企業取引における独立・対等性を回復するための様々な法的措置が要請されることになる。その中には、企業の一定の行為により消費者が誤認し、または困惑した場合について契約の申込みまたはその承諾の意思表示を取り消すことができるようにすることも含まれる。立法者は、今日まで一連の「消費者の権利」ないし消費者の地位に係る法制を整備してきた。以下では、日本における消費者の地位、消費者法の編成と運用体制を考察する。

II　日本における消費者の地位

　日本において「消費者の権利」ということが意識されるようになったのは1960年代になってからである。もちろん大正時代において、悪徳商人による米の買占めに端を発する米騒動や、第二次大戦終結後の経済・社会の混乱期において、生活必需物資の欠乏に端を発する消費者運動の萌芽もあった。しかし1960年代においては、高度経済成長に伴う様々な歪みの一端として、発がん性のある食品添加物や様々な薬害を引き起こす医薬品による被害が発

生し、消費者のこれらに対する不安やおそれが増大し、また食品の内容に関する不当表示や人の射幸心につけこんだ過大な景品提供などが行われるところとなった。政府においても、これらを看過することなく、食品の安全性の確保や不当表示の防止に取り組むことが求められることとなった。

　このため、1968（昭和43）年に至り、「消費者保護基本法」が制定されることとなった。同法は、(1)安全に係る消費者被害の防止、適正な表示の実現、公正で自由な競争の促進、消費者啓発などに国と地方公共団体が責任を負うこと、(2)国は、これらのために必要な法整備を行い、また財政的措置を講ずること、(3)企業は、被害の防止や適正な表示の実現のために必要な国・地方自治体との協力を行うこと、などが定められた。

　ところで、1962年には、アメリカのケネディ大統領が消費者の4つの基本的権利ということを議会への一般教書で述べていた。すなわち、(1)安全に生活する権利、(2)選択する権利、(3)知らされる権利、(4)苦情を聞いてもらう権利である。「消費者保護基本法」は、このケネディ大統領の権利宣言に影響を受けて制定されたものである。しかし同法は、国・地方公共団体、企業の「責任」を定めているとはいえ、消費者の権利について規定することはなく、消費者の「役割」、すなわち、消費生活の安定と向上のために自発的、合理的に行動することを定めるにとどまっていた（同法5条参照）。また、そもそも同法は「基本法」であって、消費者保護に係る政策体系を宣言するだけであり、同法により消費者の権利・義務関係が直接に規律されるものでもなかった。

　1970年代になると、いわゆる「石油危機」が到来し、様々な商品・役務の価格が急騰した。企業においては、買占め、売り惜しみ、価格カルテルが多発した。消費者は、企業が市場価格を支配している現実に直面し、また自らに関わって消費者の権利が確立されていないことを明白に意識するようになった。このとき、消費者の権利の確立を求める広範な消費者運動が起こったが、これに応えたのは地方自治体であり、多くの自治体において消費者条例が制定されることとなった。たとえば東京都においては、1975（昭和50）年に同条例が制定され、(1)生命と健康を侵害されない権利、(2)適正な表示を行わせる権利、(3)不当な取引条件を強制されない権利、(4)被害から公正かつ迅速に救済される権利、(5)必要な情報を迅速に提供される権利が規定され、東京都においてはこれらの権利の実現のための諸措置を講ずることが規定された。

なお、国において消費者の権利を規定し、その被害の未然防止、被害からの迅速な救済についての法整備がなされたのはようやく2004（平成16）年に至ってのことである。この年、消費者保護基本法は「消費者基本法」（法律第70号）と改題され、あらたに「消費者の権利」について、「消費者の安全が確保され、商品及び役務について消費者の自主的かつ合理的な選択の機会が確保され、消費者に対し必要な情報及び教育の機会が提供され、消費者の意見が消費者政策に反映され、並びに消費者に被害が生じた場合には適切かつ迅速に救済されることが消費者の権利である」と定められた（同法2条〔基本理念〕）。同法において「消費者の権利を尊重する」ことは国および地方公共団体の責務であると定められ（同法3条、4条）、「事業者の責務」も次のように定められた（同法5条）。

「1　事業者は、第2条の消費者の権利の尊重及びその自立の支援その他の基本理念にかんがみ、その供給する商品及び役務について、次に掲げる責務を有する。
　　一　消費者の安全及び消費者との取引における公正を確保すること。
　　二　消費者に対し必要な情報を明確かつ平易に提供すること。
　　三　消費者との取引に際して、消費者の知識、経験及び財産の状況等に配慮すること。
　　四　消費者との間に生じた苦情を適切かつ迅速に処理するために必要な体制の整備等に努め、当該苦情を適切に処理すること。
　　五　国又は地方公共団体が実施する消費者政策に協力すること。
　2　事業者は、その供給する商品及び役務に関し環境の保全に配慮するとともに、当該商品及び役務について品質等を向上させ、その事業活動に関し自らが遵守すべき基準を作成すること等により消費者の信頼を確保するよう努めなければならない」。

ところで、1970年代から2000年にかけての期間で、わが国の消費者の権利の確立にかかわって特筆されるべきは1980年代から90年代における日本の貿易黒字を背景とする日米・日欧貿易摩擦とそれらに対する対応である。とくに1989年から90年に行われた日米構造協議（SII, Structural Impediments Initiative）では、消費者の利益の確保を最終目標とした主として日本の経済構造の改革が求められ、消費者は単に保護の対象ではなく、消費者・政府・企業の三者間合意において他の2者と対等な地位を占めるものであること、企業は消費者の権利の実現を通じて利益を得るものであり、消費者の利益は企業の利益に優越するものであること、これらのことを日本政府において理

解することが合意された。これは、輸出主導型の経済運営を明治時代以来続けてきた日本の政府と産業界にとっては、その基本的姿勢を変換する、初めての画期的な国際的合意であった。

こうして、2004年の消費者基本法、2009年の消費者庁の設立に到達するまでの道のりには、1970年代の石油危機、1980年代から90年代の日米構造協議など、長い経緯があったことが理解されよう。

しかしながら翻ってみれば、日本において「消費者の権利」が法的に規定されたのは1947（昭和22）年に制定された独禁法を嚆矢とするともいえる。同法は1条において「私的独占、不当な取引制限及び不公正な取引方法を禁止し、事業支配力の過度の集中を防止することにより」(i)「公正且つ自由な競争を促進し」、(ii)「以て、一般消費者の利益を確保するとともに、国民経済の民主的で健全な発達を促進すること」を目的とすると定め、競争の促進により一般消費者の利益を確保するという法理念を打ち出している。このような法理念は、明治維新後の近代日本の法律において初めて打ち出されたものであった。このような法理念は、1968年の消費者保護基本法で「公正自由な競争の促進」が国の責務として規定され、同法の2004年改正法（法律名は「消費者基本法」と改題）では「消費者の権利」との関係で再整理されたこと（同法2条（基本理念）で「……商品及び役務について消費者の自主的かつ合理的な選択の機会が確保され……」と規定）は、日本の市場経済が、競争制限行為に頼ることなく、「公正かつ自由な競争の促進」を理念とする市場経済として成長していることを示すものであろう[1]。

III　消費者法の編成と運用体制

1　消費者法の編成

消費者法の編成については、対象領域を消費者の権利との関係で整理し、かつ実体法と手続法に区分して理解することが、さしあたり必要であろう。

---

[1]　消費者基本法16条は以下のように規定する。「1　国は、商品及び役務について消費者の自主的かつ合理的な選択の機会の拡大を図るため、公正かつ自由な競争を促進するために必要な施策を講ずるものとする。2　国は、国民の消費生活において重要度の高い商品及び役務の価格等であつてその形成につき決定、認可その他の国の措置が必要とされるものについては、これらの措置を講ずるに当たり、消費者に与える影響を十分に考慮するよう努めるものとする」。

(1) 総　説

　消費者の権利は、消費者基本法によれば「消費者の安全が確保され、商品及び役務について消費者の自主的かつ合理的な選択の機会が確保され、消費者に対し必要な情報及び教育の機会が提供され、消費者の意見が消費者政策に反映され、並びに消費者に被害が生じた場合には適切かつ迅速に救済されること」である（同法2条〔基本理念〕）。同法11条から23条において、その対象領域が「基本的施策」として、次のように規定されている。

　消費者基本法の関係条文は以下のとおりである。

　「**第11条（安全の確保）**　国は、国民の消費生活における安全を確保するため、商品及び役務についての必要な基準の整備及び確保、安全を害するおそれがある商品及び役務に関する情報の収集及び提供等必要な施策を講ずるものとする。

　第12条（消費者契約の適正化等）　国は、消費者と事業者との間の適正な取引を確保するため、消費者との間の契約の締結に際しての事業者による情報提供及び勧誘の適正化、公正な契約条項の確保等必要な施策を講ずるものとする。

　第13条（計量の適正化）　国は、消費者が事業者との間の取引に際し計量につき不利益をこうむることがないようにするため、商品及び役務について適正な計量の実施の確保を図るために必要な施策を講ずるものとする。

　第14条（規格の適正化）　国は、商品の品質の改善及び国民の消費生活の合理化に寄与するため、商品及び役務について、適正な規格を整備し、その普及を図る等必要な施策を講ずるものとする。

　2　前項の規定による規格の整備は、技術の進歩、消費生活の向上等に応じて行なうものとする。

　第15条（広告その他の表示の適正化等）　国は、消費者が商品の購入若しくは使用又は役務の利用に際しその選択等を誤ることがないようにするため、商品及び役務について、品質等に関する広告その他の表示に関する制度を整備し、虚偽又は誇大な広告その他の表示を規制する等必要な施策を講ずるものとする。

　第16条（公正自由な競争の促進等）　国は、商品及び役務について消費者の自主的かつ合理的な選択の機会の拡大を図るため、公正かつ自由な競争を促進するために必要な施策を講ずるものとする。

　2　国は、国民の消費生活において重要度の高い商品及び役務の価格等であつてその形成につき決定、認可その他の国の措置が必要とされるものについては、これらの措置を講ずるに当たり、消費者に与える影響を十分に考慮するよう努めるものとする。

第17条（啓発活動及び教育の推進）国は、消費者の自立を支援するため、消費生活に関する知識の普及及び情報の提供等消費者に対する啓発活動を推進するとともに、消費者が生涯にわたって消費生活について学習する機会があまねく求められている状況にかんがみ、学校、地域、家庭、職域その他の様々な場を通じて消費生活に関する教育を充実する等必要な施策を講ずるものとする。

2　地方公共団体は、前項の国の施策に準じて、当該地域の社会的、経済的状況に応じた施策を講ずるよう努めなければならない。

第18条（意見の反映及び透明性の確保）国は、適正な消費者政策の推進に資するため、消費生活に関する消費者等の意見を施策に反映し、当該施策の策定の過程の透明性を確保するための制度を整備する等必要な施策を講ずるものとする。

第19条（苦情処理及び紛争解決の促進）地方公共団体は、商品及び役務に関し事業者と消費者との間に生じた苦情が専門的知見に基づいて適切かつ迅速に処理されるようにするため、苦情の処理のあっせん等に努めなければならない。この場合において、都道府県は、市町村（特別区を含む。）との連携を図りつつ、主として高度の専門性又は広域の見地への配慮を必要とする苦情の処理のあっせん等を行うものとするとともに、多様な苦情に柔軟かつ弾力的に対応するよう努めなければならない。

2　国及び都道府県は、商品及び役務に関し事業者と消費者との間に生じた苦情が専門的知見に基づいて適切かつ迅速に処理されるようにするため、人材の確保及び資質の向上その他の必要な施策（都道府県にあつては、前項に規定するものを除く。）を講ずるよう努めなければならない。

3　国及び都道府県は、商品及び役務に関し事業者と消費者との間に生じた紛争が専門的知見に基づいて適切かつ迅速に解決されるようにするために必要な施策を講ずるよう努めなければならない。

第20条（高度情報通信社会の進展への的確な対応）国は、消費者の年齢その他の特性に配慮しつつ、消費者と事業者との間の適正な取引の確保、消費者に対する啓発活動及び教育の推進、苦情処理及び紛争解決の促進等に当たつて高度情報通信社会の進展に的確に対応するために必要な施策を講ずるものとする。

第21条（国際的な連携の確保）国は、消費生活における国際化の進展に的確に対応するため、国民の消費生活における安全及び消費者と事業者との間の適正な取引の確保、苦情処理及び紛争解決の促進等に当たつて国際的な連携を確保する等必要な施策を講ずるものとする。

第22条（環境の保全への配慮）国は、商品又は役務の品質等に関する広告その他の表示の適正化等、消費者に対する啓発活動及び教育の推進等に当た

つて環境の保全に配慮するために必要な施策を講ずるものとする。
第23条（試験、検査等の施設の整備等） 国は、消費者政策の実効を確保するため、商品の試験、検査等を行う施設を整備し、役務についての調査研究等を行うとともに、必要に応じて試験、検査、調査研究等の結果を公表する等必要な施策を講ずるものとする。」

　これらの施策は、消費者の権利との関係で体系的に整理したというよりは、消費者行政の対象領域を羅列したものにすぎないともいえるが、これらを消費者の権利の構造に対応させて、(1)安全性の確保、(2)商品・役務の選択の自由、(3)消費者情報、(4)不当な取引行為、(5)消費者教育、(6)消費者被害救済等の各領域に分類して理解することが適当であろう[2]。

(2)　消費者契約法等

　消費者法は以上のように広範な対象領域を有し、関係する個別法の数も多い。そのすべての内容をここで取り上げることはできないが、ここでは、「不当な取引行為」——商品売買契約における不当行為——に関係して、消費者契約法および特商法について概略を述べておこう。

　今日、消費者と事業者の契約自由の原則のもとでの取引の前提は対等なものから、支配・従属的なものに変わっている。この「消費者取引」はもはや、民法典の定める私的所有権の保障、契約の自由、過失責任の原則、総じていえば私的自治の原則によっては十分には規律できない。消費者が日常生活のなかで締結する契約は、商品・役務についての不十分な情報に基づいて、また訪問販売における巧みな勧誘行為などによって締結されており、これらの契約から生ずる被害を民法典における契約の締結、契約の効力の発生、権利義務の内容、契約の解除等にかかわる諸規定によっては十分に救済することはできないのである。そこで、消費者取引については、契約関係の適正化という観点から、契約内容にかかわって書面の交付義務、クーリング・オフ制度などをあらかじめ事業者に対する規制として定め、契約締結に伴って発生する被害を未然に防止し、また事後の救済を容易とする諸規定・諸制度が導

---

[2]　なお、神奈川県消費生活条例（1980年制定）では、第1条で消費者の権利を体系化・整理する形で次のものがあげられている（これらのうち(7)〜(9)は2005年の条例改正で追加された権利である）。(1)生命健康を侵されない権利、(2)適正な表示を行わせる権利、(3)不当な取引行為から免れる権利、(4)不当な取引条件を強制されない権利、(5)被った被害から速やかに救済される権利、(6)必要な情報を速やかに提供される権利、(7)自主的かつ合理的な選択の機会が確保される権利、(8)消費者教育を受ける機会が提供される権利、(9)消費者の意見が県の施策に反映される権利

入されているのである。これらは、企業・消費者間の取引関係の実質的対等化をはかるという社会法原理に基づく近代市民法の諸原則・諸制度の修正ということができよう。

(a) 消費者契約法　消費者取引に関わる法のうちで基本となるのは消費者契約法（平成12年法律第61号）である。同法は、その目的を次のように定めている。「この法律は、消費者と事業者との間の情報の質及び量並びに交渉力の格差にかんがみ、事業者の一定の行為により消費者が誤認し、又は困惑した場合について契約の申込み又はその承諾の意思表示を取り消すことができることとするとともに、事業者の損害賠償の責任を免除する条項その他の消費者の利益を不当に害することとなる条項の全部又は一部を無効とするほか、消費者の被害の発生又は拡大を防止するため適格消費者団体が事業者等に対し差止請求をすることができることとすることにより、消費者の利益の擁護を図り、もって国民生活の安定向上と国民経済の健全な発展に寄与することを目的とする」(1条)。

同法は、消費者契約について、消費者契約の申込みまたはその承諾の意思表示に誤認がある場合、すなわち、(1)重要事項について事実と異なることを告げること、それによる当該告げられた内容が事実であるとの誤認（不実告知）、(2)物品、権利、役務その他の当該消費者契約の目的となるものに関し、将来におけるその価額、将来において当該消費者が受け取るべき金額その他の将来における変動が不確実な事項につき断定的判断を提供すること、それによる当該提供された断定的判断の内容が確実であるとの誤認（断定的判断の提供）、(3)消費者契約の締結について勧誘をするに際し、消費者に対してある重要事項または当該重要事項に関連する事項について当該消費者の利益となる旨を告げ、かつ、当該重要事項について当該消費者の不利益となる事実を故意に告げなかったことにより、当該事実が存在しないとの誤認を生じさせる（不利益事実の不告知）などの場合の取り消し、また「困惑行為」がある場合、すなわち(1)当該事業者に対し、当該消費者が、その住居またはその業務を行っている場所から退去すべき旨の意思を示したにもかかわらず、それらの場所から退去しないこと（不退去）、(2)当該事業者が当該消費者契約の締結について勧誘をしている場所から当該消費者が退去する旨の意思を示したにもかかわらず、その場所から当該消費者を退去させないこと（監禁）、などの場合には当該契約の取り消しができる旨を定める (4条)。

同法はまた、消費者契約条項（不当な契約条項）の無効について、事業者の

損害賠償の責任を免除する条項の無効（8条）、消費者が支払う損害賠償の額を予定する条項等の無効（9条）を定め、さらに消費者の利益を一方的に害する条項の無効について、「民法、商法（明治32年法律第48号）その他の法律の公の秩序に関しない規定の適用による場合に比し、消費者の権利を制限し、又は消費者の義務を加重する消費者契約の条項であって、民法第1条第2項に規定する基本原則に反して消費者の利益を一方的に害するものは、無効とする」と定めている（10条）。

また同法は、誤認、困惑行為に係る取り消し、消費者契約の無効について、適格消費者団体による差止請求権について、適格消費者団体は、事業者等が、消費者契約の締結について勧誘をするに際し、不特定かつ多数の消費者に対して第4条1項から3項までに規定する行為を現に行いまたは行うおそれがあるときは、その事業者等に対し、当該行為の停止もしくは予防または当該行為に供した物の廃棄もしくは除去その他の当該行為の停止もしくは予防に必要な措置をとることを請求することができる（12条）と定めている[3]。

(b) **特定商取引に関する法律（特商法）** 特商法は、(1)訪問販売、(2)通信販売、(3)電話勧誘販売、(4)連鎖販売取引、(5)特定継続的役務提供、(6)業務提供誘引販売取引の6つの取引類型について、(i)勧誘開始前の事業者名、勧誘目的である旨などを消費者に告げることの義務化（氏名等の明示義務）、(ii)不実告知（虚偽説明）、重要事項（価格・支払条件等）の故意の不告知、威迫困惑を伴う勧誘行為の禁止（不当勧誘行為の禁止）（法6条）、(iii)広告における重要事項の表示の義務化、虚偽・誇大広告の禁止。（広告制限）、(iv)契約締結時の重要事項記載書面交付の義務化（書面交付義務）（法4条・5条）を定めている。

上記の取引類型のうち、「連鎖販売取引」とは、個人を販売員として勧誘し、さらに次の販売員を勧誘させる形で、販売組織を連鎖的に拡大して行う商品・役務の販売であり、「特定継続的役務提供」とは、長期・継続的な役務の提供とこれに対する高額の対価を約する取引、たとえば、エステティックサロン、語学教室、家庭教師、学習塾、結婚相手紹介サービス、パソコン教室などをいう。「業務提供誘引販売取引」とは、仕事を提供するので収入が得られると誘引し、仕事に必要であるとして、商品等を売って金銭負担を負わせる取引（内職商法など）のことである。

---

[3] 消費者契約法については、国民生活審議会消費者政策部会消費者契約法評価検討委員会「消費者契約法の評価及び論点の検討等について」（平成19年8月、内閣府国民生活局消費者企画課）参照。

同法はまた、(i)消費者による契約の解除（クーリング・オフ）（法9条）、(ii)意思表示の取消（法9条の3）、(iii)損害賠償等の額の制限（消費者が中途解約する際に事業者が請求できる損害賠償額の制限）（法10条）について定めている。

クーリング・オフは、訪問販売・電話勧誘販売・特定継続的役務提供では8日間（法9条・24条・48条）、連鎖販売取引・業務提供誘引販売取引では20日間である（法40条・58条）。なお、事業者が、事実と違うことを告げたり威迫したことにより、消費者が誤認・困惑してクーリング・オフをしなかった場合には、上記期間を経過していても、消費者はクーリング・オフができる（法40条の2・49条等）。

クーリング・オフの効果は、消費者がすでに商品もしくは権利を受け取っている場合は、販売業者の負担によって当該商品を引き取ってもらうこと、ないし権利を返還することができることである。役務がすでに提供されている場合でも、その対価を支払う必要はなく、損害賠償や違約金を支払う必要もない。ただし、使うと商品価値がほとんどなくなるいわゆる消耗品（いわゆる健康食品、化粧品など）を使ってしまった場合や、現金取引の場合であって代金または対価の総額が3,000円未満の場合は、クーリング・オフの規定は適用されない。

2　消費者法の運用体制

消費者法を執行する消費者行政について消費者基本法は、24条（行政機関等）で「国及び地方公共団体は、消費者政策の推進につき、総合的見地に立った行政組織の整備及び行政運営の改善に努めなければならない」と定め、同法25条（国民生活センターの役割）で「独立行政法人国民生活センターは、国及び地方公共団体の関係機関、消費者団体等と連携し、国民の消費生活に関する情報の収集及び提供、事業者と消費者との間に生じた苦情の処理のあっせん及び当該苦情に係る相談、消費者からの苦情等に関する商品についての試験、検査等及び役務についての調査研究等、消費者に対する啓発及び教育等における中核的な機関として積極的な役割を果たすものとする」と定めている。

消費者法を構成する各領域については、関係する個々の法ごとに所轄官庁が行政権限を有しおり、その連絡調整に当たるものとして従来内閣府国民生活局があったが、2009年に消費者庁が設立され、これらの所轄官庁の行政権限を一部移管し（公取委からの景品表示法の移管など）、また各省庁横断的に一元的に消費者関係法の運用をはかる体制が整えられている。

Ⅳ　消費者被害の構造と消費者被害救済のあり方

　消費者法は、すでに述べたように消費者の権利に係る広範な対象領域を有している。この場合、どのような権利であっても、それをどのようにして実現させるかということがもっとも重要である。そこで以下では、消費者被害の構造について述べた上で、消費者被害救済のあり方について述べておくことにしよう。

1　消費者被害の現状と原因

　消費者被害については、被害の類型として「古典的被害」と「構造的被害」を区別し、前者から後者へと被害類型が変わってきていることを理解する必要がある。18、19世紀半ばまでにおいては、企業とはいっても中小零細企業が中心であり、企業と消費者の取引も対等な当事者の関係として一応理解することができた。しかし、産業革命を経て個々の企業の規模が大規模化し、また多くの商品・役務の市場で激烈な競争の結果競争者の数も減って、19世紀後半以降寡占的市場経済体制が成立するようになると、消費者と事業者の契約自由の原則のもとでの取引の前提も、対等なものから、支配・従属的なものにかわった。大企業による大量生産・大量流通のシステムの構築と、大量消費を促す大量の広告宣伝が行われ、その一方の取引主体である消費者においては、生身で、射幸心を持ち、騙されやすいという性格は変わりようがなく、商品の内容、取引条件の十分な検討のないままでの購入が継続したのである。この取引関係の変化に対応して、売買契約等を規律する法（民法）も、原則を「買い手注意の原則（事業者の過失責任）」から「売り手注意の原則（事業者の無過失責任）」へと変えたが、広範な消費者被害の発生を防止することはできなかった。また価格カルテルや不当表示等の競争制限行為を禁止する法（独禁法）も決して消費者被害の防止に十分なものではなかった。

　このように今日、構造的消費者被害は、事業者と消費者の不平等な力関係のもとで発生し、かつそれら被害は多発、広範、原因究明の困難、深刻性といった特徴を有している。この被害類型を分類すれば、(ⅰ)少数かつ小額被害（これには古典的消費者被害の多くが該当する）、(ⅱ)少数かつ高額な被害（医療過誤などがその典型となる）、(ⅲ)多数かつ小額被害（価格カルテルなどがその典型となる）、(ⅳ)多数かつ高額被害（いわゆる食品公害がその典型である）となる。これらのうち(ⅱ)、(ⅳ)の高額被害については裁判所で被害救済を求めて争われることが多いが、その他類型の小額被害については、被害救済を有効にはかる方

法が十分でなく、裁判外紛争処理（ADR）を充実することなどが従来から進められている。

2 消費者被害救済とその方法

消費者被害の救済には、裁判所によるもののほか、裁判外紛争処理（Alternative Dispute Resolution, ADR[4]）として、国が国民生活センターを、また地方自治体が、消費者センターおよび消費者被害救済委員会を設置し、それぞれ積極的に被害救済に務めている。

消費者被害の法的救済の方法として民事裁判があるが、消費者紛争の大半が軽微かつ小額の被害救済に係るもので、一般消費者にとって弁護士に依頼して長期間にわたって争わなければならず、かつ勝訴が確実ではないことなどから、食品被害や医療被害の分野での利用にとどまるものであった。そこで、1980年代に消費者被害救済に行政が関与する仕組み、すなわち「消費者センター」と「消費者被害救済委員会」を組み合わせた仕組みが導入されることとなったのである。これは、争いごとを好まない、裁判所に争いごとを係属することを忌避するという日本の社会構造を前提にしたもので、これまでかなりの実効性を有して機能してきている。

これをやや具体的にみておこう。まず、「消費者被害救済委員会」への申立人であるが、身重の主婦、勤めのある若い女性、身障者の子供を抱えた老夫婦など裁判所に提訴する可能性はほとんどなかったであろう一般消費者であることが多い。次に、あっせんにおいて、成否を決めるのは決定的に行政庁の権威であるといえよう。同委員会が中立的な第三者たる学識経験者、消費者代表、そして事業者の代表から構成され、そのあっせん案は一応信頼するに値するものということもあるが、それ以上に、日本において政府の権威が事業者に対して依然として高く、その意向や行政指導は無視することはまったくできないという状況が、事業者をしてあっせん案を受諾させる原動力となっていると考えられるのである。

V 消費者の組織化

多くの消費者関連法は裁判規範として機能し、また国および地方自治体の

---

[4] 裁判外紛争解決（ADR）とは「訴訟手続によらず民事上の紛争を解決しようとする紛争の当事者のため、公正な第三者が関与して、その解決を図る手続」（裁判外紛争解決手続の利用の促進に関する法律、平成16年法律第151号）であり、その類型には、仲裁、調停・斡旋がある。

消費者行政がこれを執行するが、これらだけで法として十全に機能するものではない。消費者行政、とくに地方の消費者行政にとっては、地域住民である消費者が消費者団体を組織し、たとえば多重債務問題などを含む様々な地域の消費者問題で、行政に対して現状の報告をしたり問題点を指摘して、その解決のために行政に協力することが有用である。消費者行政も消費者被害情報の提供や、消費者啓発・消費者教育のための様々な活動を行って、自立した消費者の育成に努めてもいる。今日では、特商法や景表法の執行において被害を未然に防ぐための団体訴訟制度が導入され、消費者団体が適格消費者団体となり訴訟を起こすことも期待されている。

　また、消費者の組織化というとき、消費生活協同組合（生協）の活動も注目される。生協は、農業協同組合、漁業協同組合、中小企業協同組合などとならぶ協同組合であり、消費者自身の相互扶助組織である。日本の場合、非営利、組合員への最大奉仕、一人一票制など民主的運営原則を盛りこんだ消費生活協同組合法（昭和23年法律第200号）に基づいて設立されており、約1,200万人の組合員が参加する消費者運動となっている。生協のこのような性格は、市場経済の中で反独占運動として、企業の競争制限行為への抑止力となることが期待されて、独禁法においては適用除外規定が設けられている。すなわち、独禁法22条は、次の要件を備え、かつ法律の規定に基づいて設立された組合（および組合の連合会）の行為を、同法からの適用除外としている。(i)消費者の相互扶助を目的とすること、(ii)任意に設立され、かつ、組合員が任意に加入し、または脱退することができること、(iii)各組合員が平等の議決権を有すること、(iv)組合員に対して利益分配を行う場合には、その限度が法令または定款に定められていること。ただし、これらの要件をみたす組合が、不公正な取引方法を用いる場合、または一定の取引分野における競争を実質的に制限することにより不当に対価を引き上げることとなる場合には同法の適用があるとされている。

【高橋岩和】

第15章

知的財産権法
——著作権の保護期間と著作物の私的利用の範囲をめぐって——

I 著作権法概説

　知的財産権には著作権のほか、工業所有権として特許権、実用新案権、意匠権、商標権があり、さらに、半導体集積回路の回路配置利用に関する権利、種苗法による育成権がある。また、不正競争防止法による権利保護も行われている。以下では著作権について、著作者、著作物、著作権の種類、著作権の効力などについて概観することにしよう。

1　著作者
(1)　著作者一般
　著作者とは「著作物を創作する者」(著作権法2条1項2号) である。小説家、画家、作曲家などの職業的に創作活動をする人に限られず、広く一般に著作物を創作するものはみな著作者となる。著作物の創作を他人や他社に委託した者 (発注者) は著作者とならず、料金支払の有無等にかかわりなく、実際に著作物を創作した者 (受注者) が著作者となる。このため、発注者が納品後に同著作物を利用 (自社のコピー機による増刷など) するためには、そのための契約をあらかじめ交わしておくことが必要となる。

(2)　職務上作成する著作物の著作者——職務著作ないし法人著作
　著作者は、通常、実際の創作活動を行う自然人たる個人であるが、個人以外が著作者となる場合がある。このような場合の著作者を「職務上作成する著作物の著作者」という。この場合の要件は、(i)法人その他の使用者 (法人等) の発意に基づき (法人等が発意者であること)、(ii)その法人等の業務に従事する者が (創作を行う者が業務従事者であること)、(iii)職務上作成するプログラムの著作物以外の著作物で (創作が職務上の行為として行われるものであること)、(iv)その法人等が自己の著作の名義の下に公表するもの (法人名義での公表) の

著作者は、(v)その作成のときにおける契約、勤務規則その他に別段の定めがない限り（契約や就業規則に職員を著作者とするという定めのないこと）、その法人等である（同法15条1項）。このような場合に該当するのは、たとえば新聞記者によって書かれた新聞記事や公務員によって作成された各種の報告書であって、会社や国の職員などによって著作物が創作された場合である。この場合、当該職員が著作者となるのではなく会社や国が著作者となるのであり、著作権も当該法人その他の使用者に帰属することになるのである。

　法人著作を職務発明（特許法35条）と比較すると、従業者の職務上の創作であること、法人の発意によるものであることの2点では同じであるが、法人が自己の名義で公表するという点は職務発明には要件となっていない点に差異がある。

(3)　「映画の著作物」の著作者

　「映画の著作物」の著作者は、その映画の著作物において翻案され、または複製された小説、脚本、音楽その他の著作物の著作者を除き、制作、監督、演出、撮影、美術等を担当してその映画の著作物の全体的形成に創作的に寄与した者である（法16条）。「映画の著作物の全体的形成に創作的に寄与した者」とは「プロデューサー」、「監督」、「撮影監督」、「美術監督」などであるが、原作、脚本、映画音楽などの著作者は「全体としての映画」の著作者にはあたらない。それで、映画を複製するときに同時に複製される音楽などについては別途、これらの著作者の許諾も得ることが必要である。

　ところで、映画製作者——映画製作者とは映画の著作物の製作に発意と責任を有するものである（法2条1項10号）——は、映画の著作物の著作者が当該映画の著作物の製作に参加することを約束しているときは、当該映画の著作物の著作権を取得することができるとされている（法29条1項）。これは、法人著作（法15条1項）の場合と同じく、著作者でない者に著作権が帰属する場合であるが、このような仕組みが必要となる理由として次のものが考えられる。(1)映画製作者において映画製作のための多額の資金の調達その他の便宜がはかられていること、(2)映画製作に関わった多数の著作者に権利を分属させると権利処理が煩雑となること、(3)現に映画製作者において著作権を行使する実態があること[1]。

　なお、テレビ局のスタッフだけで製作する報道番組の録画物の権利の帰属

---

1)　渋谷達紀『知的財産法講義Ⅱ』（有斐閣、2004年）56頁。

は、映画の著作物であるが、法人著作（15条）であるのが通常である（著作権と著作人格権は著作者である法人に帰属する）。

2　著作物——意義と種類

(1) 著作物の意義

著作物とは「思想又は感情を創作的に表現したものであつて、文芸、学術、美術又は音楽の範囲に属するもの」をいう（法2条1項1号）。著作権法は、著作物を例示している（10条1項）が、それらに限られるものではない。第1に、著作物は「思想又は感情」に関わるものでなければならないから、単なるデータは著作物ではない。第2に、著作物には「創作性」がなければならないから、他人の著作物の模倣は著作物たりえない。第3に、著作物は「表現したもの」であることを要するから、単なるアイディアは著作物に当たらない。第4に、著作物は「文芸、学術、美術又は音楽の範囲に属するもの」でなければならないから、工業製品などは除かれる。

なお、工業の範囲に属する創作物、とくに意匠の実施品は著作物ではないが、意匠法により保護される（設定登録の日から20年。意匠法21条）。もっとも判例は、意匠の実施品たる博多人形や仏壇に施された彫刻などは美術の著作物として保護される。

わが国の著作権法によって保護を受ける著作物は次のいずれかに該当するものでなければならない（6条）。(a)日本国民が創作した著作物（国籍の条件）、(b)最初に日本国内で発行（相当数のコピーの頒布）された著作物（外国で最初に発行されたが発行後30日以内に国内で発行されたものを含む）（発行地の条件）、(c)条約によりわが国が保護の義務を負う著作物（条約の条件）。なお、次のような著作物については、著作権は及ばない（13条）。(イ)憲法その他の法令（地方公共団体の条例、規則を含む。)、(ロ)国や地方公共団体または独立行政法人・地方独立行政法人の告示、訓令、通達など、(ハ)裁判所の判決、決定、命令など、(ニ)(イ)から(ハ)の翻訳物や編集物（国、地方公共団体または独立行政法人・地方独立行政法人が作成するもの）。

(2) 著作物の種類

(a) 著作物　著作権法は著作物の種類として次のものを例示している（法10条）。例示であるから、これら以外にも著作物の要件をみたすもの、たとえば放送番組（とくに生放送番組）、楽譜、演劇（とくに即興演劇）、数式で書かれた数学の問題、囲碁・将棋の棋譜なども著作物といえる[2]。

　1　言語の著作物：講演、論文、レポート、作文、小説、脚本、詩歌、

俳句など
　　2　**音楽の著作物**：楽曲、楽曲を伴う歌詞
　　3　**舞踊または無言劇の著作物**：日本舞踊、バレエ、ダンス、舞踏、パントマイムの振り付け
　　4　**美術の著作物**：絵画、版画、彫刻、マンガ、書、舞台装置など（美術工芸品を含む）
　　5　**建築の著作物**：芸術的な建築物
　　6　**地図または図形の著作物**：地図、学術的な図面、図表、設計図、立体模型、地球儀など
　　7　**映画の著作物**：劇場用映画、アニメ、ビデオ、ゲームソフトの映像部分などの「録画されている動く影像」
　　8　**写真の著作物**：写真、グラビアなど
　　9　**プログラムの著作物**：コンピュータ・プログラム
　(b)　**二次的著作物**　二次的著作物とは、著作物を翻訳し、編曲し、もしくは変形し、または脚色し、映画化し、その他翻案することにより創作した著作物のことである（法2条1項11号）。翻案とは原著作物をもとに新たな創作的表現を行うことであり、外国小説の日本語への「翻訳」、既存の楽曲の「編曲」、彫刻（三次元著作物）を絵画（二次元著作物）にする「変形」、小説の脚本にする「脚色」、戯曲の「映画化」などをいう。二次的著作物のうち原著作物と共通する部分はなんら新たな創作的要素を含むものではないから原著作物とは別個の著作物としては保護されず、ただ二次的著作物において新たに加えられた創作的部分についてのみ二次的著作物として保護される。なお、著作者がその著作物の翻訳、編曲、変形、脚色、映画化その他の翻案する権利を専有する（法27条）ので、二次的著作物を創作するときは原著作物の著作者の許諾が必要である（法11条）。
　(c)　**編集著作物とデータベースの著作物**　データベースに該当するものを除いた編集物は、素材の選択または配列により創作性を有する場合には著作物として保護される（法12条）。また、データベースで、情報の選択または体系的な構成により創作性を有するものは著作物として保護される（法12条の2）。このような編集物のうちコンピューターで検索できるものをデータベースの著作物という。

---

2)　渋谷・前掲（注1）19頁。

(d) 共同著作物　共同著作物とは、二人以上の者が共同して創作した著作物であって、その各人の寄与を分離して個別に利用できないものをいう（法2条1項12号）。複数人が関与して作成した著作物であっても、それぞれの人が書いた部分を明確に区別できる場合は共同著作物とはならない。共同著作物の著作権は、原則として、共有者全員の合意によらなければ行使できない（法65条2項）。

3　著作者の権利—著作者人格権と著作権（財産権）

(1)　著作者人格権

著作者人格権は、著作者の人格的利益の保護を目的とする権利である。同権利は取得にいかなる方式の履行も要せず（無方式主義、法17条2項）、また一身専属的であって、譲渡することのできないものとされている（法59条）。著作者人格権は、著作権と同様に、いくつかの支分権の総称であり、次のものがある。

(a)　公表権　著作者は、まだ公表されていない自分の著作物について、それを「公衆に提供し、又は提示する権利」を有する。当該著作物を原著作物とする二次的著作物についても同様である（法18条1項）。

(b)　氏名表示権　著作者は、自分の著作物を公表するときに著作者名を表示するかしないか、また表示するとすれば実名（本名）か変名（ペンネーム等）かなどを決定する権利を有する（法19条）。

(c)　同一性保持権　著作者は、その著作物の内容や題号を、意に反して変更・切除その他の改変を受けることはない（法20条）。「変更・切除その他の改変」とは、たとえば絵画の著作物について加筆するなどの行為である。ただし、著作物の性質やその利用の目的・態様に照らしてやむを得ないと認められる場合は除かれる（法20条2項4号）。たとえば、印刷機の性能の問題で色がうまく出ないとか、「歌手の歌が下手」などという場合である。

(2)　著作権（財産権）

著作権は、著作者の経済的利益を守るための権利である。それで著作権は、著作人格権と対比して著作財産権とも呼ばれるが、譲渡（法61条1項）、利用許諾（法63条）、質権設定（法66条）などが可能である。著作権は取得にいかなる方式の履行も要しない（無方式主義、法17条2項）。著作権は、著作者人格権と同様に、次のような支分権の総称である。

(a)　複製権　著作者は「その著作物を複製する権利を専有する」（21条）。

(b)　上演権・演奏権　著作者は「その著作物を、公衆に直接見せ又は聞

かせることを目的として（以下「公に」という。）上演し、又は演奏する権利を専有する」(22条)。

　(c)　**上映権**　　著作者は「その著作物を公に上映する権利を専有する」(22条の2)。

　(d)　**公の伝達権**　　著作者は「公衆送信されるその著作物を受信装置を用いて公に伝達する権利を専有する」(23条2項)。

　(e)　**口述権**　　著作者は「その言語の著作物を公に口述する権利を専有する」(24条)。

　(f)　**展示権**　　著作者は「その美術の著作物又はまだ発行されていない写真の著作物をこれらの原作品により公に展示する権利を専有する」(26条)。

　(g)　**譲渡権**　　著作者は「その著作物（映画の著作物を除く。）をその原作品又は複製物の譲渡により公衆に提供する権利を専有する」(26条の2)。

　(h)　**貸与権**　　著作者は「その著作物（映画の著作物を除く。）をその複製物の貸与により公衆に提供する権利を専有する」(26条の3)。

　(i)　**頒布権**　　著作者は「その映画の著作物をその複製物により頒布する権利を専有する」(26条)。「頒布」とは一般に「複製物を公衆に譲渡し、又は貸与すること」であるが、映画の著作物については「複製物を公衆に提示することを目的として譲渡し、又は貸与する」ことをいう（2条1項19号）。なお、「映画の著作物」とは「映画の効果に類似する視覚的効果を生じさせる方法で表現され、かつ、物に固定されている著作物」とされ（2条3項）、劇場用映画の他ゲームなども含む。「録画されている動く映像」という意味である。

　(j)　**翻案権**　　著作者は「その著作物を翻訳し、編曲し、若しくは変形し、又は脚色し、映画化し、その他翻案する権利を専有する」(27条)。

　(k)　**二次的著作物の利用権**　　二次的著作物の「原著作物の著作者」は「当該二次的著作物の利用に関し、……二次的著作物の著作者が有するものと同一の種類の権利を専有する」(28条)。

　(3)　**実演家・レコード製作者・放送事業者・有線放送事業者の権利**
　　　——著作隣接権

　著作隣接権者——実演家（歌手、俳優）、レコード製作者、放送事業者、有線放送事業者（CATV事業者）などの「著作物の伝達者」——には著作隣接権が付与される（89条6項）。著作隣接権は、実演等を行った時点で「自動的」に付与される（無方式主義、89条5項）。著作隣接権の内容は以下のとおりである。

第15章　知的財産権法

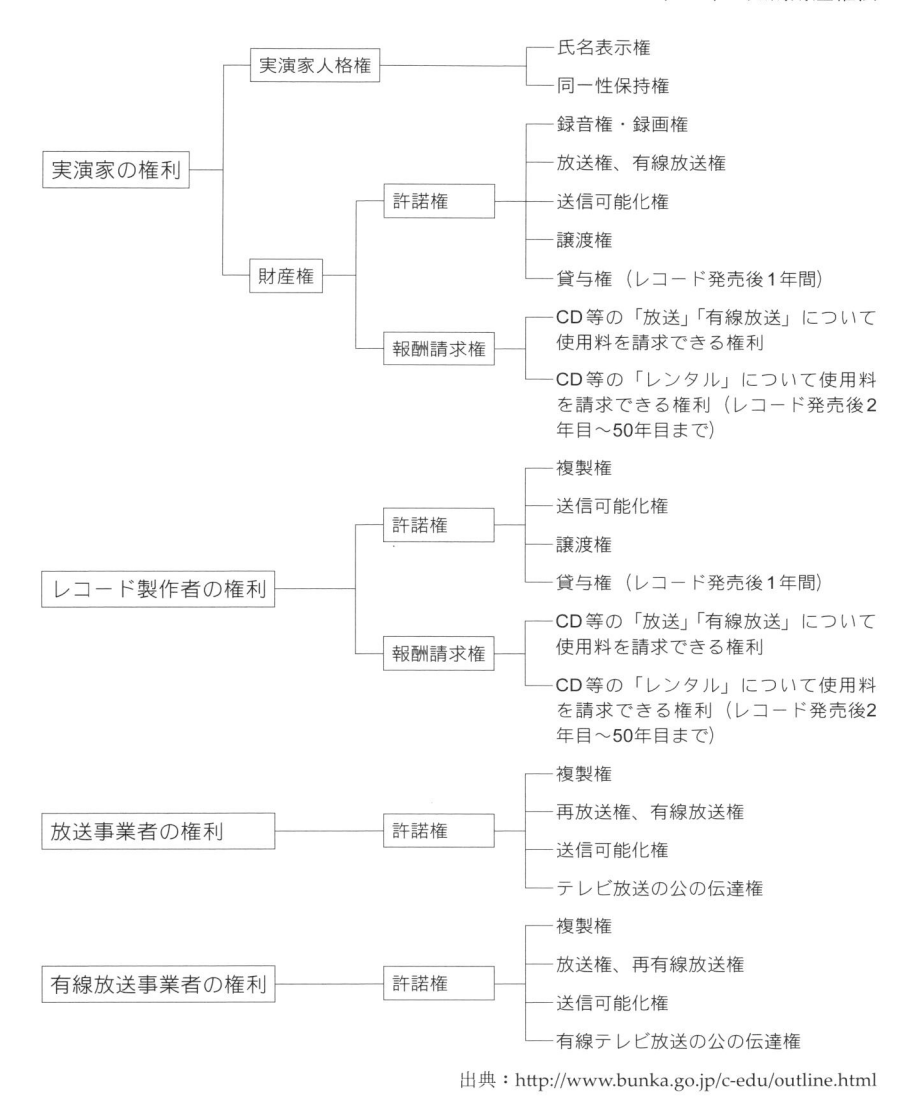

```
実演家の権利 ─┬─ 実演家人格権 ─┬─ 氏名表示権
              │                  └─ 同一性保持権
              │
              └─ 財産権 ─┬─ 許諾権 ─┬─ 録音権・録画権
                        │          ├─ 放送、有線放送権
                        │          ├─ 送信可能化権
                        │          ├─ 譲渡権
                        │          └─ 貸与権（レコード発売後1年間）
                        │
                        └─ 報酬請求権 ─┬─ CD等の「放送」「有線放送」について
                                      │  使用料を請求できる権利
                                      └─ CD等の「レンタル」について使用料
                                         を請求できる権利（レコード発売後2
                                         年目〜50年目まで）

レコード製作者の権利 ─┬─ 許諾権 ─┬─ 複製権
                    │          ├─ 送信可能化権
                    │          ├─ 譲渡権
                    │          └─ 貸与権（レコード発売後1年間）
                    │
                    └─ 報酬請求権 ─┬─ CD等の「放送」「有線放送」について
                                  │  使用料を請求できる権利
                                  └─ CD等の「レンタル」について使用料
                                     を請求できる権利（レコード発売後2
                                     年目〜50年目まで）

放送事業者の権利 ─── 許諾権 ─┬─ 複製権
                            ├─ 再放送権、有線放送権
                            ├─ 送信可能化権
                            └─ テレビ放送の公の伝達権

有線放送事業者の権利 ─── 許諾権 ─┬─ 複製権
                                ├─ 放送権、再有線放送権
                                ├─ 送信可能化権
                                └─ 有線テレビ放送の公の伝達権
```

出典：http://www.bunka.go.jp/c-edu/outline.html

II　著作権の保護期間
——著作権は「永久的に」保護されるべきか

　著作権法は、著作者人格権、著作権（財産権）、著作者隣接権について以上

でみたとおり様々な規定をおいている。その中には、権利の保護期間についての定めもある。保護期間の定めは、著作者等に権利を認めて保護することと、一定期間経過後には権利を消滅させて著作物を人々の自由な利用に供せることとの間のバランスを取ろうとするものである。著作権消滅後の著作物をパブリック・ドメイン（公共物、Public Domain）という。アメリカでは著作権の保護期間はたびたび延長されてきており、その限界をどこに求めるかは、著作権制度の本質をどのように理解するかという問題とも関係して、難しい問題である。

　著作権法の定める著作者人格権、著作権および著作者隣接権の保護期間は次のとおりである。

　「**第51条（保護期間の原則）**　著作権の存続期間は、著作物の創作の時に始まる。
　　2　著作権は、この節に別段の定めがある場合を除き、著作者の死後（共同著作物にあつては、最終に死亡した著作者の死後。次条第1項において同じ。）50年を経過するまでの間、存続する。
　第52条（無名又は変名の著作物の保護期間）　無名又は変名の著作物の著作権は、その著作物の公表後50年を経過するまでの間、存続する。ただし、その存続期間の満了前にその著作者の死後50年を経過していると認められる無名又は変名の著作物の著作権は、その著作者の死後50年を経過したと認められる時において、消滅したものとする。
　　2　前項の規定は、次の各号のいずれかに該当するときは、適用しない。
　　　一　変名の著作物における著作者の変名がその者のものとして周知のものであるとき。
　　　二　前項の期間内に第75条第1項の実名の登録があつたとき。
　　　三　著作者が前項の期間内にその実名又は周知の変名を著作者名として表示してその著作物を公表したとき。
　第53条（団体名義の著作物の保護期間）　法人その他の団体が著作の名義を有する著作物の著作権は、その著作物の公表後50年（その著作物がその創作後50年以内に公表されなかつたときは、その創作後50年）を経過するまでの間、存続する。
　　2　前項の規定は、法人その他の団体が著作の名義を有する著作物の著作者である個人が同項の期間内にその実名又は周知の変名を著作者名として表示してその著作物を公表したときは、適用しない。
　　3　第15条第2項の規定により法人その他の団体が著作者である著作物の著作権の存続期間に関しては、第1項の著作物に該当する著作物以外の著作物についても、当該団体が著作の名義を有するものとみなして同項の規定

を適用する。
　第54条（映画の著作物の保護期間）　映画の著作物の著作権は、その著作物の公表後70年（その著作物がその創作後70年以内に公表されなかったときは、その創作後70年）を経過するまでの間、存続する。
　2　映画の著作物の著作権がその存続期間の満了により消滅したときは、当該映画の著作物の利用に関するその原著作物の著作権は、当該映画の著作物の著作権とともに消滅したものとする。
　3　前2条の規定は、映画の著作物の著作権については、適用しない。
　第59条（著作者人格権の一身専属性）　著作者人格権は、著作者の一身に専属し、譲渡することができない。
　第60条（著作者が存しなくなつた後における人格的利益の保護）　著作物を公衆に提供し、又は提示する者は、その著作物の著作者が存しなくなつた後においても、著作者が存しているとしたならばその著作者人格権の侵害となるべき行為をしてはならない。ただし、その行為の性質及び程度、社会的事情の変動その他によりその行為が当該著作者の意を害しないと認められる場合は、この限りでない。」

　第1に、「著作者人格権」は一身専属の権利とされているため（著作権法59条）、著作者が死亡（法人の場合は解散）すれば権利も消滅することとなる。しかし、著作者の死後（あるいは法人の解散後）においても、原則として、著作者人格権の侵害となるべき行為をしてはならないこととされている（60条）。
　第2に、「著作権」の保護期間は、著作者が著作物を「創作したとき」に始まり、原則として著作者の「生存している期間」プラス「死後50年間」である（51条）。例外として、無名・変名（周知の変名は除く）の著作物は公表後50年（死後50年経過が明らかであれば、その時点まで）（52条）、団体名義の著作物（著作者が法人か個人かは問わない）は公表後50年（その著作物が創作後50年以内に公表されなかったときは、その創作後50年）（53条）、映画の著作物は公表後70年（創作後70年以内に公表されなかったときは、創作後70年）存続する（54条）。なお、ベルヌ条約上および万国著作権条約上の保護は、外国人の著作物についても自国民と同等以上の保護を与える内国民待遇の原則によっている。したがって、原則として条約上保護義務を負う著作物の保護期間は、わが国の著作権法におけるのと同様である。例外として、わが国より保護期間が短い国の著作物は、その相手国の保護期間だけ保護される（保護期間の相互主義、著作権法58条）[3]。
　第3に、「著作隣接権」の保護期間は、実演についてはその実演を行った

ときから50年、レコード製作者についてはその音を最初に固定（録音）したときから50年（発行されなかったときは録音後50年）、放送については放送を行ったときから50年、有線放送についてはその有線放送を行ったときから50年である。また「実演家人格権」の保護期間は実演家の生存中（ただし、実演家の死後においても、原則として、実演家人格権の侵害となるべき行為をしてはならない）である。

　著作権（財産権）と著作隣接権（財産権）の保護期間については、権利者と著作権ビジネスを行うものはその長期化を、著作物の利用者や新たな創作をめざす者はその早い終了（パブリック・ドメイン化）を望むのが一般的であろう。以下では著作権について、アメリカの例を参照しつつこの問題を考えてみることにしよう。

　アメリカでは、著作権の保護期間について合衆国憲法修正1条8項8号に「to promote the progress of science and useful arts, by securing for limited times to authors and inventors the exclusive right to their respective writings and discoveries」と規定されている。同憲法の起草に関わったジェファーソンは「for limited times」とは20年に満たない期間を予定するものと考えており、また著作権法も当初はそのような短い期間について著作物の独占を認めるものであった。しかし、この「limited」の意味は時代により変わり、著作権の保護期間は徐々に延長された。そして、ついには1998年の著作権

3）　その他の例外は次のとおりである。(1)平和条約において、条約関係にある連合国の国民が第二次世界大戦前または大戦中に取得した著作権については、通常の保護期間に戦争期間（1941年12月8日または著作権を取得した日から平和条約の発効する日の前日までの実日数）を加算する（この実日数は、アメリカ・イギリス・オーストラリア・カナダ・スリランカ・ニュージーランド・パキスタン・フランスは3,794日、ブラジルは3,816日、オランダは3,844日、ノルウェーは3,846日、ベルギーは3,910日、南アフリカは3,929日、ギリシャは4,180日、レバノンは4,413日である）（連合国及び連合国民の著作権の特例に関する法律第4条）。(2)日本はかつて、著作物が最初に発行された年から10年以内に翻訳物が発行されなかった場合翻訳権が消滅し、自由に翻訳することができる制度（翻訳権不行使による10年消滅制度）を適用することをベルヌ条約上、宣言していた。しかし、現行著作権法制定時に同宣言を撤回したことから、現行著作権法施行前に発行された著作物についてのみ翻訳権不行使による10年消滅制度が適用される（著作権法附則第8条）。(3)著作物が最初に発行された年から7年以内に翻訳物が発行されない場合で、翻訳権者から翻訳の了解が得られない時、文化庁長官の許可を受け、所定の補償金を払って翻訳することができる制度がある。この制度は、万国著作権条約に基づく保護のみを受ける国の著作物について適用される（万国著作権条約の実施に伴う著作権法の特例に関する法律第5条）。

延長法（Sony Bono Term Extension Act）により95年まで延長されるに至った。

　ところで、1928年にミッキーマウスの登場する映画「蒸気船ウイリー」が劇場公開され、人気を博したが、この時点での著作権の保護期間は56年間であったから、「蒸気船ウイリー」と登場するキャラクターのミッキーマウスの著作権は1985年で切れるはずであった。しかし、これに先立つ1976年に著作権法が改正され著作権の保護期間は75年とされたので、蒸気船ウイリーとミッキーマウスの著作権は2004年まで延長された。そしてさらにソニーボノ法により2024年まで蒸気船ウイリーとミッキーマウスの著作権は延長されたのである。

　以上で述べたように、アメリカ著作権法における著作権の保護期間は、著作権ビジネスにおけるビジネス上の利益の確保と密接に結びついて延長されてきているといえる。また、国民的文化遺産ともいえるミッキーマウスの著作権がパブリック・ドメインになることで、子供の夢を壊すような使われ方がされることを防止する必要があるとの理由から延長されてきたという側面もある。しかし他方で、このように著作権の保護期間が延長されると、アメリカ合衆国憲法の規定するような「科学と有益な芸術の進展をはかる」ことが阻害されるので、「for limited times」を95年とまでする立法は憲法違反であるという意見もある。結論的に言えば、著作者の創作活動がパブリック・ドメインの自由な利用に基づいて行われるものであるとすると、「生存している期間＋死後50年間」で合計100年という期間が相当で、これを超えるような保護期間を設けるべきではないといえよう。

III　著作物の私的利用の範囲
——著作物の「私的複製」はどこまで許されるか

　著作権法は「権利制限規定」と呼ばれる例外規定を置き、一定の合理的な理由がある場合には著作者の許諾や同意を得ずに著作物等を利用できることとしている（法30条等）。著作者の「財産権（著作権）」が制限されている場合は、通常関係する「著作隣接権」も制限されることとなる（著作者の「音楽の著作物」を複製できる場合は「レコード製作者」や「実演家」の著作隣接権も制限されることになる）。ただし、この場合でも「著作者人格権」は制限されないので、無断での「改変」や「氏名表示の省略」は許されない。

　権利制限規定には以下のものがある。第1は「私的使用のための複製」である。すなわち、著作権の目的となっている著作物は、個人的にまたは家庭

内その他これに準ずる限られた範囲内において使用すること（以下「私的使用」という。）を目的とするときは、(1)コピー機を用いて複製する場合や、(2)技術的保護手段の回避により可能となった複製を、その事実を知りながら行う場合を除き、その使用する者が複製することができるとされている（著作権法30条[4]）。その第2は、図書館等における複製である（同法31条）。第3は、引用であり、公表された著作物は引用して利用することができるが、その引用は公正な慣行に合致するものであり、かつ報道、批評、研究その他の引用の目的上正当な範囲内で行われるものでなければならないとされている（同法32条）。第4は、教科用図書等への掲載であり（同法33条）、第5は学校教育番組の放送等である（同法34条）。第6は、学校その他の教育機関における複製である。学校その他の教育機関（営利を目的として設置されているものを除く。）において教育を担任する者および授業を受ける者は、その授業の過程における使用に供することを目的とする場合には、必要と認められる限度において、公表された著作物を複製することができるとされている（同法35条）。第7は、試験問題としての複製であり（同法36条）、第8は、点字による複製である（同法37条）。以上の他にも、聴覚障害者のための自動公衆送信（同法37条の2）、営利を目的としない上演（38条）、時事問題に関する論説の転載（同法39条）、政治上の演説等の利用（同法40条）、時事の事件の報道のための利用（同法41条）、放送事業者等による一時的固定（同法44条）などがある。

　今日これらの私的複製等の範囲をどこまで認めるべきかが、著作者の権利保護との関係で重要な問題となっている。基本的な考え方としては「私的使用のための複製」を認めつつ、他方で著作者の利益を守るために「私的録音録画補償金を受ける権利」（同法104条の2）を認めて、権利者たる著作者に経済的利益を保証するというのが相当であるとされている。著作権法が、複製権や長期にわたる保護期間の設定などによって著作者の権利を厚く守り、また、映画の著作物の頒布権や商業用レコードの販売についての輸入権（同法113条5項）などで著作者や著作隣接権者の流通コントロールを広く許していることからすると、流通コントロール等に伴う弊害を少しでも緩和するために、著作物が市場の流通過程にいったん置かれた後は、その自由な利用が、通常の商品・役務についての場合と同様に、できるだけ広く認められるべき

---

[4]　私的使用のための複製については私的録音録画補償金制度が設けられている（著作権法30条2項）。これは、音楽用CD、MD、DVD等のデジタル媒体や録音機の売り上げに応じてメーカーが一定の補償金を支払う仕組みである。

ではないかということが問題となる。結論的にいえば、著作権の制限はある程度広く認められるべきであり、私的利用に係る補償金を認めるとしても、その額は低く設定されるべきであるといえよう[5]。

〈主要参考文献・サイト〉

[研究者の手になるもの]
- 渋谷達紀『知的財産法講義Ⅱ 著作権法・意匠法』(有斐閣、2004年)
- 半田正夫『著作権法概説［第12版］』(法学書院、2005年)
- 斉藤 博『著作権法［第2版］』(有斐閣、2004年)
- 角田政芳＝辰巳直彦『知的財産法』(有斐閣、2000年、[改訂] 2003年、2006年、2008年、2010年)
- 中山信弘『著作権法』(有斐閣、2008年)

[実務家の手になるもの]
- 加戸守行『著作権法逐条講義［3訂新版］』(著作権情報センター、2003年)
- 作花文雄『著作権法 基礎と応用［第2版］』(発明協会、2005年)
- 三山祐三『新版改訂 著作権法詳説 判例で読む16章』(雄松堂、2005年)
- 八代英輝『日米著作権ビジネスハンドブック』(商事法務、2004年)

[ホームページ]
- 文化庁 http://www.bunka.go.jp/c-edu/outline.html
- 著作権情報センター http://www.cric.or.jp/

【高橋岩和】

---

[5] なおアメリカでは、著作権の私的使用・非営利使用に関わって、著作物の公正利用(フェア・ユース)に関する一般規定(著作権法107条)を設けている。
  第107条（排他的権利の制限：フェア・ユース） 第106条および第106A条の規定にかかわらず、批評、解説、ニュース報道、教授（教室における使用のために複数のコピーを作成する行為を含む）、研究または調査等を目的とする著作権のある著作物のフェア・ユース（コピーまたはレコードへの複製その他第106条に定める手段による使用を含む）は、著作権の侵害とならない。著作物の使用がフェア・ユースとなるか否かを判断する場合に考慮すべき要素は、以下のものを含む。
  (1) 使用の目的および性質（使用が商業性を有するかまたは非営利的教育目的かを含む）。
  (2) 著作権のある著作物の性質。
  (3) 著作権のある著作物全体との関連における使用された部分の量および実質性。
  (4) 著作権のある著作物の潜在的市場または価値に対する使用の影響。
  上記のすべての要素を考慮してフェア・ユースが認定された場合、著作物が未発行であるという事実自体は、かかる認定を妨げない（出典：著作権情報センター (www.cric.or.jp/)）。

第16章

情 報 法
——インターネット規制と表現の自由——

I はじめに

　現在我々は、インターネットを使って様々な活動を行っている[1]。たとえば、友達との電子メールのやりとり、オンラインショッピングなどがあげられる。また自分でホームページを作って自分の情報や意見を発信している人も、少なからず存在するであろう。

　これまで個人が自らの意見などを広く一般に発信する手段は限られ、また伝達範囲も限られていた。しかし、IT（情報技術）の急速な発達によって、そのような制限は物理的には存在しなくなりつつある（言葉の壁などはある）。

　これに対して日本国憲法21条1項においては、「……言論・出版その他一切の表現の自由」が保障され、2項では「通信の秘密」が保障されている。表現の自由は、多様な情報（事実、思想、意見など）を個人が自由に入手し、自らの意見を形成し、公表することを保障している。また、このようなプロセスが有効に機能することによって、より妥当な世論が形成され、より良い統治が可能になることから、表現の自由は民主的政治プロセスにとって必要不可欠なものである。このような表現の自由の重要性から、表現の自由の規制は必要最低限のものにならなければならない。そこで表現の自由を規制する法令に関する合憲性を判断するための客観的な基準の構築が試みられ、現在表現内容に基づく規制と表現内容中立規制の2つに分類された判断基準が

---

[1] 総務省が2009年4月に公表した平成20年「通信利用動向調査」（2009年1月実施）によれば、インターネットの利用者数は、9,091万人に達し、人口普及率は75.3％となっており、またインターネットで商品を購入する人は、53.6％となっている。同調査については、総務省の公式サイトの同調査に関するページ〈http://www.soumu.go.jp/johotsusintokei/statistics/statistics05.html〉を参照のこと。

構築され、一般的に支持されている[2]。まず表現内容に基づく規制（名誉毀損、性表現規制など）について、①やむにやまれない規制利益が存在するか、②当該規制に代替しうる他のより制限的でない手段が存在しないか、すなわち当該規制が表現の自由にとって最も制約的でないものであるか[3]の2つが、一方表現内容中立規制（表現の場所、手法などに関する規制）について、①実質的な規制利益が存在するか、②当該規制利益と規制に合理的関連性が存在するか、③表現に過度な負担を課していないかの3つが採用されている。

　さらにわが国の憲法が制定された当時、当然のことながら、インターネットは存在しなかった。当時の主要なメディアは、出版（新聞・雑誌など）、地上波放送（ラジオ、のちにテレビ）、電話であった。そして新聞・雑誌、放送は表現の自由の対象とされ、電話は主に通信の秘密の対象となった。そこでは、その情報が不特定多数の人に伝達されることを前提としている場合に表現の自由の対象となるとされ、逆に伝達される範囲を限定した場合、通信の秘密の対象となるとされた。つまり、公然性があれば、表現の自由の対象となるとされたのであった。

　これをインターネットについて考えてみると、電子メールは通信かもしれないが、ホームページはテレビや雑誌と類似している。「メディア融合」(media mix) 現象（「放送とネットの融合」というのはその一例）という言葉がマスコミなどで頻繁に取り上げられているが、これまで憲法21条が前提としてきた基準でもってこれらの現象を捉えることは、著しく困難になっている。

　では、憲法改正を行うべきだとなるのであるが、それはきわめて困難である。さらに一時期、インターネット上の「ヴァーチャル・コミュニティ」と現実社会の「リアル・コミュニティ」がまったく異なるものであり、従来の法理をインターネットに適用すべきではないとの主張が有力に提唱された。しかし、このような考えは、一般的な支持を得られなかった。

　そこで現在では、「公然通信」（オープンメディアコンテンツ）という新たな領域を設けて対応を試みている。このことから、従来からある法制度をインターネットという新たな領域にどう対応させていくかが重要な問題となり、ここでは名誉毀損とプライバシー権侵害、性表現規制を例に考えてみよう[4]。

---

[2]　これらの点につき、長谷部恭男『憲法入門』（羽鳥書店、2010年）19頁以下参照。
[3]　また、法律上の文言が明確であるか否か（漠然性故の無効の法理）などの基準もある。

第5部　第16章　情報法

II　名誉毀損・プライバシー権侵害をめぐる法的問題
1　名誉毀損

　名誉権およびプライバシー権は、憲法13条が保障する幸福追求権の一部として保障され、これらの権利の保護はやむにやまれない規制利益に該当すると一般的に考えられている。

　名誉権の法的保護を目的として刑法230条1項は、「公然と事実を摘示し、人の名誉を毀損した者は、その事実の有無にかかわらず、三年以下の懲役若しくは禁錮又は五十万円以下の罰金に処する」と規定して名誉を毀損する行為に刑事罰を科し、一方で、民法709条以下のいわゆる「不法行為」では、名誉を毀損された者は慰謝料の請求などによって不法行為責任を追及することができると定められている。

　そしてこれらが対象とする名誉とは、人がその品性、徳行、名声、信用などの人格的価値について社会から受ける客観的な評価、すなわち社会的名誉をいうとされている（最判昭和45・12・18民集24巻13号2151頁）。名誉毀損となるか否かは、新聞・雑誌の場合には、一般読者の普通の注意と読み方とを基準として判断すべきとされており（最判昭和31・7・20民集10巻8号1079頁）、放送番組の場合には、一般の視聴者の普通の注意と視聴の仕方とを基準として判断すべきであるとされている。具体的には、たとえば放送番組について、放送メディアの即時性（その放送によりその情報が瞬時に多数の視聴者に提供されてしまうこと）、検証の困難性（新聞は何度でも読み返してその情報を検証できるが、放送の場合、録画などしない限り、そのような検証はできない）などから、「当該報道番組の全体的な構成、これに登場した者の発言の内容や、画面に表示されたフリップやテロップなどの文字情報の内容を重視すべきことはもとより、映像の内容、効果音、ナレーションなどの映像および音声に係る情報の内容並びに放送内容全体から受ける印象などを総合的に考慮して」判断すべきであるとされている（最判平成15・10・16民集57巻9号1075頁）。

　しかしながら、たとえば、週刊誌が「A議員は、汚職をしている」との記事を公表した場合、その議員の名誉を毀損したとして週刊誌出版社の責任を

---

4)　これらの問題に関する憲法上の議論一般については、松井茂記『日本国憲法を考える［第2版］』（大阪大学出版会、2009年）80頁以下参照。また松井教授は、「公然通信」という概念を新たに設けることは憲法21条上問題があると指摘している（同書109頁以下参照）。

問うのは妥当であろうか？　それが真実であった場合、汚職を行った議員は法的、政治的責任を負わなければならないが、それを社会に告発する行為が名誉毀損として処罰されるのであれば、誰もそのような告発をしなくなるであろう。それは、表現の自由や民主主義にとって深刻なダメージとなりうるのである。

　そこでこれらの法規制が表現の自由にとって最も制約的でないものであるために、たとえば刑法230条の2第1項は、名誉毀損行為が「公共の利害に関する事実に係り、かつ、その目的が専ら公益を図ることにあったと認める場合には、事実の真否を判断し、真実であることの証明があったときは、これを罰しない」と規定して、汚職の追及などで名誉毀損にあたるような表現を行ったとしても、免責される仕組み（公益性テスト）を採用している。また民法上の不法行為責任についても、判例において「その行為が公共の利害に関する事実に係り、かつ、その目的が専ら公益を図ることにあった場合に、摘示された事実が真実であることの証明があったときには、……行為には違法性がなく、仮に……事実が真実であることの証明がないときにも、行為者において……事実を真実と信ずるについて相当の理由があれば、その故意又は過失は否定される」との法理が採用されている（最判昭和41・6・23民集20巻5号1118頁）。

2　プライバシー権侵害

　名誉権と類似するが独自の権利として認められるものに、プライバシー権がある。

　プライバシーという権利概念は、多義的なものである。この権利が確立した当初、その基本的内容は「そっとしておいてもらう」ことであるとされ、たとえば他人の家を覗くとか、電話盗聴などがプライバシー権の侵害と考えられていた。しかしその後、自分の個人情報が流出するのもプライバシー権の侵害となり、また結婚する（しない）自由、出産する（しない）自由などもプライバシー権の保護の対象とされるようになった。そして、前者を自己情報コントロール権、後者を自己決定権ということがある。また、国や地方公共団体によるプライバシー権侵害は憲法によって規律され、私人によるプライバシー権侵害は、民法上の不法行為責任が問題となる。なお、名誉毀損と異なり、プライバシー権侵害そのものに刑事罰は科されていない（住居侵入、信書開披罪などによって間接的には対応されているといえる）。

　以上に加えて、企業などにおいて個人情報が大量に取り扱われていること

に対応し、企業などが個人情報を適正に取扱うのを確保するために、個人情報保護法が制定されている。この法律は行政法に分類され、行政機関が個人情報を大量に取扱う者（個人情報取扱事業者）による個人情報の取扱いを規律するものである。したがって、同法違反と民法上の不法行為責任の問題は、一応別問題である。

　以上の他にも、少年事件情報の中の加害少年本人を推知させる事項についての報道（「推知報道」）を禁止する少年法61条などのように、個別の法律に個人情報保護をはかる規定がおかれている。

　民法上のプライバシー侵害の成立要件としては、次の3つが一般的に支持されている（東京地判昭和39・9・28判時385号12頁）。

① 　私生活上の事実または私生活上の事実らしく受け取られるおそれのある事柄であること
② 　一般人の感受性を基準にして当該私人の立場に立った場合公開を欲しないであろうと認められる事柄であること、換言すれば一般人の感覚を基準として公開されることによって心理的な負担、不安を覚えるであろうと認められる事柄であること
③ 　一般の人々に未だ知られていない事柄であること

　そして、以上の要件を満たしても、「諸般の事情を総合考慮し、社会一般の人々の感受性を基準として、当該開示行為に正当な理由が存し、社会通念上許容される場合には、違法性がなく、不法行為責任を負わないと判断すべきである」とされている（最判平成15・9・12判時1837号3頁）。

　一方、プライバシー侵害に関して法的責任を追及する際にも、表現の自由との調整が必要であり、名誉毀損で採用されている公益性テストなどがプライバシー侵害においても採用されている。

3　メディア別の対応

　以上は、個人や新聞・雑誌などの紙メディアを基本とする名誉毀損・プライバシー権侵害に関する法的対応の基本的な枠組みである。さらに放送メディアについては、電波の有限稀少性（電波の混信などの発生により国民が電波を自由に使用できない）および社会的影響力の強さ（即時性など）から、放送法4条において訂正放送の制度が設けられている。これは個人情報保護法と同様に行政法上の制度であり、民法上の名誉毀損・プライバシー侵害とは別途の考慮がなされなければならないと理解されている（最判平成16・11・25民集58巻8号2326頁）。

放送に関しては、訂正放送制度に加えて、放送における名誉毀損・プライバシー権侵害などによって権利を侵害された者が裁判所に訴訟を提起して法的に解決を試みると同時に、BPO（放送倫理・番組向上機構）という組織が、放送業界内での自主的・倫理的な解決を試みている〈http://www.bpo.gr.jp/〉。

Ⅲ　インターネット上の名誉毀損・プライバシー権侵害

　このような名誉毀損・プライバシー権侵害の事例は、インターネット上でも数多く生じている。とくにインターネットは、その情報に世界中の多数の人々が瞬時かつ容易にアクセスできる状態になっている。たとえば、インターネットが現在ほど普及していなかった1990年後半においても、神戸の児童殺傷事件について、その少年の写真が週刊誌で公表され、またインターネット・サイトでも公表されたが、そのサイトには、週刊誌の販売部数とは比較にならないほどのアクセスがあったと指摘されている。また、放送のように業界内で統一的な対応をとることもできず、自主的対応もあまり効果が期待できない。

　加えて名誉毀損の事例において、インターネット上、とくに電子掲示板で、そこのグループにしか意味のわからない言葉を使っていた場合、それをどう評価するか問題となる。これまで問題となった言葉で言えば、「お前は死ね」と書き込めば法的責任が追及される可能性が高いが、「氏ね」とか、「逝ってよし」と書き込んだ場合、そのサイト関係者内では「死ね」という意味に使われるが、関係のない人からすれば意味不明で、名誉を毀損されたと思わないかもしれない。

　さらに、その発言者を探し出すのも、著しく困難であった。とくに、いつ、誰がそこのサイトにその情報を書き込んだのかについての情報は、通信の秘密に当たる。したがって名誉毀損の責任を追及するために、その公表者の情報を開示するのは、憲法の保障する通信の秘密の侵害となりかねない。

　では、インターネット上で名誉毀損されても、泣き寝入りするしかないのであろうか（そのサイト内でのオフ会で特定される場合[5]もある）。通信の秘密の前に名誉権は屈服しなければならないのであろうか。

　そこで、これらの権利・利益の調整が必要になる。その結果制定されたの

---

5)　パソコン通信の事例であるが、この種の事件のリーディングケースとなったものとして、ニフティサーブ現代思想フォーラム事件控訴審判決（東京高判平成13・9・5判タ1088号94頁）参照。

が、「特定電気通信役務提供者の損害賠償責任の制限及び発信者情報の開示に関する法律」（プロバイダ責任制限法）である。この法律は、インターネット上の情報の流通によって権利侵害（名誉毀損、プライバシー侵害、著作権侵害など）があった場合に、プロバイダなど（プロバイダ、サーバの管理・運営者など）の損害賠償責任の制限および発信者情報開示請求権を定めている。

とくに重要なのは、発信者情報開示請求権で、名誉毀損などの権利を侵害された者が、通信の秘密を不当に制約することなく、その公表を行った者を突き止め、法的責任を追及することが容易になるような措置が講じられている。その一方で、容易に開示してしまうと、通信の秘密や表現の自由（一応の匿名性が保障されることで、気軽に発言できるようになる）を制約してしまうおそれが高くなるので、慎重に対処できるようなプロセスが構築されている[6]。

ただ、公表者を突き止めても、その者にどのように責任追及していくかについては、さらに問題が生じる。たとえば週刊誌の場合、出版社が日本国内にあれば日本で法的責任を追及することができるが、もし、そのサイトが外国にあった場合、法的責任を追及することがきわめて複雑になる。

Ⅳ　インターネット上の性表現規制

1　性表現規制と表現の自由

わが国の刑法175条は、わいせつ文書の頒布などを処罰している。そして、いくつかの最高裁判例において、このような規制には、「性的秩序を守り、最小限度の性道徳を維持する」という必要なやむにやまれない規制利益が存在していることが認められている。さらにこれらが表現の自由にとって最も制約的でない規制であるために、どのような表現が「わいせつ」に該当するのかを判断するための「わいせつ」の定義の明確化が行われてきた（『チャタ

---

[6] なお、本稿校正段階においてプロバイダ責任制限法に関する2件の最高裁判決が下された（最判平成22・4・8判例集未登載、最判平成22・4・13判例集未登載）。これらの最高裁判例については、最高裁の公式サイトの最近の最高裁判例一覧に関するページのものを参照した。

　その中でたとえば最判平成22・4・13ではプロバイダ等は、その情報の流通による開示請求者の権利侵害が明白であることなど当該開示請求がプロバイダ責任制限法4条1項各号の定める要件のいずれにも該当することを認識し、またはそのいずれにも該当することが一見明白であり、その旨認識することができなかったことにつき重大な過失がある場合にのみ、損害賠償責任を負うものと解すべきとの見解が採用されている。

レー夫人の恋人』事件（最大判昭和32・3・13刑集11巻3号997頁）、『4畳半襖の下張』事件（最判昭和55・11・28刑集34巻6号433頁）など）。そこで「わいせつ」とは、文書全体を見て、諸事情を考慮し、「その時代の健全な社会通念に照らし」、「徒に性欲を興奮又は刺激せしめ、かつ、普通人の正常な性的羞恥心を害し、善良な性的動議観念に反するもの」とされている。なお「児童ポルノ」については、性道徳の観点からだけでなく、児童の身体的安全の確保の観点からも規制の必要性が承認されている。

これらに加えて、成人にとっては合法的であるが青少年にとっては有害な表現を規制することができるかが議論されており、地方公共団体の中には、青少年に有害な書籍をその地域内で販売することを規制する条例を制定しているところもある。しかし、これに対しては、本来表現の自由として保護されるべき表現が規制されているとの批判も有力である。このことから、規制されるべき性表現の範囲を明確化し、規制を最も制約的でないものとすることが重要な課題となっている。

他方、前述のBPOが放送番組において青少年に有害な表現があった場合、その放送局に対して様々な勧告を行っている。

2　インターネットへの対応

一方、刑法175条が文書などの有体物を対象としており、インターネット上のわいせつ情報が同条の対象とならないとの主張が一時期有力になされた。またとくに捜査手続において、紙・フィルムであれば、わいせつ物に該当するとされる部分のみを押収するのであるが、情報データの場合、そのパソコンのハードディスク全体がわいせつ物に該当するとされ、犯罪行為とは無関係のものまで不当に押収されることの問題性が指摘され、別途の対応の必要性が一般に認識され、法的対応が試みられてきた。

また同条はわいせつ物を「公然と陳列した」者を処罰しているが、「公然と陳列した」とは、その物のわいせつな内容を不特定または多数の者が認識できる状態に置くことをいい、わいせつな内容を特段の行為を要することなく直ちに認識できる状態にすることを要しないとされている。この点、インターネット上で、パスワードを要求するなどによってアクセスを制限する場合においても、「公然と陳列した」に該当するとされている（最決平成13・7・16刑集55巻5号317頁）。

さらに2008年には、「青少年が安全に安心してインターネットを利用できる環境の整備等に関する法律」（青少年有害サイト規制法）が制定されている。

同法は、インターネットにおいて青少年有害情報が多く流通している状況にかんがみて、「青少年が安全に安心してインターネットを利用できるようにして、青少年の権利の擁護に資すること」を目的とし、国や地方公共団体などが青少年のインターネットを適切に活用する能力の習得に必要な措置、青少年有害情報フィルタリングソフトウェアの性能の向上および利用の普及その他の青少年がインターネットを利用して青少年有害情報を閲覧する機会をできるだけ少なくするための措置などを講じるよう規定している（1条）。そこで同法は、「インターネットを利用して公衆の閲覧……に供されている情報であって青少年の健全な成長を著しく阻害するもの」を「青少年有害情報」と定義して（2条3項）、携帯電話インターネット接続役務提供事業者、インターネット接続役務提供事業者それぞれに青少年有害情報フィルタリングサービスの提供義務、インターネットと接続する機能を有する機器の製造事業者の義務などを規定している（17条〜23条）[7]。

　ただ、これらの性表現に関する情報は世界中からアクセス可能で、わが国において文書では入手できない表現であっても、外国のサイトにアクセスすれば、容易に入手できるようになっている。では、これらを規制することは可能であろうか。わが国の最高裁のわいせつ定義でもって、アメリカのサイトに公開されたわいせつ表現を規制できるのであろうか。アメリカでも、わいせつ（obscene）表現は処罰されている。しかし、そのわいせつに関する判断基準は異なっている。そうなると、どちらの基準で対応すべきであろうか。さらに、わが国よりも厳しい基準が採用されている国もある。そこで、一番厳しい国の基準を採用すると、緩い基準を採用していた国の人の表現の自由を著しく侵害する危険性が高くなる。

　現在のところ、このような事態に対応する法制度は存在していない。わが国に所在するサイト運営者などであれば、わが国の刑法などによって法的に対応できるが、外国のサイト運営者まで処罰できない。結果として現時点では、自分のパソコンの中に、フィルタリングソフトをインストールするなどして、その種の表現にアクセスできないよう自衛するしかない。

---

7)　また、携帯電話などのモバイル上の有害情報からの青少年の保護などを目的とした民間の第三者機関として2008年にモバイルコンテンツ審査・運用監視機構（EMA）が設立され、活動を行っている（詳しくは、EMA公式サイト〈http://www.ema.or.jp/ema.html〉参照）。

V　インターネット規制と表現の自由の調整に向けて

　以上の事例以外にもインターネット上では、不正アクセス、フィッシング詐欺、新たな形態による著作権侵害、迷惑（SPAM）メールなど、様々な法的問題が生じ、著作権法が改正されたり、特定商取引法などに迷惑メールに関する規定が設けられたりしている。これらの法的対応においては、従来からあった法制度・理論を使ってどこまで対応可能なのか、対応できない部分があれば、それについて新たにどのような法的対応が必要か議論されてきており、またITの進歩に対応した不断の法的対応が必要とされている。そこでは、侵害される権利・利益と表現の自由をどのように調整していくべきか真剣に検討されなければならない。また、インターネットのボーダレス性から、国際的な対応が必要となっている。

〈参考文献〉
- 高橋和之＝松井茂記＝鈴木秀美『インターネットと法［第4版］』（有斐閣、2010年）
- 小向太郎『情報法入門——デジタル・ネットワークの法律』（NTT出版、2008年）

【佐々木秀智】

第6部
日本の法律家

第17章

日本の法律家(1)　法曹三者

はじめに

1　法律家

　日本で「法律家」という言葉には第1に、判事・検事・弁護士の実務法曹三者、司法書士、弁理士、不動産鑑定士、公証人、さらには官庁における法律職公務員、企業法務従事者といった法律職の実務家が該当しよう。これらの実務家に共通する機能は「法的問題の専門的処理機能」である。第2に、大学院法学研究科修士課程・博士課程を経て修士号および博士号（PhD）を有する法律学専任講師・准教授・教授などの法律学の研究者、さらには各種の法律関連研究所における法律学研究者がこれに該当しよう。これらの者に共通する機能は「大学・研究所等で法律学を研究し、また法律科目を講ずること」である[1]。法律学の研究対象には法の解釈、比較法（外国法）、法社会学、法制史、法哲学・法思想などがあるが、法律学研究者はとくに後四者の研究についてはもっぱらにその職務内容とするものである。法律家は英語でjuristであるが、juristはラテン語経由の用語で「jur-（法）＋ -ist（……に関係している人）」の意であって、広い意味における法律専門家のことである。この意味では日本と欧米における「法律家（jurist）」の理解にさほどの違いはない。なお、法律学研究者はacademic lawyerとも呼ばれる[2]。

---

[1]　なお、欧米諸国では法律学の専門教育を受けた者が原則として法曹資格を有するが、この中には司法試験によらず法曹資格を付与する国々も含まれる。日本での「法学士」は大半が司法試験を通じての実務法曹資格を有しないことから、日本で「法律家」（jurist）という用語を用いる場合その概念があいまいであると指摘されることがある（三ケ月章『法学入門』（弘文堂、1982年）122頁）。

2　古典的プロフェションとしての実務法曹

　裁判官、検察官、弁護士のうちとくに弁護士にはプロフェション性（learned profession）が付与されている。この概念は古代より西欧において発展したもので神父、医師、弁護士を「古典的プロフェション」とするものであるが、そこでプロフェション性とは、とくに後二者の場合、①国家と社会に対する特別の責任（非営利性＝公益奉仕）、②一身専属的で高度に専門的な知識に基づく業務を依頼者に対する個人的信頼関係のもとで提供していること（依頼者の利益保持義務）、③職能団体を結成し、高度の自治を行っていること（職域の確立と独占、および倫理的自己規制）、④無資格者の排除、報酬基準の設定、就業形態――会社等――の制限、広告の制限といったことを内容とする。このようなプロフェション性は西欧中世において建築士、会計士なども獲得することとなった。

第1節　裁判官

　裁判官は、裁判を担当する裁判所の職員であり、最高裁判所裁判官と下級裁判所裁判官とに大別される（憲法79条・80条）。その種類は、最高裁判所長官、最高裁判所判事、高等裁判所長官、判事、判事補および簡易裁判所判事の6種類である（裁判所法5条）。裁判官は人事院の所管に属しない特別職の国家公務員である（国家公務員法2条3項13号）。

　裁判官には職権行使の独立性が保障されている。すなわち、裁判官はその良心に従い独立してその職権を行い、日本国憲法および法律にのみ拘束されるとされ（憲法76条）、裁判官には、心身の故障、公の弾劾、最高裁判所裁判官国民審査の場合しか免官、転官、転所、職務の停止または報酬の減額をしえないとする強力な身分保障が与えられている（憲法78条前段、裁判官分限法1条・2条）。なお、裁判官は、職務上の義務に違反し、もしくは職務を怠り、または品位を辱める行状があったときは裁判によって懲戒される（裁判所法49条）。

2）　なお、法律学研究者の判事および検事任用については、博士課程を有する大学法学部で3年以上の准教授もしくは教授の職務を有する者にこれを許す特例がある（裁判所法41条1項・44条、検察庁法18条）。弁護士についてこの特例は2004年の弁護士法の改正により廃止されている。

第6部　第17章　日本の法律家(1)　法曹三者

1　最高裁判所の裁判官

　最高裁判所の裁判官は、最高裁判所長官1名と最高裁判所判事14名で構成される（憲法79条1項、裁判所法5条1項・3項）。最高裁判所長官は内閣により指名され、天皇により任命される（憲法6条2項）。最高裁判所裁判官は内閣が任命し、天皇が認証する（憲法79条1項、裁判所法39条）。最高裁判所裁判官は「識見の高い、法律の素養のある年齢四十年以上の者」の中から任命され、少なくとも10人は、①10年以上判事（または高等裁判所長官）の職にあった者、もしくは②高等裁判所長官、判事、簡易裁判所判事、検察官、弁護士、大学の法律学の教授または準教授の職にあって、通算20年以上の者である（裁判所法41条）。最高裁判所の裁判官に任期はないが（ただし、10年ごとの国民審査がある）、70歳に達したときには退官する（憲法79条5項、裁判所法50条）。

　最高裁判所裁判官は、下級裁判所の判事、弁護士、大学教授、行政官・外交官からバランスよく就任し、代々おおむね前任者と同じ出身母体から指名されている。

2　下級裁判所の裁判官

　下級裁判所の裁判官（判事・判事補）は、最高裁判所の指名した者の名簿に基づいて内閣により任命される。任期は10年で、再任が可能である（憲法80条1項、裁判所法40条3項）。高等裁判所・地方裁判所・家庭裁判所の裁判官は65歳、簡易裁判所の裁判官は70歳に達した時には退官する（憲法80条1項ただし書、裁判所法50条）。

　判事は、10年以上判事補、検察官、弁護士、裁判所調査官、大学の法律学教授・準教授の職にあった者から任命され（裁判所法42条）、高等裁判所、地方裁判所および家庭裁判所に配属される（15条・23条・31条の2）。また判事補は、司法修習生の修習を終えた者の中から任命され（43条）、地方裁判所および家庭裁判所に配属される（23条・31条の2）。判事補は原則として1人では裁判できず、合議体に加わるときは同時に2人以上加わり、または裁判長となることができない（27条）。

　再任希望者は基本的に全員再任されるが、希望者に「再任請求権」があるか否かは問題となる。消極に解されているが、再任については2003年から、法曹三者と学識経験者から構成される「下級裁判所裁判官指名諮問委員会」が、最高裁判所の諮問を受けて答申・報告を行う制度が導入されている。

　日本では下級裁判所の裁判官はキャリア・システムにより任用されていくのが基本である。すなわち、司法試験に合格した者で、司法研修所における

司法修習を終えて法曹資格を得た者の中から判事補として任命され、10年の実務経験を経て再任時に判事となり、その後も裁判官としての実務経験を積み重ねていくのである。この点、英米法の国々で行われている「法曹一元制」（一定年齢に達している弁護士の中から裁判官を任命する制度）とは異なる。なお日本でも、弁護士から裁判官になる者もいる。

【高橋岩和】

第2節　検察官

1　検察官の職務

　検察官は、「刑事について公訴を行い、裁判所に法の正当な適用を請求し、且つ裁判の執行を監督」等を行い（公訴の提起・維持：検察庁法4条）、また、司法警察職員と並んで「いかなる犯罪についても捜査をすることができる」（犯罪捜査の職務：検察庁法6条、刑事訴訟法192条）国家機関である。検察官は、通常の事件については警察からの送致を受けて事件処理を行うが、複雑な経済事犯や政治家の贈収賄事件などについては東京、大阪、名古屋の各地方検察庁におかれた「特別捜査部」でこれを捜査する。

　このように検察官は、「各自が独立して自己の名前で検察権を行使する」国家機関（独任制の官庁）であり、法務大臣・検事総長・検事長などの上級者の補助機関ではないが、行政官としての職務遂行上、上級者の指揮の下に一体として行動する（検察官一体の原則：検察庁法7－10条・14条、検察庁法12条等）。また、法務大臣は、公訴の提起・維持および犯罪捜査の職務に係る検察官の事務に関し検察官を一般に指揮監督することができるが、個々の事件の取調べまたは処分については、検事総長のみを指揮することができるとされている（検察庁法14条）。これは、個々の具体的犯罪捜査等の検察事務に対する法務大臣の政治的干渉を防止する趣旨にでるものである（法務大臣が指揮権を発動した例に、1954（昭和29）年の造船疑獄事件に際してのものがある）。

　以上で述べたように検察官は公訴の提起・維持を行うことをその職務とするが、公訴の提起については起訴便宜主義（刑事訴訟法248条）とされていて検察官による訴追は裁量事項とされている。この場合、検察官による不起訴処分の相当性が問題となることがあり、それを審査するために検察審査会がおかれている。検察審査会は各地方裁判所の管轄区域に少なくとも1つがお

かれ、衆議院議員の選挙権者の中からくじの方法で選ばれた11名の検察審査員により構成されている（検察審査会法1条・4条）。検察審査会は不起訴処分の相当性を職権もしくは告訴・告発人や被害者等の一定の資格を有する申立人からの申立てにより審査し、11名中8名以上の賛成で起訴相当の議決をした場合は不起訴処分をした検察官の属する検察庁の検事正と検察官適格審査会に議決書を送付して再考を促すことになる（40条）。検事正等はそれに従わなくてもよいが、検察審査会で起訴相当であるとする議決を2度行った場合は当該事案については弁護士等を検察官役として公訴の提起を行うことになる（起訴議決。検察審査会法41条の6）。

2　検察官の任免と組織

検察庁には、最高検察庁、高等検察庁、地方検察庁および区検察庁の4種類があり、最高検察庁は最高裁判所に、高等検察庁は各高等裁判所に、地方検察庁は各地方裁判所に、区検察庁は各簡易裁判所にそれぞれ置かれる（検察庁法1条・2条）。このような検察庁の区分に応じて検察官には、検事総長、次長検事、検事長、検事および副検事の5種類が区別される（同3条）。検事総長、次長検事および各検事長の任免は内閣により行われ、天皇により認証される（15条）。検事総長は、年齢が65年に達した時に、その他の検察官は年齢が63年に達した時に退官するものとされている（22条）。

検事総長は、最高検察庁の長として、庁務を掌理し、かつ、すべての検察庁の職員を指揮監督し、次長検事は、最高検察庁に属し、検事総長を補佐し、また、検事総長に事故のあるとき、または検事総長が欠けたときは、その職務を行う（7条）。検事長は、高等検察庁の長として、庁務を掌理し、かつ、その庁並びにその庁の対応する裁判所の管轄区域内にある地方検察庁および区検察庁の職員を指揮監督し（8条）、各地方検察庁には検事正各1人が置かれ、検事正は、庁務を掌理し、かつ、その庁およびその庁の対応する裁判所の管轄区域内にある区検察庁の職員を指揮監督する（9条）。2人以上の検事または検事および副検事の属する各区検察庁に上席検察官各1人が置かれ、検事がこれに充てられる（10条）。

【高橋岩和】

第3節　弁護士

　弁護士は、当事者その他関係人の依頼または官公署の委嘱によって、訴訟事件、非訟事件および審査請求、異議申立て、再審査請求等行政庁に対する不服申立事件に関する行為その他一般の法律事務を行うことを職務としており（弁護士法3条）、また、弁理士および税理士の事務を行うことができる。弁護士の地位、職務等については弁護士法（昭和24年法律第205号）により定められている。同法の構成は以下のとおりである。

　「第一章　弁護士の使命及び職務（第1条－第3条）
　　第二章　弁護士の資格（第4条－第7条）
　　第三章　弁護士名簿（第8条－第19条）
　　第四章　弁護士の権利及び義務（第20条－第30条）
　　第四章の二　弁護士法人（第30条の2－第30条の30）
　　第五章　弁護士会（第31条－第44条）
　　第六章　日本弁護士連合会（第45条－第50条）
　　第七章　資格審査会（第51条－第55条）
　　第八章　懲戒
　　　第一節　懲戒事由及び懲戒権者等（第56条－第63条）
　　　第二節　懲戒請求者による異議の申出等（第64条－第64条の7）
　　　第三節　懲戒委員会（第65条－第69条）
　　　第四節　綱紀委員会（第70条－第70条の9）
　　　第五節　綱紀審査会（第71条－第71条の7）
　　第九章　法律事務の取扱いに関する取締り（第72条－第74条）
　　第十章　罰則（第75条－第79条の2）」

　弁護士は、第1に、一身専属的で高度に専門的な知識に基づく業務を依頼者との個人的信頼関係の下で提供していること、第2に、職能団体と結成し高度の自治を行っていること、第3に、就業形態が制限され、広告も制限されていることなど、医師とともに古典的プロフェションとしての性格をもっとも有する職業である。

　第1に関して、弁護士法は弁護士の使命として、「弁護士は、基本的人権を擁護し、社会正義を実現することを使命とする。弁護士は、……誠実にその職務を行い、社会秩序の維持及び法律制度の改善に努力しなければならない」（1条）と定め、弁護士の職責の根本基準として「弁護士は、常に、深い

教養の保持と高い品性の陶やに努め、法令及び法律事務に精通しなければならない」（2条）と規定している。

このような弁護士の使命・職責から弁護士の資格・欠格事由は厳しく定められ、非弁護士の法律事務の取扱い（非弁活動）も厳しく禁止されている。弁護士となる資格は、司法試験に合格し、同合格者の中から最高裁が命じる司法修習生（裁判所法66条）としての修習を修了することが必要である（弁護士法4条。なお、特例がある（5条））。弁護士となるには、日本弁護士連合会に備えた弁護士名簿に登録されなければならない（8条）。また以下の欠格事由が発生した場合は、弁護士資格を失う（7条）。①禁錮以上の刑に処せられた者、②弾劾裁判所の罷免の裁判を受けた者、③懲戒の処分により、弁護士若しくは外国法事務弁護士であって除名され、弁理士であって業務を禁止され、公認会計士であって登録を抹消され、税理士であって業務を禁止され、または公務員であって免職され、その処分を受けた日から3年を経過しない者、④成年被後見人または被保佐人、⑤破産者であって復権を得ない者、である。

非弁活動の禁止については以下のように規定されている。「弁護士又は弁護士法人でない者は、報酬を得る目的で訴訟事件、非訟事件及び審査請求、異議申立て、再審査請求等行政庁に対する不服申立事件その他一般の法律事件に関して鑑定、代理、仲裁若しくは和解その他の法律事務を取り扱い、又はこれらの周旋をすることを業とすることができない」（72条）。違反した者には2年以下の懲役又は300万円以下の罰金が課されることになっている（73条）。さらに弁護士には、非弁護士との提携の禁止（27条）、秘密保持義務（23条）、双方代理等の職務の禁止（25条）、汚職行為の禁止（26条）、係争権利の譲受の禁止（28条）、会社取締役就任等営利業務の所属弁護士会への届出義務（30条）なども規定されている。

第2の弁護士自治について、弁護士・弁護士法人の指導、連絡および監督を自主的に行うために設立された組織として「弁護士会」がある。弁護士会は、弁護士を強制加入させ、国の有する懲戒権を行使する権能を委任された公的な法人であり（弁護士法31条）、地方裁判所の管轄区域ごとに設立さる（32条）。弁護士会は、日弁連の承認を受けて、以下の事項を内容とする会則を定める（33条2項）。①名称および事務所の所在地、②会長、副会長その他会の機関の選任、構成および職務権限に関する規定、③入会および退会に関する規定、④資格審査会に関する規定、⑤会議に関する規定、⑥弁護士名簿の登録、登録換えおよび登録取消しの請求の進達並びに第13条の規定による

登録取消の請求に関する規定、⑦弁護士道徳その他会員の綱紀保持に関する規定、⑧懲戒並びに懲戒委員会および綱紀委員会に関する規定、⑨無資力者のためにする法律扶助に関する規定、⑩官公署その他に対する弁護士の推薦に関する規定、⑪司法修習生の修習に関する規定、⑫会員の職務に関する紛議の調停に関する規定、⑬建議および答申に関する規定、⑭営利業務の届出および営利業務従事弁護士名簿に関する規定、⑮会費に関する規定、⑯会計および資産に関する規定、である。また、各地の弁護士会（弁護士法32条）で組織される会として「日本弁護士連合会」（日弁連）がある。日弁連は、弁護士および弁護士法人の使命および職務にかんがみ、その品位を保持し、弁護士および弁護士法人の事務の改善進歩をはかるため、弁護士、弁護士法人および弁護士会の指導、連絡および監督に関する事務を行うことを目的としている（45条）。

　弁護士会および日弁連の定める会則には報酬規定についての定めがあったが、独禁法（8条：一定の事業者団体の行為を禁止している）との整合性をはかる趣旨でこの定めは削除されている。

　弁護士自治のうちでもっとも重要なのは、以下のような弁護士会および日弁連による懲戒制度である。これを行うため弁護士会および日弁連には懲戒委員会が設けられている。弁護士および弁護士法人は、弁護士法または所属弁護士会もしくは日弁連の会則に違反し、「所属弁護士会の秩序又は信用を害し、その他職務の内外を問わずその品位を失うべき非行があつたときは、懲戒を受ける」ものとされている（56条1項）。弁護士に対する懲戒は、①戒告、②2年以内の業務の停止、③退会命令、④除名、の4種類である（57条）。懲戒を行うために必要な審査を行う懲戒委員会が各弁護士会におかれている（65条）。懲戒委員会は4人以上の数の委員をもって組織され、委員には弁護士、裁判官、検察官および学識経験のある者から選任される（66条の2）。

　懲戒は何人も、「弁護士又は弁護士法人について懲戒の事由があると思料するときは、その事由の説明を添えて、その弁護士又は弁護士法人の所属弁護士会にこれを懲戒することを求めることができる」（58条1項）とされているので、これを行うことができる。弁護士会は、所属の弁護士または弁護士法人について懲戒の請求があったときは、懲戒の手続に付し、綱紀委員会に事案の調査をさせなければならず、綱紀委員会は、懲戒委員会に事案の審査を求めることを相当と認めるときは、その旨の議決をする（58条2項・3項）。懲戒委員会は、審査により対象弁護士等につき懲戒することを相当と認める

ときは、懲戒の処分の内容を明示して、その旨の議決をする。この場合において、弁護士会は、当該議決に基づき、対象弁護士等を懲戒しなければならない（58条5項）。なお、弁護士会がした懲戒の処分について行政不服審査法による審査請求が日弁連に行われたときは、日弁連は懲戒委員会に事案の審査を求め、その議決に基づき、裁決をしなければならないとされている（59条）。また弁護士会がした懲戒の処分についての審査請求を却下されもしくは棄却され、または日本弁護士連合会から懲戒を受けた者は、東京高等裁判所にその取消しの訴えを提起することができる（60条）。

　第3に、弁護士の業務に関して、就業形態や広告に係る一定の制限がある。法律事務所についてであるが、弁護士の事務所は、法律事務所と表示しなければならず、その住所は、当該弁護士の所属弁護士会の地域内に設けられなければならない。弁護士は、いかなる名義をもってしても二か所以上の法律事務所を設けることができない（20条）。弁護士はまた弁護士法人（弁護士を社員とし、訴訟活動などを行う法人）を設立することができる（30条の2）が、弁護士法人の社員は、弁護士でなければならならない（30条の4）。弁護士法人の業務の範囲は、弁護士の職務（3条）のほか、定款で定めるところにより、法令等に基づき弁護士が行うことができるものとして法務省令で定める業務の全部または一部を行うことができる（35条の5）。

　弁護士は、所属弁護士会および日本弁護士連合会の会則を守らなければならず（会則遵守義務：22条）、その職務上知り得た秘密を保持する義務を負う（守秘義務：23条）。

　弁護士は、受任している事件に関し相手方から利益を受け、またはこれを要求し、もしくは約束してはならず（汚職行為の禁止：26条）、また、係争権利を譲り受けることができない（係争権利の譲受の禁止：28条）。さらに弁護士は、違法な非弁活動等を行う者（72条-74条）から事件の周旋を受け、またはこれらの者に自己の名義を利用させてはならず（非弁護士との提携の禁止：27条）、営利業務に従事しようとするとき（自ら営利を目的とする業務を営もうとするときや営利を目的とする業務を営む者の取締役、執行役その他業務を執行する役員または使用人になろうとするとき）は商号、当該業務の内容、本店もしくは主たる事務所の所在地、取締役等になろうとするときの役職名等をあらかじめ所属弁護士会に届け出なければならない（営利業務の届出等：30条）とされている。なお、弁護士は、相手方の協議を受けて賛助し、またはその依頼を承諾した事件、相手方の協議を受けた事件で、その協議の程度および方法が

信頼関係に基づくと認められるもの、受任している事件の相手方からの依頼による他の事件、仲裁手続により仲裁人として取り扱った事件など一連の事件についてはその職務を行い得ない。ただし、「受任している事件の相手方からの依頼による他の事件」については受任している事件の依頼者が同意した場合は、これをなしうるとされている（25条）。

〈参考文献〉
- 木佐茂男ほか『現代司法［第5版］』（日本評論社、2009年）
- 新藤宗幸『司法官僚——裁判所の権力者たち』（岩波書店、2009年）
- 日本弁護士連合会編著『弁護士白書』（日本弁護士連合会、各年版）

【高橋岩和】

第18章

日本の法律家(2) 企業法務

I 企業法務が対象とする法律関係[1]

1 はじめに

　企業法務というのは、一般に企業が法的な紛争を予防したり、法的な紛争が生じた場合にその対応を行うことという意味に理解することができるであろう。ただ、一口に企業法務といっても、「企業法」という名前の法律が存在するわけではないし、そのカバーする領域は多岐にわたっていることを、私たちは知っておく必要がある。すなわち、企業に関する生活関係で生じる法的問題は多種多様であり、それを規律する法律も、その場面場面で異なってくるのである。なお、ここでは企業とは株式会社を念頭におくものとする。

　企業に関する生活関係は、大きく2つに分けることができよう。すなわち、第1に企業とその企業以外の主体との生活関係（対外的関係）と、第2に企業の内部における生活関係（対内的関係）の2つである。

2 企業法務が対象とする対外的法律関係

　企業の対外的生活関係として考えられる関係をランダムに挙げてみると、たとえば、①取引先との関係、②企業が提供する商品やサービスの消費者との関係、③企業を監督する行政・監督官庁との関係、④その企業にとって競争相手となったり買収を仕掛けてくるなどする他の企業との関係、⑤その企業にとって脅威となる主体（たとえば暴力団や総会屋など）との関係、⑥企業の生産活動に伴って生じるおそれがある公害や事故の被害者との関係などが考えられる。

---

1) ここでの叙述は、福原紀彦（編集代表）『企業法務戦略』（中央経済社、2007年）4頁以下に全面的に依拠している。

第18章　日本の法律家(2)　企業法務

　これらの関係のうちいくつかの点を個別的にみてみると、たとえば、このうち、第1に、①の取引先との関係であるが、企業間でなされる取引というのは法的にいうと契約の締結である。契約とは複数当事者の意思表示の合致により法律効果を発生させる法律行為であるが、たとえば、取引先から資材や商品の納入を受けたりする場合、融資を受ける場合などが考えられる。なお、いわゆる口約束も契約として有効に成立しうるが、その合意内容を明確にしておき、後日法的な紛争が起きた場合の証拠とするために契約書を作成しておくことが企業にとって重要となる。第2に、②の企業が提供する商品やサービスの消費者との関係であるが、たとえば、企業の製品が欠陥品でそれが原因で事故が起きるおそれがある（最近では、ガス湯沸かし器が原因となって一酸化炭素中毒で死亡する人が出たり、洗濯機が発火する事故があったりしたのを覚えている人も多いであろう）。そのような場合には、企業としては製造物責任法に従って責任を負わなければならないであろう。このほかにも、企業は大量の顧客と取引関係に立つが、たとえば毎日大量の乗客と定型的な旅客運送契約を締結している鉄道会社が、一人ひとりの乗客ごとに契約内容を交渉して運送契約を締結するのは現実的ではない。そこで、企業が多数の取引相手と定型的な取引を行う場合に、企業が作成した普通取引約款による取引がなされるのである[2]。第3に、③の行政・監督官庁との関係では、たとえば、企業が一定の事業を行うに際しては免許や許可が必要な場合がある（運送営業など）が、その企業が不祥事を起こすとその事業に関する免許や許可が取り消されたりして、企業にとってはその存在自体が危ういものとなる。そのため、そのような事態を予防するには、企業はコンプライアンス（法令遵守）を徹底する必要がある。第4に、④のその企業にとって競争相手となったり買収を仕掛けてくるなどする他の企業との関係では、たとえば、同じような製品を作っている企業同士の競争が考えられるが、その競争にとっては、企業が有する技術の優劣が決定的な意味をもつ。そこで、新しい技術を開発した企業は、それを特許という形で保全することが重要である。この特許に関し、特許の登録事務も企業法務の重要な一分野であるといえる。このほか、アメリカの投資ファンドであるスティール・パートナーズがブルドックソー

---

[2] 企業の側が一方的に作成した約款によって取引（契約）がなされるということについて、企業と取引する顧客はなぜその約款に拘束されるのか（約款の拘束力の根拠）ということや、約款の内容の適正さはどのように確保されるべきかということが重要な問題である。民法や商法の講義で学ぶことになろう。

スに敵対的買収を仕掛けてきたことは記憶に新しいが、このような敵対的な企業買収に対する対応策が、近年、企業法務の重要な役割としてクローズアップされてきている。具体的には、新株予約権が使われることがある。たとえば、買収者が一定割合以上の株式を買い占めた場合に、株主となった買収者以外の株主に株式が発行されるような新株予約権が発行されるがごとき である[3]。

3 企業法務が対象とする対内的法律関係

　企業の対外的な法律関係の一方で、対内的な法律関係も存在することを見落とすことはできない。それをランダムに挙げてみると、①その企業の従業員（労働者・労働組合）との関係、さらに②株式会社の場合には出資者たる株主との関係である。第1に、①の企業と労働者・労働組合との関係であるが、企業と労働者は法的には雇用の関係にある。つまり、企業は労働者を雇い、労働者は企業に雇われているという雇用契約の関係にある。雇用契約については民法に規定があるが（民法623条以下）、民法の規定する雇用では、契約自由の原則からして当事者の自由な合意で雇用条件を定めることが可能である。しかし、労働者（被用者）は生活を維持するために働くことが強いられた地位にあるので、労働者を雇う企業（使用者）がおのずと有利な地位にあるということになる。つまり、両者の間には経済的な力の格差が厳然として存在するのである。そこで、憲法27条・28条（労働基本権）の基礎にたって、労働基準法、労働組合法、労働関係調整法など、労働者の保護をはかるための法律群があり（これらを総称して労働法と呼ぶ）、労働者を雇う企業としては労働法を遵守する必要がある。第2に、②の企業と株主との関係であるが、株主は会社（企業）に出資している会社の所有者であり、会社と株主とは株主が株主総会で選任した取締役に経営を委ねているという関係にある[4]。株主総会において選任された経営陣（取締役）は、株主の支持を受けていれば株主との間に対立関係は存在しないが、株主の支持を失った場合にはそれが生じることになる。そのような事態に至ると、現在の経営陣は、株主総会で

---

3) 前田庸『会社法入門［第12版］』（有斐閣、2009年）308頁。
4) いわゆる所有と経営の分離と呼ばれる関係である。なお、株式会社の場合、会社法2条5号の公開会社、監査役会設置会社、および委員会設置会社では取締役会を設置しなければならない（会社法327条1項1号）のに対し、それ以外の会社では取締役会の設置は任意である。取締役会を設置しない会社を取締役会非設置会社というが、取締役会設置会社と取締役会非設置会社とでは、株主総会の権限が異なる（会社法295条1項および2項参照）ことに留意する必要がある。

解任されるおそれがある。また、株主総会の決議に瑕疵がある場合（たとえば招集の手続または決議の方法が法令もしくは定款に違反し、または著しく不公正な場合（会社法831条1項1号）、あるいは、決議の内容が定款に違反する場合（会社法831条1項2号）など）には、株主総会の決議の取消事由となる。また、ある取締役が権限を濫用したり、違法行為をした場合（たとえば、利益相反取引、違法配当、利益供与など）、本来であればその取締役の責任を会社自身が追及すべきであるが、実際にはそのようなことはあまり期待できない。そこで、会社法は会社の利益を守るため、株主に取締役の責任追及をする手段を認めており、これを株主代表訴訟（会社法847条以下）という。このような株主代表訴訟を提起されないために、取締役の権限濫用・違法行為を防止することが企業にとって肝要である。

II 最近の企業法務で注目に値すると思われる事柄

1 コンプライアンス（法令遵守）

コンプライアンス（compliance）とは、法令遵守という意味である。企業法務の関係においては、企業が事業を行うにあたって、法令を遵守すべきことを意味するわけである。最近、企業における粉飾決算（たとえば日興コーディアルグループでの粉飾決算など）や、相次ぐ食の安全にかかわる不祥事（たとえば不二家での製品製造過程での管理不備や、消費期限の偽装など）はマスコミでも大きく報じられているが、これらはいずれもコンプライアンスにかかわる重大な問題である。このように、企業の法令遵守については、社会や消費者の目が相当厳しくなってきているといえる[5]。

そこで、企業においては、法令違反が起こらないような仕組みをどのように整備するかという問題が非常に重要になってきている。いわゆる「内部統制システム」の整備と呼ばれる問題である。内部統制システムとは、一般的には、業務の有効性および効率性、財務報告の信頼性、および法令等の遵守が達成されていることを確保するために構築された組織的プロセスをいう[6]。詳細は会社法の講義で学ぶことになろう。

2 企業法務の担い手としての企業内弁護士[7]

企業の法令遵守について社会の注目が集まり、また、法律の改正も頻々で

---

5) 朝日新聞2007年10月10日朝刊10面。
6) 宍戸善一『ベーシック会社法入門［第5版］』（日本経済新聞社、2006年）64頁。
7) この項目については、朝日新聞・前掲（注5）10面に依拠した。

あるため、企業法務の担い手には相当な専門性が要求される。そこで、その担い手としていわゆる企業内弁護士を挙げることができる。企業内弁護士は弁護士の資格を持っているので、企業の行う事業について早期の段階で法的なチェックが可能であり、また、社外弁護士に相談すべき案件でも、法的な論点が事前に整理されていることがメリットとして挙げられよう。もっとも、国内の企業内弁護士は2007年の段階で200人に満たず、今後企業が企業内弁護士として採用する予定の弁護士の数も僅少であるという。しかし、昨今は、企業法務をめぐる動きがきわめて速いなど、日本の企業にこんにちほど法務部門の充実が求められている時代はない。ゆえに、企業内弁護士の増加は企業にとって急務であるといえる。企業法務を担う企業内弁護士には、現場を知りつつ法律に精通しているということが重要であるといえるが、企業内弁護士が増えるにはそうした人材の育成が望まれる。

〈参考文献〉
　　企業法務といっても、その対象とする法領域は多岐にわたるため、問題となる場面場面を規律する法律も一様ではない。そのため、企業法務に関する事柄については、日ごろから新聞記事に目を通すなどして、どのような法律がどのような場面で適用されるのかということに関心を払うのがよいと思われる。なお、大部な書物であるが、企業法務について横断的に扱っているものとして、福原紀彦（編集代表）『企業法務戦略』（中央経済社、2007年）が挙げられる。

【髙木正則】

COLUMN

企業法務

　企業における法務部門が行っている業務（企業法務）については、イメージし難いと思われる。したがって、本稿において、可能な限り、具体的にその業務内容を説明することに努めたい。

　まず、法務部門が扱う法律とはどんなものがあるのか？　企業で使う法律を分類するとすれば、民法・商法（会社法）系、刑法系、独占禁止法系、特許系、労働法系になる。その中でよく使う法律は、民法・商法（会社法）系が全体の4割、5割を占めることになろう。企業法務において、契約書の作成および審査はかなりのウェイトを占める。また、訴訟対応をするにしても民法の知識は必要であり、民事訴訟法も当然に必要となってくる。会社法は、企業の中の機関である株主総会や取締役会の内容を定めており、とくに株主総会は会社にとっては一大行事である。大きな会社は、株主総会だけを専門とする部門もあるくらいである。10年、20年も前においては、手短に終わらせることに主眼が置かれており株主総会は閉ざされたものであった（総会屋対策）。しかしながら、最近は、一般投資家も増えてきて、会社の方も質問にはしっかりと答えていこうという流れに変わってきた。株主総会も開かれたものになってきているのであろう。

　ちなみに、日本国憲法は使用される機会はそれほど多くない。それは、法律は国家が国民を制限しているのに対して、憲法は、国民が国家を制限しているわけであるから、その本質からすると、憲法をあまり使う機会がないのも致し方ないであろう。

　法務部門の業務内容は以下の8つ程度考えられる。その業務内容を説明した後、企業における法務部門の必要性と役割について説明していくこととする。

1. 契約書・合意書・誓約書および書簡（レター）の作成および審査
2. 紛争（訴訟・調停・クレーム等）、不正事件、反社会勢力対応
3. 知的財産関連業務（特許、実用新案、意匠または商標の出願、著作権の管理、ライセンス業務）
4. 債権回収業務
5. コンプライアンス（法令遵守）対応
　　・独占禁止法、下請法上の問題
　　・労務上の問題（会社の解散、解雇を伴う団体交渉）
6. 株主総会、取締役会およびその他委員会の運営および管理
7. 登記事務（商業登記・不動産登記）

8．管理業務（契約書、訴訟資料、収入印紙、その他の法律に関する資料の管理）

【契約書等の作成・審査】 会社の規模によって、年間の処理件数は随分違ってくる。商社であれば、1年間に相当な数の取引があり、その取引の数だけ契約書があることになる。契約書の内容によってもまったく労力が異なる。たとえば、海外の契約書のように数十ページもある契約書もあれば、日本の契約書では1ページのものもある。海外の契約書が数十ページにわたるものになる理由は法律体系が異なることに起因する。つまり、日本の民法は大陸法系のフランス法の影響を受けたため解釈による内容が多い。したがって、ある程度基本となる条項だけを記載すれば足りるのである。それに対して、英国、米国は、判例法系であるため、とにかく想定できることはすべて書いておくというスタンスである。不可抗力（自分ではどうしようもないような理由）の場合、約束したことを守ることはできないという内容を契約書の中に盛り込むが、たとえば、不可抗力条項の中に「戦争（War）」を列挙していても、宣戦布告（declaration of war）がなされない「紛争（conflicts）」や「敵対行為（hostilities）」の発生には適用されないことがある。つまり、厳密には「戦争（war）」ではないため、不可抗力ということにはならず約束違反（債務不履行）であると、海外の裁判所に判断されてしまった事例（スエズ運河の閉鎖事件（ユージニア号事件））もあった[1]。

日本人には比較的になじみやすいのか、相手方に対して単に話しただけでも裏切ってはいけないとか、約束は守らなければならないとか、期待させてしまったのは自分の責任であると思う人が多いかもしれない。つまり、法律用語を使っていえば、信義則が法律上の解釈において適用されることがある（信義誠実の原則）。フランスでも信義則の考え方があるが、英国、米国、中国ではそのような考え方はほとんどされない。紙に書いて約束していない以上は、極端にいうと守る必要はない。よって、英文の契約書は、主張したいことはすべて書いておく必要がある。したがって、ページ数はどんどん増えていくことになるのである。

契約書の種類は、売買契約等の民法上の典型契約の他、販売代理店契約、ライセンス契約等々、いろいろとある。日本の民法の内容であれば本来的には契約書はわざわざ作成する必要はない。口頭でも双方の合意で成立するからである（諾成・不要式契約）。日用品の購入の際に契約書を作成する必要がないのはこれによるのである。

しかしながら、企業においては、通常、取引先等との間での取引内容がまと

---

[1] 山本孝夫『英文ビジネス契約書大辞典』（日本経済新聞出版社、2001年）130頁・619頁。

まれば、当然に契約書は締結されることになる。契約自由という大原則が民法にはある。自由に定めることが禁止されている内容以外は、原則自由である。したがって、契約書が作成される大きな理由は、民法の条文にない例外の条項を定める必要がある場合である。つまり、企業が作成する契約書は民法の内容について確認的に記載はするが、例外条項が契約書の大半を占めることにはなる。換言すれば、その例外条項は、元々、民法にも定めがないため書面化しておく必要があるのである。書面化されなければ、約束が守られなかった場合、契約違反として相手方に主張し得なくなるからである。つまり、口頭で決めた内容を事後知らしめす術がないと、請求していくことが困難となるからである。しかしながら、日本の場合は、上述の信義則の考え方があるため、契約が締結される前の責任（契約締結上の過失）が問われることは、また別問題としてある。

【紛争等業務】　紛争が勃発した場合、どういうふうに解決していくかについて説明する。

紛争には請求される場合とする場合がある。まず、請求される場合について説明すると、特許等の権利を侵害してしまった場合や、販売した製品に不具合が発見されたような場合がある。これらについては、正面切って勝負する場合もなくはないが、まずは穏便に解決できないかを探る。つまり、特許の場合、真正面から喧嘩をするということは、相手の特許を完全に否定することである。もしも、失敗すれば、特許権利者の請求を満額受けなければならない可能性も出てくるため、その点からするとかなり及び腰になることも多い。しかしながら、権利に抵触していないことが明らかであれば、真正面から戦ってもよい。家電業界では、クロスライセンス契約（相互に特許、実用新案等の権利を出し合い、一定の期間相手方の権利を無償で自由に使用することが可能である契約。出し合った権利の差分は金銭で調整することになる）を締結して解決をはかることが多い。

また、製品の不具合についても、不具合の不存在を主張して戦うことは可能ではある。しかしながら、製品の信頼性を確保するためには、購入者側もこれまでの売主の代わりに、直ちに他社を利用することは難しいというのが実情であり、反対に、売主側も新たに買主を見つけることはままならぬことであるため、直ちに裁判に発展することはない。ある程度の補償を売主がすることによって解決することが多いのが実情である。

他方、請求する場合は、どんな場合があるかというと、判例を取りに行きたいような場合である。判例とは、裁判所が特定の訴訟事件に対して下した判断で、同種の事件を裁判する際の規範となるものである。換言すれば、同類・同系統の訴訟が提起された場合は、先に出された判決と同様の判決が下される可能性が高いわけである。これは、裁判官によって判決が異なることは公平性を欠くからである（法の公平性維持）。したがって、同じような請求が繰り返して

なされているような場合は、個別に対応するよりも判例を勝ち取って事後の対応を簡易に処理したいと思う場合に請求していくことになる。

その他の紛争解決としてよく利用されるのは調停である。裁判であれば、原則公開であり内容が秘密にすることができないため、秘密裏に解決をはかりたい場合には都合がよい解決方法である。必ずしも弁護士を使う必要はないので、コスト的に安価で済むということも選択する理由の一つである。

【知的財産関連業務】 主に、特許、実用新案、意匠または商標の出願を特許庁に申請していく業務である。ちなみに、特許とは、特許庁の審査の結果、審査官が拒絶理由を発見できなかった、つまり同じような発明が他に見当たらなかったので、取り敢えず認めてあげるというスタンスである。素晴らしい技術に対して権利が当然に付与されるものではない。よって、公知技術の存在を示す等（異議）、第三者が申立てを行えば、その特許が取り消される場合もある。なかなか、直接、相手の特許を潰しにはいけないので、ダミーを使って潰しにいくようなことは特許実務ではよくある話ではある。

知的財産関連のその他の業務は、権利化された特許等をライセンスしたり、ライセンスを受けたりすることである。日本では上述したクロスライセンスが多く、個別の特許のライセンスは諸外国に比べればそれほど盛んではない。

【債権回収業務】 貸金債権の返還業務や、売掛金を回収する際の業務である。一般的な対応の仕方としては、貸金であれば、いついつまでに返還するようにというような内容の書面を出すが、普通の書面で出しても重みとか威圧が感じられないので、内容証明郵便を出して対応する。昔は、裁判所内郵便局から出したりして、本来的には何の効果もない（時効中断の意味合いはある）が、裁判所内郵便局というスタンプが押されていると、受け取った方も裁判沙汰になると勝手に勘違いして払ってもらえる場合もある。ちなみに、内容証明郵便とは、相手方である受取人と差出人と郵便局に同じ内容の書面があることによって、事後、相手方に、送った書面を受け取っていないと言わせないためのものである。そのために配達証明も付けるのが通常である。

内容証明郵便の効果がまったくなければ、支払督促という方法を用いる。これは通知を出して、2週間内に相手方より異議が出なければ、その通知が債務名義（強制執行ができるためのもの）となる。つまり、判決と同等の効力を生じさせるものである。結局、2週間内に異議が出されれば通常訴訟に移行してしまうので、そこで勝訴判決を受けて、強制執行をして回収をして満足を得ることになる。しかしながら、満足を得ることは簡単ではない。そもそもお金がない債務者に対して、お金を取りにいくので、満額回収することはほとんど期待できない。

お金を貸す人、会社または業者は、直接お金を借りる人よりも連帯保証人を

重要視することが多い。担保としては不動産に担保を付けることの方が人に保証人になってもらうよりバブルの時代では意味があったが、不動産の価値が下がっている現状ではどちらが有益かは微妙なところである。

【コンプライアンス業務】　昨今法令遵守がよく叫ばれている。その中で、法務部門の業務として対応するのが、独占禁止法（下請法）違反と労働法違反に対する問題である。これらの法律に違反することによって、会社は多大なる罰金を払わなければならなくなり、会社の経営に相当なダメージを与えることになる。法令違反がマスコミ等に取り上げられれば、会社の信用失墜にもつながるおそれがある。また、これらの法律は罰則が強化されていく傾向にあり、法務部門としては、常に注意を払わなければならない。

【株主総会運営業務、登記事務】　上述の通りであり、株主総会で決議された事項で、登記すべき事項については、商業登記法に従って、登記申請を行うことになる。株式会社であれば、少なくとも取締役の任期は2年であるため、2年ごとに変更登記は必要となる。これが登記事務である。登記実務としては、不動産登記もあり、これは取引において、相手方の不動産を担保（（根）抵当権設定）とするような場合になされることがある。

【契約書管理業務】　訴訟等が提起されたような場合に直ちに対応できるよう常に整理しておくことが必要である。また、契約書の期限管理もしておかなければ、契約の効力がいつまで及ぶのかが分からなくなり、思わぬ損害をこうむることになる。地味な仕事ではあるが、非常に大切な仕事である。

ところで、上記の業務内容であれば、弁護士や司法書士の代理人に任せてしまえばよく、法務部門は必要ないのではないかと疑問を持たれた方もいるであろう。

以前、代理人をしていた人が、企業法務をやりたいといって応募してきた人がいた。なぜ、企業法務をやりたいのかと質問したところ、代理人はどこまでいっても主体にはなれないからだということである。自分ではいろいろなやり方で対応したいと思っても、結局は一番安全な方法を選ばざるを得ないわけである。つまり、失敗すれば、クライアント（依頼人）に迷惑を掛け、その結果、クライアントから損害賠償請求されるかもしれないからである。企業の中に入って、自らが主体となって、ぎりぎりの解釈の中で対応してみたいとのことであった。まさしく、そこが企業法務担当者の醍醐味なのかもしれない。

確かに代理人はあくまでも法律の専門家であるが、トラブルや紛争になった業務内容に一番詳しいのは企業の法務担当者である。つまり、代理人と企業法務担当者との間は役割分担が必要なのであろう。高度な法律の解釈については代理人に任せるべきであり、その他、企業内における情報収集や、業務の詳細な内容のまとめは、企業の法務担当者が対応すべきである。法務部門の担当者

の必要性と役割はそこにあると思われる。

　昨今、法律を使った仕事は、ある程度の地位を築き、マスコミにももてはやされて恰好のよい職業のように思われるかもしれないが、元々はトラブルとなった案件を片付けるのがメインの仕事であるため、時には危ない目に遭遇することもあれば、電話で罵声を浴びることもある。本質的には地味な仕事で根気と粘り強さが必要な仕事である。

　とはいえ、上述したように、企業法務の仕事は多岐にわたり遣り甲斐のある仕事でもある。特許の仕事であれば出願したものが権利化され、権利化されたものがライセンスされればロイヤルティも得ることができ、一定の成果となり満足感を得ることもできる。訴訟であれば負けることもあるが勝つこともある。勝訴した場合の思いは、格別なものである。

　益々社会が複雑化していく中、企業法務の必要性はさらに増していくことになるであろう。

【伊達裕成】*

＊最終学歴：明治大学大学院法学研究科博士前期課程修了、現在：株式会社カプコン法務部　部長

第19章

法律家の養成

第1節　実務法曹の養成
――法学部、法科大学院、司法研修所――

Ⅰ　法曹養成の基本理念

　2004（平成16）年4月、全国各地に法科大学院が開校し[1]、わが国の新しい法曹養成制度がスタートを切った[2]。その後、2006（平成18）年の第1回新司

---

1) 初年度の2004（平成16）年に、全国で68校の法科大学院が開校し、翌年6校が新たに加わって、現在、全国で74校が開校している。その内訳は、国立が23校、公立が2校、私立が49校で、2009（平成21）年度の総定員は5,765人である。ただし、定員については今後大幅に削減される方向にある。
2) 法曹養成制度に関する制度改革の大まかな流れは次の通りである。すなわち、1999（平成11）年に司法制度改革審議会が内閣に設置され、同審議会により2001（平成13）年6月12日に「21世紀の日本を支える司法制度」との副題が付された「司法制度改革審議会意見書」が内閣に提出された。これを受けて同年11月に「司法制度改革推進法」が成立、同年12月司法制度改革推進本部が内閣に設置された。2002（平成14）年に司法制度改革推進計画が閣議決定され、その後、第155回国会において、(i)「学校教育法の一部を改正する法律」（平成14年法律第118号）、(ii)「司法試験法及び裁判所法の一部を改正する法律」（平成14年法律第138号）および(iii)「法科大学院の教育と司法試験等との連携等に関する法律」（いわゆる「連携法」）（平成14年法律第139号）が、第156回国会において、(iv)「法科大学院への裁判官及び検察官その他の一般職の国家公務員の派遣に関する法律」（いわゆる「現役公務員派遣法」）（平成15年法律第40号）が成立した。
　(i)の「学校教育法の一部を改正する法律」は、法科大学院を法曹の養成に特化した教育を行う専門職大学院として位置付け、第三者評価制度の導入などの法的整備をはかったものであり、(ii)の「司法試験法及び裁判所法の一部を改正する法律」は2006（平成18）年度から実施される新司法試験の内容や、司法修習の期間の1年間への短縮などを定めたものである。(iii)の「法科大学院の教育と司法試験等との連携等に関す

第6部　第19章　法律家の養成

法試験を経て、2008年（平成20）年12月には、新しい法曹養成制度下での法曹が誕生するに至っている。

　司法制度改革審議会意見書（平成13年6月12日）[3]（以下、「意見書」という）は、「今後、国民生活の様々な場面において法曹に対する需要がますます多様化・高度化することが予想される中での21世紀の司法を支えるための人的基盤の整備としては、プロフェッションとしての法曹（裁判官、検察官、弁護士）の質と量[4]を大幅に拡充することが不可欠であり」[5]、この「21世紀の司法を支えるにふさわしい質・量ともに豊かな法曹」を養成するためには、従来のような「司法試験という『点』のみによる選抜ではなく、法学教育、司法試験、司法修習を有機的に連携させた『プロセス』としての法曹養成制度を新

　　る法律」では、法曹養成の基本理念および法曹養成に関する国や大学の責務を定め、(iv)の「法科大学院への裁判官及び検察官その他の一般職の国家公務員の派遣に関する法律」では、上記の責務を果たすため、裁判官および検察官を法科大学院に教員として派遣することを可能とする制度を創設した。これにより裁判官はパートタイム方式で週数日、検察官はフルタイム、法科大学院で教えることができるようになった。
3)　司法制度改革審議会「司法制度改革審議会意見書——21世紀の日本を支える司法制度」（平成13年6月12日）http://www.kantei.go.jp/jp/sihouseido/report/ikensyo/index.html　最新アクセス日2010/04/10
4)　司法試験の合格者数が500人前後という時代が、比較的長い間、すなわち1962（昭和37）年から1990（平成2）年まで続いていた。その後、1991（平成3）年から増加に転じ、1999（平成11）年に1,000人に達し、2003、2004（平成16,17）年には約1,500人となった。その後は新司法試験と総数で合格者数を徐々に増加させて配分していき、2010（平成22）年頃には「司法試験の合格者数を年間3,000人程度とすることを目指す」（「司法制度改革推進計画」（平成14年3月19日閣議決定））ものとされていた。そして、「このような法曹人口増加の経過を辿るとすれば、おおむね平成30（2018）年ころまでには、実働法曹人口は5万人規模（法曹1人当たりの国民の数は約2,400人）に達することが見込まれる」（意見書）とされている。なお、この年間3,000人という数値は「あくまで「計画的にできるだけ早期に」達成すべき目標であって、上限を意味するものではないことに留意する必要がある」（意見書）とされている。ただし、2009（平成21）年の新旧司法試験合格者総数は2,135人に過ぎず、目標数値と大きく乖離している。合格者数削減の声も大きく、予断を許さない状況にある。
　　ところで、実働可能な日本の弁護士人口は約2万人であるといわれている。これは弁護士1人につき国民6,000人前後の割合になる計算である。これに対し、医師人口は約25万人で、医師1人につき国民500名前後である。このように両者の間には大きな開きがあり、「国民の社会生活上の医師」としての役割を期待される理想の弁護士像にはほど遠い状況といえよう。因みに、アメリカは弁護士、医師それぞれ1人につき国民300名強といわれている。また、日本の検事人口は1,000人強で、おおざっぱに国民10万人に1人の割合であるが、犯罪が複雑化している現在においては、10倍にすべきとの主張がある。

第1節　実務法曹の養成

たに整備することが不可欠である」と宣言した。そして、「法曹養成に特化した教育を行うプロフェッショナル・スクールである法科大学院」をその法曹養成制度の中核に据えること、それに伴い、司法試験および新たな司法修習は「法科大学院の教育内容を踏まえた新たなものに切り替えるべきである」ことを提言した[6]。

　この21世紀の司法を支えるにふさわしい質・量ともに豊かな法曹の養成が必要とされる大きな理由は、第一に、「国の規制の撤廃又は緩和の一層の進展[7]その他の内外の社会経済情勢の変化に伴い、より自由かつ公正な社会

---

5) 意見書は、「経済・金融の国際化の進展や人権、環境問題等の地球的課題や国際犯罪等への対処、知的財産権、医療過誤、労働関係等の専門的知見を要する法的紛争の増加、「法の支配」を全国あまねく実現する前提となる弁護士人口の地域的偏在の是正（いわゆる「ゼロ・ワン地域」の解消）の必要性、社会経済や国民意識の変化を背景とする「国民の社会生活上の医師」としての法曹の役割の増大など」が質・量ともに豊かな法曹を要請すべき要因であると指摘している。

6) 意見書によると、今までの司法試験という点のみによる選抜による方法は、次に述べる2つの理由から、21世紀の時代に相応しくないとされた。すなわち、第一に、「司法試験における競争の激化により、学生が受験予備校に大幅に依存する傾向が著しくなり、「ダブルスクール化」、「大学離れ」と言われる状況を招」き、「受験者の受験技術優先の傾向が顕著となってきた」近年の現状に鑑みれば、「大幅な合格者数増をその質を維持しつつ図ることには大きな困難が伴うこと等の問題点が認められ、その試験内容や試験方法の改善のみによってそれらの問題点を克服することには限界がある」こと、すなわち、現状の制度を維持したままで、「司法試験による合格者数を端的に大幅に増加させる」ことは、より深刻な事態を発生してしまうといわざるをえないこと、第二に、「大学における法学部教育を何らかの方法で法曹養成に資するよう抜本的に改善すれば問題は解決されるとの見方もありうるかもしれないが、この考え方は、大学法学部が、法曹となる者の数をはるかに超える数（平成12年度においては4万5千人余り）の入学者を受け入れており、法的素養を備えた多数の人材を社会の多様な分野に送り出すという独自の意義と機能を担っていることを看過するものであり、現実的妥当性に乏しいように思われる」こと、これらの2つの理由から今までの司法試験という点のみによる選抜による方法は問題があるとされた。そこで、次の2点の重要性が指摘されたのである。すなわち、第一に「司法試験という『点』のみによる選抜ではなく、法学教育、司法試験、司法修習を有機的に連携させた『プロセス』としての法曹養成制度を新たに整備することが不可欠である」こと、第二に、その中核を成すものとして、「法曹養成に特化した教育を行うプロフェッショナル・スクールである法科大学院を設けることが必要かつ有効であると考えられる」とされたのである。

7) 村上政博『法科大学院』（中央公論新社、2003年）4頁は、「行政指導に頼った事前調整型行政から、法的措置を講じる事後監視型行政」および司法重視型国家への転換が、法および司法の果たすべき役割をより重視する要因となったと指摘する。

の形成を図る上で法及び司法の果たすべき役割がより重要なものとな」(法科大学院連携法2条柱書)ったこと、第二に、「多様かつ広範な国民の要請にこたえることができる高度の専門的な法律知識、幅広い教養、国際的な素養、豊かな人間性及び職業倫理を備えた」(同前)法曹が求められるようになったことの2点に求められる。

　こうした要請に応えて、2004(平成16)年4月から「法曹の養成のための中核的な教育機関」(同条1号)である法科大学院が全国に開校され、そして、法科大学院の卒業生のみに受験資格を認める新たな司法試験(以下「新司法試験」という)および新たな司法修習制度が、法科大学院第1期生が修了する2006(平成18)年から実施されることとなった。その際、法科大学院における法学教育、司法試験、司法修習の三者は、有機的に連携させた「プロセス」の中に位置付けられ、新司法試験および新たな司法修習制度は共に「法科大学院における教育との有機的連携の下」(同条2号・3号。なお、改正後の司法試験法1条3項参照)に実施されることとなった。

II　司法試験

1　新司法試験 (2006(平成18)年以降から実施)

　司法試験は、「裁判官、検察官又は弁護士となろうとする者に必要な学識及びその応用能力を有するかどうかを判定することを目的とする国家試験」である(司法試験法1条1項)。

　新司法試験法は、「法科大学院課程における教育及び司法修習生の修習との有機的連携の下に行うものとする」と定める(改正後の司法試験法1条3項)。従来の司法試験という「点」のみによる選抜ではなく、法科大学院における法学教育、司法試験および司法修習を有機的に連携させた「プロセス」としての法曹養成制度として把握する結果、司法試験は「法科大学院における教育との有機的連携の下」(連携法2条2号・3号)に実施される「法科大学院の教育内容を踏まえた新たなもの」(意見書)として生まれ変わることとなった。

　従来の試験には、受験資格および受験回数に制限はなかったが、新司法試験は、原則として法科大学院を卒業した者のみに受験資格が認められる(改正後の司法試験法4条1項1号)。また、回数制限があり、受験資格を得てから5年間において、3回の範囲内でのみ受験が認められる(同法4条1項)。試験は「短答式及び論文式による筆記の方法により行」い(同法2条1項)、従来の試験に存在していた口述試験は廃止された。そして、「司法試験においては、

その受験者が裁判官、検察官又は弁護士となろうとする者に必要な学識及びその応用能力を備えているかどうかを適確に評価するため、知識を有するかどうかの判定に偏することなく、法律に関する理論的かつ実践的な理解力、思考力、判断力等の判定に意を用いなければならない」（同法3条4項）とされる。

　試験科目も従来の司法試験と異なり、短答式試験は、公法系科目（憲法および行政法）、民事系科目（民法、商法および民事訴訟法）、刑事系科目（刑法および刑事訴訟法）の3科目（7分野）で構成され（同法3条1項）、それぞれ別個の時間帯に実施する。論文式試験は、この3科目に「専門的な法律の分野に関する科目として法務省令で定める科目のうち受験者のあらかじめ選択する一科目」（司法試験法3条2項4号。すなわち、知的財産法・労働法・租税法・倒産法・経済法・国際関係法（公法系）・国際関係法（私法系）・環境法）を加えた4科目（8分野）である。

　試験の日程は、短答式試験と論文式試験を毎年5月に4日間、1日の休みを挟んで実施する。また、短答式試験と論文式試験の関係は、従来は短答式試験は論文試験受験資格を獲得するためのいわば足切り試験としてのみ機能していたが、新司法試験では、足切り試験としての機能は一部残るものの、短答式試験と論文式試験との総合評価で合否判定が下される（同法2条2項）。

　なお、「新司法試験実施に係る研究調査会報告書」（平成15年12月11日）[8]によれば、「公法系科目、民事系科目及び刑事系科目においては、多種多様で複合的な事実関係に基づく、比較的長文の事例を出題し、十分な時間をかけて、法的に意味のある事柄を取り出させ、その事実関係にふさわしい解決策等を示させたりすることなどにより、法的な分析、構成及び論述を行わせることを中心」とするとされている。論文科目の試験時間については、公法系および刑事系科目は4時間、民事系科目は、配点の比率（公法系科目および刑事系科目の1.5倍）を踏まえ6時間、選択科目は3時間である（いずれも各2問ずつ出題）。

2　旧司法試験（2010（平成22）年まで実施）

　新司法試験が開始される2006（平成18）年以後も5年間、すなわち、2010（平成22）年まで、これと併行して従来からの旧司法試験が実施される（ただ

---

8)　http://www.moj.go.jp/SHIKEN/HOUKOKU/houkoku.pdf　最新アクセス日 2010/04/10

し、口述試験は翌年2011（平成23）年まで実施される）。これは、新制度へ完全に切り替わるまでの移行措置として、従来からの司法試験受験生に不当な不利益を与えないようにすべきとの配慮に基づくものである。

　従来の司法試験は、大学における一般教養科目の学習を終わった者などが免除される第一次試験と、世間一般にいう司法試験を意味する第二次試験とに分かれており（改正前の司法試験法2条）、第二次試験は、短答式および論文式による筆記ならびに口述の方法により行うとされていた（同法5条1項）。短答式試験は、憲法、民法、刑法の3科目について、論文式試験は、短答式による試験に合格した者につき、基本六法について行い、口述試験は、筆記試験に合格した者を対象に実施するものであった。いずれも「知識を有するかどうかの判定に偏することなく、理解力、推理力、判断力等の判定に意を用いなければならない」（同法6条5項）とされている。

3　司法試験予備試験 （2011（平成23）年以降に実施）

「経済的事情や既に実社会で十分な経験を積んでいるなどの理由により法科大学院を経由しない者にも、法曹資格取得のための適切な途を確保すべきである」（意見書）という配慮から、旧司法試験が終了した翌年（2011（平成23）年）から、幅広い法分野について基礎的な知識・理解を問う試験、すなわち司法試験予備試験が実施される。これに合格すれば新司法試験の受験資格を認められる。この司法試験予備試験は、法科大学院修了「者と同等の学識及びその応用能力並びに法律に関する実務の基礎的素養を有するかどうかを判定することを目的とし、短答式及び論文式による筆記並びに口述の方法により行う」（司法試験法5条1項）。試験科目は、短答式試験は基本六法に行政法と一般教養科目を加えた8科目について、論文式試験は、それに法律実務基礎科目（法律に関する実務の基礎的素養（実務の経験により修得されるものを含む）についての科目をいう）を加えたものについて、口述試験は、法律実務基礎科目について、それぞれ行う。

Ⅲ　法科大学院

1　法曹養成制度の中核としての法科大学院

　すでに述べたように、「法曹養成に特化した教育を行うプロフェッショナル・スクールである法科大学院」は、法学教育、司法試験および司法修習を有機的に連携させた「プロセス」における21世紀の司法を支えるにふさわしい「法曹の養成のための中核的な教育機関」として位置付けられる。

2 入学試験

法科大学院の入学試験受験者は、必ず適性試験（LSAT；Law School Admission Testとも呼ばれる。）を受験しなければならない。適性試験は、大学入試センター主催の「法科大学院適性試験」（DNC試験）と日弁連法務研究財団・社団法人商事法務研究会主催の「法科大学院統一適性試験」（JLF試験）の2種類がある（ただし、今後は一本化される予定である）。適性試験は、法律の専門知識を問うものではなく、法科大学院におけるカリキュラム履修の前提として要求される判断力・思考力・分析力・表現力等の資質・能力を備えているか否かを判定する試験である。なお、適性試験の成績結果をどのように扱うかについては、各法科大学院が独自に決定する。

法学未修者（3年コース）として入学を希望する者は、適性試験に加えて各大学院が実施する小論文や面接等の試験を受ける。それらの結果と学業成績等を総合して合否を決定する。法学既修者（2年コース）として入学を希望する者は、これらに加えて法科大学院が独自に実施する法律科目の論文式試験を受験する。これは基礎的な法律科目の履修を省略して修業年限2年への短縮を認めることができる程の学識を備えているか否かを判定する試験である。なお、大学院によっては、日弁連法務研究財団・商事法務研究会主催（法学検定試験委員会実施）の法科大学院既修者試験（科目は基本6法プラス行政法の7科目で、形式は短答式のもの）の受験を要求するところもある。

3 法科大学院における人材の多様性の確保について

「経済・金融の国際化の進展や人権、環境問題等の地球的課題や国際犯罪等への対処、知的財産権、医療過誤、労働関係等の専門的知見を要する法的紛争の増加」（意見書）に対応可能な法曹の養成が重要な課題であり、そのために、経済学や理数系、医学系など法律以外の分野を学んだ者や実務の経験を積んだ者など多様なバックグラウンドを有する人材を法科大学院に幅広く受け入れ、法曹になる者の人材の多様性を確保することが重要となる。このため入学者選抜において、「法科大学院は、入学者のうちに法学を履修する課程以外の課程を履修した者又は実務等の経験を有する者の占める割合が三割以上となるよう努めるものとする」[9]ものとされている。

---

9) 「専門職大学院に関し必要な事項について定める件」（平成15年文部科学省告示第53号）3条1項。もしこの「割合が二割に満たない場合は、当該法科大学院における入学者の選抜の実施状況を公表するものとする」（同条2項）と規定されている。

4　法科大学院の教育内容

　意見書によれば、「法科大学院では、法理論教育を中心としつつ、実務教育の導入部分（たとえば、要件事実や事実認定に関する基礎的部分）をも併せて実施することとし、実務との架橋を強く意識した教育を行うべきであり」、「教育方法は、少人数教育を基本とし、双方向的・多方向的で密度の濃いものとすべきで」、「法科大学院における教育方法（授業方式）としては、講義方式や少人数の演習方式、調査・レポート作成・口頭報告、教育補助教員による個別的学習指導等を適宜活用することとする。とりわけ少人数教育を基本とすべきである」とされている。そして、法科大学院教育に期待されている養成すべき法曹像について、「21世紀の司法を担う法曹に必要な資質として、豊かな人間性や感受性、幅広い教養と専門的知識、柔軟な思考力、説得・交渉の能力等の基本的資質に加えて、社会や人間関係に対する洞察力、人権感覚、先端的法分野や外国法の知見、国際的視野と語学力等が一層求められるものと思われる」とされている[10]。

Ⅳ　法学部教育の位置付け

　意見書によれば、法科大学院設置後の法学部教育に関して、「現在、全国で93大学に置かれている法学部では、1学年約4万5千人が学んでおり、法曹以外にも社会の様々な分野に人材を輩出しており、その機能は法科大学院導入後も基本的に変わりはない」とされている。そして、「法科大学院導入後の法学部教育については、法科大学院との役割分担を工夫するものや、法学基礎教育をベースとしつつ、たとえば、『副専攻制』の採用等により幅広

---

10)　「高度の専門的な法律知識」の他に、「幅広い教養、国際的な素養、豊かな人間性及び職業倫理を備えた」（「法科大学院の教育と司法試験等との連携等に関する法律」2条）法曹を養成することが、法科大学院を中核とする法曹養成制度に期待されている。また、意見書によれば、「「法の支配」の直接の担い手であり、「国民の社会生活上の医師」としての役割を期待される法曹に共通して必要とされる専門的資質・能力の習得と、かけがえのない人生を生きる人々の喜びや悲しみに対して深く共感しうる豊かな人間性」を備え、「専門的な法知識を確実に習得させるとともに、それを批判的に検討し、また発展させていく創造的な思考力、あるいは事実に即して具体的な法的問題を解決していくため必要な法的分析能力や法的議論の能力」を備え、かつ、「先端的な法領域について基本的な理解を得させ、また、社会に生起する様々な問題に対して広い関心を持」ち、「人間や社会の在り方に関する思索や実際的な見聞、体験を基礎として、法曹としての責任感や倫理観が」強い人物を養成することが、法科大学院を中核とする法曹養成制度に期待されているのである。

い教育を目指すものなど、それぞれの大学が特色を発揮し、独自性を競い合う中で、全体としての活性化が期待される。さらに、学部段階における履修期間については、優れた成績を収めた者には早期修了を認める仕組み（いわゆる飛び級）を適宜活用することも望まれる」（意見書）と提言されている。

ところで、「法学既修者としての入学を希望する者には適性試験に加えて法律科目試験（法科大学院の基礎的な法律科目の履修を省略できる程度の基礎的な学識を備えているかどうかを判定するもの）を行う」（意見書）のであるから、学部時代に法的素養および基礎学力を完成させておく必要がある。また、法曹を目指さない学部学生にとっても、法および司法の果たすべき役割がより重要となる21世紀のわが国において、法的素養を伸ばすことの必要性がより強く唱えられることになろう[11]。このように法科大学院設置後の法学部教育の意義はむしろ従来よりも増大している。

V　新司法修習

司法試験に合格した者は、司法修習を受ける。そして、司法修習の最後に実施される司法修習生考試（司法試験の次の試験という意味で「二回試験」と呼ばれている）に合格して初めて、裁判官、検察官、弁護士となる資格、すなわち法曹資格が与えられる。

司法修習も、法科大学院における教育との有機的連携の下に行われる。すなわち、「新司法試験実施後の司法修習は、修習生の増加に実効的に対応するとともに、法科大学院での教育内容をも踏まえ、実務修習を中核として位置付けつつ、修習内容を適切に工夫して実施すべきであ」（意見書）り、「法科大学院における教育との有機的連携の下に、裁判官、検察官又は弁護士としての実務に必要な能力を修得させること」（連携法2条3号）を基本とする。

司法修習の期間は1年間である。まずは、従来の司法修習と異なり、実務修習から開始される。これは、法科大学院では、法曹養成に特化した教育機関として、実務との架橋を意識した教育および法律実務への導入教育を実施しているため従来の前期集合修習に相当する教育は不要であるとの考慮に基

---

[11]　吉村良一「法科大学院設置後の法学部教育」法律時報75巻4号（2003年）75頁は、法および司法の果たすべき役割がより重要なものとなる21世紀のわが国において、「法曹が増加し『法化』した社会においてこそ、法的素養を有する市民の存在が持つ意味」や「法学部で法を学んだ人材が社会の各層に分厚く存在することの意味」が実はより大きくなるということを正当に指摘している。

づく。実務修習では、全国各地の修習地の弁護士会・検察庁・裁判所において、現役弁護士・検察官・裁判官による個別指導を受けながら、実際の事件について実践的な体験を通じ、法曹として必要な能力や知識を修得する。この実務修習は、司法修習の中核をなすもので、法曹三者それぞれの実務を経験しながら実践力を培う「分野別実務修習」(8か月間)と、各分野の修習を一通り体験した後に司法修習生が自主的に修習分野を選択する「選択型実務修習」(2か月間)とに分かれる。前者の分野別実務修習は、弁護、検察、民事裁判、刑事裁判の4分野を対象とし、期間はそれぞれ2か月である。さらに実務修習終了後、実務修習を補完するものとして司法研修所における「集合修習」(2か月間)が行われる。集合修習は、民事弁護、刑事弁護、検察、民事裁判、刑事裁判の基本5科目を中心とし、実務修習と有機的に連携した教育を行う[12]。そして、司法修習の最後の締めくくりとして司法修習生考試が実施されるが、司法修習の課程でもプロセスが重視される関係上、考試の内容や試験時間および平常成績の重視などの点において多くの工夫が加えられることになる。

　司法修習生は、修習期間中、修習専念義務を負う(裁判所法67条2項)。また、給与および規律について国家公務員に準じた取扱いを受け、給与や手当ての支給を受ける反面、兼業・兼職が禁止され、また、秘密保持義務を負う。なお、2010(平成22)年から給費制に替わり「修習資金」の貸与という制度、すなわち、司法修習生がその修習に専念することを確保するための資金を本人の申告により無利息で貸与する制度となることが予定されている(裁判所法67条の2)。

〈主要参考文献・サイト〉
- 村上政博『法科大学院』(中央公論新社、2003年)
- 吉村良一「法科大学院設置後の法学部教育」法律時報75巻4号(2003年)74頁
- 司法制度改革審議会「司法制度改革審議会意見書—21世紀の日本を支える司法制度—」(平成13年6月12日)

---

12) なお、多様化かつ専門化する紛争に対応した法曹の養成も重要な課題であるが、高度かつ専門的な法律知識や技法の取得は、選択型実務修習などの一部例外を除き法曹資格取得後の継続教育に委ねることとし、司法修習の課程においては、専門的な活動ができる前提として基礎となる実務的能力、つまり実務全般に対する汎用性のある基礎力の養成に専念することとされた。

- http://www.kantei.go.jp/jp/sihouseido/report/ikensyo/index.html
（首相官邸のホームページ内の「司法制度改革審議会」の「報告書」のページ）
- 「司法制度改革推進計画」(2002（平成14）年3月19日閣議決定)
http://www.kantei.go.jp/jp/sihouseido/keikaku/020319keikaku.html
（首相官邸のホームページ内）
- 文部科学省高等教育局専門教育課専門職大学院室「法科大学院」
http://www.mext.go.jp/a_menu/koutou/houka/houka.htm
（文部科学省「Home」→「生涯学習・学校教育」→「大学・短大・専門教育に関すること」→「法科大学院」）
- 最高裁判所司法研修所「新司法修習について」
http://www.courts.go.jp/saikosai/sihokensyujo/sin_sihosyusyu.html
（裁判所トップページ→最高裁判所→司法研修所→司法修習→新司法修習について）
※なお、本節記載のサイトの最新アクセス日はいずれも2010年4月10日である。

【神田英明】

第2節　リーガル・トランスレータの養成

I　はじめに

　法律分野を専門にする通訳者のことを示す一般名称はまだ確立されていない。法廷における通訳人をもって「法廷通訳」または「司法通訳」と呼ぶようである。本書においては、その活動範囲を法廷に限定せず、法律分野を中心に活動する通訳者全般を、リーガル・トランスレータ（法律の分野で通訳・翻訳業務を実施できる専門職）と呼ぶことを提唱する。

　法学部の学生にとっても、魅力ある専門職になるように、広く法曹界でも専門職として認知され、リーガル・トランスレータ職の安定的確立が望まれるところである。さらに、将来的にはほかの法曹資格と同様に、リーガル・サービス・プロバイダーとして、その社会的地位が向上するように資格・認定制度ができることが期待される。

　以下には、リーガル・トランスレータの主な通訳業務について紹介する。

Ⅱ　リーガル・トランスレータとは

　通訳者は一般に、商談・アテンド・会議などにより、その業務は多岐にわたる。「一般通訳」と呼ばれる人たちは、〔専門〕会議通訳者と違い、あらゆる分野を通訳対象として仕事を請け負う、または仕事先に派遣されることになる。さらに、「会議通訳者」ともなると、いかなる分野も通訳できるというのが建前ではあるが、自ずと経験のある分野はより深く理解できるので、医学、金融、法律などという専門分野をもつことになる。実際、このように法律分野を主たる専門とする会議通訳者が存在する。

　一方でここに提唱する、リーガル・トランスレータは、その専門分野をほぼ法律関係に絞り、その多くの時間をこの分野の通訳およびその準備に専念することを前提とする。高度な通訳技術はもちろんのこと、法律分野の知識、および職業倫理などの基礎を確立した、リーガルプロフェッショナルとよべるレベルが要求される。これには、現在法廷などで活躍する通訳人（司法通訳、法廷通訳などとも呼ばれている）などの専門家だけでなく、会議や交渉などオールラウンドに法律分野で活躍する会議通訳者たちが含まれよう。

Ⅲ　必要とされる場面

　リーガル・トランスレータが活躍するのは、単一言語（たとえば日本語）だけではなく、複数言語が関わる場合である。それは、たとえば日本においては、日本語を解しない外国人弁護士が来日時に日本人顧客との会議の通訳、または裁判官や教授などの講演会でのスピーチなどの通訳、外国人労働者との就労問題などの事件において当該外国人の証言を通訳するなど様々である。一方、外国の裁判やデポジションなどで証言する日本人のために、法廷や法律事務所、在日大使館・領事館における通訳業務も含む。法廷外でも、和解交渉や特許審判など、やはり様々な設定がある。以下、これらに限定されないが、典型的なケースにおけるコミュニケーションの介在が、具体的にどのように実施されるかを簡単に述べる。

　(a)　**社内会議**　社内などにおいて外国人弁護士との打ち合わせや、外国人重役マネジャーの出席する会議などで、法的問題を討議するなどの際に、アジェンダに沿って通訳をする。これは、通常は逐次通訳だが、外国人が一人などの場合には、限定的に、横についてウィスパーリング（ささやくように同時通訳をする）となることがある。ただし、重要な発言が続くので、時折

質疑応答などが入ったらその訳出を逐次通訳に切り替えながら通訳を進める。

　ほとんどの場合にアジェンダが設定されており、その順番に資料配布やプレゼンテーションが実施され、その後討議がはじまる。通常、議事録を書記が残す場合もあり、日英両方で記録される場合には、逐次通訳をする。決済事項が発生する場合には、よりレベルの高い重役や社長に打診がなされ、決済が下る。これら一連の手続を理解した上で、当該問題（たとえば特許侵害やPL訴訟）だけでなく、会社の組織や技術内容および商品知識が必須となる。

　(b)　**契約交渉**　　契約を締結することを前提に、様々な条件の提示や、契約文書をめぐって、当事者同士が議論をする際に通訳者を入れる。弁護士や法務部、事業部の技術者たちを含める準備会議から、契約相手およびその代理人との契約交渉を経て、重役による契約締結までの長期にわたるのが交渉通訳である。

　相手側の意向が文書で交わされ、ドラフト（契約案）を基に、新しいオファーを受諾するか拒絶するか、そしてカウンターオファー、数値（金額・数量）をめぐって議論が交わされる。通訳者を双方につける場合もあるが、長期で高額な契約の最終段階などに限定されているようだ。

　決まったスケジュール通りに行かないのが、契約交渉の常であり、通訳者も忍耐が必要となる。一つの文言をめぐって、長時間議論が交わされることもある。英文契約書における特殊な助動詞の使い方ひとつで、権利と義務が発生することになる。通訳の介在は口頭とはいえ、交渉の場であることからも、それを文章に落としたときに（契約条項）、一文一句が重要さをもつので、誤解が生じていないかをたびたび確認しながら進めていかねばならない。通常は弁護士や法務部の経験者が交渉にあたるので、疑問がある場合はすぐに確認するべきである。

　(c)　**デポジション（デポ）**　　米国訴訟では、証拠開示の一環として証言録取が、外国である日本で実施されることがある。米国から2、3名の弁護士が来日し、在日大使館や領事館を利用することになる。また、米国本国内において日本人の証言を弁護士事務所でとることがある。原告側弁護士がリードカウンシルの場合に、原告側にオフィシャル通訳として雇われて、宣誓の上、主尋問・反対尋問に対する日本人証人の証言を厳密かつ的確に通訳する。その英訳の一部始終が調書（証言録：transcript）としてコートレポーターのステノタイプや、ビデオテープで記録（音声および録画の両方）され、法廷に提出されるという作業である。

デポにおいては、相手側（被告）弁護士および相手側チェッカー通訳者のチェックを受けることになる。疑義が生じた場合には、「異議（objection）」が唱えられ、通訳者同士で問題となる用語、証言の訳出をめぐって、議論が交わされることもよくある。

また、オフィシャル通訳者が、自らの誤りに気づき訳出の訂正・追加する場合にも、通訳者自身の発言である部分は、証人が自ら訂正したのではないことを明らかにして、訳出の訂正を入れることが求められる。

いずれの際にも、背景にある言語の違いなどを説明し、原文（証人による日本語）のメモや自己の記憶に基づき、内容の理解、解釈、訳出されたオリジナル通訳を文脈（質問の意図、論旨）などから、冷静に判断した上で議論し正確を期すべきである。

通訳上の異議をめぐりお互いに異なるクライアントに雇われている通訳者としての立場から、感情的になることも否めないが、証拠録取は、正義の実現を進めるプロセスの一環であり、事実の問題を確実に伝える義務が通訳者にはあることを、深く理解すべきであろう。

(d) 和解などの交渉　訴訟が提起される前と、提訴後であっても、いろいろな和解のプロセスがあり、通訳者を介することがある。

たとえば特許権侵害の警告レターをめぐって、当該特許権者や、発明者からの発明内容の説明、ロイヤリティの交渉、細かいライセンスの条件や契約の交渉がある。訴訟の提起後であっても、当該特許権の無効理由をめぐり、先行技術などの調査を基に、両当事者間で和解をする動きがでることもある。

これらの場面以外にも、調停・仲裁プロセスを望む事例では、調停人が両当事者の状況をそれぞれに伝え、和解を促進させる際に、かなりビジネス判断が入るような場面での通訳を依頼される場合がある。

このような通訳では、厳密・的確であることはもちろん、むしろ相手の心情を含めた細かいニュアンスまで訳出する必要がでてくる。ときには、英語・日本語のそれぞれで交わされる会話の温度を唯一察知できる立場にあり、公正・中立を守った上で、双方の当事者から信頼されることが肝要である。

(e) 法　廷　法廷におけるリーガル・トランスレータは、原告/検察または被告/被疑者、および被害者のいずれの立場からも独立して、本来あるべき、裁判所の実施する、法の下の平等、正義の実現を細心の注意でサポートする立場にある。

日本の法廷においては、通訳人は、証人や被告に対する尋問の通訳や、刑

第 2 節　リーガル・トランスレータの養成

事事件などの手続起訴状などの翻訳を依頼される場合がある。

　日本の刑事事件における通訳人のためのガイドブック[1]がでており、また、司法通訳人の協会[2]も設立されている。自主倫理原則（案）[3]がでているが、いまだ資格試験制度は存在していない[4]。また、ごく一部の大学や民間教育機関[5]では、通信講座やセミナーなどが開かれている。教育・啓発が各個人に委ねられたところが多いが、これらが広く有機的につながり、いずれ、ひとつの重要なリーガルプロフェッション教育として制度化されていくことになろう。

　(f)　講演会・学会　　逐次通訳であってもスピーカーが複数の場合や、3時間以上にわたる場合などは、複数の通訳者によって対処することになる。まず、法律分野の講演会ともなると、対象となる聴衆の法律用語のレベルは相当高いことが多く、一般用語だけでなく、専門用語の訳出が的確でなければならない。

　事前にスピーチ内容が原稿またはパワーポイントなどのスライドで渡されることがあるので、準備がすべてである。用語やコンセプトの確認は、前日にできれば終えておきたい。当日講演者は来客や他のスピーカーとの打ち合わせに入ってしまい、十分にプレゼン内容を質問できるチャンスがないことが多い。

　とくに、新しい重要判決や理論の理解には時間をかけておき、その分野なら相当レベルの知識を得ておくと、当日どんな内容が質疑応答でとび出てきても驚かないで済む。要するに、原稿がある場合は、その内容を自分のものにするだけでなく、周辺情報もリサーチしておくと、周到な準備ができる。

　また、会議場の大きさ、マイク・照明やメモを取る台や、パワーポイントのスクリーンに対する自分の位置などを早目に確認して、いかにも朗々と訳

---

1)　最高裁判所事務総局刑事局監修『法廷通訳ハンドブック』（法曹会、平成5年）
2)　日本司法通訳人協会は1992年設立され、その後1995年に「司法通訳国際シンポジューム」を開催し、各地で司法通訳トレーニングセミナーを開催している。渡辺修＝長尾ひろみ＝水野真木子『司法通訳（Q＆Aで学ぶ通訳現場）』（松柏社、2004年）参照。
3)　「通訳倫理原則（案）」として、水野真木子氏より日本通訳協会に提出されている（2005年）。
4)　アメリカにおいては、スペイン語法廷通訳者のための試験が実施されている。
5)　国際通訳株式会社は2002年7月より法廷通訳人養成講座を開講。松村弘『法廷通訳——司法に関する通訳の展望』（国際通訳合資会社、2003年）参照。

出し、自信に満ちたパフォーマンスが望ましい。どんな会場からの質問にも、的確に対応し、スピーカーや司会者の右腕になるという姿も、印象を強くするであろう。

　(g)　**テレビ会議**　　衛星を利用して映像とともに音声をキャッチできるが、遠隔地との接続のために、やはり画質および音質に問題がでることを承知しておいた方がよい。これは、社内会議、学会、オンライン授業など、最近は弁護士との打ち合わせや米国内デポジションにまで広く利用されるようになった。

　テレビ会議の相手側にも、通訳者がいる場合などは、お互い同時進行でウィスパーリングをしていたり、雑音としてその会話が耳に入ってくるなど予期せぬ過酷な状況に出くわす。そのような事態では、必ず最初に依頼者に確認して、どちらがどの部分を訳すのか分担を明らかにし、当日の混乱を避けるべきであろう。

　オンライン中は時差の考慮もあり休憩すら取れないこともあるから、アジェンダの優先度に沿って、付帯的状況や制限も事前に想定される事柄を依頼者に十分断っておく必要がある。

　(h)　**国際会議**　　法律分野の学術会議、政府間交渉、規約や条約締約会議などである。これらには、事前の目的がはっきりとしており、進行もかなりアジェンダに沿って密に進むことから、長時間の同時通訳の場合は3名から4名の通訳者が交替で対応する。逐次の場合は2名から3名の場合が多い。

　すべての事前資料に目を通すことが基本であるが、時間の制約からそれも無理な場合には、ペーパー（資料）の有無などを考慮し、3名で分担をして時間配分をしておく。一人の通訳者が集中して同時通訳を効率的に続けられるのは、せいぜい20分から30分である。スピーカーによっては、時間通りにいかないこともあるので、担当したスピーカーが20分以上話した場合には、次の担当者にうまく交替してもらえるよう、お互いの疲労と時間を配慮しながら協力する。チームは専門用語や固有名詞、数字などをメモして補助しあう。

　また、質疑応答の時間は、一問ごとに交替するか、担当したスピーカーを中心に通訳するかを事前に決めておき、なるべく理解ができるような平易な表現を選ぶように心がける。とくに広い会場内で、質問者の法律用語の羅列を理解し、即座に質問の要旨を訳出するのは困難をきわめることがある。たとえマイクをもって長い質問をしても、前半は自身のコメントや理解の確認

で、「つまり……」「要は……」というところからが質問であったりもする。ここが質問というときに、最大の注力を注ぎ訳出にも力を振り絞ることになる。

　質問に対する答えがかみ合わない場合でも、司会やモデレータがうまくまとめてくれると、ほっと胸をなでおろす場面も数々ある。法律分野には、解釈の違いが常に論点となるので、あせらず、すべてのアンテナを立てて、会議内容の理解に努めなければならない。最後に座長や主催者への謝意を述べて、会場を後にする時の達成感はなかなか得難いものとなろう。

Ⅳ　基礎能力と通訳技術および法知識の習得

1　基礎能力

(a)　**語学力（日本語含む）**　　外国語としてのターゲット言語（第二言語）を正しく十分理解し、運用する力がまず第一歩である。さらに、第二言語への変換能力（通訳力）には、その言語の人が聞いて、十分に誤解なく伝わるだけでなく、ニュアンスや曖昧さまでを繊細に表現できるレベルが要求される。

　さらに通訳能力には、日本語の正しい知識と運用力が含まれる。つまり解りやすく、正しい日本語が使用できることである。また、コミュニケーションの基本は、相手に伝わることであるから、オリジナル言語の基本的なキーワードを落とさず、すべてを訳出し、付け足すことは最小であって、ベストな適訳を出すことに集中できることが求められるのである。

　また、通訳能力には高い記憶力（retention）が要求される。講演会などの原稿があるスピーチでも、どんどん時間がなくなって原稿通りにいかずに、結構長い一段落を一気に訳すことや、短文とはいえ、緻密な尋問などの密度の高い質問、さらに交渉における契約条項の微妙な違いのある表現などを、耳で聞き取り、メモをとり（同時通訳の場合は即座に）、もう一つの言語で再現しなければならない。または、同時通訳の場合には、すぐに消えていく記憶を瞬時にターゲット言語でつないで、論旨に即して、解りやすく次々に訳出しては、同時に次の情報を聞き取っていかなければならない。一つの聞き取れなかった部分にこだわるのではなく、聞き取れたところに神経を集中させていくという高度な技術と迅速性が要求されるのである。

　そして、話の流れに基づく論理的な予測（anticipation）をたてながら、客観的な分析能力も備えておくべきである。自分が担当しているときには、なかなか聞き取れないものだが、もう一人の通訳者が担当している際には、余

裕で聞き取れ、誤訳に気が付くのは、きっとこの分析を人のパフォーマンス時には客観的に実施できているからだろう。まして一人ですべて担当しなければならない場合、長時間に及ぶ緊張の中で、自分の訳出の妥当性を文脈における意味で冷静に判断できるのは、かなりのベテランになってからかもしれない。

(b) **法知識**　後に詳細にまとめるが、リーガル・トランスレータを目指す限り、学部レベルの基本的な法学知識があることが望ましい。最低限、裁判制度・訴訟手続に関する用語を理解する必要がある。

法廷において、刑事事件の通訳をする「司法通訳人」においては、裁判の手続の流れや、裁判所のシステム、被告のおかれた状況を十分に理解しておくことは当然ともいえよう。単に通訳をするだけではなく、法の下での正義の実現を、検察と被告または証人や弁護人、および裁判官というアクターの間で交わされるコミュニケーションに不可欠な存在として、プロの自覚を十分にもつことが最初の一歩かもしれない。

(c) **論理構成力**　編集が許されていない「司法通訳」の現場以外では、その会議の性質や目的に応じた、論理構成力を有することが望ましい場合がある。学術会議などでも、冗語や結論のないスピーチの訳が延々と続くのは、聴衆としても集中して聞くに忍びない。そんなときに、許される範囲の「したがって……」「つまり……」「ご承知の通り」などと言う表現をつなぎにいれることによって、論旨がすんなりと耳に入ってくる。また、「……である」「……の限りではない」など、結論に伴う語尾の部分をしっかりと訳し、頭に残りやすくするなどのテクニックも身につけたい。

これは、必ずしもオリジナルの主旨を変えない程度の編集であり、スピーチの流れの中で、通訳者が身につけている技術でもある。情報の単位でブツブツ途切れがちな、いわゆる「翻訳口調」から脱却し、あたかも通訳者自身の考えを述べているかのように、メリハリを利かすことになる。これらの編集は、スピーカーの発想に近づくことにより、自然と出てくるのだろう。

(d) **対人処理能力**　通訳者という仕事の性格上、常に新しい人間関係にさらされる。必要とされる場に応じて、専門職の誇りをもちながら、臨機応変にニーズを感じ取り適応する能力が求められる。まわりの信頼を得ながら、淡々と通訳業務をこなすことが望ましい。

ただ、（機械的・人的）ノイズがひどい場合や、音声がマイクを通されていなくて聞き取れないなど、通訳業務を阻害するような状況では通訳をお断わ

りするという強い意志も必要となる。会議中の携帯での会話や喫煙などについても、最近は少なくなったとはいえ、はっきりと業務の障害になることを伝えるべきである。

　(e)　**リサーチ力**　　資料というのは必ずしも、事前に出てくるわけではない。会議であっても、「……契約交渉」や「……法律改正」など漠然としたテーマだけが与えられることもある。できる限り依頼者には、守秘義務を前提に情報提供をお願いするが、そうも行かない場合には、自分で想定できる当該分野の問題・事件・判例などのリサーチをすると、助かることもある。日頃から、法律分野のHPや、資料の検索の仕方を身につけておくことである。また、担当者や専門家に一般論でよいので質問するなど、多くの努力を払うことが身を救う。

　(f)　**集中力**　　物理的に、逐次通訳では1時間以内、同時通訳では20分で集中力が落ちてくる。このパフォーマンスの落ちる前に交替するか、小休止を入れてもらうことである。人間なのだから、どれも聞き逃せない状況で緊張したままでは、そう長く集中していられない。

　休憩をとらず無理を圧したために、集中力が途中できれ、パフォーマンスが犠牲なったことを後で反省しても、もはや遅いのである。できることに集中する、そしてできない状態まで自分を追い込まない、精神的・物理的にベストな条件を作りだす努力をした上で、できないときは、できないと伝える。これがプロの対応であると思われる。

2　通訳技術

　通訳とは、ひとつの言語から異なる言語の転換にあたり、インプットされた情報を正しく理解し、編集し、解りやすく他の言語でアウトプットするという作業である。日本の会場においては、日本語から第二言語へ、および第二言語から日本語に訳出することが典型的であろう。

　時間が十分に与えられない、インプットの音質が悪い、早口で聞き取れない、内容が高度である、専門的で解らないなど、様々な困難がある。その克服が容易でないことは、簡単に想像できよう。このためにも、日頃の訓練が必須なのである。

　(a)　**一般的な訓練法**　　数々のテキスト・訓練機関や大学で通訳技術を学べる。一般通訳・会議通訳としてのプロへの登竜門は、まだまだ主要な民間通訳養成機関にあるようだ。いずれも、2〜3年間の訓練課程が一般である。

　基本的な訓練内容は、会議に必要な教養・知識を習得しながら、第二言語

の増強にはじまり、テープを使った逐次通訳演習、ノートテーキングや訳出のタイミング、適切な単語や文脈の捉え方、表現力を学ぶ。また、同時通訳の導入にもなる、サイト・トランスレーション（原稿を黙読しながら、同時に音声で訳出する）、ウィスパー通訳（耳元でささやくように同時通訳をする技能）の訓練や、同時通訳ブースを使用して3名1チームで協力しあいながら、会議さながらの同時通訳を演習するなどである。

(b) リーガル・トランスレータの養成の提唱　　以上のような通訳訓練機関や大学での一般通訳講座が多く存在するが、リーガル・トランスレータに必要とされる法律の知識を含め、法律分野通訳を体系的に指導している公立機関はまだ存在していないようである。

法務省主催の「法廷通訳人セミナー」[6]が平成7年より法務総合研究所で実施されているが、2日間程度である。さらに、「法廷通訳人フォローアップセミナー」[7]も否認などの複雑な刑事事件の法廷通訳のために実施されている。また私立大学の英文科コースの一部として開講されており、民間の通訳養成機関においてもその試みはなされている。理想的には、さらに体系的に、通訳経験者が大学院などで、刑事訴訟法などを含む法律知識を学び、専門分野に磨きをかけるという方が近道かもしれないが、この職業に入ってしまうと何時依頼が入るかもしれないので、実際にはなかなかまとまった時間がとれないのが現状である。

したがって、法学部の学生が、比較的時間に余裕がある大学時代に、通訳技術を修得することも考えられる。大学の学部のころから、リーガルトランスレーションの講座が選択でき、かつ日本法（とくに裁判制度や刑事訴訟法や知的財産法など）を英語で研究する機会になれば、法律の勉強と語学の両方が身につくことになろう。事実、アメリカにおいては、語学に強いロースクールの学生や海外からの留学生がボランティアとして、法廷通訳を実施していることがある。

また、日本の法学部においては、将来の弁護士・検事・判事たちに、この講座の受講を通して、リーガルトランスレーションの困難を理解する良い機会を与えるであろう。法学教育を基礎に、様々な演習を通し高度な通訳技術を身につけることができれば、法廷だけでなく、広く法律の分野で活躍ので

---

[6] 裁判所ホームページ、「What's 法廷通訳」http://www.courts.go.jp/saiban/wadai/1903_houteituyaku.html

[7] 同上。

きる人材として、有資格者としてのリーガル・トランスレータという専門職を確立できるのではないか。

まずは、法学部において「英語」の法律通訳者を養成することにより、そのノウ・ハウからその他の言語についてもカリキュラムを広げていける可能性がある。ただし、需要とのバランスがあるだろうが、外国語学部とのタイアップで、各言語にカリキュラムを広げられる可能性があり、より学際的な教授法の研究が必要となろう。以下に必要とされる法知識とその習得方法の一部を提示する。

3　法知識

(a) **裁判制度**　日本における裁判制度の概論、憲法による公平・適正・迅速な裁判手続などの基本原則を知ることにより、その実現に通訳者が重要な役割を果たすことを自覚できる。

(b) **刑事手続**　事件発生から起訴まで、公訴の提起、裁判所での手続、公判での手続（冒頭手続、証拠調べ、論告・弁論手続、判決言渡し）などの流れを理解する。また、通訳人の立ち会う裁判を、事件の流れに追って傍聴すれば、どのような通訳業務が求められているか、適訳とは何かなどを十分に学ぶ機会を得ることができる。さらに、自身が事件を担当する際に、どのような準備が必要か（たとえば、起訴状の翻訳など）を具体的に理解しておく。

(c) **外国訴訟制度**　比較法的見地から、第二言語を母国語または公用語として使用している国の裁判制度や判例を研究することが、本国における用語の意味やその背景を理解するのに役に立つ。たとえば、日本の東京知財高等裁判所における通訳に際して、米国連邦特許法や、米国特許商標局のガイドライン、最近の判例などを読むことにより、広くこの法律分野における的確な訳語を研究することができよう。また、特許制度の違いに気づき、法律の背景にある文化にも触れ、常に新しい情報のインプットも必要とされていることに気がつくであろう。

(d) **法律用語**　常に、第二言語でどう表現するのかを念頭に準備作業をするべきである。訳語のリサーチや情報の整理・訳語の暗記は、場合により多くの時間がかかる作業である。しかし、ある程度の基本的な用語をマスターした後には、単なる丸暗記ではなく、その専門用語の一つひとつを正しく通訳できるように、類似語との違いを理解し、説明できるくらいになっておくことが望ましい。これには、1対1の訳語だけでなく、法律英語であればその英語での意味の説明文を理解しておくと良い。まず、日英で訳語を検

索し（田中英夫編集『英米法辞典』（東京大学出版会、1991年）など）、その後、英語の辞典（Black's Law Dictionary (West) など法律用語集）で意味を英語で表現できるくらいにしておくと良い。その際ついでに類似語や対語を確認するのである。この蓄積が財産となる。

Ⅴ　考　察

1　適正な通訳とは

(a)　**問題の対象**　「適正な通訳とは」また「誰にとって適正なのか」を考察しなければならないだろう。法律分野において、たとえば契約文書において、契約当事者やその契約による利害関係者にとって、その義務や権利がはっきりと明確にされており、かつ疑義が生じた場合の取扱いが取り決められていることが望ましいように、通訳者を入れてのコミュニケーションにも同様に、公平・中立性を保った上で、訳出に対して疑義や異論が生じた場合に、チェックやコメントを入れる機会が担保されるのが望ましい。

とくに司法通訳においては、「適正な通訳」が保障されなければならず、通訳の疑義をあやふやにはできない。捜査段階の調書や、法廷の証言通訳をめぐって、録取テープと供述書を照らして、専門家による通訳鑑定が提出された事件[8]が発生している。この例にもあるように、通訳人を介する手続の不透明な側面（捜査段階ではテープ録音がなかった）が明るみにでており、通訳者の倫理が問われているようである。そもそも発言が聞き取れず、理解できなければ、適性に訳せないのは自明である。できないことはできないと申し出ることである。このような過酷な状況に直面してはじめて、倫理や専門家としての義務を痛切に知ることになる。

(b)　**編集能力と程度**　色々な場面で、法律問題をめぐる通訳を実施する際に、あいまいな表現、意味不明な発言に出くわす。あくまで司法通訳の場合には、そのまま追加・編集をしないで、オリジナルに「忠実に」訳出する努力をする。しかし、日本語と第二言語との間に大きな違いがある限り、最小限の補足語を必要とすることがある。たとえば、主語が明らかにされない発言においては、想定される主語（IなのかHe／Sheなのか？）をつけないと文章にならないときは、能動態でなく受動態で訳出したり、とりあえずItを主

---

[8]　2005年11月11日に、刑が確定した英国籍ニック・ベイカー氏の裁判の捜査段階および第一審の通訳をめぐる問題では、日本通訳者協会からの見解が公表されている。

語として、あいまいさを残す訳出をしておくなどの技術が必要になる。発言から明らかな場合（文脈から判断して）は、問題にはならないが、主語が複数か単数かわからない場合も、前後から確実に予測されない限りは、その旨を説明し、確認をとる必要があるだろう。迅速な通訳が要求される一方で、編集には慎重さと客観性が求められる。

2　職業倫理

(a) **守秘義務・秘密保持**　弁護士同様に、通訳者は、業務上知りえた秘密を外部に開示してはならないのが原則であるが、資格制度や倫理規定[9]がない限り、この原則に違反する行為があっても、罰則がないのが現状である。

したがって、案件によってはクライアントまたは弁護士との間で、秘密保持契約書を交わすこともある。その際に、資料や情報の利用にあたり制限などが記載されることになる。

(b) **クライアントとの関係**　司法通訳人の場合、裁判所が通訳者を確保し規定の報酬を支払うので、数々の倫理上の問題がある場合には、裁判所に相談・報告をすることになろう。しかし、契約や社内会議などの通訳に際しては、民間企業や団体との受・委託関係になるので、依頼時に秘密保持契約などを結ぶ。

(c) **弁護士との関係**　米国訴訟における証拠開示の原則である弁護士・依頼人間の秘匿特権の関係で、弁護士との間で秘密保持契約を交わすこともある。あくまでも、依頼人と弁護士の法的助言や訴訟準備内容を開示から保護するためである。

(d) **証　人**　通訳者と証人の間に業務を遂行する以上の情報の提供や、助言や偏見があってはならない。また、発言に疑問があれば、裁判所または弁護士に確認の必要があることを述べ、その指示に従う。発言のすべてを正確かつ完全に訳す義務を負う。

(e) **相手側弁護士**　相手側弁護士の発言も、公平かつ中立に通訳する必要がある。

【伊賀良子】

---

9) 米国の連邦裁判所においては、「連邦公認通訳人のための職業倫理規定」を採用し、州裁判所でもこれに実質同様なモデル倫理規定を採用しているところがあるようだ。渡辺修＝長尾ひろみ編著『外国人と刑事手続——適正な通訳のために』（成文堂、1998年）125-150頁参照。

第7部 日本の紛争処理

第20章

日本の裁判制度と裁判の実際(1) 民事裁判

I 序論

　本章では、民事紛争がどのようにして解決に向かうのかをデータをもとにして見ていくことにしたい。以下、Ⅱでは裁判によらない紛争処理手続（代替的紛争処理：ADR）の一つである調停手続（ここでは調停制度の概要も説明する）、そしてⅢでは訴訟手続を見ていくことにする。

Ⅱ 調停

1　調停手続の概要

(1)　総論

　調停手続は、当事者の合意による紛争解決手続である点でⅢにおいて扱う訴訟手続とは異なり、裁判外紛争処理手続の一種である。調停では、紛争当事者ではない第三者が紛争解決案を示し、当事者が合意することによって紛争解決がはかられる。

(2)　種類

　調停は、民事調停法に基づく民事調停と、家事審判法に規定される家事調停の2種類がある。

　民事調停は、民事に関する紛争を扱うとされる（民事調停法1条）。他方、民事紛争の中でも家事事件は、一般の財産関係事件とは異なる性質を有するので、家事調停として民事調停とは異なる規律を設けた（家事審判法17条）。

(3)　管轄

　民事調停の管轄は、相手方の住所などがある簡易裁判所又は地方裁判所である（民事調停法3条）。家事調停は、家庭裁判所が管轄を有する（家事審判法17条）。

(4) 調停委員会の組織

調停手続は、第三者である調停委員会が紛争解決案（調停案）を当事者に提示する。では、どのような者が、調停委員会を組織するのか。

民事調停における調停委員会は、調停委員会は調停主任1名と民事調停委員2名以上で組織される（民事調停法6条）。そして、調停主任は裁判官から選任される（民事調停法7条1項）。また、民事調停委員は、裁判所によって指定される（民事調停法7条2項）。

家事調停の場合、調停委員会は家事審判官1名と家事調停委員2名以上で組織される（家事審判法22条1項）。家事調停委員は、家庭裁判所が指定する（家事審判法22条2項）。

(5) 当事者の合意

調停は当事者の合意によって成立し、調書に記載されることによって確定判決と同一の効力が生ずる（民事調停法16条、家事審判法21条）。成立した調停が、金銭の支払いなどといった当事者の具体的義務を定めている場合には、強制執行が可能となる（民事執行法22条7号）。

2 調停手続の利用件数

わが国では調停制度の利用が非常に盛んである。たとえば、2005年の調停申立件数は約45万件、2008年は約28万件である。これは、訴訟事件に関する、同じ年の簡易裁判所（2005年は約38万件、2008年は約58万件）および地方裁判所の新受件数（2005年は約15万件、2008年は約22万件）と比べても、調停の紛争解決機能の重要性がうかがわれよう（表1および表4参照）。

このように調停の利用が盛んな理由としては、いくつかの要素が考えられる。民事調停について、このことを考えてみよう。たとえば、いきなり訴訟を起こすと相手方の態度を硬化させることも多い。これは、訴訟制度が実体法（民法や商法）を適用することで紛争を解決するため、一般市民にとっては紛争解決基準が必ずしも市民感覚に沿うものではないことへの不安が一因としてあろう。また、訴訟手続で用いられる被告という名称が一般市民にとってどのような印象を持つか考えてみてほしい。これに対して、民事調停では、法を形式的に当てはめるのではなく、当事者間の実情を考慮した上で導き出された当事者の互譲を基礎とするため（民事調停法1条）、合意形成（＝紛争解決）に行き着きやすいといえる。また、当事者は合意に行き着かなかった場合でも調停案に拘束されるわけではないため（民事調停法14条、家事審判法1条参照）、当事者にとって調停の利用に際して心理的抵抗が比較的少ない

といえる。さらに、申立手数料が訴訟に比べて廉価であること、比較的早期に手続が進行することも、利点としてあげられよう。

III 民事訴訟

民事訴訟手続については、すでに別の章でその概略を述べているので、本章では統計に基づいた利用状況を見ていくことにしたい。

1 紛争処理の最後の砦としての民事訴訟制度

民事訴訟手続は、国家による強制的権力（民事裁判権）を基にして私人間の紛争を解決する制度である。私人間の紛争解決を紛争当事者に全面的に任せることが必ずしも適切でない場合もありうるため、自力救済を禁止するとともに、国家による紛争解決手段を用意した。そこで、民事訴訟制度は、ADR（代替的紛争処理制度）による紛争処理と異なり、原告が訴えを提起することにより相手方（被告）は否応なしに手続に引き込まれ、第三者（裁判官）の下す判断（判決）に拘束される（民事訴訟法114条・115条）。調停では、紛争の解決のためには紛争解決案に対して両当事者の合意を必要とし（民事調停法1条・14条・16条参照）、また仲裁では、調停手続の開始に際して双方の当事者の合意が必要とされることと（仲裁法2条1項）、根本的に異なる。

2 法の担い手としての裁判官および弁護士の数

表2では、近年の法曹人口の増加が見て取れる。1990年ごろまでは司法試験の合格者数が大体500名くらいで推移していたが、1998年には合格者が1,000名を超えた。また、2006年からは新司法試験がスタートし、新旧司法試験の合格者数は2009年度では2,100名ほどである。

このような変化は、法曹の数が社会のニーズに対して不足していることへの解消を目指してなされたといいうる。この表では、1995年を境にそれ以前の伸びとそれ以降の伸びに顕著な差がみられる。

3 本人訴訟の数

民事訴訟手続では弁護士代理の原則が採られ（民事訴訟法54条1項本文）、当事者本人が訴訟を行うことが認められている。では、実際にどれくらいの割合で本人訴訟が行われているのであろうか。通常民事事件では、第一審裁判所として、簡易裁判所と地方裁判所が用意されている。前者は、訴訟で主張する経済的価値（これを訴額という。民事訴訟法8条1項参照）が140万円以下の場合を扱い、後者はこれを超える場合を扱う（裁判所法33条1項1号・24条1号）。

簡易裁判所は比較的軽微な事件を扱うことを目的としており、地方裁判所

の手続よりも簡素化されている点に特色がある。そこで、複雑な事件は地方裁判所で扱うことを民事訴訟法は予定している。たとえば、不動産に関する訴訟は訴額が少額でも複雑な場合が多いため、簡易裁判所から地方裁判所への移送が認められている（民事訴訟法19条2項）。

したがって、簡易裁判所で審理される事件よりも地方裁判所で審理される事件の方が、より複雑であるため当事者本人では手に負えず弁護士に依頼する件数が増えることになる。表3では、簡易裁判所と地方裁判所における本人訴訟と弁護士訴訟（双方共に弁護士がついている場合と、一方当事者のみに弁護士がついている場合の両方を含む）の割合が、ほぼ逆転していることが分かる。

4　訴訟の終了原因

訴えを起こすということは、通常は、最終的に勝訴判決を目指すことを目的とする。しかし、民事訴訟法は判決という強制的な訴訟終了原因だけでなく、訴訟上の和解、請求の放棄、そして認諾といった当事者の意思による訴訟終了原因を認めている（民事訴訟法261条以下。このようなことを認める原則を処分権主義という）。

では実際に、どれくらいの割合が判決で終了するのか。表5および表6によると、かなりの割合で当事者の意思によって訴訟が終了していることが分かる。判決という白黒つける方法では敗訴のリスクが大きいと考える当事者もいるであろう。勝つか負けるかは、100か0かということである（all or nothing）。そのリスクを回避するには、和解という手段が有用である。また、継続的な取引関係を今後も続けたいという場合にも、判決は当事者間のしこりを残しかねず、判決を回避したいという思惑は双方共にありえよう。

また、表9によると、高等裁判所での手続においては、第一審手続に比べて判決による訴訟終了の割合は高くなる。しかし、それでも約3割は和解によって終了している。

5　審理期間

訴訟手続と訴訟遅延は歴史的にも重大な問題であった。訴訟手続の歴史は訴訟遅延との闘いといっても過言ではない。

適正な手続、公平な手続を実践し、勝訴するにせよ敗訴するにせよ、当事者の納得のいく裁判手続を行うためには、手続は慎重にならざるを得ない。したがって手続はどうしても一定の時間がかかる。しかし、時間のかかりすぎる手続は、権利実現の手段とはならない。このような場合には、当事者は裁判の利用をあきらめ、非合法の手段に頼ることにもなりかねない。

わが国においても、訴訟遅延の克服は永年の課題であった。諸外国の訴訟制度を参考にした提案や、裁判実務での工夫が数々試みられた。表8では、そのような努力の跡が見て取れる。1989年と2006年とを対比すると、2006年は高等裁判所では約半分の6.2か月、地方裁判所でも約3分の2の7.8か月で審理を終えている。しかし、ここで注意すべきは、データはあくまでも平均であるということである。事件類型によっては、審理に非常に時間を要するものがある（たとえば、公害事件）。

6 不服申立

判決に不服があるときには上訴審での審理が認められている。わが国では三審制が認められている。表7には第一審判決（地方裁判所の場合）に対する控訴率、そして表10は控訴審で第一審裁判所の判決が取消される割合が記載されている。また、表11には最高裁判所への上告の割合がある。

表1　調停事件の新受件数

年	調停事件（新受件数）		
	民事調停（地方裁判所）	民事調停（簡易裁判所）	家事調停（家庭裁判所）
1980	2,118	62,714	83,064
1985	1,624	87,557	85,035
1990	1,867	59,120	85,099
1995	1,924	128,870	96,099
2000	2,399	315,577	114,822
2005	1,599	321,383	129,876
2008	1,916	148,242	131,093

＊平成20年度司法統計年報による。

表2　裁判官および弁護士の数

年	裁判官定員数	弁護士数
1980	1,956	11,441
1985	2,001	12,604
1990	2,017	13,800
1995	2,058	15,108
2000	2,182	17,126
2005	2,460	21,185
2008	2,760	25,041

＊裁判官の定員数は、裁判所ホームページ http://www.courts.go.jp/ より、とくに http://www.courts.go.jp/about/kaikaku/img_18.html の資料を参照した。また、弁護士の数は、日本弁護士連合会『弁護士白書2009年度版』を参照した。

第20章　日本の裁判制度と裁判の実際(1)　民事裁判

表3　本人訴訟の割合

年	本人訴訟と弁護士訴訟（第一審通常訴訟既済事件数）							
	簡易裁判所				地方裁判所			
	本人訴訟		弁護士訴訟		本人訴訟		弁護士訴訟	
1985	200,672	86.47%	31,387	13.53%	21,857	19.27%	91,595	80.73%
1990	81,964	82.31%	17,617	17.69%	15,219	13.57%	96,921	86.43%
1995	218,367	89.65%	25,202	10.35%	29,186	19.89%	117,586	80.11%
2000	269,904	89.61%	31,281	10.39%	33,988	21.41%	124,791	78.59%
2005	298,835	83.77%	57,883	16.23%	26,673	19.71%	108,684	80.29%
2008	369,539	68.7%	168,087	31.3%	48,231	25.09%	144,016	74.91%

＊司法統計年報による（昭和60年度、平成2年度、平成7年度、平成12年度、平成17年度、平成20年度）。
＊＊ここでは本人訴訟とは双方共に当事者本人による訴訟をいい、弁護士訴訟とは一方又は双方が弁護士又は司法書士を付けた訴訟をいう。

表4　第一審の事件数（新受、既済、未済）

年	第一審訴訟事件数の推移					
	新受件数		既済件数		未済件数	
	地方裁判所	簡易裁判所	地方裁判所	簡易裁判所	地方裁判所	簡易裁判所
1980	130,023	77,752	127,036	75,237	118,762	24,150
1985	132,430	232,466	131,371	236,682	121,211	55,937
1990	114,402	97,355	120,030	100,362	106,113	21,338
1995	155,367	245,774	157,551	244,495	118,655	48,807
2000	184,246	312,434	187,070	314,533	106,197	48,238
2005	154,380	382,764	157,071	380,243	88,314	64,768
2008	221,860	577,383	214,564	559,311	110,656	117,189

＊平成20年度司法統計年報による。

表5　第一審の訴訟終了原因（簡易裁判所）

年	訴訟終了原因（第一審通常裁判所）					
	簡易裁判所					
	判決		決定		命令	
1985	137,960	59.45%	2,482	1.07%	2,031	0.88%
1990	48,454	48.66%	2,353	2.36%	499	0.50%
1995	112,446	46.17%	2,972	1.22%	521	0.21%
2000	143,280	47.57%	3,075	1.02%	576	0.19%
2005	150,218	42.11%	32,704	9.17%	432	0.12%
2008	178,649	33.23%	84,024	15.63%	479	0.09%

279

第7部 第20章 日本の裁判制度と裁判の実際(1) 民事裁判

年	訴訟終了原因（第一審通常裁判所）									
	簡易裁判所									
	和 解		取下げ		認 諾		放 棄		その他	
1985	37,409	16.12%	50,257	21.66%	683	0.29%	56	0.02%	1,181	0.51%
1990	22,006	22.10%	25,001	25.11%	210	0.21%	45	0.05%	1,013	1.02%
1995	68,267	28.03%	51,702	21.23%	262	0.11%	52	0.02%	7,347	3.02%
2000	85,392	28.35%	63,238	21.00%	246	0.08%	77	0.03%	5,301	1.76%
2005	85,160	23.87%	83,177	23.32%	167	0.05%	110	0.03%	4,750	1.33%
2008	76,804	14.29%	194,549	36.19%	324	0.06%	97	0.02%	2,700	0.50%

＊司法統計年報による（昭和60年度、平成2年度、平成7年度、平成12年度、平成17年度、平成20年度）

表6　第一審の訴訟終了原因（地方裁判所）

年	訴訟終了原因（第一審通常裁判所）					
	地方裁判所					
	判 決		決 定		命 令	
1985	52,963	46.68%	467	0.41%	597	0.53%
1990	48,986	43.68%	521	0.46%	961	0.86%
1995	69,951	47.66%	738	0.50%	505	0.34%
2000	80,542	50.73%	1,230	0.77%	671	0.42%
2005	63,362	46.81%	1,117	0.83%	672	0.50%
2008	62,072	32.29%	1,352	0.70%	727	0.38%

年	訴訟終了原因（第一審通常裁判所）									
	地方裁判所									
	和 解		取下げ		認 諾		放 棄		その他	
1985	35,408	31.21%	21,097	18.60%	1,463	1.29%	101	0.09%	1,356	1.20%
1990	39,305	35.05%	18,906	16.86%	1,093	0.97%	131	0.12%	2,237	1.99%
1995	48,144	32.80%	22,532	15.35%	1,676	1.14%	166	0.11%	3,060	2.08%
2000	50,779	31.98%	21,823	13.74%	1,334	0.84%	173	0.11%	2,227	1.40%
2005	46,137	34.09%	21,169	15.64%	939	0.69%	158	0.12%	1,803	1.33%
2008	55,050	28.64%	70,458	36.65%	920	0.48%	160	0.08%	1,508	0.78%

＊司法統計年報による（昭和60年度、平成2年度、平成7年度、平成12年度、平成17年度、平成20年度）。

表7　控訴率

年	地方裁判所判決に対する控訴率		
	高等裁判所の新受控訴件数	地方裁判所判決数	控訴率
1985	10,639	52,963	20.09%

1990	12,094	48,986	24.69%
1995	14,906	69,951	21.31%
2000	16,387	80,542	20.35%
2005	15,308	63,362	24.16%
2008	15,124	62,072	24.37%

＊司法統計年報による（昭和60年度、平成2年度、平成7年度、平成12年度、平成17年度、平成20年度）。

表8　平均審理期間

年	平均審理期間（月）		年		
	高等裁判所（民事）	地方裁判所（民事）	年	高等裁判所（民事）	地方裁判所（民事）
1989	12.1	12.4	1998	9.8	9.3
1990	11.9	12.9	1999	9.0	9.2
1991	11.4	12.2	2000	8.4	8.8
1992	11.3	10.9	2001	7.9	8.5
1993	11.2	10.1	2002	7.4	8.3
1994	10.9	9.8	2003	7.1	8.2
1995	10.6	10.1	2004	6.9	8.3
1996	9.9	10.2	2005	6.5	8.4
1997	9.9	10.0	2006	6.2	7.8

＊最高裁判所事務総局編『裁判の迅速化にかかる検証に関する報告書』（2007年7月）370頁、391頁。

表9　控訴審の終了原因（高等裁判所）

年	高等裁判所控訴審の終結状況								
	判決		和解		取消		その他		総数
1985	5,290	49.44%	3,799	35.50%	1,429	13.36%	182	1.70%	10,700
1990	5,627	46.98%	4,846	40.46%	1,331	11.11%	173	1.44%	11,977
1995	8,207	53.40%	5,455	35.49%	1,415	9.21%	292	1.90%	15,369
2000	9,812	57.05%	5,728	33.31%	1,382	8.04%	276	1.60%	17,198
2005	9,433	58.99%	5,154	32.23%	1,010	6.32%	393	2.46%	15,990
2008	8,849	58.31%	5,023	33.10%	977	6.44%	327	2.15%	15,176

＊司法統計年報による（昭和60年度、平成2年度、平成7年度、平成12年度、平成17年度、平成20年度）。

表 10　控訴審での取消率（高等裁判所）

年	高等裁判所控訴審での取消判決率		
	取消	判決数	取消率
1985	1,171	5,290	22.14%
1990	1,226	5,627	21.79%
1995	1,856	8,207	22.61%
2000	2,328	9,812	23.73%
2005	2,467	9,433	26.15%
2008	2,281	8,849	25.78%

＊司法統計年報による（昭和60年度、平成2年度、平成7年度、平成12年度、平成17年度、平成20年度）。

表 11　最高裁への上告率

年	高等裁判所判決に対する上告率		
	上告	高裁判決数	上告率
1985	1,630	5,290	30.81%
1990	1,924	5,627	34.19%
1995	2,665	8,207	27.16%
2000	2,387	9,812	24.33%
2005	2,407	9,433	25.52%
2008	2,202	8,849	24.88%

＊上告受理の申立件数は除く
＊＊当該年度の控訴審判決数を上告審新受件数で割った数によって算定した。それぞれの数は司法統計年報による（昭和60年度、平成2年度、平成7年度、平成12年度、平成17年度、平成20年度）。

【芳賀雅顯】

COLUMN

医療裁判と法

はじめに

一般に「医療裁判」というと、医療過誤を原因とする損害賠償請求訴訟を指します。

そこでは、法律論として損害賠償責任要件が問題となり、民事訴訟手続論として医療過誤という専門訴訟に伴う独特の手続論のあり方が問題となります。

1　損害賠償責任要件

損害賠償責任要件ですが、一般に不法行為責任（民法709条・715条）と債務不履行責任（民法415条）が根拠となります。

その法的要件は、条文上は一見して異なり、両者の関係についても請求権競合説、法条競合説、請求権規範統合説がありますが、裁判実務ではその差異はほとんど議論になりません。

責任要件はいずれにしても、①注意義務違反（過失、違法性）、②法益侵害、損害、③因果関係の3点に集約されていますが、医療過誤責任においては、以下のような論点があります。

(1)　注意義務違反の判断基準

注意義務違反の判断基準については、人の生命健康を管理すべき医療業務の特殊性から「最善注意義務」が要求され、その内容は臨床医学の実践たる「医療水準」によって判断され、その内容については医療機関の特性も考慮されるとされています（最判昭和36・2・16民集15巻2号244頁、最判昭57・3・30判時1039号66頁、最判平成7・6・9民集49巻6号1499頁、最判平成8・1・23民集50巻1号1頁、参照）。

(2)　説明義務違反

説明義務違反という論点も、医療過誤訴訟に特有です。最判平成13・11・27民集55巻6号1154頁以降いくつもの最高裁判決が積み重ねられ、医師の裁量論が排斥され、いわゆる具体的患者基準説が採用されるに至っています。

(3)　法益侵害、損害について

一般に人身事故については被侵害利益は生命・健康と考えられていますが、医療過誤事案では、さらに自己決定権（人格権）、適切な医療への期待権、因果関係の不確実性に関する結果回避の相当程度の可能性なども保護法益とされています。

(4)　因果関係について

因果関係の認定をめぐる判例では、最判昭和50・10・24民集29巻9号1417

頁（東大ルンバール事件判決）が有名で、高度の蓋然性説が通説判例の考え方です。

これに対し、学説上は証明の優越論や割合的因果関係論、割合的心証論などが主張されています。実務の傾向は、高度の蓋然性説を前提にしつつ、医療過誤における証明の困難性から、間接証明論、一応の推定論で原告の証明責任を軽減しています。

問題なのは、不作為の因果関係論と呼ばれる領域です（最判平成11・2・25民集53巻2号235頁および最判平成12・9・22民集54巻7号2574頁、参照）。作為による結果発生は過去の歴史的事実の証明ですが、不作為による結果発生は、作為がなされていれば結果発生が回避されたであろう仮定の関係です。このような不作為の因果関係論について、最判平成11・2・25は前記最判昭和50・10・24を引用して高度の蓋然性説を前提に、回避されたであろう結果を実際の死亡時点（実際に死亡した時点で生存していた高度の蓋然性）とすることで因果関係の証明を緩和しました。

2　訴訟手続論

次に民事訴訟手続ですが、平成10年施行の民事訴訟法の下で、新たな医療過誤審理手続が提唱され、平成13年から東京・大阪をはじめいくつかの地方裁判所に医療集中部と呼ばれる裁判体が誕生しました。

専門訴訟で審理の困難な医療裁判について、①計画審理、②争点と証拠の整理手続、③集中証拠調べについて新審理方式の実践がはじまりました。平成15年には専門訴訟を念頭に、④専門委員制度の創設、⑤鑑定手続の改正も行われました。

明治36（1903）年にはじまった日本の医療裁判における審理は、100年を経て大きな変革をはじめています。過去の審理はいまや、漂流型審理、五月雨式証拠調べ、鑑定依存型心証形成といわれて、批判の対象ともなっていますが、問題点も山積みしています。

おわりに

以上の医療裁判の近年の傾向を述べましたが、「現代法入門」としては理解困難な解説と思われたでしょう。しかし、重要なことは、医療裁判が、たとえば平成7年以降現在、進行形で20を超える最高裁破棄判決（その大半が原告敗訴の高裁判決の破棄）が続いているように、大きな変革期にあるということです。

かつて1970年はじめには判決における原告勝訴率は40％近くあったものが、1986年には17％まで落ち込み、その後再び上昇傾向になって、現在は35％程度にまで回復しました。

激動中の法分野のひとつであり、ぜひ学習してみてください。

【鈴木利廣】

第21章

日本の裁判制度と裁判の実際(2) 刑事裁判

I　はじめに

　「裁判」とは、裁判機関である裁判所・裁判官の意思表示的な訴訟行為をいうが、訴訟という意味で用いられたり（憲法32条等）、有罪判決（335条。以下、刑事訴訟法の場合は法律名を省略する）等の実体裁判という意味で用いられる場合もある。刑事訴訟法は、民事訴訟法と比較すると、起訴前に関する規定が独立して非常に多く置かれている（189条～246条）。これは、起訴前から国家による訴訟の準備活動、すなわち捜査が行われており、その法的規制が必要だからである。このような刑事司法システム全体の中に位置付けつつ、刑事裁判を理解してもらいたいため、本章では広く刑事手続全般を取り扱うこととする。

II　刑事手続の大きな流れ

　刑事手続を時系列に沿って概観すると、起訴前手続（犯罪捜査と防御）、公訴の提起（起訴）、公判手続（刑事裁判）、救済手続（上訴・再審）、裁判の執行（刑の執行）等の段階に分けることができる。

　刑事手続を理解する上で重要な視点は、刑事裁判になったり、死刑や懲役になったりする犯罪が、犯罪のごく一部であるということである。

　2008年の刑法犯の認知件数は約250万件であるが、捜査機関に認知されな

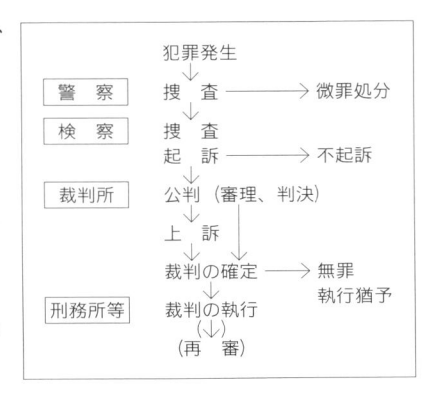

```
                犯罪発生
                  ↓
  警　察       捜　査 ――→ 微罪処分
  検　察       捜　査
               起　訴 ――→ 不起訴
  裁判所       公　判（審理、判決）
               上　訴
               裁判の確定 ――→ 無罪
                  ↓           執行猶予
  刑務所等     裁判の執行
                 (↓)
               (再　審)
```

い犯罪（暗数）も多数ある。警察段階では、微罪処分（検察に送致されない）が11万人強である。検察段階では、公判請求が12万人弱であるのに対し、罰金・科料となる略式請求が47万人弱、不起訴が97万人弱である。裁判段階では、死刑は10名、懲役・禁錮が7万人強（うち4万人強に執行猶予）、罰金・拘留・科料となるのが46万人弱である。無罪は84人で0.1％に満たないが、無罪率が低いのは起訴段階で事件が選別されているためであるといわれる[1]。

Ⅲ　刑事裁判制度とその実際

1　起訴前手続——犯罪捜査と防御

(1)　捜査の端緒

　捜査機関が捜査を開始するきっかけとなる社会事象を「捜査の端緒」という。たとえば、警察官の職務質問・所持品検査・自動車検問、被害者等の被害届・告訴、第三者の告発（239条1項）、犯人の自首（刑法42条等、245条）がある。

　刑法犯（交通業過を除く）に関する警察段階の捜査の端緒は、被害者等の届出等が8割を超え、警察の職務質問等が1割弱である[2]。被害者の届出等では圧倒的に被害届や通報が多く、告訴は少ない。「告訴」（230条）と「被害届」（犯捜規61条）は犯罪事実ないし被害事実を申告する点は共通するが、告訴は訴追・処罰を求める意思表示を含み、被害届は含まない。告訴が受理されると、捜査義務が生じ、告訴人への情報通知等の厳格な取扱いがある（242条・260条・261条）。その反面、実務では告訴の不受理という問題がある。

　「職務質問」は、警察官が不審者や犯罪情報を知っていると思われる者を停止させて質問する（警職法2条1項）。判例は、停止行為として有形力の行使を一定範囲で認めているほか、職務質問に付随して「所持品検査」も一定範囲で認めている。また、「自動車検問」について、緊急配備検問のほか、無差別一斉検問も認めている。これらについて、市民の権利利益が制約されており、法律による明確な限界付けが必要であるとの批判がある。

(2)　捜査をめぐる諸原則

(a)　任意捜査の原則とその限界

　捜査は可能な限り強制処分によらずに任意処分によるべきである（任意捜査の原則：197条1項、犯捜規99条）。強制処分

---

1)　以上の数値について、法務省法務総合研究所編・後掲書2頁、42頁以下参照。
2)　2008年の数値について、警察庁編・後掲書176頁以下参照。

による強制捜査は、被処分者の権利利益を制約する。たとえば、逮捕は行動の自由を、捜索・差押えはプライバシーや財産権を制約する。そのため、制約がより少ない任意処分による任意捜査が原則となる。任意捜査には、任意同行、実況見分、聞き込み等がある。ただし、任意捜査にも限界がある（196条・197条1項本文参照）。たとえば、判例は任意同行にあたって有形力の行使を一定範囲で認めているが、その限度を超えれば違法となる。

(b) 強制捜査・強制処分の規制　　強制処分は権利利益を制約するため、濫用を防ぐ方策が必要になる。具体的には、①捜査手段としての強制処分は刑事訴訟法に特別の定めが必要であるとする「強制処分法定主義」（197条1項ただし書、憲法31条参照）と、②強制処分は裁判官・裁判所の令状がなければできないとする「令状主義」（憲法33条・35条、199条ほか）がある。通説によれば、前者は市民一般にそのような強制処分が許されるかという立法的（民主主義的）規制であり、後者は個別具体的な市民に特定の強制処分が許されるかという司法的（自由主義的）規制である。

(3) 捜査の実施

(a) 証拠の収集　　人・物・住居等について物・人を発見する強制処分を「捜索」という（218条以下）。証拠物等を所有者から強制的に占有取得する強制処分を「差押え」という（218条以下）。遺留物や任意提出物を占有取得する場合を「領置」といい（221条）、捜査実務で多用されている。捜索・差押えは原則として令状が必要であるが、逮捕に伴う場合は無令状でよい（憲法35条、220条1項・3項）。逮捕状審査や現行犯逮捕等の要件具備により権利制約の許容性があり、逮捕完遂や証拠保全の必要性もあるからである。令状には捜索場所と差押物の特定が必要である（憲法35条）が、情報処理装置や保存媒体等の飛躍的な進歩により、その捜索・差押え等に困難な問題が生じている。

場所・物・人の身体の状態を五官の作用によって感得する強制処分を「検証」といい（218条1項）、任意処分として行う場合を「実況見分」という。たとえば、目で見て形を確認したり、手で触って硬さを確認したりする。写真撮影やビデオ録画も検証・実況見分に含まれる。通信傍受は、従来は検証として行われていたが、現在は通信傍受法の厳格な要件の下で行われている（222条の2、通信傍受法）。

特別な知識・経験によって知りうる法則やその適用によって得られた判断の報告を「鑑定」といい、捜査機関は専門家に鑑定を嘱託する（223条1項）。

鑑定の際にその必要上行われる強制処分を「鑑定処分」といい、病院等に留置する鑑定留置（167条・224条）、死体解剖や物の破壊等（168条1項・225条）がある。強制採尿の場合、鑑定処分許可状のみでは直接強制できないため、直接強制が可能な検証令状と併用されていた。しかし、判例は、医師が医学的に相当な方法で行うことを条件に捜索差押令状によるとした。これには、捜索の限度を超える、強制処分法定主義に反する等の批判がある。

　供述証拠や捜査の参考資料を得るために、被疑者や第三者（参考人）に対して「取調べ」が行われる（198条1項・223条1項）。参考人や逮捕・勾留されていない被疑者には、取調べ受忍義務はない。他方で、逮捕・勾留中の被疑者には取調べ受忍義務があるものとして運用されているが、黙秘権の実質的保障の観点から批判がある。被疑者は、取調べにあたって供述拒否権が告知される（198条2項）ほか、調書の増減変更の申立て（同条4項）や署名押印の拒絶（同条5項）ができる。署名押印がなければ、原則として公判で証拠として利用できない（322条1項）。また、取調べの適正化・可視化が、近時の課題となっている。

　(b)　身体の確保　「逮捕」には3種類ある。①「通常逮捕」は、裁判官から事前に逮捕状の発付を受けて逮捕する（憲法33条、199条以下）。②「現行犯逮捕」は、現に罪を行いまたは現に罪を行い終わった者を無令状で逮捕するものをいい、私人が逮捕することもできる（憲法33条、212条以下）。令状が不要なのは、誤認逮捕のおそれがなく、緊急性があるからである。③「緊急逮捕」は、犯罪の重大性、嫌疑の充分性、緊急性が認められる場合に、その理由を告げて無令状で逮捕し、事後に直ちに裁判官に逮捕状を請求する（210条以下）。いずれの場合も、必ず1回は、犯罪事実の要旨と弁護人を選任できる旨が告知され、弁解の機会が与えられる（203条以下）。警察官逮捕で最大72時間、検察官逮捕で最大48時間という時間制限がある（203条以下）。検察庁既済事件の一般刑法犯に占める身柄事件は約3割であり、強盗は約7割、殺人は約5割である[3]。また、刑法犯（交通業過を除く）に関する警察での逮捕は、通常逮捕が約5割、現行犯逮捕が約4割、緊急逮捕が約1割であり[4]、例外とされる無令状逮捕が数字の上では必ずしも例外にはなっていない。

---

[3]　法務省法務総合研究所編・後掲書45頁参照。
[4]　警察庁編・後掲書246頁以下参照。

第21章　日本の裁判制度と裁判の実際(2)　刑事裁判

「勾留」とは、刑事施設に拘禁する裁判およびその執行をいう（207条・60条以下）。被疑者勾留は、逮捕の後に行う（逮捕前置主義：207条1項）。これにより、現行犯逮捕を除いて、二度の司法審査が保障される。被疑者勾留は、原則10日で、最大10日延長され、特別犯罪はさらに5日延長されうる（208条・208条の2）。被告人勾留は、公訴提起から2か月で、1か月ごとに更新されうる（60条2項）。被告人勾留には保釈の制度があるが（88条以下）、被疑者勾留にはない（207条1項ただし書）。否認事件で釈放や保釈が認められにくい（人質司法）との批判や、勾留場所を拘置所ではなく警察の留置施設とするのは心理的圧力による虚偽自白・冤罪の温床になっている（代用刑事施設）との批判がある。

　本件について逮捕・勾留の要件が備わっていないのに、その取調べのため、別件（被疑事実の同一性がない事件）で逮捕・勾留することを「別件逮捕・勾留」という。実務ではこのような手法が用いられることがあるが、逮捕・勾留の目的に取調べは含まれない、厳格な法定期間を潜脱する、実質的に令状主義に反する等の批判がある。

(4)　被疑者等の防御

　被疑者等には、前述のほか、以下の防御手段がある。まず、人間の尊厳や当事者主義の観点から、自己に不利益な供述を強要されないという「自己負罪拒否特権」・「黙秘権」（憲法38条1項）がある。次に、被疑者について、「弁護人依頼権」（憲法34条前段、30条1項）がある。国家と一般市民との力の格差に配慮したものである。被告人段階の国選弁護人制度（憲法37条3項後段、36条）のほか、新たに被疑者段階の国選弁護人制度が導入された（37条の2）。さらに、より具体的に、身体の拘束を受けた被疑者と弁護人との立会人なしの「接見交通権」（39条1項）がある。これは、被疑者が防御の準備をするために重要な権利である。しかし、捜査機関によって接見の日時・場所・時間が指定されることがあり（39条3項）、その適否が問題となっている。

2　公訴の提起

(1)　公訴提起の諸原則

　公訴の提起と追行は、原則として、国家機関である検察官のみに委ねられる（247条参照）。これを「国家訴追主義」および「起訴独占主義」という。

　刑事訴訟法248条は、訴訟条件を具備しており、犯罪の嫌疑がある場合でも、検察官が訴追の必要がないとして不起訴にする処分（起訴猶予処分）を認める。このような法制を「起訴便宜主義」といい、烙印付けを回避して特

別予防(改善更生)に資する、微罪の裁判手続を回避することで訴訟経済に資する等の長所がある。実際に、一般刑法犯と道交法違反を除く特別法犯で不起訴処分となった者のうち、起訴猶予処分の割合は6割を超える[5]。ただし、起訴便宜主義は検察官による恣意的運用のおそれがある。そこで、検察官の訴追裁量を適正化する方策が必要になる。不当な不起訴に対しては、告訴人等への処分通知(260条)と理由告知(261条)、検察審査会制度(検審法)、付審判請求(262条)等がある。2004年法改正で、検察審査会の「起訴議決」により指定弁護士が公訴提起する制度が創設された(検審法41条の6以下)。不当な起訴に対しては直接的な法制度がないため、解釈論として、訴追裁量の逸脱によって手続を打ち切るべき(338条4号)との公訴権濫用論が登場した。しかし、判例はその適用をきわめて限定している。

(2) 公訴提起をめぐる諸問題

起訴状には、被告人に関する事項、公訴事実、罪名を記載する(256条2項)。公訴事実は、「訴因」を明示して記載しなければならず、訴因を明示するには、できる限り日時、場所および方法をもって罪となるべき事実を特定しなければならない(同条3項)。訴因の特定は、裁判所に対して審判対象を限定し、被告人に対して防御範囲を示す機能がある。薬物事犯等では訴因の特定が困難な場合があり、特定の適否が争われている。

大正刑事訴訟法下では、公訴提起時に起訴状とともに証拠物や捜査記録を含む一件記録が裁判所に送付されていた。これは裁判所の効率的な訴訟進行に役立ったが、捜査機関の嫌疑を引継ぎ、有罪の予断を生じさせた。現行憲法は公平な裁判所による裁判を要求しており(憲法37条1項)、予断を生じさせない制度的担保が必要となった。そこで、裁判官に予断を生じさせるおそれのあるものを起訴状に添付・引用等することが禁止された(起訴状一本主義:256条6項)。起訴状一本主義は訴因の特定と競合する場合がある。判例は訴因の特定を重視するが、いったん抱いた予断を払拭するのは困難であるとの批判が強い。

刑事裁判における審判の対象は、「公訴事実」なのか、「訴因」なのか、という大きなテーマがある。当事者主義を基本とする現行刑事訴訟法の下では、一方当事者である検察官の具体的事実の主張であるところの訴因であるとの理解が支配的である。この問題は、訴因変更の要否・可否、訴因変更命令の

---

5) 法務省法務総合研究所編・後掲書48頁。

義務の有無等にも関連する。

　訴訟を有効に成立させて維持し、実体判決を下すための条件を「訴訟条件」という。たとえば、親告罪では告訴があることが訴訟条件であり、告訴を欠く場合には、公訴棄却判決により手続が打ち切られる（338条）。公訴時効が完成していないことも訴訟条件であるが（337条4号）、被害者の視点から重大犯罪の公訴時効の再延長・廃止が議論されている。

3　公判手続—— 刑事裁判
(1)　公判手続をめぐる諸原則
　刑罰権の存否の確認は、公平な裁判所の公開の法廷において、生の証拠のぶつかり合う直接主義により、当事者が口頭で弁論をすることによって行われるべきである（公判中心主義）。公平な裁判所（憲法37条1項）を実現するため、不公平な裁判をするおそれのある裁判官を当該事件の裁判から排除する除斥（20条）・忌避（21条）等の制度がある。裁判の公開（憲法82条1項・37条1項）は、裁判が公正に行われることを制度として保障し、ひいては裁判に対する国民の信頼を確保するためのものである。法廷でのメモは自由であるが、写真撮影等は許可制がとられており（刑事訴訟規則〔以下「規則」〕215条）、現実に裁判中の写真撮影等が許されることはない。刑事裁判は口頭によって提供された資料をもとに行うべきである（口頭主義：305条等）。口頭は、陳述の真意を理解しやすく、密室主義を排除できるが、書面の方が正確性に優れる場合がある。現実の裁判では書面が多用され、口頭主義が形骸化しているとの批判があったが、裁判員制度の開始により原則に立ち返った運用が行われつつある。また、迅速な裁判（憲法37条1項）を実現することが課題となっており、連日的開廷・継続審理（281条の6）や争点整理・証拠整理・証拠開示を行う公判前整理手続（316条の2）等が近時の法改正で整備された。

(2)　公判期日の手続
　(a)　冒頭手続　　冒頭手続（291条）は刑事裁判の導入部分である。裁判長が人定質問（規則196条）により被告人が人違いでないか確認する。検察官が起訴状を朗読して審判の対象を示す（291条1項）。裁判長が被告人に黙秘権等を告知したうえで（291条3項、規則197条）、被告人と弁護人が被告事件について陳述する（291条3項）。被告人の陳述は一般に罪状認否といわれるが、無罪推定に反する用語法であるとの批判がある。

　(b)　証拠調べ手続　　検察官と被告人・弁護人は、冒頭陳述（296条、規則198条）で、証拠によって証明しようとする事実の概要を示したうえで、証

拠調べ請求（298条1項、規則189条）を行う。とくに検察官側の証拠は多数であることが多く、証拠等関係カードを用いて、甲号証（乙号証以外）と乙号証（被告人の自白調書、身上・前科関係）に分けて、証拠調べ請求がなされる。訴訟関係人の意見を聞いて証拠決定がなされ、証拠調べが実施される。証人尋問は、交互尋問により、一定範囲で誘導尋問も可能である（規則199条の2以下）。被告人は被告人質問で

冒頭手続	人定質問 起訴状の朗読 黙秘権等の告知 被告事件についての陳述（罪状認否）
証拠調べ手続	冒頭陳述 証拠調べ請求、証拠決定 証拠調べ 　人証（証人・鑑定人尋問、被告人質問） 　書証・物証（朗読、展示） 被害者の心情等に関する意見陳述
最終弁論	論告・求刑（検察官） 意見の陳述（被害者参加人） 弁論　　　（弁護人） 最終陳述　（被告人）
判決宣告	

黙秘権を行使することもできる。裁判員や被害者参加人も一定範囲で証人尋問や被告人質問が可能である（裁判員法56条・59条、316条の36・316条の37）。証拠書類は、全文朗読が原則であるが、要旨の告知によることが多く（305条、規則203条の2）、口頭主義の形骸化と批判される。証人尋問に関しては、付添い（157条の2）・遮へい（157条の3）・ビデオリンク（157条の4第1項）等、証人保護の方策が講じられてきている。被害者は、証言のほかに、心情等に関する意見陳述（292条の2）や被害者参加人として訴訟参加することもできる（316条の33）。

　(c)　**最終弁論**　　最終弁論（293条）は刑事裁判の最後のまとめである。検察官が、事実、法律の適用、刑の量定について意見を述べる（論告・求刑：293条1項）。被害者参加人がいれば、その意見陳述が加わる（316条の38）。これらに対して、弁護人が、弁護人としての意見を述べる（弁論：293条2項）。最後に、被告人が、最終陳述を行う（293条2項）。これで弁論が終結し、結審となる。

　(d)　**判決の宣告**　　裁判官（と裁判員）が評議を行い、判決が宣告される（43条1項）。刑の言渡しがあった場合、原則として被告人が訴訟費用（証人の日当、国選弁護人の費用等）を負担しなければならないが、貧困を理由に免除される場合もある（181条）。

　(3)　証拠と事実認定

　事実の認定は証拠による（317条）。具体的には、犯罪事実等について、証

拠能力のあるかつ適法な証拠調べを経た証拠による証明が必要である（厳格な証明）。判例は情状や自白の任意性等は厳格な証明は不要としているが（自由な証明）、被告人にとって重要な事項であるので厳格な証明によるべきとの批判がある。証拠の証明力は裁判官の自由な判断に委ねられる（自由心証主義：318条）。拷問による自白獲得という歴史的反省に基づく。ただし、自由心証といえども、経験則や論理則に従った合理的・科学的な証拠評価が求められる。刑事裁判は国家が一般市民に刑罰を科すものであるから、挙証責任は国家が負うべきであり、通常人が合理的な疑いを差し挟む余地がない程度に検察官が証明しなければならない（333条1項参照）。

証拠は、事実認定の資料として公判廷で取り調べることが法的に許されていなければならない（証拠能力）。たとえば、証明に役立ちうる最低限の証明力を持つこと（関連性）が必要であるが、前科のように不当な偏見に結びつく場合は証拠能力が否定されることがある。科学的証拠（ポリグラフ検査、DNA鑑定等）は過信されて事実認定を誤らせるおそれがあり、証拠能力と証明力の各段階で慎重に検討されるべきである。なお、違法に収集された証拠は、適正手続と将来の違法捜査の抑制の見地から、証拠能力が否定される場合がある（違法収集証拠排除法則）。

「自白」は、歴史的反省等から法律上の厳格な規制がある。まず、「強制、拷問又は脅迫による自白、不当に長く抑留又は拘禁された後の自白その他任意にされたものでない疑のある自白は、これを証拠とすることができない」（自白排除法則：319条1項、憲法38条2項参照）。趣旨として、誤判防止、人権擁護、違法排除等の考え方が対立しており、判例もそれぞれに親和性のあるものがある。また、「被告人は、公判廷における自白であると否とを問わず、その自白が自己に不利益な唯一の証拠である場合には、有罪とされない」（自白補強法則：319条2項、憲法38条3項参照）。自白強要防止と誤判防止が趣旨である。

「公判期日における供述に代えて書面を証拠とし、又は公判期日外における他の者の供述を内容とする供述を証拠とすることはできない」（伝聞法則：320条1項）。具体的には、伝聞供述（又聞き）・供述録取書・供述書の証拠能力が原則として否定される。供述証拠が事実認定者に到達する「知覚→記憶→叙述」という過程には過誤が介在する危険性があり、その供述証拠を原供述者に確かめずに事実認定の基礎にすれば事実認定を誤る危険性が類型的にあるからである（とくに反対尋問によるチェックが重視されている）。しかし、原

供述者が公判期日等で供述することが不可能・困難で、原供述に高い信用性が認められる場合等には、例外が広く認められる（321条〜328条）。実務上は、とくに自白事件では、326条の同意により、伝聞証拠の証拠能力が認められることが多い。

(4) 裁判員制度

2009年から裁判員制度が開始された。この裁判員制度は、司法に対する国民の理解の増進と司法の信頼の向上を目的とする（裁判員法1条）。裁判員裁判の対象は、事件処理可能数と関心の高さ等から、地方裁判所で審理される重大犯罪に限定された（同法2条）。

裁判員に選ばれるのは、衆議院議員の選挙権者である（選任資格：同法13条）。職務遂行に支障がある者は裁判員になることができない（欠格事由：同法14条）。国会議員や弁護士など、制度趣旨から裁判員になることが一般的に不適切な者は、裁判員の職に就くことが禁止されている（就職禁止事由：同法15条）。事件関係者等のように、特定の事件について裁判員になることが不適切な者の場合、その事件に限って裁判員になることができない（不適格事由：同法17条・18条）。辞退は原則として認められないが、70歳以上の人や学生等は、負担軽減のため、例外的に辞退が認められている（辞退事由：同法16条）。

裁判員の候補者は、選挙人名簿からランダムに選ばれ、候補者名簿に登載されると、前年のうちに通知がある（同法20条以下）。裁判員対象事件の第1回公判期日が決定されると、呼び出すべき裁判員候補者が候補者名簿からランダムに選ばれ、呼出状が送付される（同法26条以下）。候補者は、選任手続期日に裁判所で質問を受け、不選任とすべき者が決定される（同法32条以下）が、理由を示さない不選任の請求（同法36条）という制度がある。不選任とならなかった候補者から、裁判員と補充裁判員が選任される（同法37条）。

裁判員は、原則として裁判官3人と裁判員6人で合議体を形成するが、争いがない適当な事件は裁判官1人と裁判員4人になる（同法2条2項以下）。合議体の男女構成の問題が指摘されている。裁判員は、一定の場合に証人尋問（同法56条・57条）・被害者質問（同法58条）・被告人質問（同法59条）ができる。評議では、①事実の認定、②法令の適用、③刑の量定に関与できるが、評議に出席して意見を述べ、裁判長による法令解釈・訴訟手続の判断に従う義務がある（同法6条・66条）。全員一致の意見になることが望ましいが、評決は、裁判官・裁判員の双方の意見を含む過半数による（同法67条）。

裁判員は、法令に従い公平誠実に職務を行う義務（同法9条1項）や評議の

秘密（評議の経過、意見の内容、意見の数）等の職務上知り得た秘密を漏らさない義務（守秘義務：同法2項）がある。義務に違反した場合、裁判員を解任される場合がある（同法41条以下）ほか、制裁を科される場合がある（同法108条・110条以下）。

裁判員裁判では、市民の負担軽減のため、公判前整理手続が必ず行われる（同法49条、316条の2以下）ほか、一人の被告人が数件の事件で起訴されている場合、裁判員の職務遂行の円滑化のため、事件ごとに分割して審理することがある（区分審理：同法71条以下）。

裁判員の保護手段として、①裁判員である・あったことを理由に解雇等の不利益な取扱いをしてはならない（同法100条以下、労基法7条）、②裁判員と裁判員予定者の個人特定情報は公にしてはならず、職務終了後も本人の同意なく公にしてはならない（同法101条）、③裁判員・補充裁判員に被告事件に関して接触してはならず、裁判員・補充裁判員であった者に職務上知り得た秘密を知る目的で接触してはならない（同法102条）等の規定があり、それらの一部には、罰則がある（同法106条〜109条）

(5) 簡易な手続

刑事手続に関わる限られた資源を有効に分配するため、軽微な事件や争いのない事件について、手続を簡略化したり、証拠法上の厳格な取扱いを不適用としたりする制度がある。具体的には、①簡易公判手続（291条の2・307条の2・320条2項）、②略式手続（461条以下）、③即決裁判手続（350条の2以下）がある。略式手続は、全起訴のうちの80％以上を占めている（道交法違反・交通業務上過失事件が大半）が、非公開の書面審理であることに対して批判がある。また、新設の即決裁判手続には、被告人への感銘力に欠けるとの批判がある。

4 救済手続

(1) 上　訴

未確定の裁判に対して、不服を申し立て、上級裁判所の司法的救済を求めるものを「上訴」という。具体的には、判決に対する①控訴（第二審へ：372条）・②上告（最高裁へ：405条）と、決定・命令に対する③抗告（419条）がある。憲法・法令違反や不正義の是正等をはかるものであるが、不当な蒸し返しとならないよう、それぞれ要件が定められている。

(2) 再　審

再審は、確定裁判の誤りを是正するものであるが、現行法は、不利益再審

を認めていないことから（435条、憲法39条）、誤って有罪判決を受けた者を救済することが目的である。近時の富山（氷見）事件や足利事件での再審無罪判決が記憶に新しいが、再審の開始は一般に非常に困難である。

〈参考文献〉
- 池田　修『解説 裁判員法──立法の経緯と課題［第2版］』（弘文堂、2009年）
- 警察庁編『平成20年の犯罪』（警察庁、2009年）〔本資料は、警察庁Webサイト内の〈http://www.npa.go.jp/toukei/keiji37/PDF/H20_ALL.pdf〉からも入手可能である〕
- 椎橋隆幸編著『よくわかる刑事訴訟法』（ミネルヴァ書房、2009年）
- 田口守一ほか編著『確認刑事訴訟法用語250』（成文堂、2009年）
- 被害者法令ハンドブック編纂委員会編著『被害者法令ハンドブック』（中央法規出版、2009年）
- 福井　厚『刑事訴訟法［第6版］』（有斐閣、2009年）
- 法務省法務総合研究所編『犯罪白書（平成21年版）──再犯防止施策の充実──』（太平印刷社、2009年）
- 三井誠＝酒巻匡『入門刑事手続法［第4版］』（有斐閣、2006年）
- 山田道郎「刑事訴訟法」本書第11章

【黒澤　睦】

第22章

日本の裁判外紛争処理制度
――消費者被害に係る行政型ADRの実態――

I　はじめに

　裁判外紛争解決（ADR, Alternative Dispute Resolution）とは、訴訟手続によらず民事上の紛争を解決することである。公正な第三者が関与して仲裁、調停・斡旋などを行い、紛争の解決をはかる手続である（裁判外紛争解決手続の利用の促進に関する法律（平成16年法律第151号）参照）。ADRには表1のような類型がある。

表1　ADRの類型

司法型ADR	民事調停、家事調停	
行政型ADR	消費者保護、公害防止などの行政目的達成のためのもの。消費者の権利に係る苦情処理・相談機関として消費生活センター、国民生活センター、消費者被害救済委員会がある。	
民間型ADR	公益型ADR	弁護士会仲裁センター、日本商事仲裁協会等
	業界型ADR	各種製品別のPLセンター、医事紛争処理委員会、クリーニング賠償問題協議会等

　ADRは表1にみるように、これまで消費者保護、公害防止の領域で多く用いられてきたが、今日その対象は建築紛争、医療紛争などを含めて広範な分野に及んでいる。以下では消費者被害に係る行政型ADRを例として、行政型ADRの仕組みと紛争処理の実際を見ておくこととしよう。

II　消費者被害と行政型ADRによる救済

(1) 消費者被害の類型——「古典的被害」と「構造的被害」

　消費者被害には、「古典的被害」と「構造的被害」とが区別される。「構造的被害」は、大量生産、大量流通、大量消費のシステムを前提として、事業者と消費者の間の不平等な力関係のもとで発生するもので、その特徴は、被害が多発すること、被害原因究明が困難であること、いったん発生すると深刻な被害となることなどである。「古典的被害」は、構造的被害の対極にある被害類型で、事業者と消費者の取引における対等性が基本的に維持されている中で、比較的被害原因が突き止めやすく、また被害の程度も軽微であるような場合である。古典的被害は、多くの場合請求額が小さく訴訟には適していない。

(2) 行政型ADRと消費者被害救済

　日本において食品公害、価格カルテル、医療過誤といった構造的消費者被害の多くについては訴訟が提起されるが、軽微な製品事故など古典的被害の多くについては、多額の訴訟費用を要することや訴訟が長期間にわたることのため裁判による解決にはなじまなかった。これらの小額被害の場合に裁判所による解決が用いられない理由には、裁判により白黒をはっきりとつけることを回避しようとする国民性ないし権利意識の弱さもあった。

　そこで1980年代にいくつかの自治体で、消費者被害救済に行政が関与して紛争の解決をはかるという仕組みができることとなった。家庭の主婦や年金で生活する高齢者など一般市民が受ける被害の救済を、「消費者センターと消費者被害救済委員会が連携する被害救済システム」の構築がはかられたのである。国においても国民生活センターによる苦情処理のシステムが導入された。これらは行政がその公共的使命をはたすために消費者の側に立って、行政機関の優越性を背景として紛争解決のための相談、斡旋、調停を主導するというものであった。今日からみれば、これは行政型ADRの導入であり、その後もこのような仕組みは多くの自治体に広がり発展を続けてきているものである。

　以下では、神奈川県における消費者被害救済委員会を例にとって、行政型ADRによる消費者被害救済の実情を述べることとしたい。「消費者センターと消費者被害救済委員会が連携する被害救済システム」は1980年代に自治体が率先して開発・導入した行政型ADRであり、神奈川県におけるその運

用の実情はまた多くの他の地方自治体に同様に当てはまるものであるといってもよいであろう（東京都については：http://www.shouhiseikatu.metro.tokyo.jp/、国民生活センターについては：http://www.kokusen.go.jp/ を参照されたい）。

III 神奈川県における消費者の権利の確立と消費者被害救済制度の実際

1 序　説

　神奈川県における消費者行政は1960年代半ばに始まっている。具体的には、1967年に専管部署として消費生活課を設置し、翌年以降県内各地に消費者センターを開設して消費生活相談を開始し、また消費者啓発事業に取り組みだしている。その後、消費者被害が増大を続けるのに伴って消費者行政も充実し、1980年には「神奈川県消費生活条例」を制定した。同条例は、「消費者の権利」を確立して県民の消費生活の安定と向上にはかることを目的としているが、同条例において消費者の権利として次のものがあげられている（1条。これらのうち(7)〜(9)は2005年の条例改正で追加された権利である）。

(1)　生命健康を侵されない権利
(2)　適正な表示を行わせる権利
(3)　不当な取引行為から免れる権利
(4)　不当な取引条件を強制されない権利
(5)　被った被害から速やかに救済される権利
(6)　必要な情報を速やかに提供される権利
(7)　自主的かつ合理的な選択の機会が確保される権利
(8)　消費者教育を受ける機会が提供される権利
(9)　消費者の意見が県の施策に反映される権利

　また、神奈川県消費生活条例においては以下のような事業者規制の仕組みが規定されている。①同県知事は、危険な商品の排除のために事業者に対して同商品の供給停止するよう指導し、または勧告を行う（7条）。②知事は、消費者の購入する商品の内容の表示や取引の条件の表示について事業者の遵守すべき基準を定め、事業者がこれに違反している時は規準を遵守することの指導または勧告を行う（13条）。③知事は、事業者の行う不当な取引行為――商品売買契約における不当行為――を排除するために必要な指導もしくは勧告を行う（13条の4）。④知事は、一定の生活関連商品について、事業者が買占めや売り惜しみをしているときは、売り渡しの勧告をすることができ

る（18条）。⑤知事は以上の措置を取るにあたって必要な調査を行い、必要に応じて勧告したことを公表する。

　同条例はまた、1条に掲げる消費者の権利のうち「(5)被った被害から速やかに救済される権利」に関して、知事は、消費者から商品等についての被害の救済の申出があったときは、その速やかな救済のために必要な助言、あっせんその他必要な措置を講ずるものとし（22条）、そのために、消費者被害救済委員会を設置し、同委員会は知事の付託によりあっせんまたは調停を行う（23条）とされている。

　同委員会のあっせん、調停が不調に終わった場合、神奈川県は、被害を受けた消費者が提起する訴訟を、次の要件をあわせ備えたものであるとき、訴訟に要する費用の貸付、弁護士のあっせん等必要な援助を行うことで、支援するとしている（24条）。①同一または同種の被害が多数発生し、またはそのおそれがあること、②訴訟費用が被害額を超え、超えるおそれがあること、③消費者被害救済委員会のあっせんまたは調停によって被害を救済できないこと。

2　消費者被害救済委員会の活動
(1)　消費者被害の実情と消費者センターの取組み

　神奈川県および県内市町村の消費者センター等で受け付けた消費生活相談の件数は2004年4月～2005年3月の期間で、市町村が10万3,868件、県が1万2,354件の合計11万6,222件である。相談は、契約の締結や解除に関する相談が全体の7割である（これに次ぐのが販売方法に関する相談である）。役務の取引に関する相談が全体の7割を占めている。役務の取引は、金融・保険サービス、運輸・通信サービス、教育サービス、教養・娯楽サービス、保健・福祉サービス、内職・副業・相場関連に係るもので大半を占めている（商品に関する相談は新聞、補習用教材に関するものが多い）。相談者の年齢は30歳代以下が6割で、相談内容はオンライン関連サービス（出会い系サイトの利用料金不当請求等）、フリーローン・サラ金、不動産貸借が上位を占めている。性別では男性の占める割合が6割である。

(2)　消費者被害救済委員会への付託とあっせん、調停

　消費者センターには専門の訓練を受けた相談員がいて、消費者の側に立って苦情の解決にあたっており、相当数の被害は救済されている。しかし、そこで解決のつかない事案もある。そのような事案のうち「被害の内容が県民の消費生活に著しく影響を及ぼし、又は及ぼすおそれがあると認めるもの」

で（県条例23条）、被害の原因が以下のものに該当し、消費者の申出のある案件が消費者被害救済委員会に付託される。①欠陥商品、②適正でない表示、③申し込みの誘引、契約の解除・履行等に関し事業者の違法または不当な行為によるもの、④事業者による違法または不当な行為によるもの、⑤不当な取引制限、不公正な取引方法、買占め・売り惜しみによるもの、⑥新たに開発された物質、または通常の販売方法と著しく異なる方法による異例なもの、⑦その他①から⑤に準ずるもの。

消費者被害救済委員会は、学識経験者5名、消費者2名、事業者もしくは事業者団体の長その他の役員2名の合計9名により構成される。委員会は必要があるときは「あっせん部会」ないし「調停部会」をおくことができるとされており、部会は、学識経験者2名、消費者1名、事業者1名の4名で構成されるのが通常となっている。

神奈川県において消費者被害救済委員会が設置された1980年から2006年まででみると、この間で付託案件は8件、あっせん成立は6件である。この内訳をみると1980年から1992年までの間に4件あり、その後2001年まで付託案件はない。2002年から2006年までに付託案件は4件あり、このうち1件は付託後審議に入る前に当事者が和解して解決し、3件はあっせんが成立している。

ところで、消費者被害救済委員会は全国的にみて機能しているのは東京都を含めて数自治体程度といわれている。東京都においては、1976年から2006年までの期間において33件の紛争処理案件があり、あっせん成立が24件、一部事業者あっせん成立・一部事業者あっせん不調が5件、あっせん不調が4件である。あっせん不調の事案について訴訟援助をした案件が5件ある。このような東京都における実績を別とすれば、神奈川県においては被害救済委員会の設置以来コンスタントに案件を処理してきており、実績は積み重ねられているといえよう。神奈川県において、2000年代に入って消費者行政は再び積極的になったが、その背景には、国の消費者行政の活発化があったといえよう。すなわち、消費者保護基本法が改正されて、名称も消費者基本法となったことに伴うものである。同法では、地方公共団体による苦情処理および紛争解決の促進に係る条項が強化されて、市町村と都道府県が共に苦情処理のあっせんに努めるものとされ、両者の役割分担として都道府県はより高度の専門性と広域の見地から苦情処理を行うものとされているのである（消費者基本法19条）。

(3) 消費者被害救済委員会の機能と役割の評価

　消費者被害救済委員会で行った和解、あっせんの事例としては、以下のものがある。和解の案件は、Aは訪問販売で、家庭教師派遣およびそれに付随する補習用教材をローンで購入したが、家庭教師の能力が不十分だったので家庭教師派遣会社に契約解除を申し入れたが応じられず、乙信販会社も支払停止に応じなかったという事例がある。あっせんの事例では、その1は、パソコン内職商法に係る事案であり、その2は、敷金・礼金なしのアパートの賃貸借契約の解除に係る事案である。事例の3は、羽毛布団購入の事例である。

　これらの事案から神奈川県におけるADRとしての消費者被害救済委員会の機能についていくつかの点を挙げてみたい。

　第1は、これらの案件における申立人は、妊娠中の専業主婦、若い勤めのある女性、身障者の子供を持つ老夫婦であり、裁判所に提訴する可能性はほとんどなかったであろうということである。消費者被害救済委員会によるあっせん、調停がなかったとしたら「泣き寝入り」になっていた可能性がきわめて高いのである。

　第2は、消費者被害救済委員会によるあっせんは、消費者センターで解決できなかった案件についてのものであり、解決の困難なものである。それにもかかわらず、事業者がこの手続に応じた段階で基本的には何らかの解決への歩み寄りを事業者において行ったといえることである。事業者からみると、あっせんは次のようにみえよう。①あっせん部会には中立的な第三者たる学識経験者（神奈川県の場合具体的には大学教授と弁護士）、消費者代表、そして事業者の代表も入っており、そのあっせん案は一応信頼するに値するものと思える。②あっせん成立にあたっては、事業者名の公表はなされず、残債権の放棄や既払い金の返還を行ったとしても、他の同様の申立て（その中には裁判所での係争中のものもある）に対する影響は最小限に食い止めることができそうである。この点は、事業者において他の同様の案件、とくに訴訟案件への波及効果を過度におそれると、あっせん成立は大変難しくなる。また、③事業者に責任が100パーセントあるという解決ばかりではなく、不調もあるし、申立人に責任を一部負わせる解決もありうる。責任を少しでも申立人において負ってもらわないと、事業者の社内での当事者の責任問題が大きく生じるので、事業者は頑張ることになる。したがって、どのレベルで解決を導くか、審理指揮には細心の注意を要することになる。

第3は、あっせんにおいて、成否を決めるのは決定的に行政庁の権威である。日本において地方政府の権威は事業者に対して依然として高く、県の意向や行政指導は無視することはまったくできないという一般的意識状況もある。しかし、一般的にはそうであるとしても、具体的には、申立人の被害を最小限にしようとするあっせん部会の事務局を勤める県職員の熱意と粘りが決定的ともいえる。あっせん部会の事務局の努力には敬服するものがあり、これにより事業者があっせん案に同意するに至ったという側面も大きい。
　以上のようにみてくると消費者被害救済委員会にみるADRの機能は、特殊・個別的事情によるもので一般化することは難しいようにみえるかもしれない。それにもかかわらず、あっせんはその基礎に問題の法的論理に従った解決を目指して行われるものであることもまた言うを待たない。その結果、どのような案件においても、部会は一度や二度はあっせん不調になる危機に直面している。事業者において「これ以上は飲めない、これ以上を求めるのならあとは裁判所で会いましょう」という発言もされることがある。しかしそれでは、申立人は、結果として「泣き寝入り」となることが明らかであるから、部会としては不調にはできないと思うことになる。そこを事務局の県職員が部会の意向を受けて事業者を日参するほどに密な下交渉を行い、あっせん部会での合意の下準備に尽力することになるのである。そしてあっせんは成功裡に終結することになる。

Ⅳ　消費者被害救済にみる行政型ADRの今後

　以上で自治体の消費者被害救済委員会における被害救済のためのあっせんの実情を述べてきた。一言で言えば、法律論で闘うのなら裁判所にいくしかない、そうしないためには、民法、消費者契約法、特商法、割賦販売法などの諸規定の解釈論を踏まえつつも、法律論の基礎にある事実関係を徹底して明らかにする努力を重ね、衡平の観点から事業者においてより大きな責任をとる必要があることを理解させる努力があっせんという作業の真髄ということになるであろう。
　あっせんが成立すると被害救済委員会は紛争事件報告書を知事に提出し、それは自治体のホームページにより同自治体の住民に公表される。同報告書は、審議の経過および結果、紛争の概要（当事者の主張、あっせん案の内容、確約書の内容など）、あっせん部会委員のコメント、資料という定型的書式によりまとめられる。報告書の中ではコメントにおいて法的観点からの分析、本

件紛争の他の類似の案件との比較における特徴、事業者の今後の事業戦略のあり方などがやや詳細に書かれる。個別案件の解決をはかると共に、類似の案件が将来再発するのを防止する狙いもあり、自治体住民への注意喚起の意味もあるからである。

　消費者被害救済における行政型ADRとしての消費者被害救済委員会制度には、自治体予算の制約から付託しうる案件が限られること、消費者センターにおける紛争解決努力とのスムーズな連携のあり方、国民生活センターや他の自治体における消費者被害救済委員会制度との連携ないし共同のあり方といった問題はある。とはいえ、小額の消費者被害を地域住民と一番近いところにいる地方自治体が、消費者の権利の確立を目標として、ADRという方法で解決にあたるというシステムは日本の市民社会の中でまだまだ発展する余地を残しており、発展させるべきであるともいえるであろう。

資料：「業務提供誘引販売業者倒産に係る信販会社との紛争事件」

　消費者被害救済委員会が扱った事案のうちから「業務提供誘引販売業者倒産に係る信販会社との紛争事件」を取り上げて、行政型ADRの実際について述べておくことにしよう。同事案において申立人Aは一般消費者であり、相手方事業者甲は信販会社である。その他の事業者として、乙（パソコンの資格取得用の教材の販売会社）および丙（パソコンの資格を有する者に仕事をあっせんする会社）がある。本件における消費者被害救済委員会のあっせん案は以下のとおりであり、両当事者間で合意が成立した。(1)甲は、Aに対する残債権を放棄する。(2)甲は、乙が実質的倒産した平成15年5月以降に申立人が支払った金額の清算処理を行い、実質的倒産時から抗弁書提出前までの34,600円、抗弁書提出後の支払額51,900円の合計86,500円を申立人に支払う。

　本件の争点は、(1)商品販売契約と業務提供誘引販売取引（特商法51条以下）の関係、すなわち、本件契約は内職提供を前提とする役務付教材提供契約か、単なる教材提供契約かという点、(2)本件販売行為と契約の成立の有無、すなわち、乙には、電話勧誘に際して、電話を通じて作成された書面に不備があり、また不告知事項があり、さらに錯誤、債務不履行も発生していると思われる点、また甲においては、書面が不備であり、抗弁権が不接続であるという点などである。本件契約は、破綻必死の反社会性あるものであり、加えてまた取引の一方が圧倒的に不利な契約＝公序良俗違反で無効ではないかという点も論点であった。

本件あっせん部会のコメントのうち、「信販会社の加盟店管理責任について」の内容は以下のとおりであった（平成16年8月「神奈川県消費者被害救済委員会報告書」参照）。

「2　信販会社の加盟店管理責任について
　(1)　信販会社による加盟店に対する審査・管理強化の必要性
　　　本件において申立人（消費者）と販売会社（乙）との取引の内容は単なる物品販売契約ではなく役務付の物品販売契約であるが、信販会社（甲）は、以下のとおり、加盟店契約時とその後の加盟店契約解除の時にいたるまで本件における取引内容を正確に把握する努力を怠り、加盟店管理責任を果たしていたとはいえない事情があると考えられる。
　　(1)　加盟店契約時（平成11年5月27日）
　　　　甲は、乙の事業内容、取引形態について、事業者としての相当の注意を払えば、興信所による調査、商品パンフレット、ヒアリング等にもとづいて事業の実態を知りえたのにこれを怠った。
　　(2)　加盟店契約解除時（平成13年2月14日）
　　　　甲は、平成13年2月13日にいたって、他県センターの情報および自らの乙に対するヒアリングから乙の取引形態が役務付物品販売であることを知り、当該加盟店契約を解除したが、この時において乙の過去の取引形態を含む契約状況の確認をするなど、事業者としての相当の注意を払えば乙の真実の事業内容を知りえたものであるにも関わらずこれを怠った。
　　　本件におけるような役務付の物品販売契約は「業務提供誘引販売取引」として特定商取引に関する法律（以下特商法という）の平成13年改正により導入されたものであるから（同法51～58条参照）、同法施行前の本件契約は適用を受けるものではない。しかしながら、業務提供誘引販売取引については平成11年ごろより多くの苦情が各地の消費者センター等に寄せられ、その規制の必要性は、平成12年9月の産業構造審議会提言においても事業者から消費者への適切な情報提供の義務付け、不適切な勧誘行為の防止等の必要性が指摘されていることからも広く認識されていた。また、この間において、通産省〔現経済産業省〕から日本クレジット産業協会や全国信販協会宛で、割賦購入あっせん業者における加盟店管理の強化についての通知等が再三行われており、そこでは加盟店の不正販売行為による購入者とのトラブルの未然防止又は拡大の防止を図るために加盟店の審査及び管理の一層の強化等に努めることが強く要請されている。
　　　以上のような事情のもとにおいては、前述のとおり、甲においても本件契約についてその真実の内容を把握すべき注意義務が生じおり、これを怠った

点で加盟店管理責任を果たしえなかったものであるといわざるを得ないであろう。
(2) 抗弁権を接続させる時期を早める必要性
　本件において申立人は、販売会社（乙）の倒産により役務の提供を受ける可能性がなくなった時点で、信販会社（甲）に対して支払停止の抗弁を行っている。これに対して甲は、本件契約が業務提供誘引販売取引ではなく、物品販売契約であるとの主張（本件契約は業務提供誘引販売取引の規制に係る条項を加えた特定商取引に関する法律の改正前のものであるから、同法の適用は本件契約には及ばないとの主張）から、この後においてもクレジットの支払請求を継続し、支払を受け続けた。
　この点について、甲は事業者として、第1に、本件における契約が業務提供誘引販売を内容とするものであることを、すでに述べたように加盟店管理に一層の注意を払っていれば十分に知りえたものであり、第2に、業務提供誘引販売取引の規制を導入した改正特定商取引に関する法律の内容を十分に知りうる立場にあり、同改正法の施行前とはいえ同改正法の趣旨を尊重することを社会から求められる立場にあったことからすると、本件契約を物品販売契約であるとの形式論により申立人の抗弁を認めず、同人に対する支払請求を継続したことには、自己の事業事情上の利益を優先し、契約の相手方たる消費者の実情に対する無理解があったといわざるを得ないであろう。
　ところで、本件において甲は結論として、申立人に対する残債権の放棄に応じ、加えて乙の倒産時以降の既払金の返金に応じることとしたのであり、このことは実質において、上記の加盟店管理についての懈怠をある程度認識し、また特定商取引に関する法律の改正法の精神を尊重するという姿勢を表わしたものとして評価することができよう。
　その上で加えて言うなら、甲は本件において、申立人の第1回の支払いがなされる前に乙との加盟店契約を解除している。これは乙が業務提供誘引販売を行っていることを知り、そのことを理由としたものである。この経緯からすると、甲は、乙との契約の解除後で、乙倒産前の時点において申立人との契約の見直しをおこない、同人の損害を最小限にすべきであったともいえよう。申立人は、甲とのクレジット契約を前提としてのみ本件乙との契約をおこなっているのであり、しかも乙との契約は事実上錯誤に基づいて締結されているという実態からみて、この時点で甲には主導性を発揮して、本件取引を公正なものに正すべき立場にあったといえようからである。
3　当事者に対する要望
(1)　信販会社に対する要望
　本件において信販会社（甲）はすでに述べたように、残債務を放棄し、既入金を販売会社（乙）の倒産時以降の部分についてではあるが返還している。

この点は、事案の実態に沿った解決であり、評価することができる。本件における申立人は明らかに一般消費者であり、申立人と乙との契約が役務提供付販売契約であることも明らかである。そのような契約実態を前提とすると、甲が契約実態に即した解決を目指し、上記のような解決に至ったことは相当である。今後とも紛争を生じた時には、このような衡平の観点から取引における公正を実現するよう一層契約の実態に即した事案の解決をはかる姿勢を保持してほしい。

他方、上記のとおり甲には加盟店管理責任上の問題がある。同社においては今後加盟店の審査と管理を厳重にし、本件のような問題の再発防止にいっそうの注意を払うことが期待されるところである。

(2) 消費者への要望

申立人は一般消費者であり、乙との契約に際してその違法な販売活動の実質的な意味で被害者である。今日における消費者は、事業者の売り手注意の原則のもとで一層その地位を保障されるものでなければならないことはいうまでもなく、本件においても本来はもう一歩踏み込んだ解決がなされてしかるべきであったといえる。このことを前提として一言するならば、申立人は、本件契約の当事者として「教材Dセット」の内容の確認を中心とする本件契約内容の確認と契約締結のプロセスに今一段の注意を払うことが必要であったといえよう。このような契約に際しての注意深さを可能とするのは、契約締結に際して自己の消費者としての権利についての自覚、特に契約一般についての知識はもとより本件において問題となった特商法や消費者契約法についての基礎的知識を得ることで獲得できる自覚であるから、このような自覚を高めるための努力を今後惜しまないでほしい」。

〈参考文献〉
- 木佐茂男ほか『現代司法［第5版］』（日本評論社、2009年）
- 正田　彬『消費者の権利［新版］』（岩波新書、2010年）

【高橋岩和】

日本法和英辞典

　本辞典は基本的に、日本法令外国語訳推進会議編『法令用語日英標準対訳辞書（Standard Legal Terms Dictionary）』（内閣府・日本法令外国語訳データベースシステム、2010年）から必須と思われる法律用語を選んで転載したものである。なお、本辞典作成にあたっては田中英夫他編『BASIC英米法辞典』（東京大学出版会、1993年）などを参照し、また別途蒐集した用例を参酌して収録語の補充等を行っている。利用者においては、日本法を中心とする本辞典のすべての掲載法律用語を法学辞典で意味を確認しつつ暗記するとともに、英語で法律論文・レポート等を作成するときには、一般和英辞典とあわせて本辞典を座右において利用していただきたい。

【高橋岩和】

【あ】

相手方 (1) opponent［対審手続の場合］(2) the other party/other parties［一般的な場合］(3) opposite party［一般的な場合］(4) counter party［契約などの相手方］

悪意 bad faith, mala fide, cf. 善意 good faith, bona fide / 悪意の（で）(1) with knowledge (2) knowingly［単なる認識を含む場合］(3) in bad faith［害意に近い意味の場合］

斡旋（あっせん）(1) arrangement［盗品の斡旋］【動詞】斡旋する arrange (2) influence［斡旋収賄］(3) mediation［紛争解決のための手続］/ 斡旋員 mediator cf. 調停 conciliation

争い dispute cf. 紛争解決 dispute settlement

言渡し rendition【例】判決言渡し rendition of judgment【動詞】言い渡す render

異議 objection、exception / 異議の申立て filing of an objection

違憲審査 judicial review

遺言（いごん）will, testament / 遺言執行者 executor / 遺言者 testator / 遺言書 will, testament

遺産 estate, legacy / 遺産の分割 partition of estate

意思 intent, will / 意思能力 mental capacity / 意思表示 manifestation of intention【例】瑕疵（かし）ある意思表示 defective manifestation of intention

委託 entrustment / 委託者 (1) consignor［販売・運送等の委託］(2) settlor［信託］/ 委託販売 consignment

一身専属性 personal nature

一事不再理 non bis in idem

一人会社（いちにんかいしゃ）one-man corporation

委任 (1) mandate［民法上の委任契約］(2) delegation［権限の委任という意味での委任］/ 委任立法 delegated legislation

違反 (1) violation 【例】違反事件 a case of violation 【動詞】違反する violate (2) offense【動詞】違反する offend (3) contravention【動詞】違反する contravene (4) breach【動詞】違反する breach / 違反行為 (1) violation (2) illegal conduct

違法な (1) illegal (2) unlawful

違約金 penalty

依頼者 client

入会権（いりあいけん）right of common

遺留分（いりゅうぶん）legally reserved portion

医療過誤 malpractice

因果関係 causation

請負（うけおい）contract for work / 請負人 contractor

氏（うじ）surname
訴え（1）suit（2）lawsuit（3）action／訴えの変更 amendment of claim
裏書（うらがき）endorsement【動詞】裏書する endorse／裏書人 endorser
売主 vendor　cf. 買主 vendee
映画の著作物 cinematographic works
営業（1）business［原則］（2）operation／営業権 goodwill／営業秘密 trade secret
永小作権（えいこさくけん）farming right／永小作人 farming right holder
役務（えきむ）service／役務提供委託 service contract
押収 seizure【動詞】押収する seize／押収物 seized articles
横領 embezzlement【動詞】横領する embezzle
犯す commit【例】犯罪を犯す commit a crime
おそれ（1）risk【例】公共の利益が著しく阻害されるおそれ a risk of extreme impairment of public interest（2）likelihood【関連】…のおそれがある be likely to
親会社 parent company／親事業者（1）parent enterprise［資本関係］（2）main subcontracting enterprise［下請等の取引関係］
恩赦（おんしゃ）pardon［恩赦］【注】amnesty は主に政治犯を対象。

【　　か　　】

解決（1）settlement［原則］【動詞】解決する settle（2）resolution［紛争解決の場合］【動詞】解決する resolve（3）solution［紛争解決の場合］【動詞】解決する solve
戒厳令 martial law
開示（1）disclosure【動詞】開示する disclose（2）discovery
解釈（1）construction［法・クレームの解釈］【動詞】解釈する construe（2）interpretation［言葉の解釈］【動詞】解釈する interpret
解除 cancellation【動詞】解除する cancel／解除条件 condition subsequent
回避（裁判官の）withdrawal（of judge）
解約（1）termination［将来に向かって契約を失効させる意味］【動詞】解約する terminate（2）cancellation［契約解除の意味］【動詞】解約する cancel
価格（1）price［品物の価格・値段］（2）value［金銭的価値］　cf. 価額（1）market value（2）value
確認の訴え action for declaratory judgment
瑕疵（かし）defect, fault／瑕疵担保責任 warranty against defects
過失 negligence, culpa／過失相殺（かしつそうさい）comparative negligence
科す（1）impose［一般的な場合］（2）punish［刑罰を科す場合］cf. 課す impose
加重（かちょう）aggravation【動詞】加重する aggravate
課徴金 surcharge
株式（1）share（2）stock／株式会社 stock company／株主（1）shareholder（2）stockholder／株主総会 shareholders meeting　cf. 株券 share certificate,／株主代表訴訟 stockholders' representative action[suit]
仮釈放 parole／仮出獄 parole
仮処分 provisional disposition
科料（かりょう）petty fine
過料（かりょう）non-penal fine
管轄 jurisdiction／管轄権 jurisdiction／管轄裁判所 court with jurisdiction／管轄違い lack of jurisdiction
監禁 confinement【動詞】監禁する confine
関係者（1）relevant person（2）person concerned（3）interested person［利害関係人］
勧告 recommendation【動詞】勧告する recommend

監査 audit【動詞】監査する audit /監査役（company）auditor /監査役会 board of company auditors /監査委員会 audit committee/監査法人 audit firm
管財人（破産）trustee (in bankruptcy)
鑑札 permit
観察処分 surveillance action
慣習 (1) custom［原則］(2) usage［customより一般性が小さく規範性が弱い場合］(3) practice［習俗・慣行］/慣習法 customary law
鑑定 (1) expert opinion［原則］(2) expert testimony［証拠方法の類型］(3) appraisal［価格・価値の評価］/鑑定書 written expert opinion /鑑定証人 expert as witness /鑑定人 (1) expert witness (2) appraiser［評価人の意味の場合］
官報 official gazette
関与 participation【動詞】関与する participate /関与行為 (1) involvement (2) participation
期間 (1) period (of time) (2) term /期間の経過後 after the expiration of period (of time) /期間の計算 computation of period of time / 期間の満了 expiration of period
棄却 dismissal 【例】訴え棄却 dismissal with prejudice, dismissal on the merits cf. 公訴棄却 dismissal of prosecution
企業 enterprise /企業者 entrepreneur /企業秘密 trade secret
危険負担 risk (of loss)
期日 date【例】払込期日 the payment date /期日の変更 change of date /期日の呼出し summons for appearance date
偽証 perjury
擬制 construction, legal fiction /契約の擬制（擬制された契約）constructive contract
規制基準 regulation standard /規制措置 control measure

起訴 institution of prosecution【動詞】起訴する institute prosecution, charge /起訴状 charging sheet【注】indictment はアメリカで大陪審起訴を意味する。/起訴陪審 grand jury
規則 (1) Ordinance［法形式が省令の場合］(2) Rule［法形式が規則の場合］【例】民事訴訟規則 Rules of Civil Procedure (3) regulation［就業規則などの場合］
毀損 (きそん) (1) defamation［名誉毀損］【動詞】名誉を毀損する defame (2) damage［(信用や物の) 毀損］【動詞】毀損する damage
規定 provision【動詞】規定する provide
議定書 protocol /議定書附属書 annex
既判力 res judicata
忌避 (きひ) challenge【注】訴訟手続における裁判官の忌避の意味。
寄附行為 (1) act of endowment［財団法人を設立する行為］(2) articles of endowment［財団法人の根本規則］
基本的人権 fundamental human rights
義務 (1) obligation［原則］(2) duty［権利と対比される義務］
却下 dismissal 【例】訴え却下 dismissal without prejudice 【動詞】却下する dismiss
急迫不正の侵害 imminent and unlawful infringement
給付 (1) performance［原則］【動詞】給付する perform (2) payment［金銭等の場合］【動詞】給付する pay (3) delivery［物等の場合］【動詞】給付する deliver
旧法 former act
糾問手続 inquisitorial procedure
恐喝 extortion【動詞】恐喝する extort
協議 (1) consultation［専門家との相談］【動詞】協議する consult (2) deliberation［審議・評議等］【動詞】協議する deliberate (3) conference［対等に協議する場合］【動詞】協議する confer (4) agreement［合意］

【例】協議上の離婚 divorce by agreement
教唆 inducement【動詞】教唆する induce / 教唆者 person who induces
供述 statement / 供述者 declarant
強制 (1) compulsory [強制執行] (2) forcible [強制わいせつ] / 強制執行 execution
行政指導 administrative guidance / 行政措置 administrative measures / 行政手続 administrative procedure【例】行政手続法 Administrative Procedure Act / 行政不服審査 administrative appeal
共同正犯 coprincipals
共同訴訟 joint suit, joint action / 共同訴訟参加 intervention as coparty / 共同訴訟人 coparty
共同不法行為 joint tort
共同謀議 conspiracy
業として (1) on a regular basis [反復・継続して] (2) in the course of trade [営利目的をもって]
強迫 duress
脅迫 intimidation【動詞】脅迫する intimidate
共犯 complicity
業務執行 execution of business / 業務執行社員 managing member / 業務執行取締役 executive director
業務妨害 obstruction of business【動詞】業務を妨害する obstruct business
享有 enjoyment【動詞】享有する enjoy
共有 co-ownership / 共有者 co-owners
許可 (1) permission [原則]【動詞】許可する permit (2) license [一回的でなく継続的な許可]【動詞】許可する license
虚偽表示 (1) fictitious manifestation of intention [瑕疵ある意思表示の意で用いる場合] (2) misrepresentation [不実表示の意で用いる場合]
挙証 proof / 挙証責任 burden of proof
許諾 authorization
寄与分 amount of contribution

緊急避難 averting present danger, necessity
禁錮（きんこ）imprisonment without work
禁止 (1) prohibition【動詞】禁止する prohibit (2) ban【例】通行禁止 traffic ban【動詞】禁止する ban (3) restriction【動詞】禁止する restrict
金銭債権 monetary claim cf. 金銭債務 monetary debt
金品（きんぴん）money and goods
苦情 complaint
国 (1) the State [原則] (2) national government [地方公共団体と比較する場合]
組合 (1) partnership [原則] (2) union [労働組合等の場合] (3) association [「組合」と呼ばれている社団の場合] / 組合員 (1) partner [原則] (2) union member [労働組合等の場合] (3) associate [「組合」と呼ばれている社団の場合]
クラス・アクション class action
クーリング・オフ期間 cooling off period
供託 deposit【動詞】供託する deposit
協同組合 cooperative
刑 sentence / 刑の執行猶予 suspension of sentence / 刑期 term (of sentence)
刑事訴訟 (1) criminal procedure (2) criminal proceeding / 刑事訴追 criminal prosecution
係属 pending
軽犯罪 petty offense
欠格 disqualification
欠陥 defect, mischief
原因 (1) cause (2) source
検疫 quarantine
検閲 censorship【動詞】検閲する censor
嫌疑 suspicion
減軽 (1) reduction [刑そのものの減軽]【動詞】減軽する reduce (2) mitigation [執行における減軽]【動詞】減軽する mitigate
減刑 commutation【動詞】減刑する commute

権限 (1) authority 【形容詞】権限のある authorized (2) power (3) jurisdiction / 権限踰越 (けんげんゆえつ) ultra vires
権原 (1) title (2) authority
現行犯人 flagrant offender
原告 plaintiff
検察官 public prosecutor / 検察庁 public prosecutors office / 検事正 Chief Prosecutor / 検事総長 Prosecutor General / 検事長 Superintending Prosecutor / 検察事務官 assistant officer to a/the prosecutor
現住建造物 inhabited building
原状 status quo / 原状回復 (1) restoration [原則]【注】賃借人が負う原状回復義務の場合は、restoration が用いられる。(2) recovery
原判決 judgment of prior instance
現物出資 contribution in kind
原本 original
権利 right / 権利能力 (legal) capacity (to hold rights) / 権利の濫用 abuse of right / 権利を専有する have an exclusive right / 権利侵害 injury, infringement / 権利放棄 waiver, release【例】債務の免除 (債権の放棄) release of debt
権利能力なき社団 unincorporated association
権力分立 separation of powers
故意に (1) intentionally [意図的な場合] (2) knowingly [単なる認識を含む場合]
公安 public security / 公安委員会 public safety commission
行為 (1) act (2) conduct
合意 agreement【動詞】合意する agree
行為能力 (legal) capacity (to act) / 行為無能力 disability, impediment,
勾引状 subpoena
公益 public interest【形容詞】公益の public / 公益委員 public member / 公益事業 a public utility
公益通報 whistle-blowing / 公益通報者 whistleblower / 公益法人 non-profit corporation
更改 (こうかい) novation
公開会社 public company cf.非公開会社 closed corporation
公害防止 pollution control
工業所有権 industrial property right
公共の福祉 public welfare / 公共の利益 public interest
拘禁 confinement [一般的な場合]【動詞】拘禁する confine / 拘禁状 detention notice
攻撃防御方法 allegations and evidences
後見 guardianship / 後見人 guardian
公告 public notice
抗告 appeal from/against a ruling【動詞】抗告する lodge an appeal
公示 public notice【動詞】公示する publicly notify / 公示催告 public notification / 公示送達 service by publication
合資会社 limited partnership company cf.合名会社 general partnership company, 合同会社 limited liability company
公証人 notary
公序 public policy / 公序良俗 public policy, public order and morality
更新 renewal【動詞】更新する renew
更正 (1) correction [原則] (2) reassessment [税務]
更生 (1) rehabilitation [犯罪者] (2) reorganization [会社]
公正証書 notarized deed
公正取引 fair trade / 公正な慣行 fair practice / 公正な競争 fair competition
公然 in public
控訴 appeal (to the court of second instance)【動詞】控訴する appeal cf.上告 (じょうこく) (final) appeal / 控訴人 appellant / 控訴趣意書 statement of reasons for appeal / 控訴状 petition for appeal
公訴棄却 dismissal of prosecution【動詞】

公訴棄却する dismiss prosecution / 公訴事実 charged fact / 公訴の提起 institution of prosecution【注】「起訴」と同義。
控訴裁判所 court of second instance / 控訴審 court of second instance
後段（こうだん）second sentence【注】3文に区切られている場合には、中段がsecond sentence で、後段は third sentence（4文以上の場合もこれに準じる）。
拘置する detain
公聴会 public hearing
強盗 (1) robbery [罪名] (2) robber [人]
口頭審理 (1) hearing (2) oral hearing (3) oral proceedings
口頭弁論 oral argument / 口頭弁論の全趣旨 entire import of oral argument
公判 （criminal) trial / 公判期日 trial date / 公判準備 trial preparation / 公判調書 trial record / 公判廷 (1) open court (2) court room / 公判手続 trial procedure
公布の日 the day of promulgation
公文書 official document
衡平 equity
抗弁 （affirmative) defense
合弁企業 joint venture
公務執行妨害 obstruction of performance of public duty
合名会社 general partnership company
勾留 detention【動詞】勾留する detain
拘留 misdemeanor imprisonment without work / 勾留状 detention warrant
効力 (1) effect【例】効力を失う lose its effect (2) validity / 効力を失う (1) cease to be effective [原則] (2) expire [期限満了]
子会社 subsidiary company
告示 public notice
告訴 complaint
告知 (1) announcement [原則]【動詞】告知する announce (2) notification [個別の告知]【動詞】告知する notify (3) notice
告発 accusation

戸籍 family register
コモン・ロー common law

【　　さ　　】

債権 (1) claim (2) obligation-right (3) credit / 債権者 (1) obligee [債権一般の場合] (2) creditor [特に金銭債権を指す場合、倒産法の場合] cf. 債務者 obligor
債権者代位権 obligee's subrogation right
最高裁判所 Supreme Court
催告 (1) demand [債務の履行を催告する場合] (2) notice [権利の行使又は申出を催告する場合] (3) requisition [民事訴訟規則4条などの場合]
罪証（ざいしょう）evidence
最終弁論 closing argument
再審 retrial / 再審の訴え action for retrial
再尋問 re-examination
財団 foundation / 財団法人 incorporated foundation cf. 社団法人 incorporated association
裁定 (1) ruling [一般的な場合] (2) award [仲裁の場合]【例】仲裁裁定 arbitration award【動詞】裁定する award
再犯 (1) repeated conviction [一般的な場合] (2) second conviction
裁判 (1) judicial decision [抽象的概念（判決・決定・命令を包含する意味の場合)] (2) sentence [刑事有罪判決の場合] / 裁判権 jurisdiction / 裁判手続 judicial proceedings / 第一審 the first instance / 第二審 second instance
裁判所 court   cf. 最高裁判所 Supreme Court / 控訴裁判所 court of second instance / 地方裁判所 district court / 家庭裁判所 family court / 簡易裁判所 summary court / 第一審裁判所 court of the first instance / 上級の裁判所 upper instance court / 上告審 (1) final appellate court [裁判体に重きを置く場合] (2) final appel-

late instance［審級を意味する場合］
財物 property
債務 (1) obligation［債務一般の場合］(2) debt［特に金銭債務を指す場合］/ 債務超過 insolvency / 債務不履行 default
債務者 (1) obligor［債権一般の場合］(2) debtor［特に金銭債権を指す場合、倒産法の場合］cf. 債権者 obligee
罪名 (1) charged offense［審理対象としての罪名を意味する場合］(2) offense［抽象的意味の場合］
詐害行為取消権（さがいこういとりけしけん）creditor's right to request the rescission of the fraudulent act by the debtor
詐欺 fraud
先取特権（さきどりとっけん）statutory lien
錯誤 mistake
差押え (1) attachment［民事・行政手続の場合］(2) seizure［刑事手続の場合］/ 差押状 seizure warrant / 差押命令 attachment order
差戻し remand
雑則 miscellaneous provision
参考人 witness
暫定措置法 Act on Temporary Measures
三倍額賠償 treble damages
資格 (1) qualification［能力・免許としての資格］(2) status［地位としての資格】【例】在留資格 status of residence（外国人登録法4条)(3) capacity［法定資格］
敷金 security deposit
事業者 (1) business operator［原則］(2) entrepreneur［企業］(3) employer［雇用者］/ 事業者団体 trade association
死刑 death penalty
私権 private right / 私権の享有 enjoyment of private rights
事後法 ex post facto law
時効 (1) prescription［一般的な場合］(2) statute of limitations［刑事、特に公訴の時効や刑の時効の場合］/ 時効完成(1)

completion of prescription［一般的な場合］(2) raps of the period of statutory limitations［刑事の場合］/ 時効期間(1) period of prescription［一般的な場合](2) period of statutory limitations［刑事の場合］/ 時効の中断 interruption of prescription / 時効の停止(1) suspension of prescription［一般的な場合](2) tolling of statutory limitation
施行期日 effective date / 施行規則 Implementation Ordinance
自己株式 (1) own share(2) treasury share
事実上 de facto
事実の認定 fact finding【動詞】事実認定する find fact
自首 surrender
事情 circumstance
自然人 natural person   cf. 法人 judicial person
下請 subcontract / 下請負人 subcontractor / 下請事業者 subcontractor
質権 pledge / 質権者 pledgee / 質権設定者 pledgor
実演 performance / 実演家 performer / 実演家人格権 moral rights of performers
執行 (1) execution［原則]【例】仮執行 provisional execution 【動詞】執行する execute (2) enforcement［法の実施］/ 執行停止 stay of execution / 執行猶予 suspension of execution of the sentence
実行 (1) performance【動詞】実行する perform (2) implementation【動詞】実行する implement (3) execution【動詞】実行する execute / 実行に着手する commence the commission of a crime
実施権 license / 実施権者 licensee
失踪の宣告 adjudication of somebody's disappearance
実体法 substantive law
実定法 positiv law
実用新案 utility model / 実用新案権 utility

model right
私的独占 private monopolization
私的録音 private sound recording / 私的録音録画補償金 compensation for private sound and visual recording
してはならない shall not【例】何人も…してはならない no person shall …
自白 (1) confession [刑事]【動詞】自白する confess (2) admission [民事]【動詞】自白する admit
私文書 private document
事務管理 management without mandate
社外取締役 outside director
釈放 release【動詞】釈放する release
釈明権 authority to ask for explanation
酌量減軽 reduction of punishment in the light of extenuating circumstances
社債（company）bond / 社債権者 bond-holder
社団 association / 社団法人 incorporated association
終局判決 final judgment cf. 中間判決 interlocutory judgment
重大な (1) serious [原則] (2) gross [過失の場合]【例】重大な過失 gross negligence (3) material [質的に重要または法的内容・結果に影響をもたらすような事象の場合]【例】重大な変更 material alternation
従たる secondary
周知する make public / 周知の known
集中証拠調べ intensive examination of witness and party
充当 appropriation
従犯 accessory cf. 主犯 principal
従物 (1) accessory [動産] (2) appurtance [不動産] cf. 主物 principal
十分な理由 (1) sufficient grounds (2) sufficient reason
受刑者 sentenced inmate【注】国連人権B規約第5回政府報告書において、prison,

prisoner という表現を避け、「被収容者」inmate,「受刑者」sentenced inmate,「未決被収容者」unsentenced inmate に統一する扱いとなった。
授権 delegation of powers, grant / 授権条項 enabling clause
趣旨 (1) purpose (2) import (3) tenor (4) gist
主尋問 direct examination cf. 反対尋問 cross examination / 再主尋問 redirect examination
主張 (1) claim [権利の主張]【動詞】主張する claim (2) assertion [事実の主張]【動詞】主張する assert (3) allegation [攻撃防御方法としての主張]【動詞】主張する allege (4) argument【動詞】主張する argue
出願 application【動詞】出願する apply, file an application for … / 出願者 applicant
出訴期間 statute of limitations for filing an action
取得 acquisition【動詞】取得する acquire
取得時効 acquisitive prescription cf. 消滅時効 extinctive prescription
受任者 (1) mandatary [民法上の委任契約の場合] (2) delegatee [権限の委任という意味の場合]
主任弁護人 chief defense counsel
主物 principal cf. 従物 (1) accessory [動産] (2) appurtenance [不動産]
主文 main text of judgment
主務大臣 competent minister
準委任 quasi-mandate
準拠法 applicable law / 準拠法の選択 choice of law
遵守 (1) observance 【動詞】遵守する observe (2) compliance【動詞】遵守する comply
準占有 quasi-possession
準則 rules
準備書面 brief
準備的口頭弁論 preliminary oral proceedings

準用する apply mutatis mutandis
傷害 (1) injury［原則］(2) bodily injury［身体を強調する場合］
少額訴訟 action on small claim
召喚 summons【動詞】召喚する summon / 召喚状 writ of summons
商慣習 commercial custom
償却 depreciation
商業帳簿 commercial books
証券 securities
条件 condition
証言する testify / 証言拒絶 refusal to testify
証拠 evidence / 証拠物 articles of evidence / 証拠書類 documentary evidence / 物的証拠 (physical) evidence / 状況証拠 circumstance evidence / 証拠調べ examination of evidence/ 証拠保全 preservation of evidence / 証拠不十分で on the ground of insufficient evidence / 証拠隠滅 destruction of evidence / 証拠の優越 preponderance of evidence
商号 trade name
条項 (1) clause (2) provision
商行為 commercial transaction
上告 (final) appeal / 上告受理 acceptance of final appeal / 上告審 (1) final appellate court［裁判体に重きを置く場合］(2) final appellate instance［審級を意味する場合］
上告人 appellant (of final appeal) / 上告理由書 statement of reasons for final appeal
情状 circumstances
上申 (1) petition［嘆願・要望等］(2) statement［陳述等］
少数意見 minority opinion, dissenting opinion（反対意見）
上訴 appeal / 上訴裁判所 appellate court / 上訴審 appellate instance
使用貸借 loan for use
証人 witness / 証人尋問 examination of a witness
消費者 consumer / 消費者契約 consumer contract / 消費貸借 loan (for consumption)
商標 trademark / 商標権 trademark right / 商標権者 holder of trademark right / 商標登録 trademark registration / 商標登録出願 application for trademark registration
抄本 extract
証明 (1) certification［公的機関による証明等］【動詞】証明する certify (2) proof［資料を提出して証明するような場合］【動詞】証明する prove / 証明書 certificate【例】登録証明書 registration certificate
証明力 probative value (of evidence)
消滅 (1) extinction［存在や権利等の消滅一般］(2) expiration［期間満了による消滅等］(3) extinguishment［債務の弁済による消滅や契約の解除・取消による消滅］(4) lapse［条件不成就や権利の不行使による権利・特権の消滅・失効］
消滅時効 extinctive prescription cf. 取得時効 acquisitive prescription
条約 (1) convention (2) treaty
省令 Ordinance of the Ministry【例】法務省令 Ordinance of the Ministry of Justice
条例 (1) Prefectural Ordinance［都道府県条例］(2) Municipal Ordinance［市町村条例］
食品衛生 food sanitation
職務発明 employee's invention
書証 (1) examination of documentary evidence［証拠調べを意味する場合］(2) documentary evidence［文書を意味する場合］
所掌事務 affairs under the jurisdiction / 所掌する have jurisdiction over
除斥 (1) exclusion (2) disqualification［裁判官の「除斥」の場合］
職権 authority / 職権証拠調べ examination

of evidence by courts' own authority
処分 (1) disposition [原則]【動詞】処分する dispose (2) appropriation [利益の処分]【動詞】処分する appropriate
署名 signature / 署名押印 signature and seal【動詞】署名押印する sign and seal
除名 expulsion
書面で ... in writing / 書面の (1) written ... (2) ... in writing
所有権 ownership
思料する consider
侵害訴訟 infringement lawsuit
人格権 moral right
人格のない社団又は財団 association or foundation without juridical personality
審議 deliberation【動詞】審議する deliberate / 審議会 council
信義に従い誠実に in good faith
親権 parental authority / 親権者 person who has parental authority
人権 human rights / 人権宣言 bill of rights
審査 (1) examination [原則] (2) review [事後的な審査] (3) screening [選別] (4) investigation [事実調査的な審査] / 審査官 (1) examiner [原則] (2) reviewer [事後的な審査] (3) screener [選別] (4) investigator [事実調査的な審査]
真実であることの証明 proof of the truth
申述 statement
心証 (1) conviction [（刑事裁判での）有罪との結論] (2) determination [訴訟上認定すべき事実に関する裁判官の内心的判断、自由な心証]
審尋 (1) hearing 【動詞】審尋する hear (2) interrogation【動詞】審尋する interrogate
心神耗弱（しんしんこうじゃく）diminished capacity / 心神喪失（しんしんそうしつ）insanity
心身の故障のため due to mental or physical disorder
人定 confirmation of sb's identity / 人定尋問 identity questioning; an identity interrogation
審判 (1) trial [弁論等の手続に重きをおく場合] (2) decision [結果に重きをおく場合] (3) trial and decision [「同時審判の申出」など、「審判」で「弁論及び裁判」を意味する場合] (4) inquiry [調査に重きをおく場合] (5) hearing [主として裁判手続以外の審理の場合] (6) adjudication [入管法の場合] / 審判官 (1) hearing examiner [原則] (2) judge [手続法上，裁判官を「家事審判官」等という場合]【例】家事審判官 judge of Family Affairs / 審判手続 (1) trial procedure (2) hearing procedure (3) inquiry procedure
尋問 examination【動詞】尋問する examine / 尋問事項 matters for examination
審理 (1) proceedings [一般的な場合] (2) trial / 審理無効 mistrial
心裡留保 concealment of true intention
推定 presumption / 推定する shall be presumed
請求 (1) request (2) demand (3) claim / 請求権 (1) claim (2) right to
請求の基礎 basis of claim
請求の原因 statement of claim
請求の趣旨 object of claim
製造物責任 product liability
制定 (1) establishment【動詞】制定する establish (2) enactment【動詞】制定する enact
正当性 (1) justifiability [原則] (2) legitimacy [正統性] (3) propriety [妥当性]
正当な (1) justifiable [原則] (2) legitimate [正統性] (3) proper [妥当性] (4) due / 正当化事由 justification / 正当な理由 (1) justifiable grounds (2) just cause
正当防衛 self-defense
成年 age of majority / 成年後見人 guardian of adult / 成年被後見人 adult ward
正犯 principal (in crime)
正本 (1) original [副本に対する用語で、原

317

本と同義の場合] (2) authenticated copy [謄本の一種で、権限のある者により正本として作成されるものの場合]
成立 (1) establishment [原則]【動詞】成立させる establish (2) execution [書証]【動詞】成立する execute (3) incorporation [会社]【動詞】成立させる incorporate (4) effect [契約等]【動詞】成立する effect
政令 Cabinet Order
責任 (1) responsibility (2) liability (3) accountability /責任能力 criminal responsibility
施策 (1) measure [具体的施策] (2) policy [抽象的施策]
是正 rectification
設置法 Act for Establishment【例】総務省設置法 Act for Establishment of the Ministry of Internal Affairs and Communications
窃盗 theft
設立 (1) formation (2) establishment (3) incorporation [会社設立の場合]
責めに帰すべき事由 cause imputable to the accused himself/herself
善意 good faith /善意の(で) without knowledge /善意の第三者 third party without knowledge
前項に規定する …… prescribed in the preceding paragraph
宣告する (1) pronounce judgment [判決一般] (2) sentence [有罪判決]
宣誓書 written oath 宣誓する swear /宣誓供述書 affidavit cf. 証言録取書 deposition
専属管轄 exclusive jurisdiction
選定当事者 appointed party
選任 (1) appointment [原則]【動詞】選任する appoint (2) election [会社法上の機関の「選任」と「選定」を使い分ける場合の「選任」]【動詞】選任する elect
占有 possession /占有物 (1) thing possessed (2) things under one's possession /占有権 posessory right /占有者 possessor /占有改定 constructive transfer with retention of possession /占有保全の訴え action for preservation of possession
専用実施権 exclusive registered right to work /専用実施権者 holder of exclusive registered right to work /専用使用権 exclusive right to use /専用使用権者 holder of exclusive right to use /専用利用権 exclusive exploitation right
善良な管理者の注意 due care of a prudent manager
訴因 count
総会 (general) meeting
争議行為 act of dispute
捜査 investigation /捜索状 search warrant
送信可能化権 right of making transmittable
総則 general provisions
相続 inheritance /相続財産 inherited property /相続人 heir /相続分 share in inheritance
送達 service【動詞】送達する serve
送致 referral【動詞】送致する refer
争点 (points at) issue /争点及び証拠の整理手続 proceeding for arranging issues and evidences /争点効 collateral estoppel
相当でない inappropriate /相当の期間 reasonable period of time
蔵匿(ぞうとく) harboring【動詞】蔵匿する harbor
臓物(ぞうぶつ) property obtained through a crime against property
双方代理 representation of both parties
贈与 (1) gift (2) donation /贈与者 donor /贈与税 gift tax
総量規制基準 total emission control standard
相隣関係 relationship between owners, occupiers of adjoining land

付録――日本法和英辞典

贈賄 bribery
阻害 impediment【動詞】阻害する impede
訴願 petition
即時抗告 immediate appeal from/against a ruling
遡及 recourse /遡及なし without recourse
即時取得 immediate acquisition (of ownership)
訴権 right of action, actio,
訴訟 suit /訴状 complaint、statement of claim, petition /訴訟関係人 person concerned in the case /訴訟記録(1) record of a case(2) case record /訴訟指揮 control of court proceedings /訴訟代理人 counsel /訴訟手続 court proceedings /訴訟能力 capacity to stand trial /訴訟物 subject-matter, res
措置 measure【例】規制措置 control measures
訴追 prosecution
即決裁判手続 speedy trial procedure
祖父条項 grandfather clause
疎明（そめい）showing of prima facie evidence
損益計算 calculation of profits and lossess
損害 damage【例】損害額 amount of damage /損害賠償 damages /損害賠償請求訴訟を提訴する file a suit for compensatory damages against（medical malpractice）
尊属 ascendant
存続期間 duration

【　　　た　　　】

対 versus
第一審 the first instance /第一審裁判所 court of the first instance
対抗する duly assert against【例】理事の代理権に加えた制限は、善意の第三者に対抗することができない。No limitation on a director's authority may be duly asserted against a third party without knowledge.（民法54条）
代行の (1) deputy［原則］(2) acting［一時的・暫定的な場合］【動詞】代行する act for
対抗要件 (1) requirement to duly assert against third parties (2) perfection requirement
第三者 third party
大赦 general pardon
対人管轄権 jurisdiction in personam
対審構造 adversary system
代替物 fungible things
第二審 second instance
大陪審 grand jury
代表権 authority of representation /代表執行役 representative executive officer /代表取締役 representative director /代表訴訟 representative action（suit）
代物弁済 substitute performance
逮捕 arrest【動詞】逮捕する arrest /逮捕状 arrest warrant
貸与 (1) lending［原則（有償・無償を問わない）］【動詞】貸与する lend (2) rental［有償の場合］/貸与権 right of lending /貸与者 lender
代理 agency【動詞】代理する represent /代理権 authority of representation /代理行為 agent's act /代理者(1) agent［原則］(2) deputy［職権のある代理・副官］/代理商 commercial agent /代理人(1) agent［任意代理］(2) representative［法定代理も含む場合］(3) proxy［会社法上の議決権行使の代理人など］
堕胎 abortion【動詞】堕胎する cause abortion
ただし書 proviso
立会い attendance /立会人 observer
立入り entry【動詞】立ち入る enter /立入検査(1) inspection (2) on-site inspection (3) spot inspection (4) entry and inspection

319

(5) walk-in inspection (6) surveillance
弾劾(だんがい) impeachment
談合する collude
男女共同参画 gender equality【形容詞】男女共同参画の gender-equal
団体交渉 collective bargaining
担保責任 warranty / 担保物 collateral
地位 (1) status [原則] (2) position [ポスト]
地役権 easement / 地役権者 easement holder
治外法権 extraterritoriality
地上権 superficies (right)
地方裁判所 district court
着手 start【動詞】着手する start
嫡出 in wedlock / 嫡出である子 child born in wedlock / 嫡出でない子 child born out of wedlock
注意義務 duty of care
中間判決 interlocutory judgment cf. 終局判決 final judgment
仲裁 arbitration【動詞】仲裁する arbitrate / 仲裁事件 arbitration case / 仲裁手続 arbitral proceeding / 仲裁人 arbitrator
中小企業 small and medium sized enterprise
中断 interruption【動詞】中断する interrupt
懲役(ちょうえき) imprisonment with work
懲戒(処分) disciplinary action / 懲戒委員会 disciplinary committee / 懲戒手続 disciplinary proceedings
聴取 hearing【例】意見聴取 opinion hearing【動詞】聴取する hear
徴収 collection【例】報告の徴収 collection of report
調書 (1) written statement [供述調書] (2) record
調達 procurement【動詞】調達する procure
調停 conciliation / 調停案 conciliation proposal / 調停委員会 conciliation committee
懲罰的損害賠償 punitive damages
聴聞 hearing

勅令 imperial ordinance
著作権 copyright / 著作権者 copyright holder / 著作者人格権 moral rights of authors / 著作物 works / 著作隣接権 neighboring rights
賃借権 right of lease / 賃借人 lessee
陳述 statement
賃貸借 lease / 賃貸人 lessor
追完 subsequent completion
追認 ratification
通常実施権 non-exclusive registered right to work
通常利用権 non-exclusive exploitation right
通則法 Act on General Rules【例】独立行政法人通則法 Act on General Rules for Incorporated Administrative Agency
通知 notice【動詞】通知する notify / 通知書 written notice / 通報(1) notification【動詞】通報する notify (2) report【動詞】通報する report (3) information【動詞】通報する inform
通謀する (1) conspire [刑事の共謀など] (2) collude [民事など]
つかさどる take charge of
次の各号の一に該当する者 any person who falls under any of the following items
定款 articles of incorporation
提起 (1) filing [原則]【動詞】提起する file (2) institution [刑事手続等]【例】公訴を提起する institution of prosecution【動詞】提起する institute
締結 (1) conclusion【動詞】締結する conclude (2) contract【動詞】締結する contract (3) execute【動詞】締結する execute (4) entering into【動詞】締結する enter into
停止 (1) suspension [原則]【動詞】停止する suspend (2) stay [手続の停止]【動詞】停止する stay (3) discontinuance [一時的でない場合]【動詞】停止する discontinue /

停止条件 condition precedent / 停止命令 order for suspension
提出 (1) submission [原則]【例】答弁書提出命令 order to submit written answer (2) production [証拠等]【動詞】提出する produce (3) advancement [攻撃防御方法]【動詞】提出する advance
抵触 conflict / 抵触法 conflict of law
抵当権 mortgage / 抵当権設定者 mortgagor / 抵当不動産 mortgaged immovable
締約国 (1) contracting party (2) high contracting party (3) signatory (4) contracting states
適合 (1) conformity [条件・規格]【動詞】適合する conform (2) compliance [法令] (3) suitability [自然的社会的条件]
適法な (1) legal (2) legitimate (3) lawful (4) valid
適用 application / 適用除外 (1) exclusion from application (2) exemption / 適用範囲 scope of application
撤回 revocation【動詞】撤回する revoke
手続 (1) procedure【例】略式手続 summary procedures【動詞】手続きする proceed (2) proceeding
天然果実 natural fruit cf. 法定果実 artificial fruit, civil fruit
添付 (1) annexation【動詞】添付する annex (2) attachment【動詞】添付する attach
伝聞証拠 hearsay evidence
填補 (てんぽ) compensation【動詞】填補する compensate
問屋 (といや) commission agent
…等 (1) … etc. (2) such as …【例】機構の名称、目的、業務の範囲等に関する事項 such matters as the Agency's name, purpose and scope of business
同意殺人 homicide with consent
同一又は類似 identical or similar
当該 (1) said【例】当該書面 said document (2) such (3) that (4) the (5) referenced (6) relevant
登記 (1) register [登記そのものを意味する場合] (2) registration [登記する行為を意味する場合]
倒産 insolvency / 倒産処理手続 insolvency proceeding
動産 movables / 動産質 pledge on movable property
当事者 party / 当事者適格 standing / 当事者能力 capacity to sue and to be sued
同時履行の抗弁 defense for simultaneous performance
当然違法原則 per se doctrine
到達 (1) arrival (2) attainment (3) accession [成年等一定の状態への到達]
当分の間 (とうぶんのかん) for the time being
答弁 (1) answer (2) reply (3) account (4) plead / 答弁書 (written) answer
逃亡犯罪人 fugitive【例】逃亡犯罪人の拘禁 detention of fugitive
同盟国 (1) country of the Union (2) union (3) allies (4) allied nations
盗用 misappropriation【動詞】盗用する misappropriate
同様とする the same shall apply to
到来する (1) fall (2) arrive
登録商標 registered trademark / 登録品種 registered variety
図画 (とが) picture
特赦 special pardon
特則 special provision
特別抗告 special appeal against ruling to the Supreme Court / 特別上告 special appeal to the court of the last resort
特別措置法 Act on Special Measures【例】租税特別措置法 Act on Special Measures concerning Taxation
匿名組合 silent partnership / 匿名組合員 silent partner
特約 special provision

独立行政法人 incorporated administrative agency
独立当事者参加 intervention as independent party
特許 patent /特許権 patent right /特許権者 patentee /特許出願 patent application /特許証 certificate of patent
取消し (1) rescission ［一般的な場合］【動詞】取り消す rescind (2) revocation ［裁判等の取消し］【動詞】取り消す revoke, set aside /取消権 right to rescind
取下げ withdrawal
取締役 director /取締役会 board of directors /取締役会設置会社 company with board of directors
取調べ (1) interrogation ［被疑者の取調べ］(2) interview ［参考人・証人等の取調べ］(3) examination ［証拠の取調べ］
取引 (1) trade (2) business (3) transaction (4) dealings /取引条件 (1) trade terms (2) term and conditions (of business) /取引制限 restraint of trade /取引分野 field of trade

【　　な　　】

なおその効力を有する shall remain in force
仲立 (なかだち) brokerage
並びに and ［例］A 及び B、C 並びに D A and B, C, and D
難民 refugee /難民認定 refugee (status) recognition /難民認定証明書 certificate of refugee status
に掲げる事項 matters listed in ［例］第 2 号から第 4 号までに掲げる事項 matters listed in items 2 to 4 inclusive
に係る pertaining to ［例］当該届出に係る事項 the matters pertaining to said notification
に関する法律 (1) Act on ［原則］【例】臓器の移植に関する法律 Act on Organ Transplantation (2) ... Act
に関連する事項 matters relevant to
に定めるところにより pursuant to the provision of
に従わないで not complying with
に準ずる (1) equivalent ［形容詞］【例】これに準ずる方法 equivalent method (2) shall be dealt with in the same manner as ［動詞］【例】正犯に準ずる shall be dealt with in the same manner as a principal
日本弁護士連合会 Japan Federation of Bar Associations
に満たない (1) less than ［原則］【例】一株に満たない端数 a fraction less than one share (2) under ［年齢の場合］【例】14 歳に満たない者 a person under 14 years of age
に基づく (1) based on ［原則］【例】専門的知見に基づく意見 opinion based on expert knowledge (2) pursuant to ［法令の規定等］【例】第 60 条の規定に基づく措置 measures pursuant to Art. 60
入札 bid /入札談合 bid rigging
任意規定 (1) discretionary provision (2) default provision
認可 (1) authorization 【動詞】認可する approve (2) approval (3) permission (4) confirmation
任期 term of office
認証 certification
認諾 (にんだく) (1) cognizance (2) acknowledgment
認知 acknowledgment
任務 (1) duty ［一般的な職務・職責］(2) task ［一定期間内の仕事や課業］(3) mission ［特別な任務や使命］(4) assignment ［割り当てられた職務・職責］
任命 appointment 【動詞】任命する appoint /任命権者 appointer /任免 appointment and dismissal /任用 (1) appointment (2)

assignment
年次有給休暇 annual paid leave
年少者 juvenile
年法律第...号 Act No. ... of
能力 (1) ability [一般的な能力] (2) capacity [法的な行為能力、特定のことができる潜在的能力] (3) competency [法的権限があること、証拠能力]
...の規定により pursuant to the provision of

【　は　】

廃止 (1) abolition 【動詞】廃止する abolish (2) repeal [法令の場合]
排出 (1) discharge (2) emission / 排出基準 emission standard
排除 (1) elimination [原則]【動詞】排除する eliminate (2) exclude [除外]【動詞】排除する exclude (3) to cease and desist [違反行為の排除]【動詞】排除する cease and desist / 排除命令 cease and desist order
賠償 compensation 【動詞】賠償する compensate
陪審 jury, jury panel / 陪審員 juror / 陪審裁判 trial by jury
陪席裁判官 associate judge
敗訴 defeat
背任 breach of trust
破棄 (1) destruction [破り捨てること] (2) reversal [原判決を取り消すこと] (3) quash [原判決の取消] / 破棄差し戻し reverse and remanded
破産 bankruptcy 【動詞】破産する bankrupt / 破産管財人 bankruptcy trustee / 破産者 bankrupt
罰金 fine
発効日 effective date
罰条 applicable penal statute / 罰則 penal provision
発付 issue [令状発付の場合]【動詞】発付する issue
パラリーガル paralegal
判決 (1) judgment [判決一般] (2) sentence [有罪判決] (3) judgment of conviction [有罪判決→刑の免除を含む有罪判決を総称する場合] / 判決書 judgment document
犯罪 (1) crime (2) offense / 犯罪行為 criminal act / 犯人 (1) criminal (2) offender
判事補 assistant judge
反証 rebuttal
反訴 counterclaim
反対尋問 cross examination cf. 主尋問 direct examination, 誘導尋問 leading question
反致 (はんち) renvoi
頒布 distribution
判例 (1) (court) precedent (2) judicial precedent / 判例集 law reports / 判例法 case law
非営利活動法人 nonprofit corporation
被害 (1) damage (2) harm / 被害者 victim
引受け (1) assumption [債務の場合] (2) subscription [株式等の発行の場合] (3) underwriting [証券の元引受の場合] (4) acceptance [手形等の場合]
被疑事実 alleged facts of crime / 被疑者 suspect
引継ぎ succession
引渡し (1) delivery [現実の物の引渡] (2) transfer [占有の移転] (3) extradition [犯罪人引渡し]
備考 (1) notes (2) remarks
被控訴人 appellee cf. 被上告人 appllee (of final appeal)
被告人 (1) accused【注】主として英国系。(2) defendant【注】主として米国系。
批准 ratification
非訟事件 non-contentious (or exparte) case
被審人 respondent
人 (ひと) person cf. 自然人 natural person

法人 juridical person
否認 denial／否認権 right of avoidance
秘密保持命令(1) protective order(2) confidentiality protective order
罷免 dismissal【動詞】罷免する dismiss
被申立人 respondent
評決 verdict／表決 vote
表見支配人 apparent manager／表見代表取締役 apparent representative director／表見代理 apparent authority
表示(1) indication [原則]【例】事件の表示 indication of the case (2) representation [景表法等における表示] (3) manifestation [意思等の表示] (4) label [レッテル等による表示] (5) mark [刻印等による表示]
標識 sign
標章 mark／防護標章 defensive mark
非良心性 unconscionability
付加刑 supplementary punishment
不可抗力 vis major, Act of God
付加条項 rider
付記 supplementary note
複製 reproduction【動詞】複製する reproduce／複製権 right of reproduction／複製物 copy
付合 accession
不公正な取引方法 unfair trade practice
布告(1) declaration (2) proclamation
不作為 inaction
不実(1) untrue (2) false／不実記載(1) untrue entry (2) false entry
不正競争 unfair competition
不正使用 unauthorized use【動詞】不正使用する use without due authorization
不正な(1) wrongful [原則] (2) unlawful [違法・非合法] (3) unfair [不公正] (4) unauthorized [無権限]【例】不正使用 unauthorized use
附則 supplementary provisions
附属書 annex／附属書類 annexed document／附属明細書 annexed detailed statement
附帯控訴 incidental appeal（to the intermediate court）／附帯の incidental
物権(1) property (2) real right (3) right in rem／物権法 property law cf.（物権の）変動 transfer
物上代位 extension of security interest to the proceeds of the collateral
物上保証人(1) third party mortgagor [抵当権の場合] (2) third party pledgor [質権の場合]
不適当な inappropriate
不適法な unlawful
不当景品類 unjustifiable premiums
不動産 real estate／不動産質 pledge of real estate
不当な(1) unjust [原則] (2) unreasonable [判断・取引制限等の不合理]【例】不当な取引制限 unreasonable restraint of trade (3) unfair [取引慣行の不公正] (4) undue [程度が甚だしい場合]
不当表示 misleading representation
不当利得 unjust enrichment
不当労働行為 unfair labor practice
不特定多数 many and unspecified
不服(1) dissatisfaction (2) complaint (3) objection／不服申立て appeal
不法(1) unlawful (2) illegal
不法原因給付 performance for illegal causes
不法行為 tort
扶養 support／扶養義務 duty to support／扶養義務者 supporter under duty
不利益 disadvantage【形容詞】不利益な adverse, disadvantageous／不利益処分 adverse disposition
文書 document／文書提出命令 order to submit a document
紛争(1) dispute [原則] (2) conflict [国家間等の紛争]

併科 cumulative imposition
併合 (1) consolidation［株式の場合］(2) annexation［領土の場合］
併合罪 consolidated punishment
別に法律で定める日 the date specified separately by an act
弁護士 attorney（at law）［アメリカの弁護士］/ 弁護士会 bar association / 弁護士法人 legal professional corporation / 弁護人 defense counsel
弁済 (1) performance［原則］(2) payment (3) delivery
弁償 compensation
弁明 explanation
弁理士 patent attorney
弁論 (1) oral argument［口頭弁論］(2) closing argument［刑事手続における弁護人の弁論］/ 弁論準備手続 preparatory proceedings
法 (1) Act［法律名に使う場合の原則］【例】商標法 Trademark Act (2) Code［いわゆる法典］【例】民法 Civil Code / 刑法 Penal Code / 商法 Commercial Code / 民事訴訟法 Code of Civil Procedure / 刑事訴訟法 Code of Criminal Procedure (3) Law［いわゆる一般名称や科目名としての法律］
法益侵害 injury
放棄 (1) waiver［権利を放棄する場合］【動詞】放棄する waive (2) renunciation［相続など地位を放棄する場合］【動詞】放棄する renounce (3) abandonment［知的財産法における出願や登録を放棄する場合］
幇助（ほうじょ）aid , abet
法人 juridical person, corporation / 法人たる事業者 entrepreneur of juridical person
法人格 juridical personality / 法人格のない社団 unincorporated association
法曹 legal profession, lawyer
傍聴 (1) observation【動詞】傍聴する observe (2) listening【動詞】傍聴する listen (3) attendance【動詞】傍聴する attend / 傍聴人 (1) audience (2) observer
法定果実 civil fruit
法定代理人 statutory representative
法典 code / 法典編纂 codification
冒頭陳述 opening statement
法の支配 rule of law
法の適正な過程 due process of law
法律関係 legal relationship
法律行為 juristic act
法令 laws and regulations
法令の形式 form of laws and regulations cf. 憲法 Constitution / 法律 Act［原則］Code［いわゆる法典］/ 政令 Cabinet Order / 内閣府令 Cabinet Office Ordinance / 省令 Ordinance of the Ministry / 規則 Rule / 条例 Prefectural Ordinance［都道府県条例］Municipal Ordinance［市町村条例］
法令の構成 constitution of laws and regulations cf. 編 Part / 章 Chapter / 節 Section / 款 Subsection / 目 Division / 条 Article (Art.) / 項 paragraph (para.), (1)(2)(3)［見出しとして用いる場合］/ 号 item, (i)(ii)(iii)［見出しとして用いる場合］イロハ(a)(b)(c) (1)(2)(3) 1. 2. 3. (i)(ii)(iii) i. ii. iii. / 枝番号 -1, -2, -3 / 本文 main clause / ただし書 proviso / 前段 first sentence / 後段 second sentence / 附則 supplementary provisions / 別表第 ...（第 ... 条関係）appended table ... (Re: Art. ...) / 項 row / 欄 column
傍論 obiter dictum（オビタ・ディクタム）cf. 判決理由 ratio decidendi（レイシオ・デシデンダイ）、/ 主文 main text of judgment
保護観察 probation / 保護司 volunteer probation officer
保佐 (1) assist［一般的な場合］【動詞】保佐する assist (2) curatorship［保佐人制度の場合］/ 保佐人 curator cf. 被保佐人 the person under curatorship, 後見人 guard-

ian
保釈 bail【動詞】保釈される be bailed out
補償 compensation【動詞】補償する compensate / 補償金 compensation / 補償制度 compensation system
保全処分 temporary restraining order; provisional remedy
補則 auxiliary provision
発起人 (1) incorporator［会社の場合］(2) founder［会社以外の場合］
没収 confiscation【動詞】没収する confiscate
本案判決 judgment on merits / 本案 merits［原告の請求または被告の反駁の実質的内容］
本権 title
本訴 principal action
本文 main clause
翻訳 translation【例】通訳及び翻訳 interpretation and translation

【　　ま　　】

満了 expiration【例】期間満了の日 the expiration date of the period【動詞】満了する expire
未決勾留 pre-sentence detention
未遂 attempt
未成年者 minor / 未成年後見人 guardian of a minor
みだりに (1) without (good) reason【注】法律上の「みだりに」は、正当性がないという意味。(2) without (due) cause
みなす shall be deemed
身の代金 ransom
身分 status / 身分を示す証明書 identification card
未満 (1) less than［原則］【例】1万円未満の端数 a fraction less than ten thousand yen (2) under［年齢の場合］【例】18歳未満の者 a person under 18 years of age
民事執行 civil execution

民事上の紛争 civil dispute / 民事訴訟 (1) civil suit (2) civil action
無過失責任 liability without fault, strict liability, absolute liability
無期禁錮 life imprisonment without work cf. 無期懲役 life imprisonment with work
無限責任組合員 unlimited liability partner / 無限責任社員 member with unlimited liability, general partner
無権代理 unauthorized agency
無効 (1) nullity (2) invalid (3) ineffectiveness / 無効な (1) void【例】その意思表示は無効とする。Such manifestation of intention shall be void.（民法93条但書）【動詞】無効とする avoid (2) invalid (3) ineffective
無罪 not guilty / 無罪の答弁 plea of not guilty
無主物 ownerless property
無資力 (1) insolvency［債務超過］(2) having no financial resource［資力のないこと］
無能力者 person without legal capacity
名義 name【例】...名義の（で）in the name of ... / 名義人 (1) registered holder［株式等の場合］(2) registered person［その他一般の場合］
明細書 description, specification［特許明細書］
名誉 fame / 名誉毀損 defamation【動詞】名誉を毀損する defame
滅失する lose
免除する (1) release［債務の免除］(2) exempt［義務者からのその他の義務の免除］(3) waive［権利者からのその他の義務の免除］(4) exculpate［刑の免除］(5) remit［刑罰・支払などの執行の免除］(6) immunize［外交上の免除や刑事免責の場合］【名詞】免除 immunity
免責 discharge / 免責条項［約款］exemption clause
免訴 dismissal for judicial bar

申立て (1) application【動詞】申し立てる apply (2) motion【動詞】申し立てる move (3) petition【動詞】申し立てる petition / 申立書 (1)（written）application (2)（written）motion (3)（written）petition / 申立人 (1) applicant (2) movant (3) petitioner

模擬裁判 moot

目的 (1) purpose (2) objective [「趣旨」と並列的に用いる場合]【例】趣旨及び目的 purpose and objective (3) intent [単なる意図] / 目的物 (1) subject matter (2) object (3) aim

若しくは or【例】A、B 又は C、D 若しくは E A, B, or C, D or E

持株会社 holding company

持分 (1) share (2) interest (3) equity interest (4) undivided interest (5) equity / 持分会社 membership company / 持分の払戻し return of equity interest

物 (1) object [有体物] (2) thing [物全般]【例】この法律において「物」とは、有体物をいう。The term "Things" as used in this Code shall mean tangible thing.（民法85条）(3) article [物全般] (4) property [財産価値のある物]

漏らす divulge【例】秘密を漏らしてはならない shall not divulge any secret

【　　や　　】

約因 consideration

約定 covenant, term / 約定期間 agreed period

約款 contract

やむを得ない事由 (1) compelling reason (2) unavoidable circumstances

誘引 inducement【動詞】誘引する induce

有害な (1) harmful (2) noxious (3) hazardous / 有害大気汚染物質 hazardous air pollutants

有価証券 (1) negotiable instrument of value [株式等、船荷証券等、手形等を総称する場合] (2) securities [株式等を意味する場合] (3) document of title [船荷証券等を意味する場合] (4) negotiable instrument [手形等を意味する場合]

有期 with definite term cf. 有期懲役 imprisonment with work for a definite term

有限責任組合 limited liability partnership / 有限責任社員 member with limited liability

有効 valid / 有効期間 valid period

有罪 guilty / 有罪宣告 condemnation

優先権 (1) priority (2) right of priority

有体物 tangible object

誘導尋問 leading question

猶予 suspension, grace / 猶予期間 period of suspension

譲受人（ゆずりうけにん）(1) transferee [原則] (2) assignee [債権の場合] / 譲り受ける (1) accept【名詞】譲受け acceptance (2) receive【名詞】譲受け reception

容疑 suspect / 容疑事実 suspected offense

要件 requirement

要旨 gist

様式 form【例】申請書の様式 form of a written application

余罪 uncharged offense

予備審査 preliminary examination

呼出し (1) summons [人の召喚]【例】期日の呼出し summon to appear on an appointed date (2) call [通信]【例】呼出符号 call sign / 呼出状 writ of summons

予備的 (1) preparatory (2) preliminary (3) conjunctive

予防 prevention【動詞】予防する prevent / 予防拘禁 preventive detention

【　　ら　　】

濫用 abuse

利益衡量 balancing of interests
利益相反（りえきそうはん）conflict of interests
利害関係人 interested person
履行 performance /**履行遅滞** delay in performance
立証する prove /**立証責任** burden of proof
略式手続 summary proceedings /**略式命令** summary order
略取（りゃくしゅ）kidnapping (by force)【動詞】略取する kidnap by force
留置 detention /**留置権** right of retention
利用 (1) utilization [原則]【例】適正かつ合理的な土地の利用 proper and reasonable utilization of land【動詞】利用する utilize (2) exploitation [知財関係]【例】専用利用権 exclusive exploitation right
良心的兵役忌避者 conscientious objector
領置（りょうち）retention【動詞】領置する retain
領得する obtain
臨時措置法 Act on Temporary Measures【例】罰金等臨時措置法 Act on Temporary Measures concerning Fine

隣接する権利 neighboring rights【例】...に隣接する権利 rights neighboring ...
累犯 repeated conviction
礼譲 comity
令状 warrant【例】召喚状 writ of summons
連結子会社 consolidated subsidiary company
連帯債務 joint and several obligation /**連帯債務者** joint and several obligor/**連帯保証** joint and several suretyship
労働基準 labor standard /**労働基準監督署** labor standards office /**労働組合** labor union /**労働協約** collective agreement /**労働契約** labor contract /**労働者派遣** worker dispatch/**労働争議** labor dispute

【　　わ　　】

和解 settlement, reconciliation /**和解条項** terms of settlement
和議 arrangement (between debtors and creditors) /**和議手続** liquidation
割当枠 quota

現代法入門

2010年7月1日	第1刷発行
2014年2月10日	第4刷発行

編 者	現代法入門研究会
発行者	株式会社 三 省 堂
	代表者　北口克彦
印刷者	三省堂印刷株式会社
発行所	株式会社 三 省 堂

〒101-8371　東京都千代田区三崎町二丁目22番14号
電話　編集　(03)3230-9411
　　　営業　(03)3230-9412
振替口座　00160-5-54300
http://www.sanseido.co.jp/

© 2010, I. Takahashi　　　　　　　　　　　Printed in Japan

落丁本・乱丁本はお取替えいたします。　〈現代法入門・344pp.〉
ISBN978-4-385-32334-3

[転]本書を無断で複写複製することは、著作権法上の例外を除き、禁じられています。本書をコピーされる場合は、事前に日本複製権センター（03-3401-2382）の許諾を受けてください。また、本書を請負業者等の第三者に依頼してスキャン等によってデジタル化することは、たとえ個人や家庭内での利用であっても一切認められておりません。